KB260190

우리가 살 길은
오직 政治爀明 뿐입니다

Nur die politische Revolution ist unser Überlebensweg!

朴 春 根

Prof. Dr.-Ing. Dipl.-Ing. C. K. Park

프롤로그

통습(通習)되고 통섭(通涉)되어 통섭(統攝)할 수 있는
한사람만 있어도 대한민국은 부강해 질수 있습니다!

꿈이 없는 국민은 망합니다!
꿈은 믿음에서 나오며, 믿음은 바라봄의 실상입니다!

바꿔 ! 바꿔!
하면서 제15~제18대 총선에서는 국회의원들을 즉, 사람들을 바꾸는 데만 신경을
썼습니다. 그래서 제15대~제17대 국회의원들의 51%가 초선의원으로, 제18대 국회
의원들의 63.5%이상이 초선의원들로 책무를 감당할 능력자체는 전혀 고려되지 않
은 채 사람만 바꾸었던 것입니다.

제18대 국회의원들은 입법책무를 감당할 수 있는 능력보다는 돈과 인기의 야합으로
선출된 정치꾼들로서, 통섭이 안 된, 책무를 감당할 수 없는, 무능력하고 염치없는
사람들이 대부분이었으며, 특히 친북자들도 들어 있었습니다. 그들은 다음과 같은
직무유기(職務遺棄)를 했습니다.

무작위로 인간물갈이만 한 그 결과 더 부패해졌고, 더 무능력해졌고, 학력조차 몽
학수준(蒙學水準)의 사람들로 국회의원 평균연령은 더 어려졌으며, 책임감과 의무는
뒷전이 되었고, 이전투구(泥田鬪狗)와 몸싸움만이 주 업무로 진행되었다는 핀잔을
받기도 했습니다. 민생법안이 포함된, 임기 중에 처리했어야 하는 6,424개 법안들
을 감당하지 못하여 유례 없는 직무유기(職務遺棄)를 범했습니다.
그로 인해 국민들의 비판이 높아지자 제18대 국회회기 마지막 날인 5월2일 하루에
62개의 법안을 무더기 통과시켰습니다. 그래도 6,362개의 법안은 헌 신짝처럼 폐기
되고 말았습니다.

이러한 국회의 작태(作態)는 작렬하는 태양빛 속에 흑암이요! 장마 속에 가뭄이요!
사람들 속에 인물부족 현상입니다. 정치수준이 높아지기는커녕, 국회는 폭력과 최
루탄으로 얼룩져서, 국가위상이 더욱 더 떨어져 지구촌에서 가장 처참하게 낙후된
"정치후진국"이 되었습니다.
지금 우리사회는 빈부(貧富)의 차(差)가 극심해, 중산층(middle class)이 사라지고

민생은 더 어렵게 되어 의식주(衣食住)조차 해결 못하여 사회생활의 근간까지 무너지고 있습니다. 곳곳의 기득권자들이 '훌륭한 인재들을 죽이는 시스템'을 계속유지하고 있습니다. 이렇게 구태의연(舊態依然)한 정치제도가 지속된다면, 아무리 사람들을 바뀌어도 우리들이 원하는 진정한 민주정치의 꿈은 이루어질 수 없게 됩니다.

현대의 복잡한 과학문명의 시대를 이끌어갈 능력이 출중한, 통섭(通渉)된 석학들이 정치에 참여할 수 있도록, 돈이 전혀 들지 않는 선거제도로, '훌륭한 인재들이 등용'되는 완벽한 정당정치제도(party politics system(영어), Parteipolitiksystem(독어))'를 구축할 수 있는 정치혁명(政治爀明)은 반드시 필요합니다[주1].

[주1] 통섭(通渉): consilience는 '함께 넘나듦 (jumping together)'이라는 뜻의 라틴어로는
            'consiliere' 임

현재 대한민국의 정치적인 난국을 헤치고 나갈 수 있는 이상적인 아름다운 정치혁명(政治爀明)의 성공은 단지 국민들의 꿈이 아닌, 행복이요 믿음의 실상입니다. 창조주님으로부터 복을 받은 '아름다운 정치혁명'이 서술된 책이 지금 읽으시는 이 책 '우리들의 살길은 오직 정치혁명(政治爀明) 뿐입니다!' 입니다.

이 책속에는 '정치혁명(政治爀明)'이라는 어려운 과제를 국민들과 함께 아주 쉽게 양원제로 풀어가는 필자의 지혜를 모은 책 입니다. 모든 혁명(爀明)은 미래에 대한 확실한 믿음이 있어야 실현됩니다. 이 책속에서 그 꿈과 믿음을 가지고 대한민국이 앞으로 100년 대계를 넘어 1000년을 아름답고 행복하게 꾸려 나갈 수 있는 간결하고 명쾌한 새로운 '정당정치시스템'에 대해서 저술하였습니다. 투명성과 정직성이 보장되는 양원제(국회상원과 국회의원)란 훌륭한 정치제도는 1000년을 넘어 만년을 이어갈 수 있습니다.

세계사를 살펴보면, 신라시대의 골품제도, 베니스의 '클라겐자 라는 시스템'이 1000년을 유지되었습니다[주2]. 로마제국은 법제도로 그리고 신생로마제국(독일) 정치 시스템으로 1000년의 역사를 기록할 수 있었습니다.

[주2] 클라겐자: 도시국가 '베니스의 빈자부활제도', 16세에 선원실습생으로 시작하여 해군사령관까지
            가능한 선원육성도제제도; 국가무역선에 무역상품을 실을 때 선원들의 계급에 따라 일정량의
            개인무역을 하게하여 봉급 외에 별도의 수익을 올릴 수 있게 허락한 무역도제제도인 동시에
            해군군사교육을 받는 제도로 가난을 퇴치할 수 있었습니다. 그래서 베니스시민 모두가 중산층
            으로 부활할 수 있었던 역사적으로 볼 때 아주 현명한 제도였습니다.

은애(恩愛)하는 국민 여러분!

누구나 이 책을 읽으시면, "진실한 민주주의가 무엇인지 몰랐었는데, 이렇게 쉽게 이해되는 것이로구나!" 하시고, 무릎을 탁! 탁! 탁! 치실 것입니다.

국민 여러분이 이 책을 읽으실 때, 약간의 인내를 가지고 처음부터 끝까지 차례차 례 읽으실 수도 있습니다. 또 먼저 제3장부터 시작하여 다 읽으시고, 그 다음 제1 장과 제2장을 읽으셔도 좋습니다. 순서에 관계없이 전부다 읽으시고 필자가 필히 전하고자 하는 뜻 깊은 의도를 이해해 주신다면 더 없이 큰 영광이 되겠습니다.

정확하게 통습(通習)되고 통섭(通涉)된 인물이어야 '정도에 어긋남이 없고, 명분에 부족함이 없는' 진정한 민주국가의 정당정치를 실현시킬 수 있습니다. 그런 분이라 야 국내외 모든 난제들을 아주 쉽게 풀어갈 수 있습니다.
문제란 풀리기 전에는 아주 어려워 보입니다. 그러나 누가 한번 풀어주면 그 다음 부터는 쉬워 보입니다. 저는 전 세계의 과학기술자들이 23년 동안 풀지 못해 '난공 불락(難攻不落)'이라는 별명이 붙은 '터빈날개의 진동해석을 위한 12차-연립 미분 방정식'을 풀어야 하는 아주 어려운 과제를 독일의 최고의 명문인 뮌헨공대 박사논 문(Dissertationstitel: 'Beitrag zur Ermittelung der kinetischen Beanspruchung von Turbinenschaufeln', TU München)으로 담대(膽大)히 선택했었습니다. 그리고 불철주야로 노력한 결과 1년 반 만에 그 원리를 풀게 되었습니다. 계산하고, 계산 하고 또 계산해서 그 결과를 논문으로 집필하는데 1년 걸렸습니다.

[필자논문: 터빈날개의 고유진동계수의 진동분석도 & 화력발전소 발전용 터빈날개의 조립관경]

보통 독일인이 공학박사논문을 창작하는데 보통 5~10년 걸리는데 필자는 2년 반이라는 기록적인 기간 안에 기적적으로 아주 명쾌하게 최고의 창작품으로 박사학위를 받았습니다.

우리들이 60여 년 동안 민주화를 위해 피를 그렇게 많이 흘렸으나 아직도 정치패턴은 근본적으로 전혀 달라지지 않았고, 오히려 이기적인 기득권세력들의 몸싸움이 만연하고, 자본을 이용한 인기영합주의가 더 팽배해져서 '정치후진국 중에 후진국'이라는 오명(汚名)을 아직도 벗지 못하고 있습니다.

이유는 한국에는 나라를 이끌어갈 정치지도자를 육성(育成)하는 훌륭한 정치재단이 없기 때문입니다. 그래서 국민들이 민주시민교육을 받을 수도 없고, 또한 호연지기(浩然之氣)와 꿈을 가진 인재들을 정치지도자로 훌륭하게 육성할 수도 없습니다. 그래서 유감스럽게도 한국인은 그 누구도 정당정치에 대해서 제대로 배운 적이 없습니다. 정치에 참가했던 소위 '정치9단'이라는 수식어가 붙은 분들은 사실은 정치를 감당할 수 없는 무능력한 정치꾼들로 단지 권모술수가 9단이었던 것이었습니다.

이런 사이비 정치꾼들은 자신의 영달을 위해서 희망차게 솟아나는 '훌륭한 젊은 인재들을 죽이는 것' 즉, '큰 인물이 될 싹을 미리 자르는 것'을 정치로 알고 권모술수로 수십 년 동안 한국의 정치계를 마치 깡패사회처럼 지배했습니다. 그 결과 그들은 한국정치를 후진국수준으로 멈추게 했습니다. 사실 그들은 합법을 가장하여 지독하게 흉물이 된 한국정치에 기생했던 아주 추악한, 보기조차 역겨운, 나라를 좀 먹는 기생충들이었습니다.

왕위에 오르기 전에 먼저 세자로 책봉되고 나면, 통섭(通涉)이 되는 세자교육과정에 따라 왕재(王才)로 육성(育成)되는 것처럼, 오늘날 국가를 이끌어갈 수 있는 지도자가 되려면, 세자가 왕재교육을 받은 것같이 지도자가 되는 교육을 받고 육성되어야 됩니다. 현대에도 왕권시대의 세자를 교육하듯이, 지도자로 육성되게 하는 교육을 선진국에서는 정치재단에서 담당하고 있습니다.

독일을 비롯한 선진국 정치재단에서 지도자교육을 충실하게 받아서, 정치가로 준비된 출중한 한국 사람들은 의외로 많이 있습니다. 단지 국민들은 그들 중에서 탁월하게 통습(通習)되고 통섭(通涉)되어 통섭(統攝)하실 수 있는 분이 누구이신지 몰라서 대통령으로 추대 못하고 있을 뿐입니다.
왜냐하면 돈이 전혀 들어가지 않는 올바른 정당정치가 한국에서는 실시되지 않고 있기 때문입니다. 선거자금 때문에, 훌륭한 지도력으로 대통령직을 감당하실 수 있으신 합당한 분들이 출마하시기가 불가능한 것은, 아직도 아주 사악하고 추악한 금권정치가 유감스럽게도 지속되고 있기 때문입니다.

대한민국은 건국 64년이 되는 해 인데도 대통령, 수상, 국회의장, 국회의원들을 육성하는 정치재단은 아직 없습니다. 독일을 비롯한 선진국에는 정치가를 육성할 수 있는 정치재단이 정당과 결연(結緣)되어 있습니다. 이런 선진국의 정치재단에서 필자처럼 수십 년간 지도자로 육성된 한국인 인재들은 수백 명으로, 그 숫자가 결코 적지는 않습니다.

독일에서 대통령 6명, 수상 5명, 국회의장 10명, 유럽의회의장 1명, 그 중에 현직 독일대통령, 독일수상, 독일국회의장으로 계시는 분들이 다 콘라드 아데나워 정치 재단(KAS, Konrad Adenauer Stiftung)과 결연(結緣)된 분들입니다.
지난 60년 동안 정치재단 KAS 에서 장학생으로 시작하여 정치지도자로 육성된 한국인 인재만도 약 100여 명이나 됩니다. 이들은 다 정치지도자의 반열(班列)에 있는 대단한 인물들입니다. 이분들은 독일에서 올바른 민주정치지도자로 육성되었 지만, 우리나라의 미개한 선거제도 즉, 돈이 많이 드는 선거제도 때문에, 조국을 위 해 단 한 번도 야망(野望)의 웅지(雄志)를 펼쳐 보지 못한 채 아직도 그들의 훌륭한 재능과 애국심이 소리 없이 푹푹 썩고 있습니다.

우리나라의 정치풍토가 안타깝게도 생활고를 위한 직업선택으로, 유학시절 만고풍 상을 겪으면서 육성된 출중한 수많은 인재들의 웅지(雄志)를 사장(死藏)시키고 있는 것입니다. 독일에서 하루에 4~5시간 밖에 잠을 자지 않으면서 10년 이상 공부를 하고 석·박사를 수여받고 귀국하여 국내에서 활동하는 인재들이 무려 2만 여명이나 됩니다.

1960년대에는 공부를 제대로 한 한국인 인재가 별로 없었습니다. 그러나 지금은 세 계적으로 인정받는 인재들이 국내외에 수만 명이나 있습니다. 이들은 정직하고 청 빈한 인재들로, 정치가로 일할 수 있는 관문이 열리게 되면 즉, '돈이 전혀 들지 않 는 선거제도', 가 실시되면 대거 국정참여로 한국의 정치수준을 선진국수준으로 끌 어 올려주게 됩니다.

이들은 능력들이 출중함으로 정치를 감당할 수 있는 준비가 된 이들로, 통치딜레마 에 처해 있는 대한민국을 단번에 정당정치가 실현되는 선진국으로 만들 수 있는 엄 청난 저력을 소유하고 있습니다. 이들이 등용되게 되면 몇 년 내에 대한민국은 정 치후진국에서 정치선진국으로 확실하게 탈바꿈하게 됩니다. 그래서 빈부차가 사라져 다 같이 잘사는, 복지가 병행되는 '아름다운 민주주의 국가'가 될 수 있습니다. 그래서 이 책은 진실로 참된 민주주의와 정당정치를 국민들에게 널리 계몽하는 메시지(Massage)역할을 하는 소중한 책자가 될 것입니다. 국민들이 이 책을 읽기만 하면, 마치 12차-연립 미분방정식이 술술 풀리듯이, 아주 쉽게 정치문제는 이해될 수 있게 됩니다. 그래서 국민 스스로 정치혁명(政治爀明)을 성공시킬 수 있습니다.

필자는 1968년 제3회 전국기능올림픽대회 판금부분에서 금메달을 획득하고, 1969년도에는 제18회 국제기능올림픽 벨기에 브뤼셀 대회에 대한민국 국가대표선수로 활약했던 자랑스러운 대한의 기능인입니다.

이 기능인이 독일에서 유학을 시작한 1976년부터 이 책을 집필하기 위하여 자료를 모으고 경험을 쌓고 독일과 한국의 국민각층의 인사들을 만나보고, 기계공학, 에너지 및 (핵)발전소공학, 경제학, 노동학, 정치학 그리고 신학까지 다 통섭(通涉)하기 위하여 6대학 7개학과에 정식으로 등록해서 (독일에서 4개 대학 15년, 한국에서 2개 대학 5년) 총 20년 동안 공부를 했습니다.

세계역사 및 지리, 한국의 상고사를 비롯한 국사 및 국토지리, 철학, 심리학 등 문과를 통섭하는 공부를 하는데 추가로 10년을 더 투자했습니다.
필자는 대구공고출신 기능인에서 독일 뮌헨공대 기계공학(발전소)박사를 거쳐 이 책을 집필할 정도로, 문(文)과 이(理)과가 통섭(通涉)되기까지 즉, 지도자로 육성되기까지 준비 되는 데 1980년부터 지금까지 총33년이 필요했습니다.

1991년 귀국해서 지금까지 22년 동안 한국의 많은 지성인, 종교인, 기업인, 정치인, 사회사업가 등등 여러 부류(部類)의 사람들을 만나서 식견(識見)을 나누면서 또 대한민국의 장래를 걱정하는 위인(偉人(兒))들과도 많은 의견을 교환(交驩) 하고 있습니다.

특히 독일 유학기간동안 독일정부가 예산을 배려하는 독일기독민주연합(CDU)과 결연된 정치지도자육성재단인 '콘라드 아데나워 정치재단(KAS, Konrad Adenauer Stiftung)의 장학생으로 재단에서 실시하는 정치지도자 육성교육을 1980년부터 33년째 받으면서, 한편으로는 후진을 위한 지도자육성자로 활동하고 있습니다[주3].

[주3] CDU & Adenauer: 1945년 즉흥적인 창립기운에서 탄생된 독일기독민주연합 (CDU, Christlich-Demokratische Union, 獨逸基督民主聯合, 基民聯合, 基民聯)은 아데나워와 함께 20세기 독일 역사상 가장 성공적인 정당으로 성장했습니다!

필자는 지금은 초등학교, 중고등학교, 대학교, 시민단체 즉, 국민들 앞에서 교육혁명, 정치혁명에 대한 계몽강연을 하면서 국민의식을 확실하게 혁명(爀明)하고 있습니다. 이어서 앞으로 '사회혁명(社會爀明)'과 '종교혁명(宗敎爀明)'을 집필할 수 있는 준비를 계속하고 있습니다.

1991년 1월 18일 필자가 (핵)발전소공학 분야에 한국인 최초로 독일 뮌헨공과대학교(TUM, Technische Universität München)에서 박사학위를 받고 귀국하려 할 때 일입니다. 독일에서 자리 잡은 많은 한국인 선배들이 독일에서 편하게 눌러 살기를 권고(勸告) 했습니다. 왜냐하면 당시 독일에서 접하는 한국에 관한 뉴스는 데모에 관한 내용이 대부분이었기 때문에, 유럽에서 오래 체류하셨던 분들은 분단된 한국을 불안한 사회로 보는 인식이 가슴속 깊이 자리하고 있었습니다.

필자는 이미 우수한 인재가 한국으로 귀국해도 대학이나 사회나 정치나 기득권을 가진 사시이비(似是而非)들이 판을 치고 있기 때문에 뜻을 펼칠 수 있는 기회조차 얻기 힘든 당시의 사정을 잘 알고 있었습니다. 그래서 저는 "조국을 언제까지 사시이비(似是而非)들에게 맡겨 둘 수는 없습니다." 그래서 저는 '귀국하겠습니다.'라고 대답 했습니다[주4].

[주4] 사시이비(似是而非): '사이비(似而非)'와 같은 뜻으로, '겉은 옳은 것 같으나 속은 다름'을 뜻함

필자가 1976년 6월 8일 김포공항에서 독일유학행 KAL 비행기트랩을 올라섰을 때, 나는 나에게 스스로 맹세한 것이 있었습니다. "조국아 기다려라 내가 독일에서 열심히 공부하여 훌륭한 인물이 되어서 너를 돌볼 것이고, 반드시 너를 선진국으로 만들 것이다."라고 가슴속 깊이 맹세했던 것이었습니다.

출국하기 전에 명의(名醫) '허준'선생님의 생애를 다룬 드라마 '집념'을 보았습니다. 가친(家親)께서는 맏아들인 저에게 "허준 같은 '집념을 가지고 독일서 열심히 공부해라!"라고 부탁하셨습니다. 독일에서 정말로 허준처럼 강한 집념을 가지고 열심히 공부해서 외국인수석입학, 기계공학과학과(Vordiplom)를 4학기(2년)만에 외국인최초로 졸업, 그 외에 수차례 학업에 관한 기록들을 세웠습니다. 대학원부터는 '콘라드 아데나워 정치재단(KAS) 장학생'으로 학업은 물론 정치지도자육성 프로그램까지 잘 소화했습니다.
저는 계속해서 자신을 가지고 힘차게 선배님들에게 계속해서 대답했습니다.

"선배님! 저는 나와의 약속을 지키기 위해 조국 대한민국으로 귀국합니다."

"선배님들은 나이도 있으시고 자녀들도 있으시니 여기서 때를 기다리십시오!"
"자식도 없고 단출한 저는 먼저 귀국해서 훗날 선후배님들을 한국으로 모실 수 있는 길을 예비하는 정치가가 되겠습니다." 라고 말하고 박사학위 받은 후 주변을 정리하고, 출국할 때 조국에 대해 스스로 한 약속을 지키기 위하여 1991년 3월 3일 그리던 조국 땅을 15년 만에 기쁘게 밟았습니다.

유학 떠날 때 자신에게 한 약속을 지키려고 피나는 노력을 지금도 계속하고 있습니다. 이 책자 출간 역시 저에게 한 약속을 이행하는 당연한 과정입니다.
정치적으로 조국을 선진국으로 변화시킬 수 있는 '정당정치구축'의 역사를 끊임없이 하고 있습니다.

귀국해서도 지속적으로 콘라드 아데나워 정치재단(KAS)의 정치지도자 육성프로그램을 소홀히 하지 않고, 지금도 계속해서 지도자 교육을 받고 또 세미나를 통해서 가르치고 있습니다. 자연히 독일 정부로부터 아주 두터운 신임을 받고 있습니다. 매년, 전 세계 120개국의 KAS의 동지들이 독일에 모여서 정치세미나와 친교를 하고 있습니다.

필자는 자신과의 약속을 지키기 위해 1996년 대구 동구 갑 지역구에서 국회의원에 출마했었습니다. 1996년 당시 독일수상 헬무트 콜 박사님(Herr Bundeskanzler Dr. Helmut Kohl)은 필자에게 메시지를 전하는 응원 전화를 독일서 KAS 한국총재에게 했습니다. 독일인인 KAS 한국총재는 대구에서 선거운동중인 필자에게 콜 수상으로부터 전화로 받은 말씀내용을 전해 주었습니다.

콜 수상께서 말씀하시길 "아직까지 독일서 공부한 인재가 지역구 국회의원에 당선된 사람이 없습니다. 그래서 한국국회에 단 한명의 독일유학 출신 국회의원이 없으니, 꼭 당선이 되길 바라며, 당선이 되면, 올해 독일연방국회가 뽑은 '올해의 인물'로 선정해서 독일로 초대하겠다는 약속을 하셨다"는 것이었습니다. 그렇게 되면 독일연방국회(Bundestag)에서 연설을 할 수 있는 기회를 얻게 되는 영광이 따르는 것입니다. 앞으로 독일 연방국회에서 연설할 수 있게 연설문은 미리미리 준비해 놓았습니다[주5].

[주5] 참조: 8.3. 독일어 연설문 요지

그 외에도 독일 벤츠사, BMW사, 슈튜트가르트 시의 롬멜 시장(Dr. Manfred Rommel, 독일 영웅 롬멜 장군 아들) 등 많은 독일기업인과 독일명사들이 축전을 팩스로 보내 왔었습니다. 유감스럽게도 당시 현직 독일 콜 수상의 응원에도 불구하고 돈이면 통하는 선거로 인한 현실정치에서 쓰라린 패배를 맛보았습니다.

당시에 전 국방부장관 이종구, 영화배우 강신성일, 노태우 대통령 처남 김복동 등 9명이 출사표를 던졌는데 필자의 기호는 7번으로 행운의 숫자였지만, 김복동씨가 당선되었습니다. 그분은 선거 도중에 건강상 실족하시기도 하셨는데 국회의원직 욕심보다는 요양이 더 시급하셨던 것 같았습니다. 결국 그는 4년 임기를 다 채우지 못하시고 하늘나라로 가셨습니다.

비록 국회의원선거에서는 뜻대로 되지 않았시반, 필자의 에피소드(episode)는 영원히 남게 되었습니다. 합동선거유세연설회가 대구 신천초등학교 운동장에서 개최 되었는데, 약 5,000여명이 학교교정을 꽉 채웠습니다. 대부분 특정 후보들로부터 일당을 받고 온 박수부대이었습니다. 필자의 연설차례가 왔습니다. 필자는 15분 연설 중에 "상갓집개(喪家犬)처럼 이당 저당 다니는 철새들은 국회로 보내지 마시고 보신탕집으로 보내야 합니다." 라고 역설을 했더니, 박수부대를 단 한명도 동원하지 않았는데, 5,000여 명으로 부터 일제히 우레같은 박수소리가 터져 나왔습니다. 대구에는 지금도 필자의 '보신탕 에피소드'가 계속 전해지고 있다고 합니다.

낙선 후 부부싸움 한번 한적 없는 착하던 집사람은 저에게 "국가와 민족을 사랑하는 정치가로서 애국의 길을 택하든지? 나를 택하든지? 하십시오!"라고 조용히 말하며 국가를 선택할 경우 이혼을 해주길 원했습니다. 1997년 당시 집사람은 저의 참된 야망(野望)과 웅지(雄志)를 전혀 이해하지 못했습니다.
자식이 없는 필자는 자신과의 약속을 지키기 위해 '조국을 더 사랑하는 애국의 길'을 택했습니다. 그래서 지금 현재 필자의 가족일원은 85세의 노모(老母)뿐입니다.

1997년 혼자된 필자는 교육혁명, 정치혁명, 사회혁명, 종교혁명을 집필하기로 오래 전부터 결심했던 사항을 실천하기 시작 했습니다.

국민계몽 서적으로

1998년 '나라사랑 이야기(부국론)'
2006년 '국민들이 가슴으로 하는 아름다운 교육혁명(국민계몽서)
2002년 '아~! 대한민국 사랑하는 우리의 대통령!(인물론)'
2007년 '봄이 오는 소리(교육정책)'

라는 책들을 출간 했습니다.

그리고 지금은 온 국민이 한마음으로 함께하는 아름다운 정치혁명,

2012년 '우리들의 살길은 오직 정치혁명 뿐입니다! (아름다운 정치혁명)'

이라는 책자를 조국과 민족을 구하고 1000년의 비전을 제시(提示)하기 위하여 심혈을 기울여 집필합니다.

저는 1991년 귀국해서 전국의 전문연구소와 대학들의 초청으로 박사논문발표 세미나를 통해서 유명해졌습니다. 그러나 그 유명세 자체가 화약을 들고 불속으로 들어가는 격이 되었습니다. 특출하면 특출할수록 교수채용 기득권을 가진 교수들이 왕따를 시켜서 서울에서 어느 대학교수로 임용되지 못하게 방해를 하는 것입니다.
때로는 터무니없는 유언비어를 동원하는가 하면 질투와 시기로 지치게 만들어서 스스로 체념하게 하는 몹쓸 풍토가 만연합니다.
그래서 다시 유학지로 돌아가는 사람들이 있는가 하면, 당시에는 대학풍토에 실망하여 자살까지 하는 부부박사도 있었습니다.

그나마 한국모교에서 박사과정을 마치고 독일에서 박사학위만 한 사람들은 기존의 인맥이 있어서 그 인맥과 실력으로 제자리를 찾아 가는 극소수의 인재들이 몇몇 있을 정도입니다.

대학을 소위 "지성인의 전당"이라고 말은 하면서 아직도 인재가 등용되지 못하게, 기존교수들의 "만장일치제"라는 교수임용조건을 내세워 특출한 인재들을 '왕따 시킴'을 구태의연하게 지속하고 있습니다. 진정한 지성이 푹푹 썩어가고 있는 곳이 바로 한국의 부패할대로 부패한 대학들입니다. 이러한 부조리 천국인 대학들을 지성의 전당으로 다시 제자리를 찾게 하기 위해서는 교육혁명(教育爀明, '봄이 오는 소리')을 성공시켜야 합니다.

2007년 대통령 선거에 예비등록을 하고 최선을 다해서 준비를 했었습니다. 그러나 5억 원이란 돈이 중앙선관위에 마감시간까지 도착하지 않아서 대통령후보등록을 뜻하지 않게 하지 못했습니다. 우리나라 선거법은 돈 선거가 기본이라 금권으로 훌륭한 인재들의 등용기회를 철저하게 말살시키는 망국정책을 실시하고 있습니다.

유럽정치풍토는 돈이 아니라 인격이고, 능력이고, 지성으로 통습(通習)되고 통섭(通涉)되어 단련된 통섭(統攝) 그 자체 입니다. 통섭(統攝)의 책무를 감당할 수 있는 능력(能力)이 출중한 인물이 선출되는 풍토입니다.

금권선거로 우리나라의 민주정치가 망쳐졌음을 인식할 수 있었습니다. 돈 선거야 말로 국가를 패망케 하는 첩경임을 확실히 체험하게 되었습니다.

정치혁명의 핵심은 양원제 입니다!

은혜하는(恩惠, 사랑하고 사랑하는) 국민 여러분!

이 책자는 '당신은 민주주의와 양원제 정당정치를 아십니까?' 라는 질문에 정답을 제공하는 책자(冊子)이기도 합니다.

국가조직이나 민간조직이나 모든 조직을 양원제를 실현하면, '유아에서 박사까지 등록금도 과외비도 없고, 국민모두가 평생 버는 돈이 대등한 복지국가 대한민국'이 현실로 만들어질 수 있으며 돈이 전혀 들지 않는 '정당민주 주의'를 실현할 수 있습니다.

양원제에는?

입법기관에 국회상원(Bendesrat)과 국회의원(Bundestag)을 두는 국회양원제 =>
        헌법개헌 => 국회법
기업에서는 기업감독회(Aufsichtsrat)와 기업이사회(Vorstand des Unternehmens)를
        두는 기업양원제 => KODEX(기업법),
재단에서는 재단감독회(Koratorium)와 재단이사회(Vorstand der Stiftung)를 두는
        재단양원제 => 재단법이 있습니다.

모든 의사 결정들을 단원으로 처리하는 제도는 일사부조리로 처리과정에서 불투명 과 과격함이 표출될 수 있지만 양원제에서는 투명성과 정직성이 보장됩니다. 그러므로 선진국에서는 양원제를 쓰고 있으며 유럽에서는 입법기관만이 양원제가 아니라 나라의 모든 조직들은 양원제로 투명성과 정직성이 보장되고 있습니다. 상세하고 구체적인 내용들은 본문에서 쉽고 재미있게 읽으실 수 있으십니다.

오로지 온 국민들이 이 책자를 꼭 읽어 주셔서 '거룩한 한마음'이 되어야 합니다. 이는 훌륭한 인재들이 돈과 관계없이 정치에 등용되는 진정한 민주정치가 실현될 수 있는 정직하고 정당한 성스러운 '거룩한 한마음'입니다[주6].

[주6] 거룩한 한마음: 'Erhard'라는 단어는 연합된 하나 즉, '우리'를 의미합니다. 한 사람 한사람이 모여서 '이스라엘민족'을 의미하듯이, 절대적인 하나가 아니라 울타리 안에 있는 사람들이 '우리'라는 하나가 됨을 의미합니다. 우리의 마음이 모여서 '거룩한 한마음' 됩니다. '거룩한 한마음'은 창조주님의 뜻으로, 정도에 어긋나지 않고 명분이 부족하지 않는 일'이므로 성령(聖콧)님께서 크게 역사하십니다. 그래서 성경 신명기 6장 4절에 '이스라엘아 들어라 우리 창조주님 예호바님은 오직 하나인 예호바님이시다.' 라고 기록되어 있습니다. 이는 그리스도님을 닮아가는 하나가 되는 연합된 하나를 말씀하십니다.

우리 국민들이 뜻을 모아 '거룩한 한마음'이 되면, 훌륭한 인재들이 등용되게 되어 진리의 정당정치를 실현하는 참으로 행복한 국민들의 염원인 '으뜸 민주국가 세계 최강 대한민국'을 만들 수 있습니다.

이 책을 집필하지 않는다면, 나라를 사랑하는 마음에서 "도덕적(道德的)인 측면에서는 말할 것도 없이 직무유기(職務遺棄)로 신의성실(信義成實)에 위배(違背)되며, 형사적(刑事的)인 측면에서 보면 미필적(未畢的) 고의살인에 해당될 수도 있습니다." 라는 생각을 하게 되었습니다.

그래서 양원제(Dual System)로 난국의 어려움을 타파하고자, 국민들의 마음이 하나 되게 하는 지성에 횃불인 정치혁명(政治爀明)의 성공을 위하여 심혈을 기울여 집필하게 되었습니다. 이 책 한권이 대한민국 국민들을 아름다운 염원충만(念願充滿)으로 이끌어 줄 것입니다.

아~! 새 하늘이 열리는 임진년(壬辰年)!
은혜(恩惠)와 평강(平康)이 충만한 은평기도원(恩平祈禱院)에서
창조주님(創造主任)과 함께!

단기 4345년 /
서기 2012년 8월 15일 수요일 광복절(光復節)

대학교수 공학박사 공학디플롬 박춘근 배상
(Prof. Dr.-Ing. Dipl.-Ing. Choon-Keun Park)

차 례

제1장
민주주의의 기원과 어원

그리스의 민주주의의 기원은 고대 그리스의 도시국가(폴리스)에서 유래하였는데, 그리스어의 데모스(Demos, 민중, 시민, 다수)와 크라티아(Kratia, 권력 또는 지배)의 합성어, 데모크라티아(Democratia, 국민에 의한 지배)가 민주주의(民主主義, 영어: democracy, 독어: Demokratie)의 어원입니다.

그러나 고대 그리스의 민주주의는 각 폴리스에 한정된 "자유시민"에게만 참정권을 인정했을 뿐이었습니다. 예를 들면 여성이나 노예는 자유시민으로 인정되지 못하였고 또 그리스인이라 하여도 다른 폴리스로부터 이주한 사람에게는 시민권이 주어지는 일이 드물었습니다. 아테네를 비롯한 민주제는 군주제, 과두제의 국가와 경쟁하며 혼재하는 양상을 띠었습니다.

전통적으로 '순수 민주주의'라는 용어로 불리는 직접 민주주의는 다양한 법률에 대한 승인과 거부, 즉 정부 정책을 국민들의 투표와 행동으로써 결정하는 정치 사회체제를 말합니다. 중간매개자나 대표자 없이, 의사결정을 하는 권력을 국민들이 직접 행사하기 때문에 직접민주주의로 불립니다. 역사적으로는, 투표를 위해 한 장소에 특정 지역의 모든 국민들이 모이기가 힘들기 때문에 이런 정부 형태는 드물었습니다. 단점은 국민들의 상식의 차이가 심하여 투표결과가 최상이 되는 경우가 항상 진행되지 못한다는 점입니다.

그리하여 이제까지, 모든 직접민주주의는 통상 도시국가와 같이 비교적 작은 공동체에서 이루어졌으며, 가장 대표적인 경우로는 고대 아테네의 민주주의를 들고 있으나, 다수 참여에 의한 민주주의라는 이념적 모델로서는 외국인, 여성, 노예 등의 참정권이 배제되는 등 계급사회를 전제로 하였으며, 시민에 한정된 민주주의로서의 직접민주주의는 비합리성과 기술적인 난점으로 도외시된 면이 있었습니다.

현대에는 유일하게 스위스(인구 600만 명, 외국인 200만 명)만이 직접민주주의를 채택하고 있습니다. 스위스는 그이 모든 정책내용을 투표로 결정 합니다. 예들 들어서 다리 하나를 놓더라도 그 지역의 칸톤(Kanton, 스위스의 주(州)) 민중들이 투표를 합니다. 칸톤 민중들은 투표를 밥 먹듯이 일상화 하고 있습니다. 1971년까지 여성에 대한 투표권 자체를 부여하지 않았으나 1971년에 스위스 정부는 여성에게 선거권을 부여하였다[주1,2]. 특이한 것은 결혼하지 않은 처녀와 과부는 투표권이 있어도 결혼한 유부녀는 투표권이 없는 것이 특징입니다. 부부는 일심동체로 다른 의견이 있을 수 없어서 인지? 특히 가정에 충실하기 때문인지? 전통적으로 투표권에 관심이 없어서 인지요?

[주1] 스위스는 연방공화국이며 23개의 칸톤(州:엄밀하게는 20개주와 6개의 半州)으로 이루어졌습니다. 연방공화국 헌법(1848년 제정, 1999년 4월 18일 개정)에 따라 각주는 헌법에 규정된 바 외에는 완전한 주권을 가집니다. 다만 연방으로부터의 탈퇴와 각주 사이의 정치적 동맹은 금지되어 있습니다. 베른주 북부의 쥐라 지방은 1978년 9월 24일의 국민투표에 따라 베른주에서 분리하여 쥐라주(23번째)가 되었습니다.

[주2] Kanton: 스위스의 주(州)(略:Kt.), (프러시아의) 징병구(徵兵區), (프랑스벨기에의) 지방행정구역, 도(道)

의무투표제도: 저조한 투표율을 막기 위하여 의무투표제를 실시하는 나라들은:
아르헨티나는 10-20 페소, 스위스는 3 스위스프랑, 키프로스는 300 키프로스 파운드 등을 부과합니다.

참정권 박탈: 벨기에에서는 15년 동안 4회 이상 투표에 불참하면 투표권이 10년간 박탈됩니다.

근대 민주주의는 의사 결정시 시민권을 가진 모두 또는 대다수에게 열려 있는 선거 또는 국민 정책투표 등의 방법을 통하여 전체적인 구성원의 의사를 반영, 실현시키는 사상 및 정치사회체제 입니다. 일반적으로 국민 개개인이 나라의 주인 된 힘, 즉 주권을 행사하는 이념과 체제'라고도 표현합니다.

'민주주의'는 근대사회에서 서구의 자유민주주의나 사회민주주의와 동의어처럼 사용되었으나 '반자유주의적 민주주의' 국가도 분명 존재하고 있습니다. 이런 맥락 속에서 '자유주의적'이라는 수식어는 엄밀히 말하면 입헌 주의적 자유주의와 각인의 평등한 인권보장을 지칭합니다.

민주주의에 대한 정의로, 링컨의 게티즈버그 연설(Gettysburg Address) 내용 중에 "사람들(of the people)의, 사람들에 의한(by the people), 사람들을 위한 정치(for the people)"가 통용 됩니다. 이는 민주주의의 핵심요소로 사람주권과 시민자치, 복지주의를 담고 있습니다[주3].

[주3] Gettysburg Address

대의 민주주의는 국민들이 대부분의 정부 정책에 대해 직접적으로 투표권을 행사하지 않고 대표자를 선출하여 정부나 의회를 구성하는 것으로 대신하기 때문에 간접 민주주의라 불립니다. 대표자들은 전적으로 또는 비례 대표제로 유권자들에 의해서 선출되거나, 특별한 부분집합 (통상 지역적으로 또는 선거구)을 대표하여 선출되거나 또는 그 둘을 절충한 형태로 선출됩니다.

대부분의 대의민주주의는 국민투표와 시민이 참여하는 직접행동 같은 직접민주주의의 요소를 포함하고 있습니다. 하지만 대의민주주의는 국민들이 선거철에만 주권을 존중받기 때문에 정치참여에 대해 민중의 뜻이 반영되는 것이 아니라 일시적인 군중심리에 의한 선거라는 부정적 생각을 갖게 되는 치명적(致命的)인 취약점(脆弱點)이 있습니다.

민주주의는 정치사회 사상이자 체제이고, 공산주의는 경제적 측면을 강조함으로 둘은 서로 대립되는 성격일 수 없습니다. 민주주의에 대립되는 정치체제는 독재(獨裁)입니다. 소련, 쿠바, 중국 등의 예를 들어 공산주의가 곧 독재라고 주장하는 경우가 있는데 이는 잘못입니다. 공산주의 국가에도 독재가 가능할 수 있고 마찬가지로 자본주의 국가에도 독재가 가능하기 때문입니다. 자본주의가 다 독재가 아니듯, 공산주의라고 다 독재인 것은 아닌 것입니다.

민주주의 지수를 표현한 지도이코노미스트는 자유롭고 공정한 선거과정, 시민적 자유, 정부의 기능, 정치적 참여와 정치적 문화의 5가지의 일반적인 분류에 초점을 두어 167개 국가의 민주주의 지수를 조사하여 발표되었습니다.
스웨덴이 전체 10점 만점에서 평점 9.98점을 기록하여 1위를 기록하였습니다. 이 민주주의 지수는 2006년의 조사이며, 2008년의 조사내용은 다음의 링크를 통해 확인할 수 있습니다. [2,3]

---

[2] Laza Kekic: "A pause in democracy's march" (From The World in 2007 print edition)
[3] Economist Intelligence Unit democracy index 2006 (PDF file)

Gettysburg Address

Four score and seven years ago our fathers brought forth on this continent a new nation, conceived in liberty, and dedicated to the proposition that all men are created equal.
Now we are engaged in a great civil war, testing whether that nation, or any nation, so conceived and so dedicated, can long endure. We are met on a great battle-field of that war. We have come to dedicate a portion of that field, as a final resting place for those who here gave their lives that that nation might live. It is altogether fitting and proper that we should do

this.
But, in a larger sense, we can not dedicate, we can not consecrate, we can not hallow this ground. The brave men, living and dead, who struggled here, have consecrated it, far above our poor power to add or detract. The world will little note, nor long remember what we say here, but it can never forget what they did here. It is for us the living, rather, to be dedicated here to the unfinished work which they who fought here have thus far so nobly advanced. It is rather for us to be here dedicated to the great task remaining before us—that from these honored dead we take increased devotion to that cause for which they gave the last full measure of devotion—that we here highly resolve that these dead shall not have died in vain— that this nation, under God, shall have a new birth of freedom—and that government of the people, by the people, for the people, shall not perish from the earth.

게티즈버그 연설내용 번역문

"여든 하고도 일곱 해 전, 우리의 선조들은 자유 속에 잉태된 나라, 모든 사람은 평등하다는 믿음에 바쳐진 새 나라를 이 대륙에 낳았습니다. 지금 우리는 그 나라, 혹은 그같이 태어나고 그 같은 믿음을 가진 나라들이 오래토록 버틸 수가 있는가? 시험받는 내전을 치르고 있습니다. 그리고 우리는 그 전쟁의 거대한 격전지가 되었던 싸움터에 모였습니다. 우리는 그 땅의 일부를, 그 나라를 살리기 위하여 이곳에서 생명을 바친 이들에게 마지막 안식처로서 바치고자 모였습니다. 이것은 우리가 그들에게 해 줘야할 마땅하고 옳은 일인 것입니다.

그러나 보다 넓은 의미에서, 우리는 이 땅을 헌정하거나… 봉헌 하거나… 신성하게 할 수 없습니다. 이곳에서 싸운 죽은, 혹은 살아남은 용사들이 이미 이 땅을 신성하게 하였으며, 우리의 미약한 힘으로는 더 이상 보탤 수도, 뺄 수도 없기 때문입니다. 우리들이 지금 이 자리에서 말하는 것을 세상은 주목하지도, 오래 기억하지도 않을 것입니다. 하지만 그 용사들이 이곳에서 한 일은 결코 잊지 못할 것입니다. 우리, 살아남은 이에게 남겨진 일은 오히려, 이곳에서 싸운 이들이 오래도록 고결하게 추진해 온, 끝나지 않은 일에 헌신하는 것입니다. 우리들에게 남은 일은 오히려, 명예로이 죽은 이들의 뜻을 받들어, 그분들이 마지막 모든 것을 바쳐 헌신한 그 대의에 더욱 헌신하는 것입니다. 그것은 그분들의 죽음이 헛되지 않도록 하고, 신의 가호아래, 이 땅에 새로운 자유를 탄생시키며, 그리고 사람들의, 사람들에 의한, 사람들을 위한 정부가 지구상에서 죽지 않도록 하는 것입니다."

지금까지 민주주의 기원과 정의에 대해 학창시절 배웠던 기억을 더듬어 보았습니다. 링컨이 게티즈버그에서 연설한 민주주의 정의(of the people, by the people, for the people)을 모르는 사람은 없을 것입니다. 그러나 우리는 아직도 누가 자유 민주주의를 견인(牽引)하고 지탱(支撐)하고 수호(守護)하는지 잘 알지 못하고 있습니다. 진정 민주정치에 대한 책임과 의무를 실감하는 훌륭한 민중이 되기 위한 공부를 우리들 다 같이 하기로 하겠습니다.

우리가 1945년 광복이후 67년 동안 민주화운동을 했음에도 불구하고, 왜 우리의 민주주의와 민주정치는 유럽의 선진국들처럼 성공되지 못하고 아직도, 왜? 자타가 공인하는 정치후진국에 머물고 있는지? 그 원인들을 탐구(探求)하고 탐구(探究)해 보아야 합니다. 그래야 문제의 해답을 찾을 수 있기 때문입니다.

모든 학문(學文)과 사물(事物)에 널리 통습(通習)되고 통섭(通涉)됨으로, 지도자의 책무(責務)를 감당할 수 있는 통섭(統攝)의 능력을 키우는 길을 걸어온 과정 중에 이상적인 대한민국의 민주주의에 대해 몇 마디 언급(言及)하고자 합니다.

필자가 지향(志向)하고자 하는 살아 숨 쉬는 생명이 있는 참 민주주의는:

국민에, 국민에 의한, 국민을 위한 민주주의가 아닙니다. 몽학(蒙學)적인 다수결인, 인기에, 인기에 의한, 인기를 위한 영합주의도 아닙니다. 대한민국의 참 민주주의는 진리에, 진리에 의한, 진리를 위한 민주주의 입니다.

지도자는 진리가 살아 숨 쉬는 '진리의 민주주의'가 독야청청(獨也靑靑) 할 때까지 즉, 생명의 정치가 실현될 때까지, 지성과 설득력과 자제력과 지구력과 지속적인 의지를 가지고 국민들에게 민주시민교육을 철저하게 실시해야 합니다. 그래야 생명의 정치인, '진리의 민주주의'가 확실하게 실천될 수 있습니다.

'진리의 민주정치'란 국민이 국정을 이끌어 가는 것이 아니라, 국민이 민주적으로 뽑은 지도자(指導者)의 통습(通習)되고 통섭(通涉)된 영도력(領導力)인 통섭(統攝)에 순종(順從)하는 것입니다. 간결하게 표현하면, 나라와 국정을 '3통'으로 이끌어 가게 하시는 것입니다.

우리들이 당면한 참담한 민주정치의 현주소를 정확하게 알고, 참 민주정치를 실현시킬 수 있는 많은 지혜로운 정책들이 이 책속에 전개되어 있습니다. 현재의 자신과 조국과 자자손손의 미래를 위해 자랑스러운 대한민국의 주인입장에서 끝까지 읽어 주시기를 진심으로 바랍니다!

읽으시고 지금의 난국을 국민모두 함께 돌파하는, 세계에서 으뜸가는 당당한 대한민국의 진실한 민주시민이 되는 정치혁명을 함께 '거룩한 한마음'으로 시작할 때가 도래(到來) 했습니다.

제2장
민주주의 왜 필요한가?

필자는 우리사회의 현실을 적나라하게 표현하는 부끄러운 기사들을 읽고 또 간디의 명언들을 살펴보고 나서 '진리의 민주주의'에 대해 국민들이 알기 쉽게 다음과 같이 서술(敍述) 합니다.

2.1. 한국국민들은 왜 분노하는가?

지금 우리나라에는 서민층, 중산층 부유층 할 것 없이 어느 계층도 만족함이 없습니다! 빈곤층이나 일부 사회 불만 세력에 국한된 얘기가 아닙니다. 부유층이나 기득권층조차도 그들대로 심한 불안과 강한 분노를 표출합니다. 젊은 층이건 중년층이건 혹은 노년층이건 분노에는 세대 간 차이도 없습니다. 분노, 요즘 한국인의 일반적인 정서가 돼버렸습니다. 분노라는 파괴적 에너지가 확산되면서 경제성장으로 겨우 지탱해왔던 한국인의 인성과 민주주의는 뿌리부터 크게 흔들리고 있습니다.

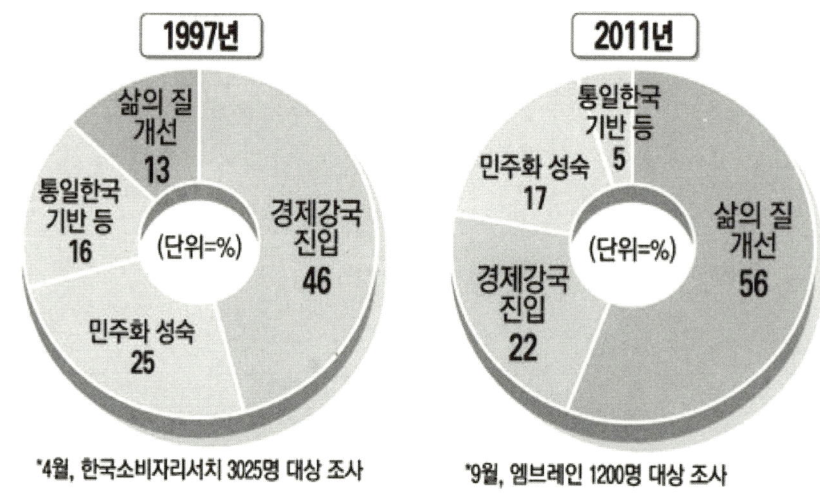

[한국의 최우선 국가목표]

2012년 4월 21일 매일경제신문은 리서치 전문업체인 엠브레인과 공동으로 국민 1,200명을 대상으로 국민의식 설문조사를 실시했습니다. 국민의식 변화를 측정하기 위해 1997년 4월에 실시했던 매경 비전코리아 설문조사 때 질문내용을 똑같이 적용했습니다.
조사결과 두 차례 경제위기와 14년이라는 세월은 한국인 생각과 마음가짐을 통째로 바꿔놓은 것으로 나타났습니다.

이번 설문조사에서 '최우선 국가목표를 무엇이라고 생각하느냐?' 라는 질문에 응답자 중 56%가 '삶의 질 개선'을 꼽았습니다.

1997년 4월 실시한 설문에서는 응답자 중 45.7%가 '경제 강국 진입'을 최우선 국가목표로 지목했다는 점을 감안하면 상당한 변화입니다. 경제성장이 개인적인 성공이나 행복으로 연결될 것이라는 고 굳게 믿었던 '성장신화'에 금이 간 것입니다.

한국인이 성장에 냉담해진 근본 이유는 갈수록 팍팍해지는 살림살이 때문입니다. '현재 걱정하고 있는 첫 번째 고민이 무엇이냐'는 질문에 먹고 입는 데도 부족한 금전이라는 답변이 무려 24.9%에 달했습니다. 이어 주거비 부담 24.6%, 노후대책 걱정 22.3% 순이었습니다. 연평도 포격, 일본 대지진 등 전쟁과 재난에 대해 고민을 하는 국민은 2.4%에 그쳤습니다.

지난 14년간 한국 GDP는 두 배 이상(1997년 506조원, 지난해 1,100조원) 늘어났지만 국민은 아직까지도 의식주 걱정에서 벗어나지 못했다는 뼈아픈 현실입니다. 성장에 대한 인식 변화는,

△ 성장잠재력 소진에 따른 충분하지 못한 성장률
△ 고용이 따르지 않는 질(質) 낮은 성장
△ 양극화를 부추기는 불공정한 '게임-룰'

등 세 가지 이유들로 분석 되었습니다.

이 중에서도 한국인은 불공정한 '게임-룰'에 주목하고 있는 것으로 나타났습니다. '아무리 정직하게 노력해도 성공하지 못한다!' 라는 인식은, 기존 기득권자들에겐 자기 것을 놓지 않으려는 경쟁적인 지대추구 행위(rent seeking) 로 나타나고 있고 다른 사람들에겐 이런 행위가 쓰라린 좌절감의 원인으로 작용함으로써 나라 전체를 분노의 아수라장으로 만들어놓고 있습니다[주1].

[주1] 지대추구 행위 (rent seeking) : 자기 이익을 위해 로비, 약탈, 방어 등 비생산적인 활동에
     경쟁적으로 자원을 낭비하는 현상을 말합니다.

노력해도 성공하지 못하는 이유가 금전부족 때문이라고 생각하느냐는 질문에 44.6%가 그렇다고 응답했으며, 인맥부족 때문이라고 생각하느냐는 질문에도 56.9%가 그렇다고 답변했습니다. 또 국민 83.5%가 인맥을 활용하면 목적을 보다 쉽게 달성할 수 있다고 여겼고, 30.1%는 실제로 목적을 위해 학연·지연·혈연관계를 활용한 적이 있다고 답변했습니다. 심지어 응답자 중 13.6%는 목표를 위해 금품이나 향응을 제공한 적이 있다고 밝혔습니다. 결론적으로 응답자 72%는 한국 자본주의는 진정한 자본주의가 아니라고 대답했습니다.

사실 현실적인 정치체제 그 자체를 '가짜(사시이비)'로 여긴다는 뜻입니다. 전문가들은 "이제 엄중한 위기감으로 국가적 생존본능을 일깨워 한국 자본주의시스템을 뜯어고쳐야 할 시점"임을 강하게 지적하고 있습니다[주2].

[주2] 출처: 매일경제 / 원문 기사전송 2011-09-21 17:51 / [기획취재팀 = 이진우 차장 / 이지용 기자 / 강계만 기자 / 이상덕 기자 / 최승진 기자 / 고승연 기자 / 정석우 기자 / 정동욱 기자]

은행원도 믿을 수 없는 나라, 완벽하게 무너진 한국의 현실정치체제를 '진실의 민주주의(진리민주)'로 태어나기 위해서는 21세기에 걸맞은 무소속이 없는, 선거비용이 전혀 필요 없는, 정당정치시스템으로 법을 개정하는 정치혁명(政治爀明)을 꼭 성공(成功)해야 중산층이 몇 년 안에 다시 힘차게 살아날 수 있음을 필자는 자신을 같고 확신하고 또 확신합니다.

"은행원이 날강도네" 신한은행 대규모 적발

국민일보 쿠키뉴스 강준구 강창욱 진상열 기자

eyes@kmib.co.kr 2012.09.03 18:05

신한은행 직원 18명이 고객이 낸 수수료 수억 원을 가로채온 것으로 확인됐습니다. 이 은행 중국 법인 직원들은 학비 지원금 부풀리기 수법으로 회사 돈을 유용한 정황도 포착됐습니다. 최근 잇따른 대출서류 조작, 고객예금 횡령에다 만성적인 수수료 빼돌리기까지 드러나자 은행권에 대한 전반적인 불신이 확산되고 있습니다.

3일 금융감독원 등에 따르면 신한은행 서교동 지점 직원 A씨는 지난해 기업 고객들이 납부한 신용평

가수수료 등 각종 1회성 수수료 2억여 원을 수차례에 걸쳐 빼돌렸습니다. A씨는 지점의 사업자등록증 등 관련 서류를 위조해 농협은행에 지점 명의의 통장을 몰래 개설한 뒤 고객들로부터 수수료를 입금받는 수법을 사용했습니다. 그는 올해 초 고객의 민원제기로 덜미가 잡혔습니다.

이 사건을 계기로 신한은행이 전체 지점을 대상으로 전수 조사를 벌인 결과 직원 18명이 적발됐습니다. 이들은 수수료 영수증을 허위로 발급해준 뒤 여러 차례에 걸쳐서 40만원에서부터 수천만 원에 이르는 돈을 횡령해온 것으로 드러났습니다. 신한은행은 적발된 직원 전원을 면직 처리했습니다. 동일 사건에 대한 징계로는 은행 창립 이후 최대 규모입니다. 신한은행 관계자는 "횡령액의 많고 적음을 떠나 고객 돈을 가로챈 것은 금융인의 자질이 없는 것이라 일벌백계했다"고 말했습니다.

이와 함께 신한은행 중국법인(신한은행 중국유한공사) 직원들은 국제학교 학비 지원금을 유용한 정황도 포착됐습니다. 신한은행은 학비 지원금 중 일정액은 전액 지원하되 그 이상 금액일 경우 70%를 지원하고 나머지 30%는 본인이 부담하도록 했습니다.

하지만 이들 직원들은 유니폼 비용 등 잡다한 경비를 끼워 넣어 영수증에 기재된 금액을 부풀리는 수법을 썼습니다. 은행 측은 문제가 불거지자 지원금 지급규정을 수정하고 일부 직원을 한국으로 발령했습니다. 금감원 고위 관계자는 "중국법인의 지원금 운영 규정이 모호한 상태에서 직원들이 석연찮게 지원금을 타낸 부분이 있다"면서 "다음 달로 예정된 신한은행 종합검사에서 사실관계를 확인할 것"이라고 말했습니다.
최근 고객 돈 31억여 원을 주식투자로 탕진한 우리은행 간부가 경찰에 구속되는 등 은행을 중심으로 금융권 비리가 잇따르고 있습니다.

한 시중은행 고객은 "각종 비리가 드러난 저축은행에 이어 이제는 일반 시중은행도 믿을 수 없는 상황이 됐다"며 한탄했습니다. 올 들어 지난달 말까지 각종 비리로 징계를 받은 금융회사 임직원은 447명으로 지난해 같은 기간(222명)의 배가 넘었습니다.

2.2. 자살왕국 대한민국

자신의 목숨을 스스로 끊는 자살이라는 비극을 막을 수는 없는 지요? 우리들이 다 같이 읽고 수치스러워해야 할 최근에 보도된 자살에 관한 신문기사를 이 책에 실으면서, 지식인의 한사람으로서 애통하고 비통한 심정으로, 자살이 방지되는 안정된 정치 및 사회체제를 만드는 민주주의의 진실 된 정당정치를 구현할 수 있도록 계몽(啓蒙)하기 위하여 정성을 다하여 이 책을 만방에 출판합니다.

"자살률 OECD 1위 오명"

우리 국민의 자살(自殺) 문제가 예상보다 심각한 상태로 악화되고 있는 것으로 조사됐습니다. 2010년 자살로 사망한 인구는 1만5,566명으로 10년 전인 2000(6,444명)과 비교해 약 2.4배로 급증했습니다. 인구 10만 명당 자살 사망자 수도 2000년 13.6명에서 2010년 31.2명으로, OECD 국가 중 단연 1위입니다. 지금도 하루 평균 42.6명이 스스로 목숨을 버리고 있습니다.

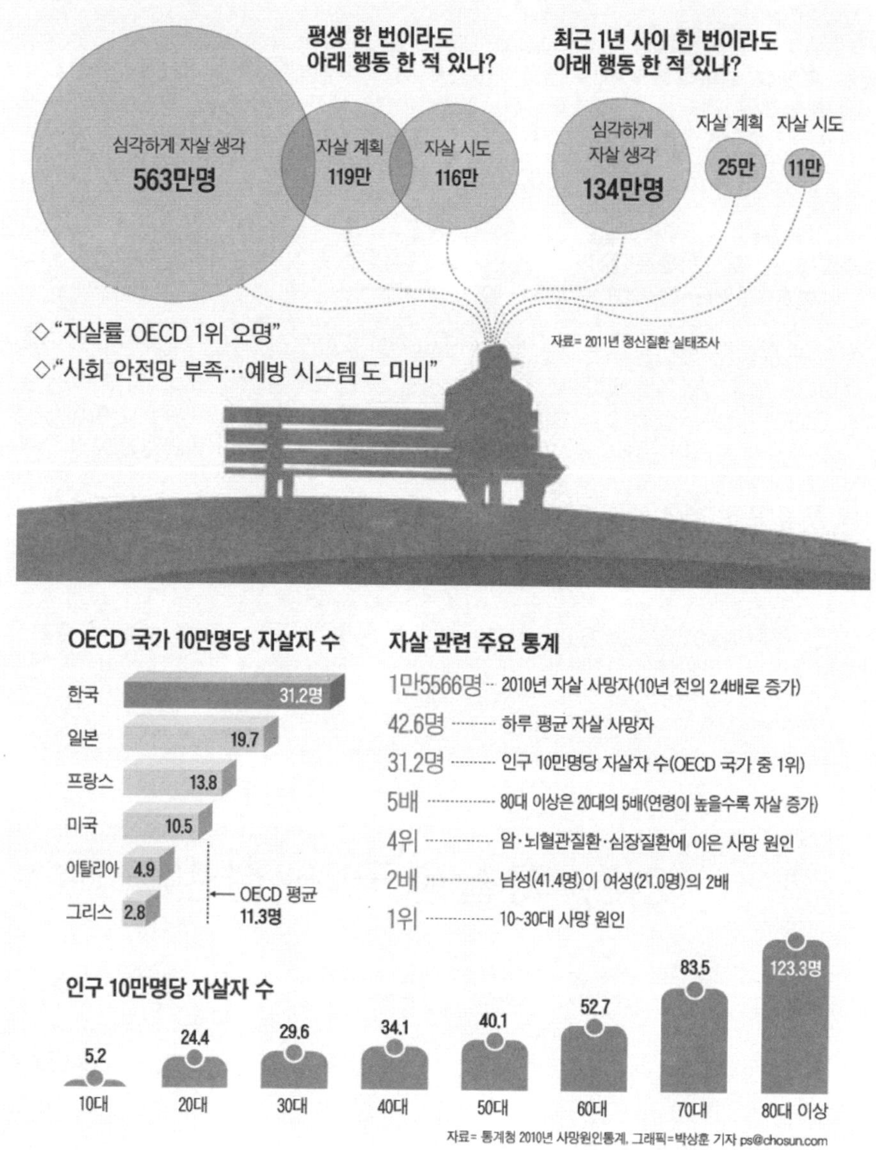

[출처자료=통계청 2010년 사망원인통계, 그래픽=박상훈 기자 ps@chosun.com]

본지가 17일 통계청과 보건복지부 자료를 분석한 결과 우리나라 성인(18세 이상) 6명 중 1명꼴인 563만 명이 평생 한 번 이상 심각하게 자살을 생각한 것으로 나타났습니다. 최근 1년 사이 심각하게 자살을 생각한 성인은 134만 명(3.7%)이고, 이 중 11만 명(0.3%)은 실제로 자살을 시도했고, 1만 5,566명(2010년)은 자살했습니다. 자살률은 연령이 높아질수록 증가해 80대 이상 자살률은 20대 자살률보다 5배 높습니다. 통계청 서운주 인구동향과장은 "우리나라는 고령자 자살이 다른 나라보다 현저히 높은 것이 특징"이라고 말했습니다. 이처럼 자살이 급증한 것은 우울증 등 정신 질환이 급증하는 것과 맞물려 있습니다. 자살을 시도한 사람의 75.3%는 한 가지 이상의 정신장애를 경험했습니다. 남자는 알코올 중독(50.7%), 여자는 우울증 등 기분장애(49.6%)와 불안장애(42.6%)가 많았습니다.

"사회 안전망 부족…예방 시스템도 미비"

전문가들은 "다른 나라도 급격한 서구화 과정에서 자살률이 증가했지만 우리나라는 너무 빨리 높아지는 것이 문제"라며, 고소득층과 빈곤층의 격차 확대, 경쟁 심화, 사회 안전망 부족, 자살 예방 시스템 미비 등을 주요 원인으로 들고 있습니다.

서울대학병원 신경정신과 조맹제 교수는 "우리나라가 지난 60여 년 동안 압축·고도성장 하면서 사회적으로 취약 계층이 많이 늘었지만 이들을 위한 사회적 안전망이 크게 부족하다"며 "자살률을 낮추기 위해서는 빈곤층과 노년층 등 소외 계층을 감싸 안는 사회적 노력이 필요하다"고 말했습니다.
가천의대 예방의학과 임정수 교수는 "특히 노인들은 연금을 받는 경우가 거의 없고, 간병이나 보험 등 질병관리 시스템도 미비하기 때문에 생활고(苦)에 시달리다 자살하는 경우가 많다"고 말했습니다.

우리 사회가 낙오자를 감싸 안지 않는 승자독식(勝者獨食)의 냉혹한 무한경쟁 사회로 변해가는 것도 자살 증가의 원인 중 하나로 꼽힙니다. 초·중·고교생은 극심한 입시·학업 스트레스에 시달리고, 대학생들과 대졸자들은 치열한 취업 경쟁을, 취직해서도 직장 내에서 양보 없는 경쟁을 벌이고 있습니다. 이 과정에서 한 번이라도 낙오하면 패자가 되고, 재기(再起) 기회가 주어지지 않으면서 자살이라는 극단적 선택을 하는 차가운 사회가 형성돼 있다는 것입니다.

'자살 공화국'이란 말이 나올 정도로 자살 문제가 심각한데도 예방 시스템은 미약합니다. 자살 예방을 위해 범정부적인 노력을 하는 일본의 지난해 자살 예방 예산은 기금을 포함해 234억엔(약 3,334억 원)이었지만, 올해 우리나라 자살 예방 예산은 23억 원에 불과합니다. 보건복지부 관계자는 "아직 자살이 사회적 문제라는 인식이 낮아 예산 심의에서 뒷전으로 밀리고 있습니다."라고 말했습니다[주 1,2].

[주1] 출처: 조선일보 기사입력 : 2012.02.18 03:04
[주2] 출처: 조선일보 / "자살 동기 분석해 예방하는 핀란드식 '심리부검' 도입해야" 김민철 기자
mckim@chosun.com 입력 : 2012.02.18 03:04

2.3. 간디의 망국론(亡國論)

인도의 정신적 지주이자 '비폭력 저항운동'의 선구자이며 모든 인류들에게 정신적 지도자로 변함없이 추앙받는 간디는 나라가 망하는 이론을 정립했는데, 간디는 나라를 망치게 하는 사회의 큰 죄악으로 7가지를 들었습니다.

이 칠거죄악을 우리는 "간디의 망국론"이라고 합니다. 나라가 망하지 않으려면 망국적인 행위는 지향(指向)되지 말아야 합니다. 간디가 지금의 대한민국을 바라보시고 있다면, 어떤 느낌을 받으실까요? 지도층은 물론 국민모두가 이 교훈을 뼈저린 반성과 함께 겸허하게 받아 드리는 것이 지금 우리들의 어려운 난국을 무사히 헤쳐 나갈 수 있을 현명한 해안(解顔)이 될 것으로 봅니다.

- 간디가 역설하는 '망국으로 가는 칠거죄악' -

[Mohandas Karamchand Gandhi 1869-1948]

1. 으뜸 죄악은 <원칙 없는 정치(政治), Politics without principle>

통섭(通涉)되지 못한 자는 참신한 정책을 세우기 어렵고, 설익은 반풍수나 선무당은 거짓예언으로 역사를 망치게 합니다. 정치가가 되고자 하는 자는 누구든지 문과(文科) 이과(理科)를 다 통섭해야 합니다. 외교가 중시되는 21세기에는 선진국의 세계적인 명문대학의 박사학위는 수기치인(修己治儿)의 필수조건 입니다[주1]. 공자 말씀에 '배우지 않고 생각하는 것은 아주 위험하다.'고 하셨습니다.

[주1] 수기치인(修己治儿) : 내 몸을 닦아 남을 교화(敎化)함 / 자신을 닦은 후 남을 돕는다(정치).

대한민국건국은 기득권 세력이었던 친일파가 권력을 잡은 국가로, 남북분단이라는 특수상황임에도 불구하고 능력이 부족한 정치꾼들에 의해서 원칙 없고, 무능하여 치졸(稚拙)한 정치풍토가 꼬리에 꼬리를 물고 온지도 67년이 됩니다.

대의정치라는 허울 좋은 명분으로 과반수의 지지도 얻지 못하는 국민의 대표가 모든 권력을 휘두르고 있습니다. 민주선거라는 명분하에 선출된 사시이비(似是而非) 지도자들은 국민의 의식주(衣食住)를 최우선적으로 배려해야 하는 가장 기본이 되는 정책에 대해서 마저 원칙이 없습니다. 완미고루(頑迷固陋)한 나쁜 통례들만을 힘주어 주장하는 인간들이 자기들 세상인양 활개치고 있는 안타까운 현실이 아직도 지속되고 있다는 점입니다[주2].

[주2] 완미고루(頑迷固陋) : 완고(頑固)하여 사물(事物)을 바로 판단(判斷)하지 못함

2. 두 번째 죄악은 <도덕 없는 상업, Commerce without morality>

사람들은 돈을 벌기 위해 장사를 합니다. 그러나 염치없이 수단과 방법을 가리지 않고 돈만 벌면 되는 것으로 아주 잘못 인식하고 있습니다. 돈을 벌 때 지켜야 할 상도(商道)라는 엄중한 도덕적인 윤리가 있고 사회에 대한 책임과 의무가 있는 것입니다. 돈이 소중한 것은, 돈으로 남들을 도울 수 있고, 또 사회에 유익(有益)하고 필요한 아름다운 역사(歷史)들을 덕(德)으로 행(行)할 수 있기 때문입니다.

오직 이익을 위한 유통, 사회적 책임을 느끼지 않는 양심 없는 생산자와 유통업자들에 의해 품질은 배려되지 않고 가격만을 고집하는 분위기가 한국사회에 만연(蔓

延)합니다. 계영배(戒盈杯)를 모르는 악덕상인들이 활개칠 수 있는 허술한 경제시스템이 전혀 개선될 여지가 보이지 않으니 우리들 한국국민모두가 정말로 답답할 뿐입니다[주1].

[주1] 계영배(戒盈杯) : 최인호의 원작소설 거상 임상옥 을 다룬 "商道"에 戒盈杯(계영배)라는 술잔이 나옵니다. 의주에 거상 임상옥이 항시 곁에 두고서 끝없이 솟구치는 자신의 과욕을 다스린 신비의 술잔입니다. 이 술잔은 잔이 차면은 넘친다는 평범한 진리를 우리에게 교훈으로 가르쳐 주는 소중한 얘기입니다. 임상옥이 잠시 암자에 들어가 와신상담 할 적에 그를 훈육하였던 스님이 속세로 돌아가는 임상옥에게 가르쳐준 3가지 마지막 교훈은 계영배로 財上平如水 儿中直似衡 (재상평여수 인중직사형) "재물은 평등하기가 물과 같고 사람은 바르기가 저울과 같습니다." 이 말은 이 시대에도 명언으로 자족의 미학을 가르치고 있습니다. 계영배라는 잔을 통해서 인간이 라면 누구나 갖게 되는 과욕과 욕망을 제어해야 살아남는다는 인생의 교훈을 독자들에게 전하고 싶었나 봅니다. 넘치는 것을 두려워 할 줄 알고 자기 분수에 맞는 삶을 자족할 줄 알고, 분수에 맞는 삶을 자족할 줄 아는 조상의 삶의 지혜가 담긴 것이어서 풍요로운 물질 속에서 허우적거리는 현대인들에게 더할 수 없는 교훈이 아닌가 싶습니다. 인간은 "공수레 공수거" 라고 하지요. 달도 차면은 기울고 물도 차면 넘치고--

계영배는 광주 도자기제품 중 외국인 선물용선호도 1등 제품

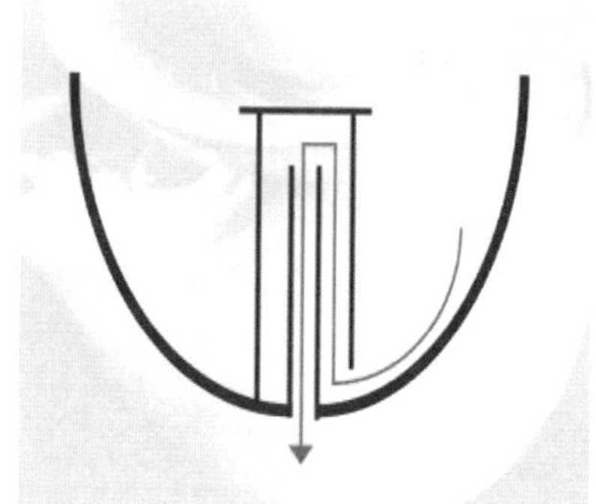

[상품화된 광주 도자기제품 계영배들과 그 작동원리도]

[출처: 뉴시스│유길용│입력2009.06.22 12:01] & [http://blog.daum.net/yccho3379/12359106]

7부가 넘는 술은 모두 사라져 버린다는 신비의 술잔 계영배는 노자(老子)의 도덕경(道德經) 제44장 9절에서 비롯된 말입니다. "만족을 알면 욕을 당하지 않고, 멈출 줄 알면 위태롭지 않습니다. 즉, 지지불욕 지지불태 (知足不辱 知止不殆)"... 그래서 적당하게 즐기는 음주문화는 꼭 필요한 생활인 것입니다. 그 옛날 조선시대 도공 우명옥이 만든 계영배(戒盈盃)라는 술잔의 의미를 되새겨 봅니다. 넉넉지 못한 살림에 오로지 그릇 만드는 일로 성공하겠다는 포부를 안고... 스승을 찾아가 피나는 노력 끝에 유명한 도공이 된 우명옥은 명예와 재물을 얻었지만 술과 여자에 빠져 방탕한 생활을 하다가 재산을 모두 탕진하고 자신의 잘못을 뉘우치며 만든 것이라 합니다. 계영배에 술을 가득 채우면 술이 사라져 버리고, 7할 정도를 따르면 술이 그대로 남아 있다고 합니다. 넘치지 않고 적당한 선에서 멈출 줄 아는 마음가짐 경계하라는 뜻이라 볼 수 있겠습니다. 음주든, 말하는 것이든, 하고 싶은 것이든 계영배의 의미처럼 적당한 선에서 멈출 줄 아는 혜안(慧眼)을 우리 모두 가졌으면 합니다. 옮겨온 글 [출처: http://blog.daum.net/yccho3379/ 12359106]

심지어 생명마저 위협할 수 있는 먹을거리를 가지고 장난치는 악질 유통 업자들에게 우리나라는 솜방망이식인 며칠간의 영업정지와 벌금만으로 그들의 중죄를 묻는 정도입니다. 국제 원유가와 국제 원자재가 고공행진 할 때 유통업자들은 유통마진을 더 붙이는 비도덕적인 행위를 하고 있는 상태입니다. 그들의 행위가 서민층 생활에 아주 큰 위협이 될 수 있다는 것을 알면서도 상도는 외면되고 있습니다.

3. 세 번째 죄악은 <노력 없는 부(富), Wealth without work>

스스로 땀을 흘리면서 모은 부(富)라야 떳떳할 수 있고 가치가 있는 것입니다. 또 모든 사람들이 그렇게 땀을 흘리며 노력할 때 사회가 밝아집니다. 땅 투기, 이권매매, 주식조작, 게임투전, 분식회계, 탈세, 상속 등으로 재산을 불리는 사람이 늘어나면 나라의 경기는 험악해 지고 인간성이 사라지며 점점 더 강퍅해져서 아주 험악한 사회가 됩니다.

정부의 행정 관료들조차 부동산 투기 등 직위를 이용한 각종 이권(利權)에 편법과 불법으로 개입함으로써 얻은 부에 대해서도 합법적이라는 표현을 구지 써 가면서, 자신들의 행위에 대해 반성은커녕 일말의 양심적 가책도 느끼지 않습니다. 국가의 비호아래 자라온 대기업의 수뇌들은 정치인들과 유착하여 사회적 의무인 '노블레스 오블리주' 조차도 외면하는 아주 두꺼운 얼굴을 갖고 있습니다[주].

[주]노블레스 오블리주(프랑스어: Noblesse oblige, IPA: /nɔblɛs ɔbliʒ/): 프랑스어로 "귀족성은 의무를 갖습니다."를 의미합니다. 보통 부와 권력, 명성은 사회에 대한 책임과 함께 해야 한다는 의미로 쓰입니다. 노블레스 오블리주는 사회지도층에게 사회에 대한 책임이나 국민의 의무를 모범적으로 실천하는 높은 도덕성을 요구하는 단어입니다. 이 말은 사회지도층 사람들이 국민의 의무를 실천하지 않는 문제를 비판하는 부정적인 의미로 쓰이기도 합니다.

대부업체의 살인적인 이자율과 부동산 투기(위장전입과 같은 각종 불법행위)를 통해 불법으로 사취한, 땀 흘리지 않고 얻은 수익으로 또 다른 부의 축적을 위해 규제완화와 규제철폐 등을 외치고 있는 현실이야 말로 우리나라의 너무나 부끄럽고 염치없는 자화상(自畫像)이 아닐 수 없습니다.

4. 네 번째 죄악은 <인격 없는 교육, Knowledge without character>

참다운 교육은 냉철한 두뇌만이 아니라 따뜻한 가슴을 소유하는 사람으로 육성시키는 것입니다. 그것은 제도만 바꿔 나간다고 되는 것이 아닙니다. 지식과 지혜를 교육하기 전에 사람을 사랑하는 휴먼정신을 심어 주어야 합니다. 건전한 비판능력이 거세된 채 기술과 지식만이 머릿속에 들어간 이른바 로봇 같은 신지식인들만으로는 우리들의 앞날을 태운 배가 순탄한 항해(航海)를 할 수 있는 것은 아닙니다.

그 뿐만이 아니라 다수의 학자들은 곡학아세(曲學阿世)를 무기로 시회적 지위와 부와 권력을 쟁취하려 합니다. 자신의 노력보다는 비이성적이고 비합리적이더라도 권세 있는 집단의 입장을 옹호하여 이득을 보려는 인격이 결여된 인간들이 적지 않습니다. 지식이란 잘 못쓰면, 때에 따라 날카로운 비수처럼 해가 될 수도 있는 소장(所藏)품으로 자칫 큰 불행을 초래하기도 합니다.

5. 다섯 번째 죄악은 <인간성 없는 과학, Science without humanity>

올바른 과학은 사람이 행복한 생활을 누릴 수 있게 하기 위해 존재합니다. 과학은 개발을 앞세워가며 생활환경을 오염시킬 수도 있습니다. 또 과학이 살상무기를 발명시켜 인간을 살상하는데 앞장설 수도 있습니다. 또한 기술적인 업적을 사회적인 가치로 돌리기 전에 우선 부의 축적을 위한 수단으로 이용하는 과학기술자들이 인간(儿間)의 존엄성(尊嚴性)을 무시한 채 큰 죄악(罪惡)을 범하고 있습니다.

6. 여섯 번째 죄악은 <양심 없는 쾌락, Pleasure without conscience>

모든 사람이 간디처럼 금욕주의를 지킬 필요는 없지만, 쾌락이 정도(程度)를 벗어날 때 사회는 타락(墮落)하게 되고 망국은 시작되는 것입니다.

정치인들과 기업인들이 사회적 기여도는 매우 낮고, 그들은 밤의 활동(각종 로비와 청탁, 뇌물수수)을 통해 서로의 위치를 공고히 합니다. 정치인들은 그들의 밤의 문화에 대해 이야기하고 그것을 즐기는 것에 대해 일말의 양심적 가책도 느끼지 못하고 마치 그것이 너무도 당연한 일인 것처럼 오히려 치부해 버립니다. 또한 명분과 의미가 부족한 값비싼 문화행사에 국민의 혈세를 지원하거나 또는 각종단체에 기부를 마치 개인의 것인 양 착각하면서 세를 과시하고, 그로인한 혜택 또한 자신의 것으로 돌리는 일이 비일비재합니다. 즐기되 그것은 철저히 공적인 지출로 만들어 자신의 책임과 의무를 망각시키는 행각을 즐깁니다. 그리고 도를 넘는 문화는 '타락(墮落)'이란 사탄(詐誕)의 작품으로, 인격과 인품을 말살시켜서 결국에는 나라까지 패망하게 만듭니다.

7. 일곱 번째 죄악은 <희생 없는 신앙, Worship without sacrifice>

신앙인들이 겉으로만 희생의 미덕을 노래할 뿐 자기희생의 숭고한 정신을 망각한 위선을 꾸짖는 말씀입니다. 이 같은 죄악들은 모두 간디가 1930년대의 인도의 현실을 두고 한 말이었는데도 마치 오늘의 한국을 두고 한 말처럼 생생하게 귓전을 때립니다.

교회에서 창조주를 부르짖고, 부의 축적으로 신앙의 가치를 평가하는 교회와 그 부에 대한 사회적 책임을 망각하고 건물의 화려한 외장과 웅장한 높이로 위용을 과시하는 목자들조차 사회적 책임에는 수수방관으로 일관합니다. 그리고 교회조직내부의 권력다툼은 신앙과는 별개로 생각하는 한국의 종교단체들을 우리 국민들은 멍하니 바라만 보고 있습니다.

그들이 가장 낮은데서 함께하라는 종교의 참뜻을 맘속 깊이 새기지는 않더라도, 사회의 일원으로서 지켜야 하는 책임마저 외면한 채, 교회에서 사회를 논하고, 정치를 논하고, 경제를 논하는 거짓교인들의 집합체로 종교를 빙자한 기업인들인지 교인들인지 구별이 아주 모호합니다.

간디가 <원칙 없는 정치>를 제일 으뜸 죄악으로 손꼽은 데는 더욱 절실함이 가슴에 와 닿게 됩니다. 합당을 한다, 신당을 차린다, 하여 진난 봄에 정계는 선거를 눈앞에 두고 매우 어수선했었습니다. 어느 쪽에 붙어야 살아남겠느냐며 용하다는 점쟁이들을 다 찾아다니는 정치인들의 마음속에는 이념이나 신념은 물론 국민들을 긍휼이 여겨야하는 사고가 끼어들 여지가 없었습니다. 판을 새로 꾸미겠다는 사람들

에게도 원칙이나 철학이 있는 것 같지도 않습니다. 정치원칙은 귀향가고 그저 무슨 권모술수(權謀術數)를 써서라도 기득권을 유지하기 위해 세를 불리겠다는 생각뿐인 것처럼 보입니다.

새 정치를 말할 자격조차 갖추지 않은 무능력한 사람들이 새 정치를 말한다는 것 역시 명분이 충분치 않습니다. 새 인물을 쓴다고 새 정치가 되는 것은 더욱더 아닙니다. 새 인물이라는 것도 사실은 지금까지 더러움을 탈 기회가 주어지지 않았을 뿐일 수도 있습니다.

새로 담은 물이 정말로 깨끗하고 맑다고 가정합시다. 그렇지만 아무리 헌물을 절반이나 버리고 새물을 부어넣는다고 해서 통속의 물이 새로워지지는 않습니다. 자칫하면 그것은 탁주와 맥주를 섞어 마시는 꼴이 되기가 쉽습니다. 새 인물은 새로운 것이 아니라 똑 같이 능력 없고 부적합한 다른 인물일수 있음을 지극히 경계해야 합니다[주].

[주] 출처: bbs1.agora.media.daum.net 와 그 외 매스컴의 내용을 종합 / 2012

무엇보다 정치를 감당할 수 있는 지도자의 5대 자질(지성, 설득력, 지구력, 자제력, 지속적인 의지)이 갖추어진 역량 있고 정신이 똑바른 각 분야의 특출한 석학들이 진출할 수 있는 정치적인 맑은 환경을 먼저 만들어야 합니다. 정치를 감당할 수 있는 훌륭한 인재로 다 갈아치울 수 있게 하려면, 제일먼저 전혀 돈이 들지 않는 선거제도를 독일처럼 실시할 수 있도록, 정치혁명(政治爀明)은 '거룩한 한마음'으로 뭉친 국민들이 기필코 성공시켜야 합니다.

2.4. 민주주의의 필요성

정치 지도자는 자질을 갖추기 위해서 통습(通習)되고 통섭(通涉)되어야 지혜롭게 통섭(統攝)할 수 있습니다[주1].

[주1] 통습(通習) : 1.모든 것에 걸쳐 두루 배움. 2.사물의 진리를 잘 분별함.
    통섭(通涉) : 1.모든 학문(學文)과 사물(事物)에 널리 통함. 2.서로 사귀어 오감.
    통섭(統攝) : 1.도맡아 다스림. 2.통치(統治)함

선진국의 정치재단에서 세자교육(世子敎育)처럼 지도자교육을 받은 통섭(通涉)된 입지적(立志的)인 인물이 지도자가 되어야 민주주의가 다시 살아날 수 있습니다. 미국식 자본주의에 길들인 기득권자들은 한국에는 지도자가 없다고 아우성 이지만, 사실 한국인으로 유학당시부터 지금까지 유럽 국가의 정치재단에서 정식 정치지도자로 육성되는 교육과 훈련을 받은 인재들은 국민들이 생각하는 것 보다 의외로 훨씬 많이 있습니다.

정권전체를 송두리 체 다 교체하고도 남는 출중한 인물들이 국내에 충분히 있습니다. 이들은 자질이 출중하여 어려운 정치를 감당하고도 남는, 능력 있고 청빈한 인물들입니다. 그러나 그들은 충분한 인격과 정치가로서 모든 것을 갖추었으나 선거자금이 없는 청빈함 때문에 '왕따'를 당한 안타까운 인물들입니다. 그 인물들의 수가 무려 2만여 명이나 됩니다.

사시이비(似是而非) 지도자(指導者)가 나라를 통치하다 보니 고도의 경제성장에도 불구하고 승자독식(勝者獨食)으로 극심한 빈부차로 온 국민들이 분노에 찬 불행한 삶을 사는 것이 오늘날 대한민국이 처한 아주 비참하고 비참한 현실입니다.

왕이 지배하던 당시에는 왕자들 중에서 가장 훌륭한 사람을 골라 세자교육을 조기에 시작하여 왕권을 이양할 때까지 지속적으로 지도자교육을 시킴으로 통습(通習)되고 통섭(通涉)이 가능한 교육을 받을 수 있는 제도가 있었으므로 왕위에 오르더라도 통섭(統攝)할 수 있는 능력을 충분히 갖출 수 있었습니다.

인재를 지도자로 키우는 정치재단(政治財團)이 선진국에만 존재하기 때문에, 아직까지 한국에는 정치가를 육성하는 정치재단이 없다보니, 국내에서는 참신한 지도자가 제대로 육성되지 못했습니다. 또한 서양처럼 왕정에서 민주주의로 변천하는 과도기 200년을 격지 못한 한국국민들은 정치적인 계몽이 되지 않은 상태이고 보니, 사시이비정치가(似是而非政治家)들이 즉, 기득권패거리들이 되어서 정치판을 마치 이권다툼을 하는 자신들의 활동무대로 이용했고 아직도 이용하고 있습니다. 이는 지금의 한국이 급속도로 패망으로 지향(指向)되고 있다는 확실한 증거입니다[주2].

[주2] 사시이비(似是而非) : 겉은 옳은 것 같으나 속은 다름 / 약자는 사이비(似而非) 임
　　　지향(指向) : 지정(指定)해 그 쪽으로 향(向)하게 함

군주제는 왕권을 세습하기 때문에 항상 훌륭한 세자가 왕위를 이어 받기란 쉽지 않는 법입니다. 왕에 따라 때로는 성군과 폭군으로 국가운명을 달리했습니다. 이러

한 폐단을 보완하기 위해 '정도에 어긋남이 없고, 명분에 부족함이 없는 정치'를 할 수 있는 통섭(統攝)할 수 있는 최고의 적임자를 찾을 수 있는 제도로 창안되게 한 동기가 바로 '민주주의'를 탄생시킨 것입니다.

민주주의 사회에서 복잡한 현실 문제를 해결해 가는 정책을 세우는 일은 국회의원이란 전문가들의 책무입니다. 그러므로 각 분야의 특출한 능력을 소유한 전문가들을 뽑아 국정에 필요한 사항을 입법하는 전문기관이 바로 국회입니다.
국회는 인기 몰이한 어중이떠중이들이 국민대표로 들어오는 곳이 아닙니다. 동을 대표하는 동장(洞長)이나 시역구를 내표하는 구장(區長)과 비슷한 직책이 아닙니다.

지성과 전문능력을 고루 갖추고 지각(知覺)된 자로 국가의 중대사들을 감당할 수 있는 합당한 인물들이 국민의 입법대표인 국회의원으로 선출되어야 우리 모두가 다 행복해질 수 있습니다. 그러나 현실은 금권과 기득권으로 또 다른 권모술수(權謀術數)로 선거 때마다 표를 매수하거나 거짓 홍보로 군중심리를 순간적으로 충동질하여 민중들의 뜻이 아닌 군중들의 몰지각한 선동투표행위로 유도되게 됩니다. 그 결과 나라를 망치는 능력부족의 사시이비 국회의원들이 선출되는 것입니다. 심지어는 반공국가인 남한에서 친 공산세력들이 버젓이 국회로 입성하는 것은, 있을 수 없는 크나큰 우를 범하고 있는 것 입니다. 이들의 친 공산 활동을 막을 수 있는 정도에 어긋남이 없고 명분에 부족함이 없는 정치제도(System)를 구축하는 것이 가장 시급한 당면과제 입니다.

올바른 정치시스템이 구축되면 진정한 민주주의가 소생되게 되어서 오히려 왕권시대, 즉 군주제도 때 보다 더 든든한 정치적으로 선진된 국가를 건설할 수 있습니다. 사실 민주주의 국가에서 선거제도 하나만이라도 지혜롭게 똑바로 제정하면, 현재에 나타나고 있는 혼돈, 혼미, 혼란은 충분히 막을 수 있습니다. 그러므로 민주주의 나라에서 무소속이 없는 확실한 정당정치는 현대정치(現代政治)의 선택조건(選擇條件)이 아니라 필수조건(必修條件)인 것입니다.

필자는 그래도 교육수준이 아주 높은 한국국민들로부터 민주주의를 성공시킬 수 있는 활활 타오르는 불꽃같은 의지와 갈급함을 보았고 체험했기 때문에 '우리가 살길은 오직 정치혁명 뿐입니다!'이란 아름다운 제목으로 어려운 정치혁명을 이 책을 통해 쉽고 아름답게 성공시키고자 합니다. 세계적로 유래가 없는 200년의 민주주의 과도기를 뛰어 넘고 있는 자랑스러운 우리 대한의 국민들에게 민주주의와 정당정치를 알기 쉽게 이해할 수 있게 이 책에 의미 있는 내용들을 아주 쉽고 재미있게 설명하였습니다.

우리 국민들이 확실하게 이해만 하게 되면, 대통령도 하루 만에 바꿀 수 있는 대단한 결단력이 있으며, 하고자 하는 뜻이 '거룩한 한마음'으로 집중되면 순식간에 엄청난 저력을 발휘하는 사람들입니다.

한 예를 들면, 2002년 월드컵 때 화장실이 너무 더러우니 개선할 것을 세계축구연맹(FIFA)로부터 지적받았습니다. 문제를 이해한 국민들이 '거룩한 한마음'으로 합심하여 악취가 진동하는 최악의 상태인 화장실을 단기간 내에 클래식 음악이 흘러나오는 휴게실로 변모시켰습니다. 요즈음은 화장실인지? 휴게실인지? 음악 감상실인지? 모를 정도로 전국의 공중화장실이 개인주택 화장실보다 더 차원 높게 개선되었습니다. 그뿐만 아니라 "화장실문화"라는 새로운 전문용어까지 탄생시켰습니다. 지금은 세계최고의 화장실문화시스템을 갖추게 되어서 외국의 관료들이 한국의 공중화장실을 벤치마케팅 하러 온다고 합니다.
이처럼 우리는 온 국민이 마음만 먹으면 못할 역사가 없습니다. '무엇이든지 하면 됩니다.' "We can do all!" 정치도 마찬가지로 혁명(爀明)하면 됩니다.

단 하루 만에 정치혁명(政治爀明)으로 새로운 하늘을 열수 있는 능력이 출중한, 전혀 알려지지 않았으나, 오랜 기간 동안 학문과 민생체험으로 통습되고 통섭된 입지적인 새로운 과학기술대통령을 뽑을 수 있는 판단력과 결단력과 용솟음치는 행동능력들이 우리국민들의 가슴속 깊숙이 조용하게 자리 잡고 있음을 필자는 확실하게 투시했습니다.

정치혁명을 할 수 있는 우리국민들의 엄청난 저력을 확실하게 믿습니다. 우리 국민들은 하고자 하는 일치된 '거룩한 한마음'에 시동이 걸리면 못할 것이 없는 무서운 힘을 발휘하는, 세계에서 가장 으뜸가는 영원히 꺼지지 않는 횃불 같은 숭고한 민족이 바로 우리 민족이기 때문입니다. 필자가 33년을 준비한 아름다운 정치혁명(政治爀明)을 대한민국 국민들의 힘으로 2년 내에 확실하게 성공시킬 수 있습니다.

필자는 임진년(壬辰年)과 계사년(鷄舍年)에 세상을 크게 놀라게 하는 33년 동안 세계적인 독일정치재단(KAS)에서 교육받은 완벽하게 통습(通習)되고 통섭(通涉)되어 나라를 통섭(統攝)할 수 있는 한국인으로 전 세계가 존경하고 인정하는, 외교, 국방, 그리고 내정에서 국민의 심정을 경영할 수 있는, 지금까지 어설프기만 하던 부분들을 보완하여 대한민국의 민주화를 완벽하게 완성할 수 있는, 제7공화국의 새 하늘을 여는 입지적(立志的)인 과학기술대통령(科學技術大統領)으로 탄생(誕生)될 것을 믿어 의심치 않고 스스로 확신(確信)하고 또 확신하는 바입니다.

제3장
민주주의와 민주정치

세계적인 석학들이 정치(政治, politics)를 학문적으로 어떻게 정의 내리는지 다음과 같이 살펴보기로 하겠습니다.

"정치는 가치의 권위적 배분(authoritative allocation of values) 입니다."
- 데이비드 이스턴 (David Easton) -

"정치는 국가의 운영 또는 이 운영에 영향을 미치는 활동입니다."[주1]
- 막스 베버 (Max Weber) -

"정치는 국가의 영역뿐 아니라 모든 인간관계에 내재된 권력관계입니다." [주2]
'배분', '국가 혹은 정부의 활동', '권력 관계'라는 세 가지로 정의합니다.
- 80년대 이후 포스트모더니즘 -

"누가 무엇을, 언제, 어떻게 갖느냐 (Who gets what, when and how)'라 는
'배분'의 측면에서 정의하고 있습니다."   - 해롤드 라스웰(Harold Lasswell) -

"정치는 국민의 심령(心靈)과 생명(生命)을 경영하는 과학기술입니다." [주3]
- 박춘근 (Dr. Park, Choon-Keun) -

"**정치학**", 정치적 행동을 과학적으로 연구하고 분석하는 학문으로 관련된 분야로는
정치철학, 비교정치학, 국제정치학 등이 있습니다.

[주1] '직업으로서의 정', 막스 베버, 1919
[주2] 미셸 푸코는 사적인 인간관계에서 나타나는 권력을 '미시권력'이라고 정의합니다.
[주3] 심령(心靈): 1.정신의 근원이 되는 의식의 본바탕. 2.<심리>과학으로는 풀 수 없는 신비하고
    불가사의한 심적 현상. 3.<철학>육체를 떠나서 존재한다고 생각되는 마음의 주체.

정치개념(政治槪念)을 한자의 파자로 풀어보면?

정(政)은 바를正(정)과 회초리로 친다는 의미인 攵(등글월문 =攴)이 합쳐서 이루어진 뜻글입니다. 바르게 하기 위해 일을 하거나 회초리로 친다는 것을 의미합니다. 정(政)은 특히 자신의 부조화(不調和)로운 면을 다스려 극복하는 것을 의미합니다.

치(治)는 물(氵=水)과 건축물 태(台)자가 합하여 이루어진 뜻글자입니다. 이것은 물(水)이 넘치므로 의한 피해를 잘 수습한다는 것을 의미합니다.
치(治)는 다른 사람들이 스스로 자신들의 부조화(不調和)된 면을 극복할 수 있도록 돕는 것을 뜻합니다[주3,4].

[주3] 政, 네이버 한자사전
[주4] 治, 네이버 한자사전

정치(政治)는 자신과 다른 사람의 부 조화로운 것, 네거티브(negative)한 것을 바로잡아 극복하게 하는 일입니다. 이러한 의미에는 다른 사람을 지배한다는 의미가 들어있지 않으며, 다른 사람을 돕는다는 의미가 주를 이루고 있습니다.

정치(政治)는 수기치인(修己治儿)입니다. 즉, 자신을 닦은 후 남을 돕는 것입니다.

정치가(政治家)는 먼저 자신의 부 조화로운 것, 네거티브(negative)한 것, 즉, 이치(理致)에 조화하지 못하는 자신의 부정적인 측면을 다스려 통습(通習)하고 통섭(通涉)한 후, 감당할 수 있는 정치적인 능력을 바탕으로, 국민들을 긍휼(矜恤)히 여기면서 소통(疏通)하여 어려운 점, 곤란한 점 등등 부 조화로운 면을 제거하는 것을 도와주고 나라살림을 부흥(復興)시킬 수 있는 입지적(立志的)인 인물, 즉, 군자(君子) 또는 성인(聖儿)을 의미 합니다.

그런데 요즈음 정치꾼들이, 진정한 정치가가 되기 위한 피나는 공부를 함으로 정치를 감당할 수 있는 그릇을 스스로 만드는 통습(通習)과 통섭(通涉)은 하려하지 않고, 수기치인(修己治儿)도 못한 채 학력도 능력도 반풍수가 되어 오로지 인기만을 얻어 당선되기 위한 온갖 권모술수로 궤휼(詭譎)을 일삼는 인간들이 정치를 해온 작태(作態)가 오늘의 한국정치(韓國政治)를 이렇게 처참하게 후진(後進)시켜 낙후(落後)시킨 것입니다.

정부개념?

정부는 규칙이나 법률을 제정하고 시행시킬 권위를 가진 조직체를 말합니다. 고대 철학자 플라톤은 정부를 군주정과 과두정, 금권정, 민주정으로 분류했습니다[주5].

근대의 정부들은 대체로 위와 같이 간단히 분류할 수 없습니다. 예를 들어, 입헌군주정에서는 군주가 국가의 원수로서 존재하나, 실제의 권력은 국회를 비롯한 입법기관 등이 보유하고 있습니다.

공화정은 군주가 존재하지 않는 정치체제를 말합니다. 공통점을 찾기 어려울 정도로 다양한 형태의 국가들이 "민주주의"를 내세우는 현대에는 민주정의 기준도 상당히 애매하다고 할 수 있습니다.

조선민주주의인민공화국은 국호에서 알 수 있듯이 스스로를 민주국가로 규정하고 있으나, 국외의 많은 이들은 이를 전체주의적 독재정(獨裁政)으로 인식(認識)하고 있습니다[주6,7].

독재정은 한 사람이나 집단이 법률적 제한을 받지 않고 거의 무제한의 권력을, 정당성이 아닌 폭력에 기반을 두어 행사하는 정치체제를 말합니다[8]. "독재(獨裁)"라는 표현(表現)은 대부분 비난(非難)의 의미(意味)로 많이 사용됩니다.

로마 시절에는 아주 현명한 독재관제도가 있었습니다. 나라가 혼잡해져서 원로원의 의견이 분분해서 결론을 내리지 못하면, 원로원은 독재관을 선출하고 1년간 독재를 할 수 있게하여 혼란을 막을 수 있도록 했습니다. 이 기간 중에 원로원은 문을 닫았습니다.

[주5] Political Analysis in Plato's Republic at the Stanford Encyclopedia of Philosophy
[주6] 위키자료집의 <조선민주주의인민공화국의 헌법>
[주7] Freedom in the World 2006 at freedomhouse.org
[주8] Dictatorship at the Encyclopedia Britannica

주권개념?

주권(主權)은 정부(政府)가 외부의 간섭(干涉)을 받지 않고 영토(領土)를 통치(統治)할 수 있는 능력(能力)을 말하며, 국가의 의사결정 과정과 질서유지에 있어서의 궁극적인 공권(公權)의 권위(權威)를 의미합니다.

주권(主權)을 영어로 'sovereignty'는 그 권위를 가진 사람을 말하기도 합니다. 주권은 정치학과 국제법에서 가장 논란이 되는 개념의 하나이기도 합니다. 또한 주권은 국가·정부·독립·민주주의 등과 같은 난해한 개념과 밀접하게 관련되어 있습니다.

주권(主權)의 어원은 라틴어 'superanus(우월)'에서 유래되었는데, 프랑스에서는 'souveraineté(최고 권력)'라는 발전된 개념으로 사용되었습니다.

그러나 21세기 주권의 의미는 원래의 전통적 의미에서 상당히 벗어나 아주 복잡하게 되었습니다[주9].

[주9] 브리태니커 백과 > 사회과학 > 정치 > 정치학

3.1. 한국의 민주화는 왜 실패했는가?

우리들은 1945년 8월 15일 광복 이후 67년 동안 한없이 많은 피를 흘리면서 민주화 데모를 끊임없이 해 왔습니다. 그리고 정권을 교체하는 데는 성공 했습니다. 그러나 국민들이 다 잘사는 진정한 민주정치를 구현(俱現)하는 데는 확실하게 실패했습니다. 그 결과 극심한 빈부차로 민중(民衆)이 봉기(蜂起)하는 '분노의 대한민국', '무질서한 방종의 대한민국', '무염치(無廉恥)'한 대한민국이 되었습니다.

사람들은 60년대 70년대 보다 온유함과 인정은 더 없어졌고, 성품은 아주 나빠졌고, 약속을 지킬 줄을 모르고, 염치를 모르는, 경제동물로 완전히 탈바꿈 되었습니다. 요즘 한국에는 사람 살 곳이 못되는, 장유유서(長幼有序)도 모르는, 도덕이 타락되고, 퇴폐문화(頹廢文化)가 판을 치고, 염치없이 거짓말을 밥 먹듯이 하는 급속도로 아주 나쁜 사회로 계속 지옥화(地獄化) 되고 있습니다.

데모를 주업으로 했던 386 세대들이나, 지성을 모르는 노사모들이나, 무법자 NGO들이 민주화를 한다고 감옥까지 마다하지 않고 야단법석(惹端法席)을 수십 년간씩 떨었으나 민주화(民主化)는 철저(徹底)하게 실패(失敗)했습니다.

한심한 것은 민주화로 피 흘린 주역들이 왜 실패했는지? 아직도 그 이유조차 모르고 있다는 것입니다. 저들이 실패한 이유는 너무나 단순합니다. 저들은 민주시민교육을 받지 못했기 때문입니다. 민주주의에 대해 배운 봐도 없고, 아는 봐가 없으니, 민주사회를 구축하는데 실패 할 수밖에 없었던 것입니다. 필자는 저들에게 다음과 같이 실패한 원인들을 이 책을 통해서 쉽게 설명하고자 합니다.

첫째: 국민들은 민주시민교육을 받아 본적이 없어서 민주주의가 무엇인지? 정확하게 아는 사람들이 적으며, 오직 방종으로 하는 데모자체가 민주주의인 것처럼 또는 자본주의가 민주주의인 것처럼 오해를 하고 있습니다. 누구나 돈만 벌면 정치뿐만 아니라 무엇이든지 할 수 있다는 아주 잘 못된 자본주의와 금권주의가 민주주의인 것처럼 침윤지참(浸潤之譖)되어 있습니다.

[주] 침윤지참(浸潤之譖) : 물이 차츰 스며듦과 같이 깊이 믿도록 서서히 하는 참소(讒訴·譖訴)의 말이라는 뜻으로, 아주 교묘(巧妙)한 중상모략(中傷謀略)을 말함

어느 누구도 민주주의를 재대로 공부해서 뜻과 목적을 정확하게 알고 데모를 시작

한 것이 아니라, 거름지고 장에 따라가는 식으로 아무것도 모르고 군중심리에 맹종했던 자들로, 사실은 사시이비 민주화를 진정한 민주화인줄 잘못 알고 피 까지 흘려가며 비 진리에 목을 매달았기 때문에 참 민주주의가 숨을 거둔 것입니다.

둘째: 민주투사들은 데모로 투쟁만 했지, 정치가가 되기 위해 꼭 필요한 역량(力量)을 키우는 통습(通習)과 통섭(通涉)은 아예 하지 못했으며, 불법데모 하다가 감옥에 다녀온 것이, 마치 무슨 벼슬이나 한 것처럼, 또는 위대한 정치가가 된 것처럼, "별 달았다!"하면서 자타가 진리를 찾지 못하고 잘못 인정했었습니다.
아주 중요한 학업은 아주 소홀히 하여 지도자로 준비되지 못한 아주 무능한 데모꾼들을 정치지도자로 착각하고 그들에게 국민들은 어리석게도 정권을 맡겼습니다. 고양이들에게 생선들을 맡기게 된 셈인 것입니다.
통습(通習)과 통섭(通涉)이 안 된 그들은 정치를 도저히 감당할 수 없는 정말로 너무나 무능한 데모꾼들로 입만 벌리면, 마치 빈 깡통소리처럼 시끄러움만 생산했었습니다. 원하고 원하던 진전한 민주화는 실패로 돌아갈 수밖에 없었던 것입니다.

셋째: 정치는 군인이나 민주투사가 하는 것이 아닙니다. 자질과 능력을 갖춘 통습(通習)과 통섭(通涉)이 된 사람만이 정치가가 될 수 있습니다. 민주투사들이나 군인들이 정치를 한다면, 그 것은 자기의 자리를 지키지 않은 타락된 천사에 비유됩니다. 타락한 천사는 사탄(詐誕, Satan)이요 마귀(魔鬼)입니다.
데모가 끝나면 본연의 신분인 대학생으로 돌아가서 열심히 공부하여 훗날 훌륭한 정치가가 될 수 있는 민주주의와 정당정치에 대한 교육을 충분히 받아야 합니다. 그렇지 못했으므로 우둔한 데모꾼에 불과한 패인이 된 것입니다.
사시이비영웅이요 패인인 그들에게 유혹되어 소중하고 소중한 한 표를 던졌고, 계속 던지는 어리석은 사람들은 아주 크게 자각해야 합니다.

넷째는 민주투사라는 감투를 쓴 데모꾼들은 정권이 바뀐 것을 이용해 자신의 데모 참여로 퇴학당한 대학에서 공부는 더 계속하지 않고 구걸한 졸업장을 들고 정계로 진출했었습니다. 그들은 정치가가 되는 준비를 전혀 하지 못한 채 데모꾼에서 갑자기 인기 민주투사 정치꾼으로 변신했었습니다.
그들은 더 배워야할 정치몽학생(政治蒙學生)으로 정치를 감당할 수 없는 사람들입니다. 그들은 마치 봉사가 코끼리 만지는 것과 같은 사시이비정치를 했습니다. 그들은 통습(通習)과 통섭(通涉)이 되어 있지 않아 정치를 감당할 능력도 없으면서, 오로지 당선이란 목표를 위해 인기영합주의(Populism)를 주업으로 삼게 되었던 것입니다.

이들은 자신들도 국민들도 정치현실을 전혀 모르는 상태 속에서 스스로 무능한 사
시이비정치꾼이 되어버렸던 것입니다. 사실 투사들의 무지 때문에, 오히려 더는 민
주주의가 불가능한 대한민국으로 만들어 놓았습니다. 그래서 지금의 사회적인 혼돈
과 정치적인 혼란이 다시 조성되어 걷잡을 수 없는 심각한 정치난국이 도래(到來)
된 것입니다. 더욱 심각한 것은, 이러한 민주투사가 정치통례(政治通例)로 침윤지참
(浸潤之讒)되게 되어 '조국의 미래를 갉아먹는 기생충이 되는 전례'가 되었기 때문
입니다.
그 결과 돈만 벌면 누구나 정치를 해도 되는 기막힌 착각이 각인된 것입니다. 지도
자의 자격도 깆추지 못한 재산가들이 정치를 하겠다고 야단법석을 부리게 되는 비
민주적인 아주 나쁜 전례를 남긴 것입니다.

한 예로, 요즘 40대의 어떤 한 의대출신이 IT-백신개발에 투신하여 사업이 성공되
자 주식까지 뻥튀기해서 돈을 좀 벌었다고, 정치적인 책임을 감당할 수 없는, 통습
(通習)과 통섭(通涉)이 전혀 안된 상태에서, 인기로 무모하게 대통령이 되겠다고
지금 정치새치기를 해서 국민을 현옥시키면서 우리나라를 어지럽게 만들고 있습니
다. 그는 그저 자신의 이기를 위해 '축록자불견산(逐鹿者不見山)'하고 있는 일시적
으로 현현(顯顯)하는 염치를 아주 모르는 인기와 욕망의 노예가 된 한 참으로 비참
한 인간일 뿐입니다[주].

[주] 축록자불견산(逐鹿者不見山) : 사슴을 쫓는 자는 산을 보지 못합니다.

그는 정치가로서 감당할 능력이 전혀 배양되지 못한 채 단지 인기(Populism)관리에
집중하여 일시적인 충동으로 거품 같은 바람으로 군중심리를 타락한 천사처럼 악용
하고 있습니다. 그는 정치를 마치 날짐승처럼 생각하고, 잡아서 털도 뽑지 않고
급히 먹고 싶은 심산으로 현현됩니다. 그는 젊은이들 앞에 허상으로 나타나 마치
미꾸라지 한 마리가 온 연못을 흐리게 하듯이 나라를 흐리게 하는 망국병의 보균자
라는 아주 나쁜 선례를 만들고 있습니다[주].

[주] 참조: '안철수 신드롬의 허상' / 정해윤 (kinstinct1@naver.com) 미디어워치 객원논설위원

현실정치는 어떠한가?

민주화 60년이 무색할 정도로 부패되어 있습니다. 우선 여당이나 야당이나 4월 11
일 총선에서 공천비리(공천장사, 공천헌금)로 얼룩져 있어서 정직한 정당이라고는
눈뜨고 찾아보아도 없음을 피력합니다.

혼란(混亂)과 혼돈(混沌) 그리고 혼미(昏迷) 그 자체이고, 영(靈)적으로 보면, 거의 무정부 상태라고 보아도 과언이 아닐 정도로 혼탁해져 있습니다.

학문분야든 국방이든 어느 곳에서도 '정도와 명분' 그리고 '기강과 전통'은 찾아 볼 수가 없고 단지 곳곳마다 진실한 내용도 없는 쇼(show)와 객들(gages)만이 있습니다. 건국 초부터 깡패정치의 유산을 유감없이 이어받아서 아직도 잘 유지하고 있을 뿐입니다.

현재의 한국의 정당들은 어떠한가?

우리나라에는 아직도 정당다운 정당이라고는 하나도 없습니다. 정당의 이념도 사상도 없이 오합지졸들이 인기와 돈으로 권력을 사고파는 거래(공천장사)를 너무나 잘 하고 있습니다.
여당이나 야당의 구성원 요소를 보면 정당이념으로 모인 정당들이 아니고, 단지 인기와 돈이 잣대가 된 패거리정당입니다.

10년 전에는 우익과 좌익이 구별되었으나 요즘의 여야의 정당구성원들의 실태를 보면, 반정부 운동을 했던 대학생데모대의 주역학생출신들이 양당의 주축이 되어 있습니다.

정당 내에는 '보수성향도 진보성향도 없고, 우파도 좌파도 없는', 다른 말로 표현하면, '보수성향도 진보성향도 있고, 우파도 좌파도 있는', 그야말로 '맹물에 맹물을 탄 정치인들'이 자신의 이해타산(利害打算)에 따라서 서로 패만 갈라서 있는 '패거리 당'이 되어버린 것이 국민들이 원하지 않는 명분상 여당이요 야당입니다.

유럽의 정당들처럼 100년이 넘도록 정당이름이 바뀌지 않고 이념과 사상이 확고하여 정당의 역사를 자랑하는 것과는 대조적으로, 우리나라 정당들은 걸핏하면 당명만을 바꾸어 새로운 당명으로 외식(外式)하는 것으로 요행(僥倖)을 바라는, 다시 말하면, 정당정치를 할 수 있는 저력(底力)이 출중한 정당이 아니더라도, '정도에 어긋남이 없고 명분에 부족함이 없는' 제대로 된 정당이 단 하나도 없음을 의미함을, 공천비리를 통해서 스스로 적라하게 증명해 주고 있습니다.

건국 이래 여야의 정치꾼들이 그저 권력의 짜릿함과 단맛만 알아가지고 어떠하든 권모술수를 써서라도 정권을 잡고 흔들어 보겠다는 앙갚음과 보복의 심산이 가슴깊이 자리하고 있음을 지난 60년 동안 보여 주었습니다.

한국의 민주주의는 허울 좋게 다수결의 노예가 된 것입니다. 그래서 '한국의 민주주의'는, 자유를 잃었었고 반세기가 넘도록 갈팡질팡 방황했었으며, 그저 숨이 붙어 있어서 겨우 연명(延命)되어 왔습니다.

정작 국민들이 원하는, 통습(通習)되고 통섭(通涉)된 출중(出衆)한 사람들이 통섭(統攝)힐 수 있도록, 순수한 이념과 사상이 투명힌, 정당정치의 책무를 감당할 능력이 갖추어진 새로운 정치정당이 국민들의 힘으로 창당되어야 할 때가 지금입니다.
창조주로부터 축복받는, 지구촌을 이끌어갈, 진실을 추구하는, 아름답고 사랑받는, 정치정당이 대한민국에서 탄생할 그 때가 정작 도래한 것입니다.

사랑하고 사랑하는 국민들 여러분!
창조주께서 주시는 기회는 늘 있는 것이 아닙니다!
우리들 모두가 '거룩한 한마음'이 되어 '아름다운 정치혁명'을 성공시켜야 '진정한 행복의 기회'를 영원하게 꼭 붙잡으실 수 있습니다.

한국의 민주주의가 실패한 이유는?

'국민의, 국민에 의한, 국민을 위한' 정치가 아니라 '인기의, 인기에 의한, 인기를 위한' 정치를 해왔기 때문에 늘 판판히 실패한 것입니다.
이와는 전혀 달리, 필자는 '진리의, 진리에 의한, 진리를 위한 진리의 민주주의'가 실시되게 혁명(爀明)함으로, 진실로 국민들이 복에 복을 받는 아름다운 정당정치를 믿음으로 담대하게 실현할 것입니다.

3.1.1. 마키아벨리즘, 틀린 것을 옳은 것처럼 가르치는 한국?

이 세상에서 가장 불쌍한 사람은 틀린 것을 옳은 것이라고 배운 사람들입니다. 그들은 평생 동안 틀린 것만 주장하다 죽는 사람들입니다. 우리나라에 일어나고 있는 정치꾼들에게서 나타나는 대표적인 현상입니다. 무엇인가 학교시절에 배웠기는 배웠는데 정확하게 배우지 못해서 어렴풋이 알고 있는 것이, 자신의 지식으로 굳어지게 된 것입니다.

오늘날 이렇게 한국교육이 엉망이 된 것에는 합당한 원인이 있습니다. 그 원인은 우리나라 5.16 군사혁명군이 1961년부터 실시한 객관식이라는 채점하기 아주 쉬운 시험유형인 사지선다형(四枝選多型)시험을 치룰 때 정답과 오답을 동시에 배우는 잘 못된 교육정책을 실시하게 된 것이 원인입니다. 사기꾼으로 양성되는 사지선다형시험은 유감스럽게도 실시한지 52년이 지났으나 아직도 실시하고 있습니다[주1].

[주1] 사지선다형(四枝選多型): 한 문제에 대하여 네 개의 항목 가운데 정답 또는 가장 적당한 답을 고르게 하는 시험문제출제형식.

올바른 것도 틀린 것도 둘 다 정확하게 배우지 못하고 어렴풋이 비몽사몽(非夢似夢)간에 넘어가게 되는 테스트유형이 바로 사지선다형(四枝選多型) 입니다.

주관식시험으로 보게 되면 답을 정확하게 쓰고 모르면 정직하게 못 쓰는 시험제도가 정직한 사회를 만듭니다. 사지선다형(四枝選多型)시험으로 52년간 우리는 우유부단한 태도로 교육시켜온 것입니다. 추잡하게 혼돈된 사지선다형시험문제(四枝選多型試驗問題)로 시험을 치루고 나면 머릿속에 정확하게 남는 것이 하나도 없습니다. 모두가 엇비슷하므로 엇비슷하게 두뇌 속에 아주 흐리게 알쏭달쏭하게 기억이 되게 됩니다. 확실한 정답을 모르니 그래서 매사에 담대하게 대할 수가 없는 것입니다. 그리고 늘 자신 없는 알쏭달쏭한 말만 늘어놓습니다.

이 사지선다형세대(四枝選多型世代)에 공부한 사람들에게 질문하면, 두루 뭉실 둘러대는 경향이 적지 않습니다. 답이 "그렇습니다!"가 아니라 "그렇겠지요!" "그럴 겁니다!" "그렇게 되겠지요!" "그렇기도 할 것 입니다!" "그것이 맞을 수도 있습니다!" 라고 대답하는 사람들이 적지 않습니다. 언쟁에서 지기는 싫고 정확한 답도 모르기 때문에 우선 책임을 회피하는 어눌한 언어사용법이 특징이기도 합니다.

불확실하여 정확히 모르니 정확하게 책임을 지려하지 않는 내심 또한 깔려 있기 때문입니다.

두루 뭉실하게 배워서는 안 되는 경우가 있습니다. 그 경우가 정치를 하는 사람들의 처사입니다. 정치는 아주 간단명료(簡單明瞭)해야 합니다. 정치를 배우면 자연스럽게 마키아벨리즘을 배우게 되는데 특히 그의 저서 군주론(Il principe)에 대한 정확한 이해와 해석을 할 수 있는 능력이 있어야 정치를 할 수 있습니다[주].

니콜로 마키아벨리 (Niccolò Machiavelli, 1469~1527)

[주] 이탈리아 르네상스 시대의 정치 사상가이자 역사가. 대표작 <군주론>에서 정치는 도덕과 분리된 별개의 영역이며 이탈리아는 강력한 군주를 중심으로 통일되어야 한다고 주장하는 근대 정치학의 창시자 입니다.

정치가가 이해하는 군주론과 정치꾼이 이해하는 군주론은 전혀 다릅니다. 정치가가 이해하는 군주론은 군주에게만 허용되는 논리이고, 만약 정치꾼이 군주론을 활용하면 권모술수의 원천이 되게 됩니다. 적지 않은 한국 사람들이 마키아벨리를 잘 못 이해하여, 그를 '권모술수의 제왕'이라고 말하므로 스스로를 '정치꾼'으로 표현하는, 누워서 침 뱉는, 비참한 오류를 범하고 있습니다.

군주론은 군주가 되기 위한 권모술수의 논리가 아닙니다.
군주론은 군주가 된 다음, 오직 군주만이 국가와 백성을 위하여 허용되는 논리가 군주론입니다.

군주론을 정치적 권모술수로 남용한다면, 이는 스스로 사시이비정치가가 됩니다.
우리나라에서는 진정한 정치가는 보기 힘들고, 생계형 정치꾼들로 군주론을 자기유형에 맞추어서 해석하는 사람들이 아주 많습니다. 그래서 한국정치판이 권모술수의 각축장이 된 것입니다. 하여간 여간 큰 걱정이 아닙니다.

우리는 무엇을 가르치던 정확하게 가르치지 않으면, 그 피해는 물론 국가의 존재까지 위협 받을 수 있습니다. 성경에, 선생이 잘못 가르친 죄는 어떤 죄 보다 더 크다고 말씀하셨습니다.
'정치'가 무엇인지를 가르치는 선생님의 책임은, 국가의 운명에 관여되기 때문에, 더 없이 막중한 책임이 있음을 명심해야 것입니다.

3.1.2. 훌륭한 정치가가 되려면?

베트남 민족지도자 호지명은 생존 시에 젊은이들에게 이렇게 말했습니다. 학문을 좋아 하는 젊은이들은 베트남을 탈출해서 선진국에서 민주주의와 정당정치공부를 해서 훗날 나라를 이끌어갈 지도자가 되는 교육을 받고 돌아오라고 부탁하고, 독립투사가 되어 싸우는 젊은이들에게는, 여러분들은 열심히 싸워서 나라를 통일해야 합니다. 통일이 되면 독립투사들은 정권을 잡으려 하지 말고, 유학에서 돌아온 지성인들에게 정치를 맡기기를 당부한 것이, 그의 유언이었습니다.
유언에 따라 선진국에서 유학하고 돌아온 베트남의 지성인들이 '정도에 어긋남이 없고 명분에 부족함이 없는 정치'를 하고 있습니다. 그 결과는 매년 10% 넘는 고도의 경제성장을 하고 있습니다.

공자님께서는

배우지 않고 생각하는 것은 위험한 것이며 (思而不學則殆),
생각하지 않고 배우는 것은 공허한 것이다 (學而不思則罔).

라고 말씀하셨습니다.

일인지하만인지상(一儿之下萬儿上)에 계시면서 전투까지 지휘하셨던 공자님께서 말씀하시고 싶은 내용은 '생각만 하고 더 배우지 않으면 독단(獨斷)에 빠져 위태(危殆)롭게 됨'이요, 아무리 '학문(學問)을 닦아도 마음에 생각하는 바가 없으면 사물(事物)의 이치(理致)를 환히 깨닫지 못함'을 가르치고 있습니다. "누구든지 국민의 지도자가 되려면, 매사에 잘 못 판단하는 일이 없게 통습(通習)과 통섭(通涉)으로 정치의 기초를 튼튼히 해야 한다." 라는 뜻입니다.

공자님께서는 통습(通習)과 통섭(通涉)하는 과정을 다음과 같이 서술하셨습니다.
"하늘에서 장수나 큰 인물을 이 세상에 내보내기 위해서 먼저 고행으로 심지를 괴롭히고 근육이 뒤틀어지고 배고픈 시련을 격게 하여 피부는 헐고 냉하며 몸을 고달프게 하여 못 견딜 정도로 단련을 시키십니다. 차라리 견디다 못해 이 고생을 피해 절에 가서 은둔이나 할까도 생각하게 만드십니다. 그러나 이러한 모든 고행을 참고 견디며 마음을 다스리면서 성품을 수련하면, 그 터 위에 무한한 능력과 권능을 주어서 천하를 다스리는 무소불위(無所不爲)의 천자가 되게 하십니다."

통섭(通涉)의 시작은 학문의 넓이도 깊이도 통습(通習)이 되어야 됩니다. 모든 분야를 다 섭렵(涉獵)한 전문가(專門家)가 되어야 된다는 뜻입니다. 오랜 기간 동안 충분히 공부해서 정확한 판단을 할 수 있는 능력이 전문가 수준까지 다다라야 통섭되었다 할 수 있습니다. 통섭된 대통령이라야 국가중대사에 대해 아주 빠르면서도 올바른 결정을 하고, 경우에는 엄중한 결단을 내릴 수 있는 냉철한 능력이 갖추어지게 되어서 통섭(統攝)할 수 있습니다. 시간이 급한 경우일수록 대통령의 올바른 판단과 결단으로, 국가와 국민들을 위기에서 구할 수 있습니다. 통섭(統攝)하실 수 있는 대통령만이 내화외신(內和外信)의 성품(性品)으로 세계적인 신망(信望)과 존경(尊敬)늘 받을 사격이 있습니다.

노무현 대통령이 영국을 방문 했을 때 일입니다. 유럽의 신문들은 고사하고, 영국의 어느 한 신문에도 대한민국의 노무현 대통령이 영국을 방문했다는 보도는 없었습니다. 화가 잔 득난 주영한국대사가 왜 국빈방문을 기사화 하지 않느냐고? 영국외무부 장관에게 항의를 했다고 합니다. 영국외무부 장관은 "유감입니다. 영국에는 언론자유가 있습니다! 기사화는 신문사가 알아서 할 일이지 나의 소관이 아니니 신문사에 여쭈어 보시지요!"라고 답변 했다고 합니다.

영국의 신문사들은 세계가 인정하는 학력도 갖추지 못한 노대통령은 기사화할 가치가 없다고 대답했다고 합니다. 항의가 있었던 그 다음날 한 영국신문사는 '여왕과 저녁 식사했음'이란 재목으로 우리나라 신문의 '휴지통' 기사처럼 아주 조그마하게 아무런 외교적인 내용보도도 없이 식사했다는 짧은 보도만 몇 줄 되었다는 사실에 대한민국 국민들은 자존심에 크나큰 상처를 영원토록 입게 되었습니다. 그러나 그 사실은 한국에 보도되지 않았습니다.

그러나 우리가 우리의 자존심만 세워서 씩씩거리면서 무식하게 화를 낼 사항이 아니라, 원수지간의 국가도 아닌데 왜 그렇게 대하는지 그 연유를 정확하게 알고 이해해야 합니다. 유럽에서 15년 동안 학문(기계공학, 발전소공학, 경제학, 노동학, 정치학)을 공부한 필자는 유럽의 독특한 언어사회의 생활문화를 이해하고 있기 때문에 그 연유를 너무나 잘 알고 있습니다.

유럽에서는 정치가가 학력으로 무장되지 않으면 정치인으로 취급해주지 않을뿐더러, 대화는 아예 시작도 하지 않습니다. 유럽 국가들이 사용하는 언어특징을 보면, 영어 불어 독어 등 평상언어인 생활용어(生活用語)들은 각 나라마다 많이 다릅니다. 그러나 학술용어(學術用語)는 대부분 라틴어나 헬라어에서 유래함으로 같은 어간(語幹)을 사용하기에 유럽에서 대학을 나오지 않은 사람은 대학에서 배우는 전문용어를 전혀 모르기 때문에 대화 자체가 될 수 없습니다.

대학의 전문용어는 유럽정상들의 정치언어이기도 합니다. 그래서 영국여왕은 노 대통령과 대화를 전혀 시작도 할 수 없는 상황인 것입니다. 이는 마치 우리나라 왕궁 내에서 사용하는 생활언어는 평민들이 사용하는 생활언어와 다른 것처럼 유럽의 상류층언어는 전혀 다릅니다. 노 대통령은 평민이 쓰는 평상어만 아는 사람으로 정상들 간의 진지한 대화 자체를 감당하기에는 불가능한 것을 유럽정상들은 너무나 잘 알고 있기 때문입니다.

유럽의 지도자는 전문가들이기 때문에 대부분 라틴어나 그리스어의 어간으로 된 학술용어를 자국의 학술용어로 사용하기 때문에 유럽 정치인들끼리는 소통이 자연스럽게 되는 것입니다. 유럽에서 학문하지 않은 사람은 학술용어를 전혀 모르기 때문에 아예 대화가 될 수 없습니다. 자연스럽게 언어가 계층을 정확하게 갈라놓는 셈입니다. 즉 학문을 제대로 하지 못한 사람들은 재대로 공부한 사람들과는 대화자체가 전혀 될 수가 없습니다. 자연스럽게 전문용어를 늘 사용하는 학벌이 높은 상류층 사회와 생활용어인 평상어만 사용하는 일반사회계층으로 확연히 나누어져 있습니다.
언어는 상대의 심정을 경영하는 도구이기 때문에 진지한 소통을 하려면, 아니 대통령으로 그 중책을 감당하기 위해서는 외교상 언어인 서양언어 특히 라틴어의 어간들은 어느 정도 달인이 되어야 합니다.

노 대통령의 언어수준은 유럽의 평민수준에 비유되므로 자신의 학력수준에 걸맞은 외교상의 대우를 정확하게 받은 것입니다. 국민들이 수치감을 받은 것도 '배우지 않고 생각하는 것은 가장 위험하다'는 공자의 교훈을 잘 모르고, 그저 군중심리(群衆心理)에 동해서 하룻밤의 감정변화로 앞뒤 생각 없이 대통령으로 뽑아놓고는 임기 초기부터 내가 잘 못 뽑았다고 망연자실하여 후회를 한 사람들이 아주 많습니다.

서민수준으로 막말하다가 탄핵까지 간 장본인을 어느 나라 정상들이 자신들의 정치정서를 다쳐가며 대화를 하고 싶어 하겠습니까? 국제사회의 진리가 학습되지 않은 대통령과는 대화자체가 전혀 불가능하다는 것을 그들은 명백하게 알고 있습니다. 그는 천착(穿鑿)되지 못해서 국내에서도 국어로 대화하는데도 막말을 하는 등, 고급언어에는 장해애가 많으셨던 분으로 실수와 실책을 밥 먹듯이 하신 분과는 대화하는 자체가 자신의 격을 낮추는 것이기 때문에 외교관례로만 대했을 뿐 깊은 대화는 있을 수 없었던 것입니다.

유럽정상들은 아주 학력에 대해서만은 철저하게 까다로울 수밖에 없는 사회구조라는 것을 우리는 자각해야 합니다. 정상회담에서 과외수업 하는 것처럼, 몰상식한 상대정상을 가르쳐 가면서 대화를 하고 싶은 지도자는 없기 때문입니다. 또 그렇게 할 수 있는 시간이 주어지지 않습니다. 유럽의 정치가들은 한마디만 하면, 열 마디를 알아듣는 고도의 언어를 구사하는 대단한 사람들입니다. 그분들은 정치재단으로부터 적어도 20년에서 30년 동안 통습(通習)으로 통섭(通涉)된 정치언어로 수련되고 지도자로 육성된 사람들입니다. 정치프로인 국가정상은 인기로 되는 것이 아니라, 최고의 학력이란 거대한 지식의 산을 제일먼저 넘어서기 위하여 우선 한 분야라도 세계적인 내학에서 박사학위를 해야 그 기초가 겨우 서는 것입니다.

축록자불견토(逐鹿者不見兎)인 군사독재자의 딸이 독일을 방문했을 때도 독일 최초 여수상인 안젤라 메르켈 박사(Frau Bundeskanzlerin Dr. Angela Merkel)는 차 한 잔같이 마시고는 정치적인 깊은 대화도 전혀 없이 20시간이 훨씬 넘는 긴 비행시간을 투자해서 30분 만에 방문을 끝낼 수밖에 없었습니다[주1-3].

[주1] 축록자불견토(逐鹿者不見兎) : 사슴을 쫓는 자는 토끼를 보지 못합니다.
[주2] Insbesondere nach der erstmaligen Wahl Angela Merkels zur deutschen Bundeskanzlerin gab es in Deutschland Diskussionen um die Korrektheit des Begriffs „Bundeskanzlerin" und der Anrede als Frau Bundeskanzlerin, die 2004 in den Duden aufgenommen wurde. 2005 wurde der Begriff „Bundeskanzlerin" in Deutschland zum Wort des Jahres gewählt.
[주3] 참조: 김영화 집필서 "꽃으로 검을 베다 (박근혜 리더쉽)" 도서출판 높은오름 2012. 2.15출간 ISBN 978-89-862228-57-1(03340) / 186면 아래서 3줄

여기에도 외교전문 언어소통이 큰 문제였습니다. 노대통령이나 독재자의 딸이나 두 분 다 미국이 아닌, 유럽에서는 국가고시로 인정받는 학문의 신용장인 디플롬도(Dipl., Diplom=석사과정+박사과정+논문) 박사학위(Dr., Doktor(독어), Doctor(영어))도 없이 국가의 정상의 책무를 감당할 수 없다는 사실을 확실하게 인식시켜준 사례입니다. 유럽의 지도자들은 인기로 얻은 표로 지도자가 된 자는 스스로 주제파악을 하고 처신을 해야 한다는 것을 지각(知覺)시켜준 실례인 것입니다.

쉽게 비유하면, 고등학교 교과과정에서는 '미분적분(微分積分)'을 배웁니다. 그러나 수학의 아름다운 꽃인 미분과 적분으로 형성된 '미분방정식(微分方程式)'은 이공대학 전문학과정에서 비로소 배우게 됩니다. 미적분과 미분방정식은 언어는 비슷하지만 그 내용의 수준은 하늘과 땅 차이만큼이나 큽니다. 정치가의 능력차이도 마찬가지입니다. 문제는 유권자인 국민들이 스스로 정치가의 능력을 점검 할 수 없다는 맹점입니다. 정치가의 명문대학 학벌과 박사학위는 외교관례상 공식적인 예우와 호칭에 큰 힘이 실리기 때문에 대단히 중하고 중요합니다.

대한민국의 사람들은 누구라도, 비록 분별력 보다 혈기가 더 충만한, 만 40살이 되면, 대통령에 출마할 헌법상 자격은 주어집니다. 그러나 누구나 다 막중한 대통령의 책무를 감당할 수 있는 것은 아닙니다. 인기로는 초등학교를 안 나와도 대통령에 당선 될 수는 있습니다. 그러나 헌법이 그에게 주어진 책무를 감당(勘當)할 수 없기 때문에 수렵청정을 필요로 하는 허수아비 대통령이 되거나 곡두각시 대통령은 가능할지 모르나, 나라를 이끌어갈 지도력을 발휘하는 통섭(統攝)할 수 있는 대통령은 도저히 될 수 없다는 것이 만고의 진리인 것입니다.

이는 고교시절 배운 미분적분 실력으로는 대학수준의 미분방정식문제를 전혀 풀 수 없는 것과 같습니다. 그러나 대학학부과정에서부터 박사과정에까지 지속적으로 고도의 수학공부를 다 해내야 비로소 역사적인 미분방정식들은 풀 수 있고, 이어서 새로운 미분방정식들은 풀 수 있는 기초가 겨우 수립되는 것입니다. 거기까지는 필자처럼 수학을 최소한 12학기(6년)를 공부해야 합니다.

그러나 새로운 미분방정식이 등장하면, 그 미분방정식을 풀기위하여 지구촌 과학기술분야의 석학들이 최선을 다해 노력합니다. 때로는 수십 년 때로는 수백 년 후에 풀리기도 합니다. 그러나 아직도 풀리지 않은 미분방정식들이 풀어줄 주인을 기다리고 있습니다. 그중에 하나를 선택해서 풀게 되면 세계적으로 인정받는 최고의 박사학위를 취득할 수 있게 됩니다.

필자는 23년 동안 전 세계 어는 과학기술자도 풀지 못해서 '난공불락(難攻不落)'이라는 명칭이 붙은 '몬토야-미분방적식'을 단기간(1년 반)에 풀어서 독일 뮌헨공과대학교에서 공학박사학위를 2년 반 만에 받는 기염(氣焰)을 토했습니다[주3].

[주3] 몬토야(Dr.Montoya)-미분방정식: 스위스 취리히 공대(ETH, Eidgenossische Technische Hochschule Zürich)의 공학박사논문, 몬토야는 터빈날개(Turbine blade)의 고유진동계수(固有振動計數)를 계산(計算)하기 위한 미분방정식을 유도(誘導)하는 데는 성공(成功)했으나, 자신이 세운 미분방정식을 풀지 못했습니다. 미분방정식이 발표 된지 23년 만에 필자가 완벽하게 풀어서 박사학위(博士學位)를 받았습니다. 1991년 귀국하여 한국학계에 발표세미나를 했을 때 우리나라에서는 몬토야-미분방정식의 존재조차 모르고 있었습니다. 그 이유는 독일과 스위스 오스트리아는 공학박사논문은 반드시 독일어로 써야 하며, 국가의 허락 없이는 논문발표가 철저하게 금지되어 있기 때문입니다. 필자의 논문 역시 독일의 박사논문 발표규정에 따라 공식으로는 발표를 자제하고 있습니다.

국가지도자는 최소한 모든 학문분야에서 수학의 미적분을 이해하는 정도를 훨씬 넘어서 미분방정식을 해석할 수 있는 석학이 되어야 합니다. 그래서 대통령에게만 꼭 필요한 통섭(通攝)이란 전문용어가 등장한 것입니다. 대통령이 되려면 여러 학과를 여러 대학에서 적어도 20년 정도 다니면서 필요한 공부를 스스로 해야 합니다.

대통령이 될 사람은 우선 세계가 인정하는 석학이란 고지를 넘어야 만이 고도의 책무를 감당할 수 있습니다. 그렇지 않으면 선진국정상들과 깊은 대화를 전혀 할 수 없기에 스스로 무너지면서 외교적으로 완전히 고립되고 맙니다.

심지어 유럽의 기업에서는 직급역시 학력에 따라 결정됩니다. 그 뿐만 아니라 출장 시 항공기에 탑승좌석도 학력에 따라 정해집니다. 이는 유럽의 학력이 세계의 최고임을 스스로 자부하고 있습니다. 유럽에는 직급이 학력을 지배하는 것이 아니라, 학력이 직급을 좌지우지 합니다. 유럽사회에서 학력은 인간사(儿間事)의 너무나 정확한 계급과 예우의 잣내입니다.

독일 박사학위는 어떻게 받는가?

매년 1만 여명의 국내박사들과 65만 명의 국내학사들이 무더기로 나온다고 합니다. 대졸자를 필요로 하는 자리는 겨우 4만~5만개에 불과 합니다. 그러니 대학졸업자 13중에 단 한 사람만이 합당한 직장을 보장받는 셈입니다. 나머지는 대학에 등록금만 착실하게 보태주고 아무런 보장도 받지 못하고, 청년실업자 또는 은행에서 융자받은 등록금을 갚지 못해서 신용불량자가 되는 불행한 경우도 생기게 된다고들 합니다. 수요와 공급의 공식이 정말로 무색합니다. 교육혁명이 요구 됩니다.

독일은 인구가 우리나라의 2배 입니다. 독일에는 국가고시로 인정받는 학문의 신용장인 디플롬(Dipl., Diplom)을 받는 사람이 겨우 8만 명으로 이들이 근무할 수 있는 일자리 역시 8만 개로 수요와 공급에 맞추어서 꼭 필요한 인재만 국가가 육성합니다.
독일서 박사학위는 디플롬을 받은 자로 아주 우수해서 대학학장회의에서 학문적인 능력과 인간성을 인정받아 독토란트(Dd., Doktorand)라는 박사논문을 쓸 수 있는 자격을 부여 받아야 합니다. 독토르란트(Dd.)가 되면 임시논문제목을 부여받게 됩니다.

그리고 적어도 5년~10년간 논문(창작)을 집필합니다. 독일국가가 창작으로 인정되는 논문이 완성되어서 박사논문심사위원회를 통과되면, 박사학위를 받기위한 아주 엄격한 '박사학위용 신원조회'를 해당법원에 신청해야합니다. 박사학위용 신원조회서는 본인이 받지 못하고 곧바로 독일대학의 박사학위위원회로 송달 됩니다.

너무나 엄격한 정밀신원조회로 자그마한 결적사유(차표를 안 찍고 3번 이상 탑승 했다든지? 거리에 침을 3번 이상 뱉었다든지? 술을 마시고 주정했다든지? 작은 폭행을 했다든지? 교통신호를 3번 이상 위반 했다든지? 공공기물을 파손했다든지? 불법데모를 했다든지? 등 등)만 있어도 박사학위시험일정을 통보를 받지 못하게 되어 박사학위를 받을 수 없게 됩니다. 결적사유가 전혀 없으면, 박사학위시험일정을 통보받은 날에 공개적으로 치러지는 박사시험(구두시험)을 통과해야 합니다.

박사시험이 통과 되면 그 자리에서 임시박사학위증을 수여 받습니다. 그리고 약 3개월 후에 석판으로 재작되어 인쇄된 박사증과 박사칭호(Dr. Park, Doktorwürde)를 받게 됩니다. 박사학위 칭호를 사용하는데 대해서 아래와 같이 독일 여권(旅券) 및 신분(身分)법(Das deutsche Personalausweisgesetz und das Passgesetz (§1 und §4)) 1조와 4조에 엄격하게 규정되어 있습니다[주2].

[주2] Doktorgrad : Der Doktorgrad darf in Deutschland nur von Berechtigten geführt werden. Das Strafgesetzbuch regelt in § 132a Missbrauch von Titeln, Berufsbezeichnungen und Abzeichen folgendes: 1.Wer unbefugt inländische oder ausländische Amts- oder Dienstbezeichnungen, akademische Grade, Titel oder öffentliche Würden führt, [···] wird mit Freiheitsstrafe bis zu einem Jahr oder mit Geldstrafe bestraft. 2.Den in Absatz 1 genannten Bezeichnungen, akademischen Graden, Ehrentiteln, Würden, Uniformen, Amtskleidungen oder Amtsabzeichen stehen solche gleich, die ihnen zum Verwechseln ähnlich sind.

Nach der Rechtsprechung des Bundesgerichtshofs und des Bundesverwaltungsgerichts ist der Doktorgrad kein Bestandteil des bürgerlich-rechtlichen Namens (Namenszusatz) wie etwa ehemalige Adelstitel oder Adelsbezeichnungen (der „Doktor" ist ein akademischer Grad, kein „Titel"). Allerdings wird auch hier überwiegend der Rechtsprechung gefolgt und nur vereinzelt die Auffassung vertreten, dass „akademische Titel" zum Namen gehörten oder Namensattribute seien.
Der Doktorgrad kann als einziger akademischer Grad in einen deutschen Pass und Personalausweis eingetragen werden. Das deutsche Personalausweisgesetz und das Passgesetz (§1 und §4) behandeln den Doktorgrad nicht als Namenszusatz, da hierfür eine spezifische Regelung notwendig wäre. Zu beachten ist, dass der Doktorgrad nach Vorlage der Promotionsurkunde nur in der fachunbezogenen Bezeichnung DR (ohne Punkt) / Dr. h. c. bzw. Dr. E. h. eingetragen wird[출처: 'Doktor' Wikipedia].

필자의 경우 1991년 1월 18일 독일 뮌헨공대에서 박사(구두)시험을 만점으로 통과하고 학위수여식 3개월 전인 3월 3일 귀국했기 때문에, 박사학위수여식에는 참석을 하지 못했습니다.

귀국 후 3달 후에 한국에 있는 독일 대사관 직원이 필자의 박사학위증을 뮌헨공대로부터 전달받아서 외교행랑(외교관이 비밀 유지상 직접 들고 다니는 서류가방)으로 한국에 직접 가져와서 주한 독일대사가 대사관(당시는 독일대사관이 남대문 남산입구 한국화재보험 빌딩 3층과 4층에 있었습니다. 지금은 한남동에 독일대사관 단독건물이 있음)에서 독일 뮌헨공과대학교에서 필자의 부재중에 수여된 공학박사 학위증을 독일대사로부터 정식으로 전달받았습니다. 독일 박사학위수여를 독일국가가 직접 주도하는 것은, 독일은 타국처럼 학교에서 주는 박사학위와는 성격이 아주 다릅니다. 독일국가의 권위로 수여받는 '국가박사학위'이기 때문에 세계적으로 최고의 인정받고 있습니다.

독일서 박사학위를 받은 자는 독일의 여권(旅券)법과 신분(身分)법에 의하여 성(性) 앞에 Dr. 라는 칭호를 붙입니나.
예를 들면 필자의 경우 한국에서는 여권에 영문표기 난에 Park, Choon-Keun 으로 표시합니다. 그렇지만 독일서류에는 반드시 Dr. Park, Choon-Keun 으로 표기 됩니다.
독일인이 한국에서 행사참여 때 명찰을 만들어 주는데 박사일 경우에는 반드시 Dr. 를 붙여 드려야 한다. 그렇지 않는 경우는 타인의 명찰이 됩니다. 특히 주의해야 합니다. 이는 석학(碩學)에 대한 존경의 예절이기 때문이다. 독일박사의 권위는 세계적으로 아주 대단합니다.

독일 정부가 인정하는 디플롬(Diplom)정도의 학업수준에도 미치지 못하는 학문적으로 몽학수준에 속하는 독재자의 딸도, 순간적으로 충동된 군중에 의하여 당선된 노 대통령도 유럽방문에서 정상적인 정상대우를 기대하는 것은 어불성설(語不成說)임을 자신들이 꼭 알았어야 했던 중대한 일반상식이라는 사실입니다.

배움을 더 필요로 하는 통섭되지 못해 중책을 감당할 수 없는 사람을 함부로 대통령으로 뽑으면, 국내법적으로는 하자가 없다 하더라도, 외교상에서는 노대통령의 영국방문경우처럼, 또는 단지 '공주병'에서 '중전병' '퍼스레이디병'에 이어서 '대통령병'까지 심하게 앓고 있는 독재자의 딸의 독일방문처럼 또다시 국제적으로 엄청난 수모와 창피와 괄시를 공개적으로 당할 것은 당연지사임을 알고 우리 국민들은 흥분하지 말고 냉철하게 받아드려야 합니다. 그래야 대한민국 국민들은 몽학수준이 아닌 선진국 국민수준으로 인정받을 수 있어야 합니다.

노 대통령은 그저 영국왕실 황금마차 한번타고 사열 받고 외교서류에 사인하고 식사하고 아무런 정치적인 의견교환도 없이 돌아왔다는 내용입니다. 우리가 생각하기에는 세계10위의 경제대국이라는 자부심이 무색(無色)하게 외교적인 절차만 치루고 집으로 가라는 식의 태도를 영국 측에서 취했던 것입니다. 사람을 돈이나 직위로 평가하는 것이 아니라, 지성과 이성으로 헤아리는 유구한 역사를 자랑하는 영국

여왕 역시 지적인 대화상대자가 아니기 때문에 의장과 외교절차만으로 방문을 끝냈다는 이야기입니다.

화기애애(和氣靄靄)한 분위기는 언감생심(焉敢生心) 엄두도 낼 수 없었던 엄연한 사실, 만약 노대통령께서 비록 영국의 대학이 아니더라도 유럽의 명문대학에서 유학을 했더라면, 적어도 서로 일맥상통(一脈相通)하는 그 무엇의 대화꺼리는 있었을 것입니다.

우리들은 대통령을 뽑을 때 지도자의 5대조건(지성, 설득력, 지구력, 자제력, 지속적인 의지)의, 준비상태인 통섭수위(通涉水位)도 전혀 검증하지 않은 채 인기보고 뽑았습니다. 노 대통령은 사실 막중한 책무를 감당할 수 없었던 사람이 자기위치를 전혀 파악하지 못 하고 대통령에 출마하는 것 자체도 주책없는 몰상식한 일이지만, 당선 된 후에도 수준이하의 말장난만하는 허수아비 같은 인물이었다는 사실을 영국 정부와 언론들이 확신시켜준 것입니다. 심지어는 아주 심하게 일부 유럽국가에서는 노 대통령 번역에 'Rho-President'를 쓰지 않고 'No-President' 라로 비아냥거리는 번역을 하기도 했었습니다.

진정한 외교는 상호간에 지적인 대화를 통해서 상대의 심정을 읽고 속마음을 경영하는 것입니다. 독일 콜 수상은 자기가 태어난 시골 고향집으로 고르바초프를 초대하여 편안한 복장으로 밤을 세워가며 서로 일맥상통하는 마음의 대화를 했습니다. 이러한 화기애애(和氣靄靄)한 외교로 소련점령군이 동독에서 철수하는 역사에 빛나는 성과를 거둘 수 있었습니다. 철수비용은 서독이 부담했습니다.

외교는 공식적인 의전도 중요 하지만, 기자가 배석되지 않은 편안한 분위기에서 서로 친구가 되어 편안하게 내심(內心)의 언어를 구사할 수 있을 때 진지함이 더해지는 것입니다. 흔히들 사람들은 친교와 외교는 뒤풀이에서 진정한 성과가 난다고들 말합니다. 이는 외교란 결국 마음과 마음이 통하게 하는 기술이기 때문에 마음의 문이 활짝 열려야 진지한 성과를 성취(成就)할 수 있습니다.

끝으로 지도자가 되고자 하는 사람은 겸손(謙遜)해야 하며, 특히 예의와 범절에 바르게 행동해야 합니다. 1865년 4월 9일 미국 남북전쟁에서 승전한 북부동맹 총사령관 그랜드 장군(Ulysses Simpson Grant)은 야전복으로 항복을 받았으나 패전한 남부동맹 총사령관 리(Robert Edward Lee)장군은 예를 갖추어서 정장차림으로 정중하게 항복문서를 전달하고 자신의 말을 타고 겸손하게 떠났다고 합니다. 승리한 그랜드 장군보다 예의를 제대로 갖춘 패장의 명성이 더 높아져서 버니지아주 렉싱턴대학(현재의 렉싱턴 & 리 대학)학장에 불림을 받아 교육에 헌신했습니다[주 2,3].

[주2] 율리시스 심슨 그랜트(Ulysses Simpson Grant, 1822년 4월 27일~1885년 7월 23일): 는 미국의 제18대(1869년-1877년) 대통령이자 장군 이었습니다.
[주3] 로버트 에드워드 리(Robert Edward Lee, 1807년 1월 19일~1870년 10월 12일): 남부 연합군 총사령관을 맡아 패배했으나 미국 역사상 예의바른 굴지의 명장으로 명성을 드높였습니다.

지도자는 정말로 공부를 많이 해서 통섭된 대가(大家)로 예의바르고 겸손(謙遜)하고 청빈(淸貧)하여 대통령의 책무(責務)를 감당할 수 있어야 함을 국민들은 명심하시고 그 중요한 당신의 한 표가 잘못된 주소를 찾아가는 일이 생기지 않게 각별히 주의하여 주셔야 합니다.

지도자와 진실한 유머

대통령이라는 직분, 또 수상이란 직분 역시 책무가 막중할 때, 조국을 위기로부터 구하기 위해서 돌파구를 찾지 못하는 경우가 종종 있습니다. 만약 돌파구를 찾자 못하면 엄청난 위험이 따릅니다. 상대방을 아무리 설득하더라도 상대방은 화자의 진심을 심각하게 받아들이지 않을 때가 종종 있습니다.

사람은 심각한 경우를 당할 때 진실의 변(辯)이 나오게 됩니다. 필자가 국제기능올림픽경기차 벨기에를 갔다가 해변에서 수영을 마치고 탈의장으로 들어갔는데 아름다운 처녀가 나체로 서 있는 것이었습니다. 나는 영어로 "Excuse me!" 라고 말해야 되는데 하고 생각했으나, 입에서는 "Thank you!" 라는 말이 먼저 나오는 것이었습니다. 그 아가씨 역시 활짝 웃으면서 "Thank you!" 하고 대답하는 것이었습니다. 아름다운을 형상을 보았으니 고맙기도 하지요! 허! 허! 그 당시 생각했던 언어 보다는 상황이 만들어 내는 진실의 언어가 먼저 나오는 것을 경험했었습니다.

가끔 '외교의 장'에서는 책망받을 것도 유머로 웃고 넘어갈 수 있습니다. '세계 제2차 대전' 중에 처칠은 히틀러의 공격을 받아서 전세가 아주 불리하게 되었습니다. 미국의 대통령 루스벨트에게 참전해 줄 것을 요청했으나, 묵묵부답이었습니다. 그래서 처칠은 직접 미국으로 날아가서 루스벨트를 설득시키기로 했습니다. 그러나 그는 '관전불참(觀戰不參)'을 고집하고 있는 루스벨트'를 설득시키지 못했습니다.

참전설득을 실패하고 숙소로 들어와서 샤워를 하고 있을 때 루스벨트가 만찬에 같이 가자고 들어왔습니다. 샤워를 하던 처칠은 벗은 나체로 나와서 루스벨트를 쳐다보고 루스벨트가 고개를 돌리려할 그 때 처칠수상은 두 팔을 들고 "대통령각하! 대영제국은 미국에 대해서 감추는 것이라고는 아무 것도 없습니다!"라고 말하는 것이었습니다. 루스벨트는 그제야 영국의 전세가 처칠의 말처럼 아주 심각함을 깨닫고 참전을 결심했다는 에피소드가 있습니다.

유머러스한 언행이 영국을 구한 경우가 된 것입니다. 제2차 대전 당시 미국이 중립을 끝가지 고수했다면, 전쟁은 다른 양상으로 진행되었을 것이며 승리의 판도는 다른 결과로 나타났을 것입니다.
윈스턴 처칠은 진실한 유머로 나라를 구했으며, 자신의 전기를 출간해서 많은 감동을 자아냈는데 이로 인하여 '노벨문학상'을 받았습니다.

3.2. 민주주의에서 나의 자유란?

자유(自由)란 창조주님의 말씀을 뜻하는 파자로 풀이됩니다. 청조주님의 뜻 안에 있는 것이 바로 자유입니다. 이는 자유가 무절제하게 마음이 내키는 대로 방종(放縱)하는 것을 의미하는 것은 결코 아닙니다. 법 앞에 평등하며 법테두리 안에 보장된 자유만이 나의 진정한 자유인 것입니다. 법을 무시하는 자유는 방종을 넘어서 범죄행위입니다. 나의 자유의 한계는, 또는 범위는 남의 자유를 방해하지 않는 범위(範圍)안에 있는 것이 진정(真正)한 나의 자유(自由)입니다[주1,2].

[주1] 로자 룩셈부르크 어록
[주2] 범위(範圍): 1. 테두리가 정하여진 구역. 2. 어떤 것이 미치는 한계. 3.제한(制限)된 둘레의
         언저리(테두리)

3.3. 민주정치는 축구시합이다!

정치는 아무나 하는 것이 아니며, 누구나 다 지도자가 되는 것은 더더욱 아닙니다. 우리나라에는 1948년 7월 17일 제헌 이후로 정치적인 책무를 감당할 수 없는 사람

이 국민의 대표로, 국회의원은 물론 대통령까지 선출되는 경우가 비일비재(非一非再) 했습니다. 이들 기득권자가 선거법을 자신들의 이기에 따라 바꾸었기 때문에 선거법이 민주화도 선진화도 되지 못했습니다. 이들 기득권자들은 자신의 부귀영화만 생각하는 사시이비지도자(似是而非指導者)들 입니다. 국민 들이 민주주의가 무엇인지 계몽되어야 민주정치가 실현될 수 있습니다. 지금이라도 국민들에게 민주주의에 대해 올바르게 가르쳐야 합니다.

"그 나라 정치수준은 그 나라 국민수준과 같습니다."   -Max Weber-

올바른 민주정치를 위해서는 민주시민교육을 통한 정치계몽이 꼭 필요합니다. 특히 유럽처럼 우리 국민들은 200년간의 긴 계몽기간(啓蒙期間)을 체험하지 못하고 지나쳐 버린 나라로 민주정치의 과도기(過渡期)를 격지 못 했습니다.
그래서 지금 우리는 민주주의에 대해 수많은 시행착오를 하고 있습니다. 그러므로 민주시민교육을 통한 민주주의교육이 절실하게 필요한 시대입니다. 민주정치는 축구경기(A-Match)를 하는 것과 같이 아주 쉽게 비유될 수 있습니다.

[인천프로팀 문학축구전용구장]

축구경기에서 관중들은 정치판에서 국민이요, 경기하는 양쪽 선수들은 정치판에서 야당과 여당의 정치인들 입니다. 그리고 선수들이 규정에 따라 정도를 지키면서 경기를 하는지를 분별하면서 진행시키는 심판관은, 정치판에서는 민주주의를 수호하고 민주정치를 이끌어가는 언론입니다.

어느 나라든지 부정과 부패 그리고 독재정권은 존재했고 존재할 수 있습니다. 그러나 서슬이 시퍼런 언론이 정도를 지키면 민주주의가 생동하는 나라가 됩니다. 비록 잠시 정부가 부패했어도 언제든지 민주주의를 회복시킬 수 있는 것은 언론의 강력한 힘입니다.

만약 언론인이 정치인으로 변신하여 활동하기 시작하면 언론과 정치가 언정유착(言政癒着)으로 야합되어 그 나라는 기필코 패망하게 됩니다.
이는 국민을 위해 정의를 지켜줄 '정도에 어긋남이 없고 명분에 부족함이 없는 진정한 심판관'들이 민주사회에서 스스로 사라지기 때문입니다.
민주사회에서는 도덕적으로 어느 누구도 언론보다 높은 위치에 있을 수 없습니다.

3.4. 민주정치의 수호자는 누구인가?

민주정치의 수호(守護)는 누가 하는가? 라는 제목에 정답을 할 수 있는 사람이 우리국민들 중에 얼마나 있을지? 궁금합니다. 민주주의와 민주정치의 수호자는 언론(言論)과 언론인(言論人)입니다. 언론만이 국민들에게 올바른 사항을 정확신속하게 전달해 주므로 권리를 보호하고 수호할 수 있기 때문입니다.

민주사회에서는 언론과 정치는 철저하게 분리 되어야 함이 원칙입니다. 언론기관이 본연의 목적을 상실하고, 현재의 한국처럼 부패한, 사시이비정치꾼들을 양성하는 편법기관이 되어서는 아니 됩니다.

언론인들은 죽을 때까지 언론인으로 남아 있어야 민주국가가 유지될 수 있습니다. 언론인이 정치판에 새치기하게 되면 그 나라는 진정한 언론이 사라지면서 민주주의와 민주정치, 즉 민주화는 지금의 한국처럼 아주 처절하게 곤두박질치게 됩니다. 지금의 우리나라 정치판에는 인기가 기준이 되었고, 진리는 떠나버렸고, 그 결과 허무하고 비열한 다수주의(多數主義)로 전락되고 말았습니다.

3.4.1. 민주주의를 배신한 역적들은?

현재 우리나라에는 언론인들이 정치판에 끼어들어서 민주정치가 그야 말로 아주 개판이 된 최악의 무민주(無民主) 상태입니다. 우리나라는 18대 국회의원의 반수가 훨씬 넘는 66%가 언론인 출신입니다. 이들 언론인 출신 국회의원들은 민주주의를 배신한 국가의 근간을 좀먹는, 소나무의 에이즈라 불리는 소나무-재선충(材線蟲)과 같은 배은망덕한 민주주의 역적들로 국회의원(国會議員)들이 아닌 싸움꾼들 입니다 [주].

[주] 소나무-재선충(材線蟲): 소나무, 잣나무 등에 기생해 나무를 갉아먹는 선충입니다. 솔수염하늘소 과 공생 관계에 있어서, 솔수염하늘소를 통해 나무에 옮깁니다. 일본, 타이완, 대한민국에서 출현했으며, '소나무의 에이즈'라고 불릴 만큼 심각한 해충 입니다. 2006년 현재 대한민국에서는 재선충에 감염된 소나무를 베고, 방제와 비닐덮기를 해서 재선충의 확산을 막고 있습니다.

제18대 국회 제일 야당인 민주당국회의원의 70%가 언론기관인 문화방송(MBC) 출 신들로 구성되어 있습니다. MBC가 언론본연의 책무는 헌신짝처럼 버리고, 좌익성 향 사이비국회의원양성소로 둔갑하여 민주주의의 역적들을 대량으로 양성하는 소 굴이 되었습니다. 민주주의의 기본철칙인 언론의 역할과 정치의 역할을 구별할 줄 아는 지성인이 우리나라에는 한 분도 안 계십니까?
필자 외에는 그 누구도 이렇게 잘못된 언론부패를 지적하지 않고 있습니다. 한국의 지성인 여러분! 진정 모르고 계셨습니까? 언론인의 정계진출은 마치 고양이에게 생선(민주주의)을 맡기는 셈입니다. 더 큰 문제는 잘못(비진리)된 것을 바른 지식 (真理)으로 알고 계속 잘못을 저지르는 것이 한국사회의 병폐입니다. 매우 유감스럽 게도 한국국민들조차 명분 없는 이 비진리(非真理)를 올바로 인식하지 못하고 있다 는 점입니다[주1].

[주1] 참진(真) 원자: 일상에 쓰고 있는 참진(眞)자를 파자로 살펴보면 '眞'자 속에 비수 비(匕)자와 숨은 은(乚) 자가 들어 있으므로 '참'이 아니라 사시이비(似是而非) 뜻임을 단번에 발견할 수 있었습니다. 이 책에서 그러므로 태초부터 사용되었으나 지금은 고어가 되어버린 참진(真)자가 들어간 진리(真理)를 부활시킵니다.

한 인기여류 TV드라마작가는, 정치적 발판을 만들기 위해서는 TV방송국 앵커로 먼저 활약해야 하는 것이 정통코스 (TV앵커 => 정당대변인 => 국회의원 => 대통 령)로 알고, 다시 말하면 '잘못된 것이 바른 것'으로 잘못 알고, 민주주의의 정의(正 意)조차 모르면서, 사회현상을 보고, 민주주의를 배신하고 배반하는 내용으로 온 국 민을 궤휼(詭譎)하는 드라마가 안방으로 방영되었습니다.

TV방송국에서는 언정유착을 하고 있는 망측한 드라마인 줄도 모르고 시청률만 보고 방영했습니다. 드라마 작가는 아직까지 민주주의에 대해 배울 것을 다 배우지도 못한 채 '작품 = 인기'로 생각하면서 민주주의를 배신한 어설픈 철부지 입니다. 그 TV드라마가 한편으로 국가에 끼친 정신적 손실은 수조원이 넘을 것으로 추정됩니다. 잘 못 전달된 민주인식을 바로 잡기에는 수조원의 돈 뿐만이 아니라 수많은 시간이 요구되기 때문입니다.

그 작가는 민주주의를 아예 말살(抹殺)시키는 가장 악한 사탄(詐誕)의 행위(行爲)를 자신도 모르고 범했던 것입니다. 이것이야 말로 우리 시청자가 알고 있는 민주주의의 자화상인 동시에 국민지성의 현주소입니다. 이어서 다음 장에서 진정한 언론인의 의무와 책임에 대해서 언급해 보겠습니다.

3.4.2. 진정한 언론인의 의무와 책임

정확하게 입증된 정보만 보도하고, 부정확한 보도나 추측보도는 철저하게 금지되어야 됩니다. 그것은 언론의 의무가 아니기 때문입니다. 그렇지 못하면 매스컴이 권모술수의 이전투구장이 될 위험성이 잠재되어 있습니다.
언론은 국민들에게 진실을 알리는 것이 의무지, 오보가 되는 것에 유념하지 않고 무조건 빠른 것이 경쟁력인 것처럼 단독 보도하다가 잘 못되면 국민에게 진정한 사과도 제대로 하지 않고 쉬쉬 흐지부지 넘어 가기가 일쑤입니다.

이런 경우에 정부는 오보한 언론에 대한 책임을 아주 엄하게 물어야 합니다. 그리고 언론인은 국민들이 알아야 할 것을 보도하는 권리를 주장하기 이전에, 반드시 지켜야 할 의무가 있음을 먼저 인식해야 합니다. 그것이 바로 엠바고(embargo)입니다. 이는 당장은 국민들에게 해가될 기사내용임으로 정부나 발언자가 요구하는 기간까지 기사화 하지 말아야하는 지성(知性)의 명령(命令)입니다. 이것을 지키는 것은 언론사의 의무요 자존심입니다. 언론은 독자층이나 시청률에 노예가 되어서는 아니 됩니다.

그러나 우리나라 언론인들은 유럽처럼 언론국가고시를 치르지 않은 언론에 대한 인식과 지각이 부족한 사람들이 언론의 책무도 모르고 욕심스럽게 무자비한 보도만 일삼는, 아직은 더 배워야할 기자들이 대부분 이라고 해도 과언이 아닐 정도로 언론질서와 기강이 완전하게 무너진, 그야말로 혼돈(混沌)의 시대 그 자체입니다. 한 예로 세계에서 가장 수치스러운 언론의 역사를 연출한 서울방송 SBS-TV의 한 내용중 정말로 부끄러운 실례를 들어 봅니다.

3.4.2.1. 대한민국을 국제적으로 망신시킨 SBS-TV

2008년 북경올림픽 때 중국정부는 세계 언론기관들에게 엠바고(embargo)를 걸었습니다. 이는 올림픽 전야제의 녹화내용을 올림픽 개막전까지 상영하지 말아 달라는 내용의 당연한 엠바고 이었습니다. 그럼에도 SBS-TV는 이를 무시하고 엠바고를 깨고 불법으로 '단독 방영이란 선전까지 해가면서' '올림픽 리허설 녹화물'을 개막전에 방영하는 한심한 작태를 보였습니다. 국제적인 망신은 물론 한국의 위상까지 끝없는 절벽으로 한없이 추락시킨 크나큰 오류를 법했습니다.

전 세계의 언론들이 북경 올림픽전야제를 녹화 했지만 SBS-TV를 제외 하고는 어느 한 언론사도 방영하지 않았습니다. 다시 말해서 SBS-TV를 제외한 전 세계 언론은 중국정부가 걸어 놓은 엠바고를 지키므로 언론인의 의무(義務)와 의(義)를 지켰습니다.
이 엄청나고 망측한 엠바고를 무시한 SBS-TV 방영사건에 대해서 세계적인 언론사인 영국의 BBC방송은 "언론의 의무인 엠바고를 지키지 않는 언론사(SBS-TV)가 지구상에 존재한다는 것은 언론역사의 최악의 수치"라고 보도했습니다.

대한민국 국민들도 지성인들도 대통령도, 국회의원들도, 다른 언론사들도 이 사건에 대해서 알았는지 몰랐는지는 모르지만, 모두가 벙어리가 되었다는 사실에 필자는 울화가 터졌습니다. 우리나라의 모든 언론인들이 전 인류 앞에서 대오 각성해야 하는 석고대죄(席藁待罪)를 하드라도 그 역사적인 수치는 없어 지지 않습니다.

3.4.2.2. 아이폰 출시오보

조선, 한국, 전자신문에 오보 연발 실수하는 언론 2011.10.05 '아이폰5 출시?' 왜, 한국 소비자만 낚였나? (한계레) 중앙, 언론! 부록에 실린 기사내용 참조하시기 바랍니다. [주]

[주] 참조: '아이폰5 출시?' 왜, 한국 소비자만 낚였나? 한겨레 원문 기사전송 2011-10-06
        12:06 최종수정 2011-10-06 13:26 => 부록 81.1. 기재, 관심 있으신 분은 읽으실
        수 있습니다.

3.4.2.3. 민주주의를 배신한 언론인들의 말로

언론인이 정치꾼으로 변신하여 민주주의를 배신하는 역적행위를 했던 사람들의
최후가 아주 좋지 않는 것은 민주주의란 의(義)의 생명이 이들의 머리 위를 철퇴로
내려쳤기 때문입니다. 이들은 정도에 어긋났고 명분이 충분하지 못했기 때문에
진정으로 각성하지 않는다면 지금도 미래에도 자자손손(子子孫孫) 큰 화를 입을 것
입니다.
최근 언론인출신 정치꾼들이 몇 년 전에 우후죽순처럼 정치에 가담하여 '나는 새도
떨어뜨리는 권력'을 같고 출발했던 이들이 무더기로 험악하게 화를 당하면서 몰락
되는 비참한 모습들을 신문기사를 통해서 읽어 봅니다.
민주주의 국가에서 결코 정치인이 되어서는 아니 되는 언론인들입니다.
민주국가에서는 언론과 정치는 유착되어서도 아니 되며, 경직해서도 아니 되는 아
주 엄격한 금기사항입니다. 이를 배반한 자들의 말로는 모두 다 아주 비참합니다.
왜냐 하면 이들 언론인들에게 축복받는 역사가 근본적으로 허락되지 않았기 때문입
니다. 다음의 신문기사를 보시면, 민주주의의 생명체인 진리가 얼마나 분노하고 계
시는지 잘 아시게 될 것입니다.

김효재 · 최시중⋯ 'MB측근' 조중동 출신의 몰락

한겨레 /김도형 선임기자/ aip209@hani.co.kr원문
기사전송 2012-02-10 16:06 최종수정 2012-02-10 18:05

[〈조선〉 최구식·〈중앙〉 김두우 등 기자 출신 잇단 비리 MB정권 말기 맞아 각종 혐의로
구속 기소되거나 재판중인 김효재, 신재민, 김두우, 최구식, 최시중⋯.]

현 정부에서 청와대 홍보수석, 문화체육관광부 차관, 방송통신위원장 등 핵심요직을 맡아 이명박 정부를 최측근에서 보좌했던 인물들입니다. 정권초기 나는 새도 떨어뜨릴 정도로 위세를 떨치던 이들은 정권 4년을 맞아 각종 비리 혐의로 구속 기소돼 재판중이거나 검찰 수사선상에 올라 있습니다. 이들은 <조선일보>, <동아일보>, <중앙일보> 등 조동중 기자 출신이라는 점에서 권언유착한 정치기자의 말로를 보여주고 있습니다. 누구보다 깨끗해야 할 언론계 인사들이 불법과 비리에 앞장서고 있는 셈입니다.

<동아일보> 정치부 기자 출신인 이동관 전 청와대 홍보수석만이 조동중 출신 엠비 측근 중 예외적으로 무사한 상황이나 "이명박 대통령은 너무 인정이 많아서 탈"이라는 등 '주군' 감싸기에 고군분투하고 있습니다.

<조선일보> 편집부국장 출신인 김효재 정무수석은 10일 2008년 7·3 한나라당(현 새누리당) 당시 당 대표에 출마한 박희태 전 국회의장의 돈봉투 살포 의혹 사건과 연루된 혐의가 짙어지면서 결국 사의를 표명했습니다. 김 수석을 감싸는 모양새를 취했던 이명박 대통령도 사의를 수용하기로 한 것으로 알려졌습니다. 박희태 전 국회의장의 전 비서인 고 아무개 씨는 최근 "2008년 7·3 전당대회 당신 고승덕 새누리당(당시 한나라당)의원 쪽으로부터 300만원을 되돌려 받고 당시 캠프 상황실 장이었던 김 수석에게 보고했습니다."고 검찰에 진술한 것으로 알려지면서 고 의원과 이야기를 나눈 적도 없다며 혐의를 완강히 부인하던 김 수석의 거짓말이 드러났습니다. 검찰은 다음 주께 김 수석을 소환할 것으로 알려졌습니다.

<조선일보> 정치부 기자 출신인 최구식 의원은 중앙선관위 디도스 공격에 비서 공 아무개 씨가 주도한 것으로 밝혀져 정치적 책임을 지고 한나라당을 탈당한 상황입니다. 검찰조사 결과 최 의원은 혐의가 없는 것으로 밝혀졌으나 9일 여야합의로 특검법이 통과돼 특검 결과 여하에 따라서는 정치적 재기가 불투명합니다.

<조선일보> 출신인 신재민 전 문화체육관광부 제1 차관은 엠비 측근중 가장 최악의 상황에 직면해 있습니다. 워싱턴 특파원 시절인 1998년 선거법 위반으로 국회의원직을 사퇴하고 워싱턴에 외유 나온 이명박 대통령과 골프 회동으로 친교를 쌓은 그는 17대 대선 당시 엠비 캠프에 합류해 매일 아침 머리를 맞대고 선거전략을 짤 정도로 인정을 받은 것으로 알려졌습니다.
2010년 이 대통령으로부터 문화부 장관 후보로 임명되면서 그는 절정의 순간을 맞이한듯했습니다. 그러나 장관 후보 임명은 그에게 추락의 시작이었습니다. 장관 청문회 과정에서 5건의 위장전입, 각종 부동산 투기, 다운계약서 체결 등 여러 건의 법 위반 사실이 드러나 여론의 질타를 받고 장관 후보직에서 사퇴했습니다. 특히 2002년 기자 시절 장상 총리 후보의 위장전입을 비판하는 칼럼을 쓴 그가 위장전입을 5차례나 한 사실이 밝혀져 국회의원들의 질타를 받았습니다.

신 전 차관은 지난해 이국철 에스엘에스 그룹 회장에게서 2008년 6월부터 16개월간 1억300만원을 받는가하면 에스엘에스 그룹의 사업관련 민원을 들어주는 대가로 에스엘에스 싱가포르 법인 명의의 카드 2장을 제공받은 혐의(특정범죄가중처벌법상 뇌물혐의 등)로 검찰에 구속 기소됐습니다. 그는 지난달 26일 공판에서 "돈을 받은 것 사실이지만 직무 관련성이 없었다."고 무죄를 항변했습니다.

부산저축은행그룹 로비스트 박태규(72)씨로부터 억대 금품을 받은 혐의로 구속 기소된 <중앙일보> 논설위원 출신의 김두우 청와대 전 홍보수석은 지난달 26일 열린 공판에서 징역 3년에 추징금 1억3140만원, 박 씨로부터 받은 골프채 몰수 형을 구형받았습니다. 김 전 수석은 최후 변론에서 "공직에 있으면서 사람을 가리지 않은 점을 뼈아프게 생각합니다. 면서도 "부산저축은행과 관련해 부탁을 들어주거나 돈을 받은 것은 없다"고 무죄를 주장했습니다.

<동아일보> 정치부장 출신인 '엠비멘토' 최시중 방송통신위원장도 권력무상을 실감하고 있습니다. 양아들로 알려진 정용욱 전 방통위 정책보좌관이 김학인 한국방송예술교육진흥원 이사장(구속기소)으로

부터 수억 원대 로비를 받은 의혹을 받고 있는데다가 본인 스스로 친 이계 의원 3명에게 3,500만원을 뿌렸다는 언론보도가 나오자 지난 달 말 위원장직 사퇴를 발표했습니다. 수사 진척에 따라서는 검찰 소환조사도 배제할 수 없는 상황입니다.

최위원장의 절대적인 후원을 받고 지난해 12월 종편방송을 출범시킨 조동중은 질 낮고 지상파와 차별화되지 않은 프로그램 탓에 0%대의 미미한 시청률로 애물단지를 끌어 앉은 상황입니다.<미디어오늘>

최근호는 조동중 종편은 시청률 저조로 광고단가도 크게 떨어져 수천억대의 적자를 기록할 것이라고 내다봤습니다. 자사 출신 정치부 기자들의 잇따른 추락에 대해 자성하는 목소리는 들리지 않습니다.
[끝]

지구상에서 가장 존경받는 직업이 무엇이냐고 유럽시민들에게 물어 보면, 언론인이라고 대답합니다. 언론이 지구촌 최고의 권력층을 비판할 수 있는 '권력위에 권력'이라는 진정한 권력을 보장 받았기 때문입니다. 정치가 보다 항상 위에서 있는 자가 언론인 입니다. 정치가의 '권력무상'이란 말은 있어도 '언론무상'이란 용어는 아예 없습니다. 민주국가에서는 참신하고 지성적인 언론인들을 육성하는 제도(System)가 있어야 합니다. 유럽 선진국에서는 정부가 예산을 지원하는 정치재단에서 정치인과 언론인을 현재와 미래를 위해서 정책적으로 최선을 다해 분리 육성하고 있습니다.

민주사회를 수호하는 언론인들은 죽더라도 천직의 사명을 고수하시다 '언론순교'를 하신 베델 선생님의 생명이 우리민족의 얼속에 살아 움직이므로 생명을 가진 민주국가로서 지속적으로 발전되고 유지되고 있습니다[주1].

[주1] 베델: 영국 트리뷴지의 기자로 조선에 파견되어서 일본의 탄압을 고발한 세계적인 최초의 '언론순교자' 입니다.

정치가가 되느냐? 언론가가 되느냐? 그 자체는 선택이지만, 정치가의 약점을 많이 알고 있는 언론경력을 축적한 자가 개인의 영달을 위해, 민주주의 원칙을 깨고 정치꾼으로 변신하는 작태는, 민주주의를 배신하는 부도덕한 저주받을 죄를 짓는 파렴치하고 아주 간악한 사탄(詐誕)으로 추악하고 하찮은 인간(人間)에 지나지 않습니다.

심지어 한 TV-앵커는 자신의 사욕이 도를 넘어서 2007년 대통령선거에 출마하는 정치꾼으로 등장하기도 했었습니다. 그 앵커가 유럽순방을 했을 때 비록 대통령후보 자격이었지만 민주주의를 배반한 언론인을 누구도 반겨 주지 않았습니다. 그 반대로 냉랭했으며 가소롭게 보는 것이 바로 의식 있는 유럽의 선진 국민들입니다.
그는 민주화를 염원하는 대한민국의 민주주의를 크게 망신시킨 장본인이 되었습니다. 온 지구촌 언론인들의 저주의 대상이 되었음에도 본인자신은 그러한 내용을 아직도 지각(知覺)하지 못하고 여전히 정치야욕을 주체하지 못해서 광견(狂犬)처럼 막무가내로 설치고 있습니다.

정치가를 희망하면, 아예 모든 사욕을 내려놓고 정치가가 되는 고된 역경을 겪으면서 통습(通習)되고 통섭(通涉)되도록 오랜 세월 동안 준비해야 합니다. 가능하면 어릴 때부터, 자연과 대화하는 호연지기(浩然之氣)를 키우고, 선진국에서 유학을 하고, 세계를 돌아보고, 무엇보다 최우선으로 학문적으로 석학(碩學)이 우선 되어야 하며, 그 다음 피나는 노력으로 통섭(通涉)되어 정치를 감당할 수 있는 역량을 충분히 키워가야 합니다. 그 기간이 아무리 짧아도 대학을 졸업하고 20년은 넘어야 경험과 능력이 배양되어 정치가로서 통섭(統攝)의 가슴이 열릴 것입니다.

지도자는 선천적으로 주식, 잡기, 과음, 기업, NGO, 언론, 쾌락 등을 잘 모르는 사람이어야 합니다. 일반인이 즐기는 하찮은 것들을 완벽하게 자제해야 합니다. 뭇사람처럼 평등해서는 존경받는 정치지도자가 될 수 없습니다. 군주제의 세자역시 평범하지는 않았습니다. 그러므로 현대에는 정치지도자가 되고자 하는 사람은 정치재단으로부터 지도자(세자)교육을 철저하게 받아야 합니다. 정치재단이 없는 나라에서는 선진국 정치재단에서 지도자교육을 받은 사람이어야 국가를 통섭(統攝)할 자격이 있습니다.

대통령이 되려면 자격이 있어야 하는데 그 자격이 바로 통섭(通涉)입니다.
-박춘근-

우리나라에는 장학재단이 많이 있어도 유감스럽게도 아직 국가의 인재를 육성하는 정치재단이 단 하나도 없습니다. 장학재단 역시 고작해야 학비보조금 지불로 생색내는 정도에 불과합니다. 그런 장학재단은 인재로 육성이 시작되는 20대 후반부터는 무용지물(無用之物)입니다. 국가에 쓰일 인재는 박사학위를 마친 사람들이 진정한 정치인으로 육성되는 정치재단은 아직 없습니다.
오늘날 까지 필자가 독일 정치재단인 '콘라드 아데나워 재단(KAS)'으로부터 정치지도자교육을 받기 시작한 것은 1980년 그러니 33년을 지속적으로 꾸준히 교육받고 있습니다.

올해 5월 17일에서 20일 까지 정치재단 KAS로부터 지속적으로 교육을 받고 있는 120개국의 재단동창들이 독일 수도 베를린(Berlin)에 모여 4일 동안 세미나를 했습니다. 저는 작년 6월에는 유럽중앙은행이 있는 세계금융의 도시 프랑크푸르트(Frankfurt am Main)에서 재단동창세미나를 4일간 가졌습니다.

모두들 직장에 휴가를 내고 모이는 연래행사 입니다. 재단에서는 매년 수십 차례 세미나를 통해서 인재교육을 지속적으로 시키고 있습니다. 재단 세미나와 심포지엄은 전 세계에서 개최 됩니다. 그러므로 KAS는 이미 30년 전부터 한국사무소가 있으며 독일인이 한국 및 아시아지역총재로 서울에 임재하고 있습니다.

진정한 정치지도자는 청빈을 기본으로 남을 배려하고 무소유해야 하며 남을 잘되게 하고 국민을 긍휼이 여길 줄 아는 천성을 타고나야 합니다. 창조주님은 누구에게나 소질에 걸맞은 천직을 소명으로 주셨습니다. 정치가가 되기 위한 사람에게는 존경받을 덕을 쌓은 소질 역시 천직으로 주신 것입니다. 학문의 바탕 없이 엄청난 돈과 혈기와 끝없는 야심과 야망으로 정치꾼이 되는 것은, 자신부터 망하고, 나라도 망치게 할 수 있는 너무나 위험한 불 작란 입니다[주2].

[주2] 참고도서 : 8.4. 국민필독서 필자저서들 / '아~ 사랑하는 우리의 대통령'/ 박춘근 저

언론인으로서 천직을 받은 자가 외도하면 그야말로 민주주의의 저주가 그를 공격하므로 앞서 읽은 기사내용과 같이 최후에는 반듯이 몰락의 길로 가게 되는 것입니다. 이는 지도자라는 직분이 갖추어야할 능력도 의무도 알지 못하고, 오직 자신의 영달을 위한 인간들로 진리를 따라 순종하지 않기 때문에 민주국가의 정치지도자가 될 수 없습니다.

천직을 외도하는 사람들이 많았기 때문에, 광복 후 67년이나 되었지만 한국의 정치풍토는 정도가 사라진 허례허식(虛禮虛飾)의 외식(外飾)만이 지속되었습니다. 성공적인 정치혁명(政治爀明) 없이는 대한민국의 진정한 민주화는 아직도 그 길이 요원합니다.

민주정치를 한다는 사람들이 아직도 진정한 정당정치가 무엇인지? 민주주의가 무엇인지? 잘 모르기 때문에 정치가로 육성되지 못하고 단지 이기적인 야욕만이 충만한 깡패 같은 정치꾼들이 광복 후 67년 동안 양산(量産)된 셈입니다.

정치는 아무나 하는 것이 아닙니다.

정치는 성인군자(聖儿君子)가 해야 함을 자각(自覺)해야 합니다. 세종대왕님 같은 훌륭한 임금을 우리는 성군이라 합니다. 그들은 통섭(通涉)되어 근대조선을 통섭(統攝)했던 대대로 존경받는 아주 훌륭한 대왕님들이었습니다.

3.5. 인간의 존엄성과 홍익사상

올바른 민주정치는 헌법정신에 따라 펼쳐져야 됩니다! 우리나라 헌법은 인간의 존엄성이 결려된 히틀러가 악용했던 "살인헌법"이라 불리는 '바이마르 헌법'을 제헌의원들이 번역한 것을 기초로 아직도 쓰고 있습니다. 이 헌법은 인간의 존엄성이 배재된 채 단지 다수결로 모든 것을 결정하는 엄청난 우를 범한 헌법으로 정평이 나 있습니다. 독일이 "살인헌법"이라고 명명하여 패기하기 1년 전인 1948년에 이 '바이마르 헌법'을 번역해서 1948년 7월 17일부터 사용하게 되었습니다. 그러나 지도자들의 이권에 따라 9번을 고쳐서 엉망이 된 이 "살인헌법"의 모체를 대한민국헌법으로 아직도 사용하고 있습니다.

독일에서 히틀러(독일제3제국(1933년~1945년))가 악용한 '바이마르 헌법'을 왜 "살인헌법"이라 명명하는가 하면, 그 이유는 그 헌법이 발효된 기간 동안 제1차 세계대전에서 약 1,200만 명이 사망했고, 히틀러가 일으킨 제2차 세계대전으로 인하여 약 1억 명(당시 세계인구 12억 명)이 전쟁의 제물로 사라졌기 때문입니다. 현재 발효 중인 독일헌법에는, 인간의 존엄성을 묵살하는 인기주의자 아돌프 히틀러 같은 사람이 다시는 지도자가 될 수 없는 진실 된 헌법정신으로 무장되어 있습니다.

바이마르 헌법 조항 제1조에 인간의 존엄성이 처절하게 무시된, 가장 잔악한 궤휼(詭譎)인 다수결(多數決)이 모든 결정을 지배했던 악법 중에 악법으로 해석하고 있습니다. 즉 인간의 존엄성이 충족되지 못한 다수결은 최악의 결과를 초래 할 수도 있기 때문입니다. 다수결 때문에 히틀러는 SS라는 비밀첩보기관을 조직하여 무서운 공포를 무기화한 독재정치를 마음 놓고 합법적으로 실현할 수 있었습니다. 히틀러는 바이마르 합법에 준한 선거에서 승리하여 지도자(총통)가 되었던 것입니다.
대한민국 헌법 제1조가 문제의 조항입니다. 민주주의를 배신하는 문구가 들어 있는 가장 잘못된 다수결(多數決)이라는 불합리한 포퓰리즘(Populism)을 내포하고 있기 때문입니다.

독일은 제2차 세계대전에 패하여, 영국, 미국, 프랑스, 소련 등 4개국이 4년 동안 강제 점령하고 있는 기간 중에 독일의 지성인들은 모여서 '왜 우리가 세계대전을 두 번씩이나 치르게 되었는지? 그리고 두 번다 패했는지를 탐구(探究)하기 시작했으며 특히 제2차 전쟁은 아돌프 히틀러라는 인물이 등장할 수 있었던 배경과 바탕이 무엇인지를 연구하기 시작 했습니다. 독일지성인들은 탐구결과 패망의 원인은 "바이마르 헌법 제1조에 있다."고 결론을 내렸습니다. 이는 망국의 원인이 사람에 있는 것이 아니라 '법과 정책'이라는 '시스템'에 결함이 있었다는 것을 발견한 것입니다.

불행하게도 1948년 7월 17일 대한민국은 독일 바이마르 공화국(1919년~1933년)의 헌법의 전반부를 그대로 번역해서 제헌헌법으로 채택했으므로, 바이마르 헌법 제1조를 그대로 대한민국 헌법 제1조가 되어서 그런지 오늘날 까지 불행한 사건들이 한국에서 지속적으로 발생되고 있습니다.

바이마르 헌법 제1조 1항 : 독일은 공화국이다.
         Deutschland ist eine Republik.
바이마르 헌법 제1조 2항 : 모든 힘은 국민으로부터 나온다.
         Alle Macht kommt von Volks aus.

대한민국 헌법 제1조 1항 : 대한민국은 민주공화국이다.
대한민국 헌법 제1조 2항 : 모든 힘은 국민으로부터 나온다.

지금의 헌법 제1조 2항이 문제의 다수결이라는 "살인내용"이 들어 있습니다. 어떻게 하던 간에, 즉 수단과 방법을 가리지 않고, 표만 얻으면 정권을 잡을 수 있다는 생각으로 민주주의의 참 진리인 '인간의 존엄성을 살인'하는 내용입니다.

제헌(1948.7.17) 이후 우리나라에는 죽음이 늘 헌법과 함께 동행 하고 있습니다. 유감스럽게도 무수히 많은 사람들과 동물들이 죽임을 당했습니다. 6.25사변으로 수백만의 동족이 죽었고, 4.19 민주화 운동을 하다가 죽었고, 월남전에서 파병군인들이 죽었고, 5.18 광주사태로 애매한 사람들이 많이 죽었고, 천안함이 북한어뢰 공격받아 해군들이 죽었고, 북한이 연평도를 포격해서 죽었고, 사람뿐만이 아니라, 광우병, 조류독감, 구제역 등으로 동물(닭, 소, 돼지)들이 집단으로 생매장되는 대 비극들이 계속되었습니다.

우리는 지금의 헌법체재 아래서 수많은 목숨들이 죽어간 것들이 어쩌면 자연스러운 것처럼 보이지만, 사실은 헌법의 잘 못된 제1조에서 시작 된 불행들은 아닐는지요?

독일 사람들은 바이마르헌법 제1조 때문이라고 규명 했습니다. 우리도 2년 이내에 선진헌법으로 개정해야 합니다. 30년 전부터 필자는 개헌을 위한 준비했습니다. 그리고 구체적인 정치시스템도 준비해 두었습니다.

중국의 진시황의 분서갱유(焚書坑儒)처럼, 책을 태우고 선비를 죽이는 것과 유사하게 고등학교 밖에 수학하지 못해 지식인을 감당하지 못한 히틀러는 책을 태우고 존경받는 교수들을 제거(除去)하고 자기의 뜻에 따르지 않는 사람들을 죽이거나 직장에서 물러나게 해서 생계가 어렵게 만드는 큰 고통을 주었습니다.

우리나라 역시 건국초기에 다수결로 때로는 사사오입까지 하는 억지를 써 가면서 폭력까지 동원하는 부정부패를 일삼는 암울한 4.19시대가 있었습니다. 헌법 제1조를 우리는 히틀러처럼 아직도 그대로 적용하고 있습니다. 이 점이 너무나 안타까워서 이러한 사실들을 이 책을 통해서 우리 국민들이 계몽되게 하려 합입니다.

서독(1945년~1990년)은 1949년에 본의 기본법(Grundgesetz 분단국가에서는 헌법 (Verfassung)이란 전문용어를 쓸 수 없습니다.)을 제정할 때 바이마르헌법 제1조 부터 개정하기 시작했습니다. 헌법에서 제1조는 헌법정신이 들어 있는 가장 중요한 조항입니다.

남한에서 북한을 분단국가로 인정한다면 헌법이란 법률용어를 쓸 수 없습니다. 남한 이 헌법이란 법률용어를 쓰는 이유는 북한을 인정하고 있지 않기 때문입니다. 동독 에서는 서독을 인정하지 않았기 때문에 헙법(Vefassung)이란 법률용어를 사용 했습 니다. 그러나 서독에서는 동독을 분단된 독일국가로 인정했기 때문에 헌법이란 법률 용어를 사용하지 않고 정확하게 기본법(Grundgesetz)라는 법률용어를 정확히 적용 했습니다.

서독의 기본법은 통일된 이후 독일헌법으로 내용변경 없이 발효되었습니다. 통일 후 동독헌법은 폐기 되었습니다. 대한민국으로 남북이 통일되면 북한헌법은 자연히 사 용될 수 없게 되어서 패기 되는 것과 같습니다.

독일헌법 제1조 : Die Würde des Menschen ist unantastbar. Sie zu achten
           und zu schützen ist Verpflichtung aller staatlichen Gewalt
번역하면   인간의 존엄성은 'touch' 할 수 없다. 또는
           인간의 존엄성은 불가침이다.
           이를 존중하고 보호하는 것은 모든 국가권력의 의무이다.

헌법정신이 다수결에서 인간의 존엄성이 기본이 된 기본법(基本法)으로 1949년 5월 8일 제정(制定)되고 5월 23일부터 시행(施行)되었습니다.
이제 우리도 되도록 빨리 헌법 제1조를 '인간의 존엄성과 홍익인간사상을 기본으로 한다.'라고 개헌하여 대한민국 1000년 헌법의 제1조를 완성시켜야 합니다.

3.6. 민중과 군중의 차이는?

민중 : 평상심을 잃지 않는 시민들 => 시멘트로 쌓아올린 정상적인 벽돌집
특징 : 잘 동요되지 않고 이성적으로 사고하므로 흔들리지 않습니다.

군중 : 선동과 궤휼(詭譎)에 의해 이성을 잃어서 일시적으로 매우 과격하게 동요된
　　　 시민들 => 시멘트도 없이 쌓아올린 벽돌집과 같아서 작은 외력에도 와르르
　　　 무너집니다.
특징 : 감정적으로 몰려와 순간적으로 수습이 어려운 일들을 서슴없이 저지르는
　　　 사탄(詐誕)적인 정신착란현상(精神錯亂現象)입니다[주].

[주] 출처: 모스코비치 저서 '군중의 시대' / 프랑스 파리 대학의 군중심리학 강의록에서

우리나라는 선거 때마다 몰이꾼이라는 군중선동자가 활개를 치고 돈으로 아주 추하게 표심을 거래를 하고 군중심리를 자극하여 권모술수로 자질이 부족한 후보가 민심과 관계없이 일시적인 감정으로 당선이 되게 하는 관례(慣例)와 통예(通枘)가 만연하여 민주주의를 모두 망쳐 버렸습니다. 그 결과 의식주가 점점 더 어려운 빈곤층이 기하급수적으로 생기기 시작해서 현재는 중산층이 거의 사라지는 모래시계 같은 최악의 빈부격차로 양극화 현상이 나타나게 된 것입니다.

무엇보다 중산층 회복이 가장 시급합니다. 모래시계처럼 중산층이 연약해진 사회가 되면 분노에 의한 폭발로 인해서 사회질서가 지켜지기 힘들게 됩니다. 오히려 돈은 많아 국민소득은 많이 올라갔음에도 불구하고 아주 극심한 빈부차로 빈민층과 부유층이 극한으로 대립하는 아주 불행한 혼돈사회로 변모되고 있습니다. 이는 우리나라의 민주정치가 완전하게 부도가 난 상태임을 증명해 주고 있습니다.

3.7. 민주정치를 파괴하는 각종 NGO
(Non Government Organization, 비정치단체)

도덕성이 겸양(謙讓)된 목적의식(目的意識)이 대단히 중요합니다. 정부로부터 막대한 지원금을 받는 NOG-단체는 단체의 고유목적에 충실해야할 책무가 있습니다. 노무현 정부는 NGO(비정치단체, Non Government Organization)의 정신과 도덕을 무시하고 국민을 기만하면서 NGO 회장이나 임원이나 회원까지 인기를 얻었다고 정계로 진출시키는 극악무도한 행위를 하는 것이 당연한 것처럼, 심지어는 NGO-단체장들을 총리와 내각에 등용시키기 까지 하는 민주국가에서 있을 수 없는 상식(常識)이하의 우매(愚昧)함을 범했습니다.

앞으로 그런 일이 발생할 경우에는 그 단체는 그동안 정부로 부터 받은 지원금과 이자까지 다 토해내야 합니다. 만약 그 단체가 지원금을 3개월 이내 반납하지 못할 경우에는 그 단체의 모든 재산은 국고로 환수(還收)되어야 되며 가입된 회원들은 평생 동안 어떤 단체 및 정치 활동도 할 수 없게 하는 단체임원의 정치참여금지법을 입법해야 합니다. 이러한 도덕적인 책임을 물음으로서 사회적인 질서와 기강(紀綱)을 올바로 잡아 갈수 있기 때문입니다.

2011년 서울시장 보궐선거에 당선된 작자(作者)가 바로 여기에 해당되는 장본인으로 극악무도하게 서울시민을 기만(欺瞞)하고 궤휼(詭譎)하고 사회질서를 파괴한 NGO 출신으로 천벌을 받아야 하는 자임을 선택한데 대해 서울시민들은 크게 자각하고 통곡하면서 반성해야 합니다.

그는 NGO 정신을 빛나게 했다는 칭송을 받아 아시아의 노벨상인 '막사이사이상'이라는 큰상을 받았고, 또 정치적인 비판을 일삼아 특정후보들에 대해서 낙선운동까지 결행한 축구심판관 같은 인물이, NGO 정신을 완전히 무시하고 정치에 진출한 것은 사기꾼이요, 도둑이요, 강도요, 민주정치의 원칙을 배반한 악한(惡漢)으로서, 깡패처럼 편 가르기 작전이며, 민주주의를 집단이기주의로 만들므로 진정한 민주주의를 아주 망치게 하는 추악한 작태(야당과 야합)를 자행한 양의 탈을 쓴 더럽고 추악한 늑대입니다.

NGO출신은 언론출신과 같이 정치에 참가할 수 있는 도덕적으로 자격자체가 없다는 사실은 선진민주사회에서는 불문율로 통합니다. 필자는 유럽에서 15년간 유학을 했지만 이런 사항을 한 번도 경험한 적이 없습니다. NGO는 천직으로 타고난 사회

사업가가 하는 역사이지, 개인의 야심을 불태우는 정치적 발판이 아님을 아주 명백
하게 밝혀 둡니다.
한국에 사무실을 두고 있는 독일 정치재단의 KAS의 정치전문가는 그가 서울시장의
책무를 감당할 수 없는 우매(愚昧)한 자로 '궤휼(詭譎)로 쇼만 자행하다 임기를 끝
내는 인물로 기록 될 것'이라고 확실한 평가를 이미 내렸습니다.

3.8. 정치가 육성을 위한 정치재단

3.8.1. 인재등용문을 활짝 열어라

유럽에는 국가정부예산으로 운영되는 정치재단에서 정치인들을 육성합니다. 세계적
으로 그 명성(名聲)이 가장 빛나는 정치재단으로 독일 콘라드 아데나워 재단(KAS,
Konrad Adenauer Stiftung)이 있습니다. 한국의 유능한 엘리트 대학생들을 장학생
으로 선발하여 독일로 유학을 보내서 지도자로 육성하는 역사를 하는 정치재단
(KAS)입니다. 이미 KAS에 선발되어서 독일 유학을 하면서부터 정치가로 육성되어
어떤 책무도 감당할 수 있는 능력을 소유하고 귀국해서 저명인사가 된 분들이 약
100 여명이나 계십니다.

이분들은 자신의 전문분야에서는 만큼은 국가의 어떤 책무라도 감당할 수 있는 세
계가 인정하는 인물들입니다. 이분들 중에 장관 대학총장으로 계시는 분은 있으나
국회의원으로 활동하시는 분은 아직 단 한 명도 없습니다.
그 이유는 우리나라는 가시적인 풍요 속에서 정계가 너무나 부패했으며, 특히 역량
을 더 키워야 정치라는 본업을 감당할 수 있는 정치기득권자들이 오직 자신의 사욕
(私慾)만을 충족시키기 위하여, 유능한 분들이 등용될 수 없는 정치적 환경을 지향
하여 정치후진성을 고집하는 고수들 때문에, 정말로 유능한 인재들이 전혀 등용될
수 없는 상황이 지속되기 때문입니다.

즉 돈 없는 유능한 인재일수록 철저하게 왕따를 당할 수밖에 없는 정치적 환경이
광복 이후부터 변함없이 지속되고 있습니다. 아무리 유능한 인물이라도 가족의 의
식주를 염두에 두어야 합니다. 그래서 청빈하고 유능한 세계적인 인물들이 가장 많

이 썩고 있는 나라가 유감스럽게도 내 조국 대한민국 입니다.

이 책을 집필하는 이유 중에 하나는, '돈이 전혀 필요 없는 선거제도'를 구축하기위한 계몽을 하고자 함입니다. 이렇게 집필해야 조국의 1000년 대계를 준비시킬 수 있는 인물들이 등용되는 길을 활짝 열 수 있기 때문입니다.

KAS 이외에도 인정받는 독일의 정치재단들이 우리나라에 상주하고 있으며, 독일에서 유학하고 석박사가 된 인재들만 해도 2만 여명이나 됩니다. 우리나라를 이끌어 길수 있는 역량을 소유한 인재들의 수는 이제 충분히 준비되었습니다. 다만 그들이 진출할 수 있는 길을 기득권자들이 강력하게 막고 있습니다. 국민들이 계몽되어 군중이 아닌 올바른 민중으로 돈 안 드는 선거제도가 구축되면, 우리나라는 하시라도 정치선진국이 될 수 있는 저력은 이미 충분히 갖추고 있습니다.

지금 난국에 처해 있는 우리들은 희망이 없는 것이 아니라 희망은 너무나 많이 준비 되어 있습니다. 올바른 선거제도로 인기가 아닌 능력을 잡으시기만 하면 희망도 잡을 수 있습니다. 독일처럼 돈이 전혀 들지 않는 선거제도를 실시하기만 하면 자격을 갖춘 지성인들이 정치가로 대거 진출되는 것은 시간문제 입니다. 국민들이 자각(自覺)하기만 하면, 국민스스로 붙잡을 수 있는 행운(幸運)은 이미 우리 문전에 당도(當到)해 있습니다.

우리들은 마음의 문만 열면 당장 민주주의와 정당정치를 성공시킬 수 있게 됩니다. 필자에게는 이 모든 시스템이 준비 되어 있습니다. 다시 말씀드리면 구술은 이미 서 말이나 준비되어 있습니다. 국민스스로 꿰기만 하면 중산층이 급속도로 회복되어 잘사는 일등국가로 거듭날 수 있습니다.

3.8.2. 지도자 육성재단

독일에서 우리나라 대학과정과 비슷한 Vorexsamen 또는 Vordiplom 이라는 제1차 국가고시가 있습니다. 이 제1차 국가고시를 합격해야 제2차 국가고시를 보고 대학을 졸업할 수 있는 Diplom 과정(석사+박사과정)을 공부 할 수 있게 됩니다.

제1차 국가고시에 합격한 자 중에서 성적이 아주 우수하고 면접에 합격한 자들을 정치재단에서 선발하여 장학금을 주면서 지도자육성교육을 실시합니다. 학창시절에는 물론 학교를 졸업하고 나서도 박사학위를 받고나서도 지속적으로 지도자육성교육을 계속 실시됩니다. 재단에서는 나이가 40대 50대 60대를 넘어서 죽을 때까지 각종 세미나와 심포지엄을 통해서 끊임없이 정치지도자 교육을 실시합니다.

우리나라에는 지도자를 육성하는 정치재단이 전혀 없으므로 인재로 육성되지 못한 채 단지 경제적으로 성공한 자들이 돈의 힘을 믿고 지도자가 되겠다고 국회의원 선거는 물론 대통령선거까지 불나비처럼 뛰어드는 불쌍한 사시이비(似是而非) 정치꾼들이 판을 치는 정치풍토가 건국시대부터 지금까지 지속되어 왔습니다[주1]. 현재는 돈이 있어야 정치를 할 수 있는 것이, 마치 올바른 정치정석인 것처럼 잘못된 인식이 국민들 두뇌 속에 침윤지참(浸潤之譖)되어 있습니다[주2].

[주1] 사시이비(似是而非) : 겉으로는 비슷하나 속은 완전히 다름.
[주2] 침윤지참(浸潤之譖) : 물이 차츰 스며듦과 같이 깊이 믿도록 서서히 하는 참소(讒訴·譖訴)의
       말이라는 뜻으로, 아주 교묘(巧妙) 한 중상모략(中傷謀略)을 말함 입니다.

지도자 교육을 받지 못한 사람은 자신의 정치적인 능력인 통섭을 할 수 없어서 우선적으로 선진국에서 인정을 받을 수 없습니다. 외교측면에서 자연히 상당한 불이익을 당할 수밖에 없습니다. 그러므로 정치재단에서 지도자 교육을 정통(正統)하게 받지 못한 사람이 대통령이 된다고 하더라도 막중한 대통령의 책무를 감당할 수 없게 됩니다. 권력을 부여받았으니 목에 힘만 주고 다니다가 임기를 다 보내게 되어 자신과 국민들이 아주 비참하게 되는 것은 물론, 지도력 부족으로 국민들의 삶은 더욱 더 심하게 피폐해 집니다.

우리나라 정부예산 중에는 정당정치의 기초인 정치인육성에 필요한 예산배정이 없습니다. 게다가 인재를 발굴하고 키우는 제도가 전혀 없으므로 인기주의인 포퓰리즘(populism)의 극치를 이루는 아주 비정상적인 민주정치가 아닌 야바위 '군중정치'가 실시되고 있습니다.

국민스스로는 자신을 계발(啓發)하기 위하여 민주시민 교육을 받아야 하는데 아직도 우리나라는 민주시민 교육을 담당하는 정치재단이 단 하나도 없습니다. 그러나 필자가 민주시민교육을 어느 정도 대신할 수는 있도록, 국민들이 스스로 민주시민 역량을 키울 수는 있는 필독서 "국민들이 함께하는 아름다운 교육혁명"이라는 국민 계몽서를 20년간의 자료 수집하고 5년간 집필하여 총 25년 걸려서 2006년도에 절찬리(絶讚裡)에 출간했습니다. 이어서 2007년도에 교육혁명 정책서인 "봄이 오는

소리”라는 책을 출간 했습니다. ‘봄이 오는 소리’는 e-book으로 편집하여 누구나 다운 받을 수 있게 저의 블록(http://blog.daum.net/ssnsoridansori)의 카테고리 ‘펜서비스’에 올려놓았습니다. 그동안 많은 사람들이 다운받았으며 극찬을 받았습니다 [주3].

[주3] 필독추천서: “국민들이 함께하는 아름다운 교육혁명” 과 “봄이 오는 소리”

‘교육혁명’ 박춘근 저| 지구촌교육혁명연구소 | 2006.01.14

‘국민들이 가슴으로 함께하는 아름다운 교육혁명’을 제안하는 책. 교육제도를 변혁시키기 위한 기본이 되는 것으로, 국민들이 실력과 재능에 따라 평등하게 교육혜택을 받고, 아울러 모든 교육비용은 가정이 아닌 국가가 부담하는 선진화된 공교육 제도의 틀을 수립하고자 했습니다. [출처: NAVER 책]

봄이 오는 소리 (아름다운 교육혁명) 박춘근 저 | 지구촌교육 | 2007.03.29

저자가 2006년에 펴낸「국민들이 가슴으로 함께하는 아름다운 교육혁명」의 내용 중에서 교육시스템 부분을 발췌하여 쉽게 재구성한 책입니다. 올바른 자녀교육과 사교육비로 고민하는 대한민국의 학부모는 물론, 미래의 학부모인 젊은 세대, 입시 때문에 고생하는 수험생, 취업문제로 고민하는 대학생 및 졸업생, 그리고 교육일선에서 애쓰는 교사 및 교육관계자에게도 도움을 줍니다.

이 책은 ‘새로운 국민교육제도’하의 대학입시제도와 대학졸업국가고시 제도를 제안한다. 현재 우리 교육의 문제들을 근본적으로 해결하기 위해서 유아에서부터 성인에 이르기까지 21세기 과학기술의 발달과 다양화된 현대사회의 변화에 적응할 수 있는 혁명적인 ‘새로운 국민교육제도’를 수립하고 있습니다. 그리고 이를 통해 현재 우리 사회의 문제가 되고 있는 교육 분야의 많은 문제들이 자연스럽게 해결될 수 있다고 강조 합니다 [출처: NAVER 책].

3.9. 민주주의를 실현하는 정당정치

지성적인 정치시스템을 운영할 수 있는 능력이 통습(通習)과 통섭(通涉)으로 육성
(育成)되어 지도자의 5대 조건(지성, 설득력, 지구력, 자제력, 지속적인 의지)에 부
족함이 없이, 국가의 어떤 난제(難題)라도 감당할 수 있는 위인들이 모여서 덕(德)
과 지성(知性)으로 긍휼(矜恤)의 정치를 할 수 있는 제도(制度, System)를 갖추고
있는 나라를 온전한 '민주국가라' 합니다.

"Demokratie ist ein politisches System für die Gesellschaft der Vernunft."

"민주주의(民主主義)란 지성사회(知性社會)를 위한 정치제도(制度) 입니다."
- Dr.-Ing. Dipl.-Ing. Choon-Keun Park, 공학박사 공학디플롬 박춘근 -

지성적인 민주정치시스템을 운영할 수 있는 통습(通習)되고 통섭(通涉)된 인물들을
중심으로 모여서 대의정치를 준비하고 실천하는 책무들을 행하는 곳이 정당입니다.
국회가 구성되어 실현되는 정치제도를 '정당정치'라도 합니다. 그러므로 정당정치야
말로 '민주주의의 꽃'이라 할 수 있습니다.

정당정치란?
대의(大義)적으로는 민주정치 전체를 의미(意味)하며, 실리적으로는 의회정치에 국
한(局限)되기도 합니다. 즉, 국회의원 구성원에 무소속이 금지되고, 단지 5%이상의
국민지지를 받은 각 정당들의 국회의원들로 구성되어, 정당의 명예(名譽)를 걸고 국
민을 위하여 충성하는 정치를 '정당정치(政黨政治)'라 합니다.
우리나라에는 아직도 정당의회정치가 구현되고 있지 못한 이유는, 무소속이 난무하
는 구태의연(舊態依然)한 '정치후진국 탈'을 쓰고 있기 때문입니다.

정당의회정치의 질서를 방해하는 암적인 무소속제도는 대의정치의 정도(正道)가 아
니며 명분(名分)이 부족한 편법입니다. 지금까지 한국의 정당들이 마치 깡패조직처
럼 운영되는 몽학수준의 인간들이 판을 치는 비합리적인 무소속제도는 폐기 되어야
합니다. 그래야 비로소 새로운 1000년 대계(大系)의 정당정치제도가 국민들의 힘인
'거룩한 한마음'으로 탄생될 수 있습니다.
진정한 정당정치는 정치자금이 필요한 것이 아니라, 오직 훌륭한 인물들이 필요할
뿐입니다. 진실한 정당정치를 위한 국회의원선거에는 돈이 전혀 필요 없으므로,
세계적인 훌륭한 한국인 인물들이 대거 등용될 수 있게 됩니다. 이들이 부강(富强)
한 민주국가, 대한민국을 창조해나갈 수 있게 됩니다.

3.10. 정치와 돈은 불가분의 함수인가?

다음의 국민일보 '금배지의 상전 '왈왈구찌'와 '공천헌금 요지경… 현금-금배지 빅딜 사건'이라는 기사를 읽어보면, 우리나라의 정치적인 상황이 패망의 길을 자초하고 있다는 것을 아주 정확하게 감지할 수 있는 신문기사입니다.
염치를 모르는 매관매직이나 다름없는, 금권선거가 아예 정착하는 정치미개국임을 지성인들 중에 최고 지성인인 신문기자들이 이 기사를 통해서 스스로 입증하고 있습니다.

"뇌물로 인하여 악인을 의롭다 하고 의인에게서 그 의를 빼앗는도다 (성경, 이사야 5장 23절)에." 성경에서 언급한 대로, 이스라엘이 망할 것을 예언한 것 같이, 이스라엘이 금권정치로 인하여 패망했습니다. "정치와 돈이 불가분의 함수"라고 믿는 정치인들과 그에 동조하는 국민들이 다수가 되면, 그 나라는 패망한다는 것을 본보기로 보여 주고 있습니다.

근세조선이 망한 것도 매관매직으로 사회가 혼란되어 패망의 길을 재촉했습니다. 1948년 건국이래. 오늘날까지 비록 정치개혁들이 시도되었지만, 금권정치는 점점 더 심화되어 극에 달하고 있습니다. 지금은 나라가 위태로운 난국에 처하게 되었습니다.

소명을 받은 인재들이 정치재단에서 몇 십 년씩 훈련으로 육성된 사람들만이 돈이 안 드는 정치를 전담하는, 완벽한 정당정치를 실시할 수 있는 정치혁명(政治爀明)을 성공시키는 것만이 금권정치를 배제할 수 있습니다. 이 정치혁명만이 우리의 미래가 확실하게 보장되는 유일한 길입니다. 이 정치혁명을 성공하기 위해서는 교육혁명(敎育爀明)이 선행되어야 합니다[주1].

[주1] 국민 누구나 필자의 블록 http://blog.daum.net/ssnsoridansori 에 들어가셔서 '카테고리 팬서비스'에서 '아름다운 교육혁명 e-book 으로 편집된 '봄이 오는 소리' 책-파일을 다운 받으실 수 있습니다. 또는 필자의 e-mail: gpupark@empas.com 으로 연락주시면 'e-book file'을 송부해 드리겠습니다.

금배지의 상전 '왈왈구찌'

국민일보 cover story 기사 2012.08.17 18:41

[매관매직의 퍼즐로 형성되어 버린 여의도 한국 국회의사당]

'1인 헌법기관'인 국회의원. 국무총리나 장관은 물론 대통령한테도 큰소리 땅땅 칩니다. 하지만 국회의원들도 '왈왈구찌'들 앞에선 쩔쩔맨다. 왈왈구찌는 지역구 유권자들에 영향력이 크고, 입담이 센 사람을 부르는 정치권 은어입니다. '빅 마우스'라고도 합니다. 선거철뿐 아니라 평상시에도 유권자 관리에 중요한 역할을 하기 때문에 국회의원들의 '갑(甲)'으로 불립니다.

최근 정치자금과 후원금 사건이 터져 나와 바짝 긴장하고 있는 금배지들. 4년마다 총성 없는 전쟁을 치러야 하는 그들에게 가장 중요한 게 지역구 관리입니다. 여기에는 탄환이 필요합니다. 신원이 드러날까 봐 소속 당까지 익명으로 처리해달라고 요구하는 국회의원과 측근들로부터 17일 '돈 얘기'를 들어봤습니다.

국회의원이 매월 받는 세비는 1200만 원 정도. 연간 후원금은 1억5000만원 한도(선거 있는 해는 3억원) 내에서 거둘 수 있습니다. 하지만 이구동성으로 세비와 후원금으로 버텨내기가 쉽지 않다고 말합니다.

의원직을 유지하는 데 들어가는 기본 경비만 따져 봐도 지역구 사무실 임대료, 직원 인건비, 운영비 등으로 최소 1000만원 안팎이 들어갑니다. 여기에 '왈왈구찌'들이 주기적으로 만들어주는 모임에 나가 밥을 사는 일도 허다합니다. 동호회, 체육회, 동창회, 직능단체별 모임 등에 나갈 때마다 지갑을 열어야 합니다. 한 의원실 관계자는 "계산할 때는 의원 대신 다른 사람이 하지만, 나중에 거의 다 사무실 비용으로 편법 처리되기 일쑤"라고 귀띔했습니다. 물품이나 '봉투'로 성의를 표시해야 할 행사도 끊이지 않고, 명절 때마다 수백 명에게 보내야 하는 선물비도 만만찮습니다.

선거 자체가 문제라는 지적도 있습니다. '대목'을 맞은 선거 브로커들이 찾아와 표를 모아주겠다고 하면 거절하기 쉽지 않다고 합니다. 물론 예외 없이 돈을 요구합니다.

또 '왈왈구찌나 브로커' 같은 '물밑' 운동원 이외에 동책(洞責, 동 단위 책임자), 면책(面責, 면 단위 책임자)들에게도 선거 전후로 활동비가 지급됩니다. 통상 동책에겐 일이 있을 때마다 100만 원 정도 지급되는데, 한 지역구에 수십 개의 동이 있기 때문에 한 번에 수천만 원이 들기도 합니다. 때문에 19대 총선 평균 법정선거비용이 지역구당 1억3000만원이지만 통상 법정비용보다 3~4배 정도 더 드는 것은 기본입니다. 많게는 10~20배를 쓰는 후보도 적지 않습니다.

결국 자기 돈이 없는 정치인은 편법으로 자금을 조달할 수밖에 없습니다. 대표적인 방식이 선거 때 지역구 선거대책위원회를 꾸리면서 차기 시의원이나 도의원 선거에 출마할 사람들에게 '선대본부장'이나 '직능위원장' 등의 타이틀을 주는 것입니다. 이게 법에 걸리면 '공천헌금'이 되는 것이고, 안 걸리면 '공천투자'가 됩니다.

한 재선 의원은 "정치인에게 제일 무서운 말이 '코빼기도 안 비친다는 것"이라며 "돈을 들여 지역구를 관리할 수밖에 없는 실정"이라고 말했습니다. 다른 의원은 "우리는 선진국과 달리 '자발적 당원'이 아닌 '모집된 당원'이 많아 당에 대한 충성도나 참여도가 많이 떨어집니다. 며 "'관리'에 돈이 들 수밖에 없는 구조"라고 지적했습니다.[출처: 국민일보 손병호 기자 bhson@kmib.co.kr]

공천헌금 요지경… 현금-금배지 빅딜 사건

국민일보 / 기사 2012.08.17 22:59

총선 때마다 여의도 정가에선 "어느 당 비례대표는 몇 십억 원을 내고 들어왔다더라. 거나 "그 비례는 누구 끈을 잡고 왔다"는 얘기가 떠돕니다. '돈 내고 금배지 산다'는 말도 정설처럼 받아들여진다. 이유는 간단하다. 유권자들에게 직접 선택받는 지역구 의원에 비해 비례대표의원 선출 절차가 너무도 '심플'하기 때문입니다.
비례대표 의원들은 정당마다 10인 안팎의 인사로 구성된 공천심사위원회와 최종 결정권을 가진 지도부 회의를 거쳐 결정됩니다. 공심위원과 지도부 몇 명만 '구워삶으면 된다'는 생각에 돈으로 금배지를 사려고 시도하는 이들이 많다는 것입니다.

새누리당 4·11 총선 돈 공천 의혹이 2012년 정치판을 연일 흔들고 있습니다. 새누리당은 당에서 '헌금'을 받고 의원 배지를 사고판 조직적인 범죄가 아니라 개인의 뇌물 사건이라 주장하며 거리를 두고 있지만 충격은 쉽게 가라앉지 않고 있습니다.

이번 의혹의 핵심은 부산 친박계 인사로 19대 총선 불출마를 선언한 뒤 공천심사위원으로 임명된 현기환 전 의원에게 현영희 의원이 공천을 받기위해 거액을 건네려 했다는 것입니다. 현재 진행 중인 검찰 수사에서 현 의원이 계획적으로 돈을 뿌리려 했다는 사실이 속속 드러나고 있습니다. 현 의원 캠프의 여성 자원봉사자가 다른 선거운동원들과 '현기환이나, 홍준표에게 돈 쓰고 있냐'는 문자메시지를 주고받았다고 합니다.

시점	해당 정치인	혐의	사법 처리 결과
2006년 지방선거	김덕룡 한나라당 의원	지방선거에서 부인이 출마 희망자로부터 4억여원 수수	김 전 의원 부인 1심 징역 1년, 2심 집행유예
2008년 18대 총선	서청원 친박연대 대표, 양정례 김노식 친박연대 의원	비례대표 공천 과정에서 수억원 수수	3명 전원 유죄, 의원직 상실형
	김옥희 (김윤옥 여사 사촌 언니)	공천 대가로 30억여원 받음	징역 3년, 추징금 31억여원
	문국현 창조한국당 대표	이한정 전 의원에게 공천 대가로 당 채권 판매	징역 8개월, 집행유예 2년으로 의원직 상실 이 전 의원도 의원직 상실
2010년 지방선거	김희선 전 민주당 의원	구의원 출마희망자에게 1억원 공천헌금 수수	징역 1년, 추징금 1억여원
	이기수 여주군수	군수 재직 당시 한나라당 의원에게 공천헌금 전달	현행범 체포, 징역 1년 실형

실제 지난 3월 공천 작업이 한창일 당시 새누리당 부산·경남 지역 공천 신청자들 사이에선 "이 지역에서 공천 받으려면 적어도 한번은 현 전 의원을 만나야 한다"는 얘기가 돌았습니다. 한 정치권 인사

는 17일 "모든 공천 신청자가 돈이나 선물 공세를 펼치는 것은 아니지만, 실세 공심위원을 만나기 위해 온갖 연줄을 동원하는 게 사실"이라며 "18대 총선 창구가 이방호 사무총장이었다면 이번엔 현 전 의원이 창구로 통했다"고 했습니다. 공심위원 중에서도 특히 영향력이 센 인사에게 로비가 집중된다는 얘기입니다.

그동안 정치권에서는 공천 기준을 계량화하는 등의 개혁 방안이 많이 논의됐지만 의정활동을 수치로 평가하는 게 어렵다는 점에서 번번이 논의가 무산됐습니다. 그러다보니 결국 공심위원의 '품평' 판정을 거쳐 공천이 결정됐고, 늘 주먹구구식이라는 비판이 끊이지 않았습니다.

특히 새누리당의 텃밭인 부산·경남(PK)은 대구·경북(TK)과 마찬가지로 당선 가능성이 높다는 점에서 공천 신청자도 많았고, 그만큼 로비도 치열한 것으로 알려져 있습니다. 수도권과 달리 '공천=당선'이라는 등식이 성립되기 때문입니다.

부산지역 한 의원의 보좌관 이모씨는 "'돈질'이 없다고 생각했는데 지역에 내려가 보니 여전하더라"며 "어떻게든 줄을 대서 공심위원에게 손을 쓰는 걸 보고 깜짝 놀랐습니다"고 말했습니다.

비례대표 의원 공천도 비슷합니다. 앞자리 순번을 공천 받는 순간 사실상 당선이 확정되는 셈입니다. 이 때문에 눈에 띄는 유명인이나 전문 분야 인사를 제외한 나머지 비례대표들을 둘러싼 공천 잡음이 적잖습니다. 이번에 공천에 탈락한 한 인사는 "현 전 의원 말고 또 다른 공심위원과 친박계 인사에게 20억 원을 주고 비례에 당선됐다는 얘기도 있습니다"고 주장했습니다. [출처:국민일보 / 김나래 기자 narae@kmib.co.kr]

[정치와 돈, 불가분의 함수]
돈줄 마른 여의도 '실탄의 힘' 실감나네

연말 대선을 앞둔 지금 여의도는 돈과의 전쟁이 치러지고 있습니다. 정확하게 표현하면 '돈 가뭄이 밀어닥쳤다'고 하는 게 맞습니다. 각 대권주자 캠프에는 무급 자원봉사자가 넘쳐납니다. 그러다보니 점심 한 끼를 눈물 젖은 햄버거 하나로 때우는 사람들도 있습니다. 대선 판에 돈 줄이 마른 이유는 크게 두 가지입니다. 경기가 어렵고 정치권에 대한 불신이 커지면서 후원금 자체가 줄었습니다. 또 지난해 말부터 총선과 당내 경선 등 여러 선거가 겹치면서 더 이상 돈 낼 사람도 없습니다. 하지만 검은 돈 안 먹으니 속은 편안하다고 합니다.

자금력 앞선 박근혜 캠프… 열악한 비박 후보들 자린고비 운영

국민일보 / 2012.08.17 18:39

새누리당 대선 경선 후보들의 자금 사정은 지지율에 따라 큰 편차를 보입니다. 독주체제를 굳혀가고 있는 박근혜 전 비상대책위원장이 수입과 지출 규모 면에서 모두 비박(非朴·비박근혜) 주자 4인을 크게 앞지릅니다.

박 전 위원장은 중앙선관위에 예비후보로 등록하며 6000만원을 기탁한 것을 비롯해 당 경선기탁금으로도 2억5000만원을 이미 납부했습니다. 기탁금 외에 가장 많은 목돈이 들어가는 곳은 캠프 사무실 유지비입니다. 서울 여의도동에 운영 중인 100평 규모의 캠프 사무실은 보증금 1억200만원에 임대료만 1020만원에 달합니다. 여기에 관리비 540만원, 운영비 900만원까지 합치면 사무실을 유지하는 데만 월 2460만원이 들어갑니다.

또 합동연설회 등에 사용할 동영상 제작비를 비롯한 홍보기획비가 전체 지출에서 상당액을 차지하는 것으로 전해졌습니다. 상대적으로 인건비 비중은 적습니다. 캠프 인력을 최소화하고, 지지 의원 및 의원 보좌진을 활용하고 있어 지출이 크지 않다는 것입니다.

박 전 위원장은 이 비용을 대출과 후원금을 통해 충당하고 있습니다. 서울 삼성동 자택을 담보로 1억200만원을 대출받고 지인에게 빌려 사무실 보증금과 기탁금을 내는 데 사용한 것으로 알려졌습니다. 후원금도 다른 후보에 비해 많은 편입니다. 캠프 관계자는 17일 "대선 레이스 시작 후 약 12억 원이 후원금으로 모였다"고 밝혔습니다. 자동응답전화(ARS)를 통한 '개미 후원금'까지 합치면 후원금 규모는 더 늘어납니다.

비박 주자들도 기탁금과 사무실 지출 비중이 크지만 규모는 박 전 위원장과 큰 차이를 보입니다. 김문수 경기지사는 보증금 4860만원에 월 1000만 원 정도를 임대료와 관리비로 내는 사무실을 쓰고 있

습니다. 김 지사는 역시 경선기탁금으로 2억5000만원을 납부했습니다. 하지만 지사직을 유지하며 선거를 치르고 있어 선관위에 예비후보기탁금은 내지 않았습니다.

김 지사는 신용대출로 1억 원을 마련해 캠프 사무실을 얻고 기탁금은 지인에게 빌려 충당했습니다. 캠프 운영은 4억 원 정도 걷힌 후원금으로 하고 있습니다.

임태희 전 대통령실장과 김태호 의원은 박 전 위원장과 마찬가지로 선관위 및 당 경선기탁금을 모두 냈습니다. 임 전 실장은 사무실(보증금 1000만원, 임대료·관리비 600만원), 인건비, 운영비 등으로 월 4000만~5000만원을 쓰고 있습니다. 대선에 뛰어들면서 2억1000만원의 자비를 들여 기탁금을 내는 데 보탰습니다. 김 의원도 사무실(보증금 2200만원, 임대료·관리비 310만원)을 비롯해 홍보비 등에 많은 돈을 쓰고 있습니다. 임 의원 역시 대출금과 4억 원 정도 모인 후원금으로 경비를 지출하고 있습니다.

안상수 전 인천시장은 여의도에 사무실이 없습니다. 서울 마포에 보증금 없이 월 400만 원 정도 드는 사무실을 마련해 쓰고 있습니다. 캠프 관계자는 "동영상도 자체 인력으로 제작할만큼 최대한 비용을 적게 쓰고 있다"고 밝혔습니다. [김현길 유동근 기자 hgkim@kmib. co.kr]

문재인 지지율 1위 덕에 후원금 몰려…
다른 주자들은 월세 내기도 빠듯

국민일보 / 2012.08.17 18:39

민주통합당 대선 경선후보 중에는 문재인 상임고문의 주머니 사정이 제일 낫습니다. 여론조사 지지율 당내 1위 덕을 본 셈입니다. 문 고문은 여야 주자 가운데 유일하게 인터넷 홈페이지를 통해 선거비용 사용 내역을 공개하고 있습니다.

문 고문은 지난 6월 18일 대선 출마 선언 이후 지난 13일까지 후원금으로 11억9500만원을 모금했습니다. 후원금에서 당내 예비경선 기탁금 1억 원 및 본경선 기탁금 3억 원을 포함해 쓰고 남은 돈은 3억8433만3138원 입니다. 최근 일주일만 놓고 보면 2497만320원을 썼습니다. 8월 선거사무소 임대료가 1980만원이었고, 문 고문과 수행원들의 지역 방문에 따른 숙박비 및 식대(150만원), 업무용차량 렌털비(90만원), 인터넷 홈페이지 관리비(123만원) 등이었다. 각 캠프는 법정 선거운동원을 최대 10명까지 두고 인건비를 줄 수 있는데 문 캠프는 7명에게 하루 7만원씩 줍니다. 문 캠프가 지난 7월말 지급한 인건비는 1122만원이었습니다. 기탁금 4억6000만원을 당과 선관위에 내기 위해 후보들이 직접 은행과 주변 지인들에게 돈을 빌리는 등 말 그대로 '고난의 행군'을 하고 있습니다.

손학규 상임고문은 지난 7월말 기준으로 약 5억 원의 후원금이 들어왔습니다. 여의도 신동해 빌딩 11층에 차린 사무실 월세는 1500만원 입니다. 상근 직원 40~50명 가운데 법정 선거운동원 10명을 제외하고는 무급입니다. 손 후보는 지역을 돌며 주로 북 콘서트를 여는데 대관료만 해도 회당 80만~200만원이 든다고 합니다. 캠프 관계자는 17일 "없는 살림이라 돈과 관련해 누가 물으면 솔직히 짜증이 난다"면서도 "돈 덜 쓰는 선거 문화로 바뀌어서 돈 문제로 골치 아픈 일이 덜해진 것은 맞다"고 귀띔했다.

김두관 전 경남지사는 지난달 10일 출마 선언 후 1억5000만원의 후원금을 모았습니다. 또 두 차례 출판기념회를 통해 6000만원이 들어왔습니다. 그러나 여의도 신동해 빌딩 두개 층 사무실 월세만 해도 3000만원 입니다. 후보자 지역을 돌며 쓰는 돈은 하루 평균 200만 원 정도입니다.

캠프 관계자는 "후보가 재산이 없고 직업이 없으니 은행에서 돈을 안 빌려준다"며 "불타는 투지 말고는 아무것도 없다"고 토로했습니다.

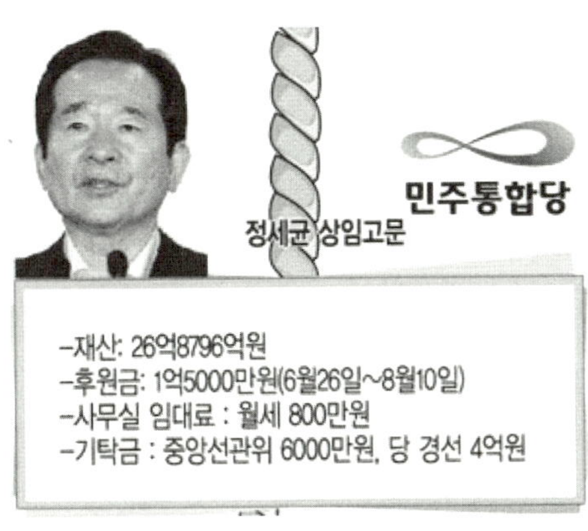

정세균 상임고문도 출마 선언 후 1억5000만 원 정도 후원금이 들어왔습니다. 여의도에 마련한 캠프 사무실은 월세가 800만원이고, 법정 선거사무원은 한 명도 등록을 안 해 인건비 지출은 없습니다.

박준영 전남지사는 후원금으로 3140만원이 들어왔습니다. 서울 마포구 창전동에 마련한 사무실 월세는 450만원 입니다. 전남지사직을 유지하고 있기 때문에 중앙선거관위에 예비후보 기탁금은 내지 않아 지출이 줄었습니다. [엄기영 김아진 기자 eom@kmib.co.kr]

3.11. 선거자금이 전혀 필요 없는 정당정치

필자는 유럽에서 15년간 공부하면서 진정한 정당정치제도를 KAS로부터 배웠고, 몸소 지도자로 준비되는 높은 단을 쌓았습니다. 유럽의 대부분 국가에서는 총선에서 5%이상 국민지지를 얻은 정당들만이 국회의 의석들을 배분받습니다. 그러므로 유럽의 정당정치제도에는 무소속이 존재할 수 없게 되어 있습니다. 우리나라에서는 3%로 되어 있는데 이것은 너무 적은 군소지지율 입니다. 앞으로 5%로 올리지 않으면 군소정당들이 국회 안에 득실거려 의정활동에 걸림돌이 될 수도 있습니다.

유럽의 대표적인 나라 독일의 선거제도를 구체적으로 자세히 살펴보기로 하겠습니다. 선거비용은 국가가 정당에게 합리적으로 선거전에 미리 나누어 줍니다. 그 기준은 기존정당인 경우 전번선거에서 받은 득표수에 일인금액 (예를 들면 일인당 50,000원)을 곱한 금액을 선거운동기간 전에 수령(受領)하게 됩니다. 새로 진출하는 당이 5%이상 득표했을 경우에는, 선거후에 역시 득표수에 일인금액을 곱한 금액을 수령(受領)받게 됩니다.

5%미만을 득표한 군소정당들은 국회의석은 물론 선거비용 역시 수령할 수 없습니다. 이러한 제도는 창당하기는 쉽지만, 창당된 정당이 국회에 입성하기가 여간 쉽지 않게 되어 있습니다. 그 이유는 정당은 반드시 책임과 의무를 최우선으로 신뢰를 먼저 구축해야 하기 때문입니다.

그 외 일체의 개인적인 선거비용은 불법임으로, 개인이 자신의 선거에 비용을 드릴 경우에는 당선무효가 되는 것은 물론, 죽을 때까지 피선거권이 박탈됩니다. 유럽 선진국에서는 개인의 자금을 사용하여 당선된 후보는 평생 동안 정치를 못하게 규정되어 있습니다.

유럽에서는 모든 면에서 정직해야 정치인이 될 수 있습니다.

그러므로 정치인의 생명은 청빈이므로 국민들의 존경을 받을 수 있습니다. 청빈하지 못하여 존경 받지 못하는 정치인은 국민을 궤휼(詭譎)하는 사기꾼에 불과합니다. 각 정당은 선거전에 미리 선거자금을 받아서 선거를 치르고 선거가 끝난 후 3개월 이내에 정산을 해야 합니다. 정산방법은 아주 간단합니다. 전번 선거 때보다 더 많이 득표한 정당은 선거에 성공한 정당이 됩니다. 이 정당은 지난번 보다 더 득표한 표수에 일인금액을 곱한 금액을 국가로부터 더 수령하게 됩니다. 그 금액은 정당에서 공식적인 당비로 활용할 수 있습니다.

그와는 반대로 선거에서 지난번 받은 득표보다 적게 받은 정당에서는 적게 받은 득표수에 일인금액을 곱한 금액을 선거후 3개월 이내에 갚아야 합니다. 만약 그 금액을 3개월 이내에 갚지 못하면, 그 정당의 전 재산은 국가에 귀속되며, 당원 전원은 죽을 때까지 정치활동을 할 수 없게 정치금지령이 대법원으로부터 엄중하게 내려집니다.

이들은 새로운 정당을 만들 수도 또 다른 정당의 당원이 될 수도 없습니다. 정치적 생명이 완벽하게 끝이 나게 됩니다. 평생 동안 정치신불자(政治信不者)가 되는 것입니다. 정치가는 국민의 소중한 권리를 위탁받는 소중한 인물이기 때문입니다.

이렇게 엄한 법을 감수하게 하므로 사시이비정치가가 살아남지 못하게 법제화한 국가들이 바로 유럽국들 입니다. 당장 인정에 좌지우지 되지 않는, 국내에서도 이렇게 엄격한, 선거법을 만드는 것이 필수입니다. 이러한 시스템이 장착된 '정당정치법'을 잘 적용하면 3년 이내에 대한민국은 정치선진국이 될 수 있습니다. 필자는 자신하고 또 자신합니다.

선진국에서는 정치적 책임을 엄히 지게 하므로 정당을 함부로 조직할 수 없습니다. 국내에서도 앞으로는 이당 저당으로 당적을 옮기는 마치 '상갓집을 찾아다니며 걸식하는 주인 없는 상가지구(喪家之狗)'같은 사시이비정치인들은 어느 정당이든 간에 당원도 지도자 될 수 없게 엄중히 금지해야 합니다. 이념이 갈대처럼 유약하여 자신의 영달과 이익만 추구하는, 국민을 긍휼히 여기는 진실한 마음이 없는 자격미달 자는 누구든지 정치에 참여할 수 없는 엄격한 선거법이 제정되어야 합니다.

실제로 독일에서는 2차 전쟁이 끝나고 1949년 첫 총선(국회의원선거)에서 서독 공산당이 국민으로부터 20%넘는 엄청난 지지를 받았습니다. 그러나 4년 후 1953년 두 번째 선거에서 서독 공산당의 득표율은 5%미만으로 한 석의 국회의원 배정도 받지 못했습니다.
그런데 첫 번째 선거에서 받은 득표수에 일인금액을 곱한 금액을 선거비용으로 받았으니 그 금액은 엄청난 액수이었습니다. 그러나 그 돈을 선거에 다 써버렸기 때문에 전번 선거 때 받은 득표보다 잃은 표가 엄청 많았습니다. 그 엄청난 금액을 갚을 길이 전혀 없었습니다. 독일선거법에 따라 선거후 3개월 이내에 이 돈을 갚아야 하는데 갚지 못했습니다.

서독연방 대법원은 서독 공산당에게 판결문을 보냈습니다. 그 판결문에 서독 공산당소속의 전 재산은 국고로 환수되며, 모든 당원들은 죽을 때까지 어떤 정치행위도 할 수 없게 정치신불자로 판결을 내렸습니다. 그 이후 서독 공산당은 서독에서 영원히 사라지게 되었습니다. 공산당원들은 모두 정치를 포기할 수밖에 다른 도리가 없었습니다. 정당정치제도에서는 국민들이 정당들을 엄격하게 심판하게 됩니다.

독일처럼 정당이 국민의 신망을 얻지 못하면 정치판에서 영원히 사라지게 됩니다. '정도에 어긋남이 없고 명분에 부족함이 없는 정치'를 독일 정당들이 실천하고 있으므로 통일이란 엄청난 과제를 소화할 수 있었으며, 수출이 미화 1조 달러가 넘는 수출최강국으로 유럽을 지배하고 있으며, 세계적으로 막대한 영향력을 가진 것은 정치적으로 안정될 수 있는 엄격한 정당정치법이 생명력 있게 발효되고 있기 때문입니다.

독일은 다수결로 정권을 잡은 히틀러 시대와 같은 상황이 다시는 잃어나지 않게 하기 위하여 지도자를 육성하는 정치재단법이 제정되었으며, 인재육성에 정부가 각 정당을 지원하는 정치재단을 국가예산으로 지원해주고 있습니다. 정치재단이 정당의 직접적인 영향을 받지는 않으면서 정당정치를 위한 인재들을 육성하여 결연된 정당에 공급하고 있습니다. 정당은 학교에서 가장 성적이 좋고, 성격도 좋고, 미래지도자의 역량이 잠재된 인재들을 뽑아서 정치지도자 교육을 하므로 정치지도자 육성을 정치재단 목표의 최우선순위에 두고 있습니다.

충만한 자신을 가지고 필자가 이 글을 쓸 수 있는 것은 1980년 초부터 독일의 가장 유명한 정치재단인 콘라트 아데나워 재단 (KAS, Konrad Adenauer Stiftung)의 장학생으로 뽑혀서 통섭(統攝)자로서 꼭 필요한 정치지도자로 육성되는 교육을 33년째 받고 있기 때문입니다.

이 재단출신의 인물들 중에는 대통령이 6명, 수상이 5명, 국회의장이 10명, 유럽연합의회회장 1명이 있습니다. 현직 대통령, 수상, 국회의장이 모두가 이 재단으로부터 인물들을 지원받는 독일기독민주연합 (CDU, Christlich-Demokratische Union, 獨逸基督民主聯合, 基民聯合, 基民聯)의 연합원들입니다. 줄여서 기민연(基民聯) 입니다. 이 정당명칭을 기민당(基民黨)으로 잘못 쓰는 국내 매스컴들이 많이 있습니다.

중앙선관위 역시 "정도에 어긋남이 없고 명분에 부족함이 없는 선거자금이 전혀 필요 없는 새로운 선거제도"가 구축되면 잘 응용해야 할 것입니다.

자격미달의 구태의연한 정치꾼들은 스스로 각성하고 물러나서 스스로 통습(通習)되고 통섭(通涉)이 된 후에 다시 정계에 진출해야 합니다. 그리고 정치재단을 통해서 지도자로 육성된 사람들이 이 나라를 책임질 수 있게 해야 합니다.

민주주의 꽃인 정당정치를 할 수 있는 역량이 배양되어 정치를 감당할 수 있는 인물들을 육성하여 다음 세대를 이어가야 합니다.

흔히 말하고 있는 세대교체란 연령을 말하는 것이 아니라, 정신과 믿음이 올바르며 학식과 덕망 등 정치역량(지성(知性), 설득력(說得力), 자제력(自制力), 지구력(持久力), 지속적(持續的)인 의지(意志))를 갖춘 통습(通習)되고 통섭(通涉)된 자로 통섭(統攝)이 가능한자로 교체(交替)해야 한다는 뜻입니다.

제4장
국회양원제 정당정치로 난국돌파

제18대 국회의원들이 얼마나 입법에 관해서 책임과 의무를 잘 했는지 그 통계를 살펴봅니다. 2012년 4월 말까지 대부분의 민생법안이 포함된, 계류 중인 입법건수는 6,424개나 되며 그중에서 상임위에 비 상성된 것이 1,574 건이며 전체 회의에 동과하지 못한 건수가 4,665 건이나 되며, 상임위를 통과했지만 계류 중인 법안들이 185 건입니다.

국민들이 평가를 해보시면, 거액의 세비를 받고 국민의 입법대표로 일하시는 대한민국 제18대 국회의원님들이 얼마나 직무유기를 하셨는지 잘 알 수 있는 통계입니다. 국회의원(国會議員)은 국민의사를 대표하는 사람으로 입법에 관한 책임(責任)과 의무(義務)를 수행하는 입법의원(立金議員)들입니다. 국가(国家)와 국민(国民)을 대표하는 사람은 국회의원이 아니라 대통령(大統領) 각하(閣下)이십니다 [주1].

[주1] 각하(閣下)는 '전각 아래에서 뵙는다.'는 뜻이며 귀족이나 고위 관리, 고위 장성 등 고위 관직에 있는 사람들과 로마 가톨릭교회의 주교 및 대주교에게 붙여진 2인칭 말입니다. 조선 인조 때부터 왕세손에 대해 이 호칭이 쓰였습니다. 기타 중세 유럽에서는 누구에게나 붙일 수 있는 경(Sir)이 라는 호칭 자신의 상급자에게 각하라는 경칭을 붙였습니다. 중국에서는 귀하와 비슷한 뜻으로 쓰였으나 한국에서는 대통령과 국무총리, 부총리, 장관과 심지어는 군대의 장성들에게도 붙였던 존칭이었습니다. 박정희 대통령이 5·16 군사정변을 일으키고 제5대 대통령이 되자, 오로지 대통령에게만 이 존칭을 붙이게 하였으며, 제13대 노태우 대통령 때부터는 공식석상에서 각하의 존칭을 제외시켰습니다. '각하'라는 존칭은 국제적인 경어로서 우리가 무식하게 우리 마음대로 함부로 제외시켜야할 경어가 아닙니다. 대통령님! 보다는 '대통령 각하!'가 발음하기 좋고 더 잘 어울리는 경어입니다. 외교상 각하라는 단어는 반드시 경어로 사용되는 언어로 적어도 대통령에게만 각하라는 존칭을 붙이는 것은 국제예의상 합당하다고 보는 견해가 더 합리적일 것으로 사고됩니다.

현재 혼돈과 혼란의 한국을 구하려면 시급한 중대사 중에서 가장 먼저 해야 할 것이 헌법개정, 국회법개정 및 선거법개정입니다. 이 법들이 개정되고 정비되어야 진정한 정당민주정치를 할 수 있는 국가가 될 수 있고 인기주의(Populism)가 배척될 수 있습니다.

그 다음으로 손을 대야 할 곳이 바로 지방자치법과 교육법입니다. 특히 국가의 이념과 사상에 반감 있는 교육감이 선출되는 제도는 완전히 폐지되어야 합니다.

정치적인 법률정비와 국민교육법을 정비하려면, 우선 '국민들이 가슴으로 함께하는 교육혁명’과 ‘봄이 오는 소리’ 그리고 ‘우리가 살길은 오직 교육혁명 뿐입니다’를 읽으시고 그 참 뜻을 잘 이해하고 교육혁명과 정치혁명을 성공시키면, 지금의 험하고 험한 난국(亂国)에서 대한민국(大韓民国)을 구할 수가 있습니다.

시대의 흐름을 알아야 나라가 바로 선다!

민주사회란 법치국가입니다. 법은 한번 제정이 되면 개정이 될 때까지는 악법도 지켜야 하는 것이 법치입니다. 현재 제6공화국에서 개헌을 하는 데는 어려움은 있습니다. 제6공화국 헌법에는 대통령에게 국회해산권이 없기 때문입니다.

새로운 헌법을 개정하여 제7공화국을 출범시키려면 국회가 스스로 해산해야 합니다. 이 과정까지는 국민들의 절명적(絶命的)인 간청(懇請)이 있어서 현직 국회의원들이 국가와 민족을 위하여 스스로 해산하는 애국적인 지성을 보여야 하기 때문입니다.
금세기가 요구하고, 현 시국이 새 헌법을 간청한다면, 또 창조주님의 뜻이라면, 국민의 뜻과 다 함께 할 최소한의 지성은, 적어도 대한민국의 국회의원이라면 누구나 다 가지고 있다는 것을 확신하고 있습니다.

그래서 지금 우리는 제7공화국으로 역사적인 발돋움을 하기 위하여 개헌이 요구되고 있습니다. 이는 시대성이 요구하는 절대적인 소명이기 때문입니다. 난국을 헤쳐 나 가기 위한 지성의 소명인 하루속히 개헌해야 함에, 반대하는 어리석은 대한민국의 국민들은 거의 없을 것이기 때문입니다.

훌륭한 헌법은 그 나라의 위대함이요! 국민들의 생기입니다! 법을 잘 지키는 것을 귀감으로 여기는 나라가 선진국입니다. 그래서 국민들이 시대의 흐름을 알아야 나라가 바로 설 수 있습니다.

교도소가 무엇입니까? 설명해 보십시오!

헌법에 대한 에피소드를 소개할까합니다. 그러니까 2007년 늦가을입니다. 정치 일번지 종로에서 매주 목요일 '목요토론회'가 한 단체에 의하여 정기적으로 개최되었습니다.

필자가 이 토론회에 강사로 한번 초대된 이야기입니다! 필자는 초대하는 측에 물었습니다. 청중은 어떤 분들이시며 제목은 무엇으로 하면 좋을까요? 청중들은 판사들과 검사들 그리고 변호사들입니다! 제목은 알아서 하십시오!
그럼 법조인들이니 헌법에 대해서 강의하는 것이 좋겠습니다. 라고 말했더니 그렇게 하십시오! 제목 헌법에 관해서 강의를 하기로 하고, 다음 주 목요일을 기다렸습니다.

필자는 법조인들 앞에서 '헌법에 관해서' 강연을 하게 되어 생각만 해도 행복했습니다. 드디어 토론회 날이 왔습니다. 토론하기 전에 기조연설을 시작하려고 인사를 하고 연설을 시작하려고 하는데 청중들 뒤쪽에서 한사람이 일어서드니 큰 소리로 "당신은 공학박사로 무슨 헌법에 대해서 연설을 한다고 합니까?" 하고 쳐 받는 것이었습니다!
"아! 예! 저의 이력서를 읽어 보셨는지요?"
"저는 공학만을 공부하지 않았습니다!"
"그리고 헌법은 법조인만을 위한 법이 아니라, 모든 국민들을 위한 기본법입니다!"
"이는 마치 철학이 철학가의 전유물이 아닌 것처럼, 헌법역시 법조인의 전유물이 아니라 국민을 위한 기본법입니다!"
"그럼 제가 강연을 하지 말고 가라는 뜻입니까?"

사나이가 한 번 칼을 뽑았으면 그냥 칼집에 넣을 수는 없고 해서, 제가 하는 말이 "저는 공학박사가 맞습니다. 그러나 공학만을 공부한 사람이 아닙니다. 통섭을 하려고 노력한 사람입니다. 그래서 한 가지 법적인 질문을 하고자 합니다. 저의 질문에 답을 하시면 제가 집에 가고, 답을 못하시면 강연을 계속할지 생각하여 보겠습니다."

여러분!
'교도소'가 무엇입니까? 설명해 보십시오!
여기서 낄낄! 저기서 히히! 아무도 답은 하지 않고 모두 웃기만 했습니다.
답을 해 보십시오! 하고 답을 재촉했습니다.

처음 언쟁을 걸어온 분이 하는 말이, "법조인이 교도소를 모르는 사람이 어디 있습니까?"
아시면 대답해 보시지요!
그거야 "죄지은 사람들을 교화시키는 곳이 교도소이지요!"
"맞습니다! 그런데 말입니다! 죄지은 사람들을 저의 집에서 교화시키면 저의 집이 교도소가 됩니까? 답을 해주시지요!"
"안됩니다." "그럼 왜 안 되는지 그 이유를 설명해 주십시오!"
갑자기 조용해졌으며 서로 얼굴을 멀쑥하게 쳐다보고만 있지 아무도 정답을 말하는 사람들이 없었습니다!

"안녕히 계십시오!"
"저는 갑니다!" 말하고 토론장을 막 떠나려고 할 때, 뒤에서 한분이 가지 마시고 "답을 가르쳐 주십시오!" 라고 크게 외치는 것이었습니다.
저는 실족하지 않고 웃으면서 "그럼 강의를 시작할까요?"
모든 사람들이 "예! 강연을 부탁합니다." 하고 일제히 환호하는 것입니다!
법을 전공한 법조인들의 모임에서 가장 쉬운 질문에 허가 찔린 것입니다.

그러나 고등고시를 다 합격한 사람들이지만, 그 누구도 그 쉬운 질문에 답을 할 수 없었던 이유는, 학교시절에 법적 용어를 정확하게 배운 적이 없었기 때문에 아는 이가 없었습니다. 이 점이 우리나라 교육의 맹점입니다. 정확하게 알고 가르쳐준 스승이 없었기 때문에 배우지 못한 점입니다.

필자가 정치학을 공부하면서 전문 용어를 배울 때 그 정의와 정리를 정확하게 가르치는 독일교육에서 그 답을 찾을 수 있습니다.

독자들이 잘 알 수 있게 '교도소'라는 법적 용어를 풀어 보기로 했습니다.
독어로 '교도소'라는 용어는 Rechtsvollzugsanstallt 또는 Justizvollzugsantsallt 라고 쓰여집니다.
정의를 내리면, Rechts: 권리(인권), Justiz: 법, Vollzug: 박탈하다, Anstallt: 장소 라는 뜻입니다. 즉 교도소란 법이 정한 형량에 따라서 인권의 전부 또는 일부를 박탈하는 장소입니다. 다시 말하면 인간의 존엄성만은 지켜주어서 식사를 제공하고 운동을 시켜서 최소한의 건강을 유지하게 하면서 교화를 시켜줍니다. 그러나 인권의 전부 또는 일부가 제한되므로 자유 역시 전부 또는 일부가 교도소 내어서는 제한되어 있습니다.

이는 성경에서 네피림처럼 대우하는 것과 비슷합니다. 그러므로 교도소에서는 사람이름 앞에 번호를 붙여서 마치 동물을 세듯이 영(靈)이 있는 완전한 사람 취급이 아니라 육신(肉身)만 인정해 주는 곳이 교도소입니다.

교도소 규정에 따르지 않으면, 한 예로 탈출을 시도하거나 폭동을 일으킬 경우에는 사정없이 사살할 수 있도록 규정되어 있습니다. 미국의 엄격하기로 유명한 한 교도소의 죄수들은 형량을 채우는 것이 무서운 것이 아니라 잘못하여 폭동에 가담하거나 방침을 어길 때 무지하게 사살하기 때문에 언제 총알을 맞을지 모르는 공포가 더 무섭다고 합니다.

죄지은 사람들을 저의 집에서 교화시키면 저의 집이 교도소가 됩니까?

정답은 '저의 집은 교도소가 될 수 없습니다.' 그 이유는 저의 집에서는 남의 자유를 그가 비록 죄인이라도 제한할 수 없기 때문입니다.

우리나라의 교육이 수박 겉핥기식으로 선다형시험에 익숙해진 훈련만 받다보니 어느 단어도 정확한 정리와 정의를 바로 배우지 못하고 지나갔습니다.
마치 수학시간에 문제를 풀기 전에 공식유도를 해주어서, 어떻게 유도되어 공식에 도달했는지? 그 이론은 가르치지 않고 유도된 공식만 외우게 하여, 공식대입으로 문제만 풀게 교육한 것과 다름이 없습니다.
이런 교육 하에서는 창의력이 제대로 성장할 수가 없습니다. 그저 붕어빵처럼 지식을 찍어서 외우게 하여 사지선다형 시험을 잘 치르게 하는 요령만 고수하는 교육이 아닌 훈련으로 뇌의 성장과정에서 창의력은 아주 부족해지고, 앵무새처럼 암송만 발달되게 됩니다.

앞으로 교육은 필독서 **"봄이 오는 소리(아름다운 교육혁명)**에서 언급된 것처럼 교육의 정도를 지키는 교육을 실시해야 합니다. 교육이 잘 못된 수많은 글자들 중에 '법법자' '참진자'를 제대로 교육했는지 살펴서, 이 글자 들이 국민정신을 궤휼한 내용을 살펴보고 바로 잡아 보겠습니다.

진리를 찾기 위하여 법법 자와 참진 자를 바로 가르쳐야 합니다. 누군가 우리나라를 망하게 하려고 두 글자 법법 자와 참진 자를 궤휼해 놓았습니다.
그것도 모르고 우리는 궤휼된 한문의 뜻에 따라 무기력하게 흘러만 왔습니다.

그 결과 정신문화적으로 열매도 답도 없는 사회로 타락되어서 지금은 법자체가 '유전무죄(有錢無罪) 무전유죄(無錢有罪)'로 흘러와서 이것이 통례(通例)로 마치 정상적인 것처럼, 또는 당연한 것처럼 걷잡을 수 없게 용납(容納)되어서, 정신적인 사고(思考)가 마치 메마른 사막처럼 아주 황폐(荒廢)해 졌습니다.

궤휼된 두 글자, '법법(法)자' '참진(眞)자'를 올바른 한자들로 바로잡아 봅시다.

'법 法'자와 '참 眞'자로 국민들의 정신이 궤휼 되었습니다!

궤휼(詭譎)을 모르고는 성경을 전혀 이해할 수 없습니다. 성경을 읽는 것만으로는 부족합니다. 성경에 대한 지각(知覺)이 없으면, 올바른 믿음을 가질 수 없습니다. 구약성경에는 타락한 천사요, 아비 마귀인 사탄이 궤휼로 세상을 혼란(混亂)시켜 혼돈(混沌)되게 만들어 놓았습니다. 궤휼(詭譎)은 아비 마귀의 전유물인 동시에 퇴폐(頹廢)된 세상을 만드는 원인(原因)입니다.
구약성경속의 궤휼의 의도(意圖)를 지각할 수 있어야 지금의 난국(亂國)을 헤쳐나갈 수 있습니다.

우선 궤휼(詭譎)이란 용어(用語)를 파자(破字)로 풀어보고 그 숨겨진 깊은 내면의 의미(意味)를 알아보기로 하겠습니다!

詭譎 궤휼
  1. 교묘(巧妙)하고 간사(奸邪)스러운 속임 2. 이상야릇한 속임

詭 속일 궤
  1. 속이다 2. 꾸짖다, (책임을)지우다 3. 헐뜯다 4. 위배(違背)하다
  5. 어그러지다 6. 무너지다, 깨뜨리다 7. 다르다, 차이(差異)지다 8. 바꾸다.
  9. 괴이하다(怪異-), 기이하다(奇異-)
  詭 = 말씀 언(言) + 위태할 위(危) => 말을 위태롭게 하는 뜻임
譎 속일 휼
  1. 속이다 2. 기만하다(欺瞞-) 3. 어긋나다 4. 변하다(變-) 5. 굽다 6. 넌지시 비추다 7. 진기하다 8. 속임수 9. 햇무리
  譎 = 말씀 언(言) + 마칠요(了) + 창 모(矛) + 멀 경(冂) + 어진사람 인(儿)
      + 입 구(口) => 어진사람이 말(창조주님의 진리)을 못 전하게 먼 곳에 가두어
      창으로 지키게 해놓고 말하게 하는 뜻임

창조주님(創造主任)께서 창제(創製)하신 한자(漢字)가 없었다면 궤휼을 입증하는 탐구(探求)를 할 수 없었을 것입니다.

진(㴦)나라 시황(始皇)이 영생(永生)하고 싶어서 불로초(不老草)를 찾았었고, 자신(自身)이 신(神)이 되고 싶어서 책을 태우고(분서갱유(焚書坑儒)) 진리(眞理)를 감추기 위해서 한자를 마음대로 교묘하게 고쳐서 뜻이 다른 의미(意味)로 미궁(迷宮)에 빠지도록 왜곡(歪曲)시켰습니다[주].

[주] 책을 불태우고 서비를 생매장(生埋葬)하여 죽인다는 뜻으로, 진(秦)나라의 시황제(始皇帝)가 학자(學者)들의 정치(政治) 비평(批評)을 금(禁)하기 위(爲)하여 경서(經書)를 태우고 학자(學者)늘을 구덩이에 생매장(生埋葬)하여 베푼 가혹(苛酷)한 정치(政治)를 이르는 말

법을 왜곡 적용하는 궤휼을 했습니다. 궤휼의 무기(武器)인 '법'자들의 최초의 본뜻(本意)을 지각(知覺)하도록 탐구(探究)하겠습니다.

金 법 법 => 법법자의 본자(本字)임
  1. 법(法)　2. 법률(法律)　3. 방법(方法)　4. 방식(方式)　5. 형벌(刑罰)　6. 제도
  7. 본보기
  법법자 金 = 人 + 一 + 正 => 사람 안에 성령의 정의가 들어 있음.
  바를정 正 = 下 + 上 + 止 => 상하가 바로 세워져 있음 => 올바르고 정의로움
              의미함
  그칠지 止 = 上 + ㅣ(뚫을곤) => 상으로 바로 세워져 있음 => 자제(自制)할 수
              있는 겸손(謙遜)을 의미

法 법 법
  1. 법(法)　2. 방법(方法)　3. 모형(模型·模形)　4. 꼴　5. 본받다
  법법자 法 = 水 + 去 (갈거; 가다, 떠나다, 배반하다, 잃다, 잃어버리다)
  물수자 水 = 물, 물의 범람, 홍수, 五行 (金·木·水·火·土)의 하나 => 노아 때의
              홍수심판 법 => 궤휼(詭譎)임

灋 법 법
  1. 법(法)　2. 방법(方法)　3. 모형(模型·模形)　4. 꼴　5. 본받다
  법법자 灋 = 水 + 廌(법치; 해태치) => 시비와 선악을 판단하여 안다고 하는

눈이 보이지 않는 상상의 동물이 홍수를 이용하여 선악을 심판하는 법
=> 노아의 홍수 때처럼
천거할천 薦 => 눈먼법을 천거하는 해태 => 궤휼(詭譎)임

廌 해태 치, 해태 태
 1. 해태: 시비와 선악을 판단하여 안다고 하는 눈이 보이지 않는 상상의 동물
 2. 외뿔 양 => 서울시의 상징으로 쓰고 있으나 접합하지 않는 궤휼(詭譎)임
鍅 법 법
 법법자 鍅 = 金 + 法 => 황금이 지배하는 자본법 => 궤휼(詭譎)임

법질서를 의미하는 '법'자들을 소개했습니다. 세상에 쓰이고 있는 법자들을
파자(破字)로 탐구해보면 그 뜻들이 '정도와 명분'과는 전혀 다름을 알 수
있습니다. 법철학(金哲學)에 의한 공평 정대한 내용이 아니라 악독한 뜻이 현재의
법질서를 지배하고 있는 것을 지각(知覺)할 수 있습니다.
법자의 고자(古字) 또는 본자(本字)라고 하는'金'자 만이 정도와 명분에 입각한
진리(眞理)를 가지고 있지만 지금은 전혀 쓰이지 않고 있습니다. 이 법자를
왜곡(歪曲)하여 온 세상이 궤휼(詭譎)당하고 있습니다.

우리가 지금 공문서(公文書)에 쓰고 있는 '法'의 파자의 '水'자의 뜻인 홍수(洪水)는
'공정한 곳으로 흘러가는 것이 아니라', 물은 무조건 낮은 곳으로 범람(氾濫)하며
흘러갑니다. 파자 갈 거(去)자의 의미 역시 '배반하다'는 뜻이 있습니다. 이 법자를
쓰는 사람들은 모두가 궤휼당하고 있다는 뜻입니다.

'瀍'자 역시 해태치(廌)자가 들어 있어서 사람이 판단하는 것이 아니라 상상의 눈먼
동물인 해태가 법을 다루는 의미와 홍수가 같이 내포되어 있어서 사람에게 적용할
수 없는 짐승(獸)에 의한 궤휼의 법법자 입니다.

'鍅'자 역시 돈이 지배하는 법자라 자본주의(資本主義)의 황금만능주의(黃金萬能
主義) 뜻입니다. 돈보다 인간의 존엄성이 절실하게 요구되는 오늘날 우리사회에
적합지 않습니다.

그러나 법자의 본자(本字)인 '金'자를 쓰게 되면 '정도에 어긋남이 없고 명분에
부족함이 없는' 법질서가 있는 아름다운 사회가 될 것입니다.

이어서 법자와 연관되는 글자들을 탐구(探究)해 보겠습니다. 온통 궤휼(詭譎) 과 모순(矛盾)속에서 사용되고 있습니다.

典 법 전

　1. 법(法) 2. 법전(法典) 3. 경전(經典) 4. 책, 서적 5. 벼슬 6. 예, 의식

　7. 고사(故事) 8. 저당 잡히다(抵當一) 9. 맡다 10. 단아하다(端雅一)

　11. 종사하다(從事一)

　법전 典 = 由 + ㅣ(뚫을곤) + 心 => 말미암을 유자의 自由를

　　　　　　휴방하기 위하여 'ㅣ'를 넣어서 혼돈되게 만들었습니다.

曲 굽을 곡, 누룩 곡 (바리새인들의 누룩)

　1. 굽다　2. 굽히다　3. 도리(道理)에 맞지 않다　4. 바르지 않다　5. 불합리하다

　6. 정직하지 않다　7. 공정(公正)하지 않다　8. 그릇되게 하다

　9. 자세하다 (仔細・子細一)　10. 구석　11. 가락　12. 악곡(樂曲)...

　굽을 곡 曲 = 由 (말미암을 유)+ ㅣ(뚫을곤) => 자유를 곡해시켜 놓았습니다

　　　　　　=> 궤휼(詭譎)의 기초가 됩니다.

憲 법 헌

　1. 법(法)　2. 가르침　3. 깨우침　4. 관청(官廳), 관아(官衙)　5. 관리(官吏),

　상관(上官)　6. 명령(命令)　7. 모범(模範)　8. 시호(諡號)　9. 성(盛)하게

　일어나는 모양 10. 기뻐하는 모양 11. 고시(告示)하다

　법헌자 憲 = 宀 (집면) + 주(主) + 목(目)이 누워 있음(눈 감고 있음)

　　　　　+ 마음심(心) => 성전 안에서 주님께 드리는 마음이 눈을 감고

　　　　　　있어서 나쁜 뜻임 => 궤휼(詭譎)임

헌법(憲法)에 법헌(憲)자 역시 궤휼된 것을 알 수 있습니다. 앞으로 국가차원에서 연구소를 설립하여 법(法)자 전(典)자 헌(憲)자, 그 외에도 뜻이 상반되는 한자들을 본 뜻 그대로 바로잡아야 합니다.

필자는 진리(真理)를 찾기 위하여 한글과 한문을 활용했으며, 현재 일반적으로 많이 쓰는 한자들 중에는 오랜 기간 사용해 오면서 그 본연의 뜻인 진리 (真理)가 왜곡 (歪曲)된 글자들이 너무나 많이 있습니다. 이런 글자들은 원자(原字)를 찾아 그 본 연의 뜻을 가진 한자(漢字)로 이 책 안에 다 바로 잡는 것이 이 책을 집필하는 목

적은 아니라서 그중 몇 자를 골라서 언급하고자 합니다.
예를 들면, 일반적으로 진리(真理)를 한문으로 '眞理'라고 쓰고 있지만 여기에 진(眞)자를 파자로 살펴보면 '眞'자 속에 비수 비(匕)자와 숨은 은(乚)자가 들어 있으므로 '참'이 아니라 사시이비(似是而非) 뜻임을 단번에 발견할 수 있었습니다. 강도가 숨어서 선한 사람 옆구리에 작은 칼(비수)을 대고 목격한 사실을 틀리게 말하게 하는 글자가 바로 '진(眞)'자입니다.

오래전에 사용되었으나 지금은 고어가 되어버린 참진(真)자를 찾아내어 글자의 파자풀이로 진리(真理)를 부활시켜 보겠습니다.
'真'자를 살펴보면, 열십(十), 눈목(目), 성부님(一), 마음심(心) => 참 진(真)자의 의미(意味)를 찾아보면 => 창조주의 마음을 알려면 예수님을 보시면 알 수 있습니다. 참 진(真)자의 파자로 풀어 참 내용을 인지(認知)해보면, 성경구절 '[요한복음 14:6] 예수께서 가라사대 내가 곧 길(道)이요 진리(真理)요 생명(生命)이니 나로 말미암지 않고는 아버지께로 올 자가 없느니라.' 대목이 머릿속에 떠오릅니다.
진리 속으로는 비수(匕)가 들어 올 틈이 전혀 없습니다.

우리가 쓰고 있는 나라국(國)자를 살펴보면 잘못 선택된 글자가 쓰이고 있음을 알 수 있습니다.

'國'자를 파자로 풀어보면 에워쌀위(囗) + 혹[或 = 창과(戈) + 입구(口) +

或 혹 혹, 나라 역

1. 혹, 혹은, 혹시 2. 또 3. 어떤 경우(境遇)에는 4. 어떤 이 5. 어떤 것
6. 있다, 존재하다(存在--) 7. 괴이쩍어하다(怪異----) 8. 의심하다(疑心--)
9. 미혹하다(迷惑--)(=惑) / 10. 나라(=域) (역)

혹 或 = 창과(戈) + 입구(口) + 성령(一)

국자 안에는 의혹이 가득 쌓여 있으니 사시사철 국회에선 싸움만 하고 마치 깡패들처럼 처신하는 것이 마치 관례요 정통인 것처럼 착각을 시킵니다.
그러므로 국회(國會)라고 또는 국회의원(國會議員) 그리고 국가(國家) 그리고 국가(國歌)를 쓸 때는 의심이 가득한 '或'자가 들어 있는 '國'자를 쓸 것이 아니라, 대한민국(大韓民国)에는, 나라에 주인의식과 주체성을 가진 국가를 의미(意味)하는 '王'자가 들어 있는 '국(国)자'를 쓰고, 국가기관에는 귀중함(玉)이 들어 있는 '국(国)'자를 쓰는 것이 올바릅니다. 예로 국회(国會)라고 쓰는 것이 바람직 할 것 같습니다.

일본과 중국은 '国'자를 나라국자로사용하고 있습니다. 아마도 국(國)자는 일제강점

기 때에 한국에는 국(國)자를 일본은 국(国)자를 쓰게 조정한 것으로 추정됩니다. 이는 한국이 항상 의혹 속에서 혼란 속에서 방황하는 국민들이 되기를 바라는 마음에서 글자를 왜곡하여 초등학교(초등학교) 때부터 가르친 것으로 생각됩니다[주1].

[주1] 참고: 国 나라 국 / 囯 나라 국 / 囲 에워쌀 위, 나라 국 / 围 에워쌀 위, 나라 국 / 囗 에워쌀 위, 나라 국 / 囹 나라 국 / 圀 나라 국 / 囻 나라 국 / 圍 에워쌀 위, 나라 국 / 國 나라 국 / 旺 망, 나라 국 / 蠹 나라 국 들이 있습니다. 용도에 따라 글자의 선택이 중요한 의미를 갖습니다.

이 외에도 모든 면에서 수많은 한자들을 왜곡시켜 한국국민들을 미래를 단절하고자 한 사실은, 마치 산맥에 쇠말뚝을 박아 장래없는 민족으로 만들자 한 것이 사실로 생각됩니다. 대표적으로, '법金자'와 '참眞자'와 '나라国자'를 '법法자' '참眞자' '나라國자'로 궤휼함으로 민족과 국가와 질서를 말살시키고자한 의향이었던 것입니다. 이는 마치 고국강산 산맥마다에 쇠말뚝을 박아서 민족정기를 끊겠다고 저지른 만행보다 더 큰 만행이 아닐 수 없습니다.

진(秦)나라의 시황제(始皇帝)같은 사탄(詐誕, Satan)들이 수천 년 전부터 뜻글자인 한자(漢字)를 왜곡(歪曲)시킨 궤휼(詭譎)로 이 세상의 인간들을 타락(墮落)시켜 왔습니다. 예로 분서갱유(焚書坑儒)라는 악행이 역사에 남아 있습니다[주2].

[주2] 焚書坑儒 (분서갱유): 焚 불사를 분 / 書 글 서 / 坑 구덩이 갱, 산등성이 강, 구들 항 / 儒 선비 유 : 책을 불태우고 선비를 생매장(生埋葬)하여 죽인다는 뜻으로, 진(秦)나라의 시황제(始皇帝)가 학자(學者)들의 정치(政治) 비평(批評)을 금(禁)하기 위(爲)하여 경서(經書)를 태우고 학자(學者)들을 구덩이에 생매장(生埋葬)하여 베푼 가혹(苛酷)한 정치(政治)를 이르는 말

새 술(金)은 새 부대(憲金)에 넣어야 합니다.

이제 우리가 나라를 바로 세우려면, 현재에 실패한 시스템을 전면 폐지하고 새로운 시스템으로 마치 새 술은 새 부대에 넣는 것처럼 우리는 정치에 전혀 돈이 안 드는, 정당정치를 법제화하고 이를 헌법에 명시하고 실현하게 되면 훌륭한 정당정치로 당당한 정치제도가 구축되게 됩니다.

필자는 다음과 같이 헌법을 개정한다면 얼마든지 선진정치가 가능함을 확신합니다. 우리 다같이 '거룩한 한마음'이 되어서 법(法)을 법(金)자로, 참진(眞)자를 참진(真)자로, 국회(國會)를 국회(国會)로 뜻에 따라 왜곡된 한자들을 하나씩 고쳐가면서 정치혁명(政治爀明)을 성공시키면 무엇이든지 가능합니다성문법(成文法)인 로마법(대

류법)을 쓰고 있는 우리나라에, 불문법(不文法)인 미국이나 영국처럼 배심원 제도를 도입하는 우(愚)를 범하는 것은 바보들의 민주주의요 다수라는 맹점을 이용한 패망 국법입니다. 정도에 어긋나고 명분이 부족한 배심원 제도야 말로 냉철하지 못하고, 허술하고, 감정적이며, 무지의 소산으로 판결되는 법제도는, 폐기되어야 합니다.

유럽대륙에서 섬나라 영국을 제외하고는 모두 배심원이 필요없는 성문법인 로마법을 쓰고 있습니다.

우리 나라에서 무분별하게 실시된 '로스쿨제도'가 대륙법체계에 적합한지 냉철히 재검토해 보아야 합니다.
변호사만 양산하는 얼빠진, 미국제도만 따라가는 우(愚)를 범해서는 아니 됨을 적어도 지도자(指導者)는 알아야 합니다.

배심원제의 우둔(愚鈍)함을 '애플과 삼성의 특허시비 2012-08-31 판례'가 증명해 주고 있습니다[주].

[주] 삼성 판례 '세기의 소송' 삼성 vs 애플, 삼성 완패 후폭풍은? SBS CNBC 경제 ㅣ 5시간 전
    금요일 미국연방지방법원은 삼성전자가 애플의 기술과 디자인 특허 6개를 침해했다며 10억5천
    만 달러의 손해배상금을 부과했어요. 이는 다음 달 루시 고 판사의 판결에 의해 3배까지 증가할
    수도 있습니다. 사실 삼성의 갤럭시 시리즈 ... 'SBS CNBC'만 검색 ㅣ 관련뉴스검색 요망

    [CNBC 주요내용] <임리영 SBC CNBC / 기사전송 2012-09-01 20:56>
    사실 이번 패소는 대한민국 국민으로서 아쉬운 점이 참 많은데요. 배심원 9명 중에 특허나
    기술적인 부분에서 전문가가 없었다는 것도 그렇고, 구글이 소송에 함께 참여하지 않았다는 것
    도 뒤늦게 안타까운 부분인 것 같습니다.

    [CNBC 주요내용] <크리스 벡스터 / 벡스터 IP 회장>
    네. 이해가 돼요. 저라도 3일 안에 내용을 이해하지 못했겠죠. 특히 배심원단 대표 벨빈 호건의
    언론 인터뷰 내용을 보면 말이죠. 배심원단이 평결 지침서를 숙지하지 않았다고 해요. 삼성의
    무분별한 모방을 처벌하고 꾸짖는 차원에서 평결이 이루어졌다고 했죠. 그러나 손해배상은 특
    허권자에게 금전적 보상을 하는 것이지 침해자를 처벌하는 것은 아니죠. 어쨌든 최종 손해배상
    액은 루시 고 판사에게 달려있네요. 따라서 앞으로 몇 배나 더 올라갈 수 있는 배심원단의'고
    의침해'손해보상금액이 기본적으로 너무 높게 측정되었는지는 계속해서 의문점이 될 것입니다.

[참조] 제8장 부록 8.1.3.에 수록되어 있는 '한국 기업들에 족쇄 채우는 美 배심원과 판사' 국민
    일보 사설 / Kukinews. 2012.09.02 23:23 과 8.1.4. '美 법원 '판금 잠정적 집행정지 긴급신청'
    승인… 코오롱 아라미드 공장 재가동' 국민일보 kukinews / 2012.09.02 19:44 기사들을 참조
    하시기 바랍니다.

보수와 진보의 참 뜻 알고나 삽시다!

보수? 진보? 참 뜻은 무엇인가? 라는 아주 쉬운 내용을 다 알고 있는 것 같이 생각하지만 앞서 장에 '교도소에 관해서 이해하는 것처럼' 정확한 뜻과 이해를 못하고 있습니다. 우리가 일상생활에서 어렴풋이 이해하고 적당히 넘어가는 단어들은 많습니다. 예를 들면, '자유' '민주주의' '보수와 진보' '정당정치'…등등 많이 있습니다. 국민들은 아래와 같이 일반적인 내용에만 익숙해져 있습니다. 그러나 정치적으로 보수(保守)와 진보(進步) 두 단어를 사용할 때는 좀 더 깊이 이해해야 사회적인 무리를 방지할 수 있습니다. 우선 Naver 사전에서 보수와 진보의 뜻을 찾아보면 다음과 같이 그림으로 잘 설명되어 있습니다.

보수[保守, 지킬 보(保) 지킬 수(守)] : 1.보전하여 지킴. 2.새로운 것이나 변화를 반대하고 전통적인 것을 옹호하며 유지하려 함 / 유의어 : 고수, 보전

[유의어: 개화, 발전, 향상]

진보[進步, 나아갈 진(進) 걸음 보(步)] : 1.정도나 수준이 나아지거나 높아짐
2. 역사 발전의 합법칙성에 따라 사회의 변화나 발전을 추구함.

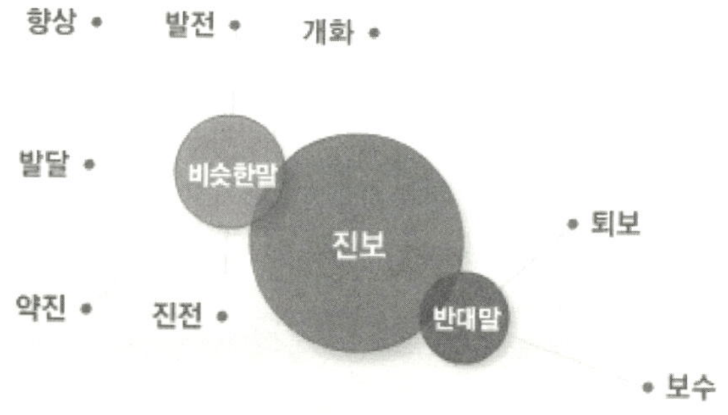

[유의어: 개화, 발전, 향상]

정치적인 의미로 풀어보겠습니다. 우리는 이 두 단어를 가장 많이 쓰이는 곳이 정치판입니다. 국민들은 보수당과 진보당으로 패 갈림을 하고는 서로 주장만 하는 경우를 종종 볼 수 있습니다. 현실에서 보면, 보수만 주장하는 보수당도 없고, 진보만 주장하는 진보당도 없습니다. 실제로 정당이 있고 정당구성원들 중에 보수성향의 사람들이 많아서 대체적으로 정당의 정책들이 보수 성향으로 흐르는 당을 보수당이라 합니다.

이와 반대로, 정당구성원들 중에 진보성향의 사람들이 많아서 대체적으로 정당의 정책들이 진보성향으로 흐르는 당을 진보당 이라 합니다. 정치적으로 보수는 흐르는 강물줄기에 비교합니다. 굽은 강을 따라 흐르게 놓아두는 편의 의견이 많은 당이 보수당이고, 그와 반대로 굽은 강줄기를 바로 만드는 작업이 진보라 보시면 됩니다. 강줄기가 너무 굽어져 있으면 좀 적게 만드는 당이 보수당의 성향이고, 강줄기를 아예 직선으로 만드는 것이 진보당의 성향입니다. 한 정당 안에서는 늘 보수와 진보가 같이 존재합니다. 다시 말씀 드리면 100% 보수당도 100% 진보당도 없다는 뜻입니다.
그러므로 정당을 보수나 진보로 나누는 것은 실용성이 적습니다. 정당은 오히려 사상과 철학으로 구분 하는 것이 더 현명할 수 있습니다. 우리나라의 정당들은 내부 구성원들을 살펴보면, 한 정당 안에 '보수' '진보'는 물론, '우파' '좌파'가 뒤섞여 있어서 정당의 성격이 뚜렷하지 못하고 기회주의적으로 구현시키고 있습니다.

낙동강, 상류지형을 따라 '보수적으로' 계속 낮은 곳으로 흐르는 하천의 모습. 산을 헐어서 이 강줄기를 직선으로 하고자 하는 사람이라면, 그가 바로 무분별한 진보주의자입니다. 경북 봉화군 명호면 명호리 [출처]<Naver 지식사전>민족문화대백과

‘정당정치’에서는 낙동강 상류지형과 같이 그대로 두어도 되듯이 정책이란 늘 진보적이고 늘 보수적일 수는 없습니다. 경우에 따라서 보수와 진보가 아름답게 잘 조화되어야 훌륭한 결과가 결실되어 살기가 좋은 선진국이 만들어집니다.

반공을 국시로 삼는 대한민국에서 진보니 보수니 편 가르는 것 보다 진보를 가장하여 무조건 달리하는 것이 진보인양 그리고 진보가 더 좋은 것으로 위장하여 정치계를 엉망으로 만드는 친 공주의자들을 더욱 조심해야 합니다.

지금 실시하는 ‘오픈 프라이머리’제도는 금지되어야 합니다. 이는 친 공주의자들이 자신의 정체를 감추면서 좌파성향으로 선동하는 무기로 쓰고 있으며, 오픈프라이머리의 결과는 국민들의 뜻이 아니라 공산주의의 연좌제에서 풀려난 400만 명의 친 공산주의자들로 대부분 지리산 빨치산 공비들의 후손들로 사상이 공산주의자들임을 들어내는 사람들입니다. 그들의 목적은 북한의 정책에 동조하는 것입니다.

4.1. 헌법개정

우리나라의 헌법은 히틀러가 악용한 ‘살인헌법(殺人憲法)’이라는 악명 높은 ‘바이마르헌법’을 제헌의원들이 독어를 한글로 번역한 대부분의 헌법조문들을 아직도 쓰고 있습니다. 이 헌법은 인간의 존엄성이 배제된 채 단지 ‘살인적인 다수결’로 모든 것이 결정되는 우를 범하게 됨으로 엄청난 화(禍)를 초래했던 헌법입니다. 그러므로 사탄의 헌법정신이 식목(植木)되어져 있는 제1조부터 20조까지 서둘러서 개정을 해야 하는 형편입니다. 새로운 헌법에 관해서는 따로 집필할 계획이 있습니다.

새로 개정될 대한민국 개정헌법

제1조 : 인간의 존엄성과 홍익사상을 기본으로 한다. 이를 존중하고 보호하는 것은
        모든 국가권력의 의무다.

라고 개정하는 것이 가장 인간적입니다.
제1조 뿐만이 아니라 다른 조항들도 ‘정도에 어긋남이 없고 명분에 부족함이 없게’
개정을 해야 합니다.

특히 민족정신과 국정에 영향을 끼치는 종교에 관한 조항들은 아주 심사숙고(深思熟考)한 다음 개정해야 합니다.

4.2. 국회양원제로 정치법개정

나라가 바로 서려면 국회가 바로 서야 하며, 중요한 국정을 위한 법률제정은 입법기관의 책무(責務)입니다. 지성(知性)이 넘치는 아름다운 국회가 되어야 합니다.

그러나 국회의원의 책무(責務)가 무엇인지? 구체적으로 어떤 사람이 국회의원이 되어야 되는지? 등을 아는 국민들은 많지 않습니다. 대부분 막연히 국민을 대표하는 사람들이 국회의원인줄 알고 있습니다. 국회의원은 입법책무를 전문적으로 대표하는 일꾼이지 정당의 거수기역할을 하는 허수아비가 아닙니다.

이번에 새누리당 과 민주통합당 그리고 통합진보당 자유선진당 의 비례대표 국회의원후보들의 리스트를 보니 정말 한심하게도 입법이란 중대한 책무를 감당할 수 있는 사람들이 아니라, 정당정치를 지향하는 민주국가의 국회의원이 될 수 없는 그야말로 자격미달의 사람들이 대부분이었습니다.

비례대표는 주로 NGO단체장들이 대부분 차지하고 있었습니다. 정당의 규모가 가장 큰 두 당의 비례대표후보 명단을 분석해 보니 국회의원의 책임과 의무를 감당할 수 있는 통습(通習)되고 통섭(通涉)된 사람은 한분도 없고 대부분 자신이 몸담고 있는 단체의 이권(利權)에 거래를 하는 로비스트들로 권모술수를 일삼는, 직무유기가 확실하게 예측되는 사시이비정치꾼들 이었습니다.

속보이는 사항을 정확하게 말씀드리면, 입법기관의 전문가를 뽑은 것이 아니라, 12월 19일 대선에서 한 표라도 더 얻기 위해 NGO단체장들을 미리 포석하는 흥행을 한 것으로 분석됩니다[주].

[주] NGO: Non Government Organization, 비정치적인, 정치에 참여하지 않는, 정치성이 전혀 없는 순수하게 봉사하는 민간단체를 의미합니다. 그러므로 도덕적으로 NGO단체 대표들은 민주사회에서 절대로 국회의원으로 선출되어서는 아니 되는 영원한 비정치인들입니다. 이를 어기는 자는 국민들을 기만(欺瞞)하고 궤휼(詭譎)한 자로 자자손손(子子孫孫) 천벌(天罰)을 받아야 하는 인간(儿間)들입니다.

국회는 아주 중요한 입법기관입니다. 그러나 일반인들은 인기로 선출된 국민대표가 모여서 자기단체의 이권쟁취(利權爭取)를 위한 입법을 논하는 곳으로 잘못 알고 있습니다. 이런 잘못된 인식 때문에 한국은 유감스럽게도 아직도 엄연한 '정치미개국(政治未開国)'으로 분류(分類)될 수밖에 없습니다.

현재 각 정당의 대표들조차 국회의원의 책무(責務)를 전혀 알지 못하고 당선자 수만 늘리려고 온갖 비굴함도 추잡함도 마다하지 않습니다. 이들은 정치의 숭고(崇高)하고 고귀(高貴)한 진리(真理)의 참 뜻을 전혀 모르는 몽학인(蒙學儿)들로 사시이비 정치꾼들 입니다. 문세는 이들이 국가의 운명에 지대한 영향을 비치는 사람들이라는 점이 정말로 속 터지게 만드는 현실입니다.

우리나라 국회의원들은 65년간 엄청난 직무유기(職務遺棄)를 한 결과로 각 분야의 법률들 중에는 아직도 일제강점기 때 제정된 법으로 남아 있어서, 현실성 있게 손을 봐야 할 곳이 너무나 많이 있습니다. 그러나 그들은 능력부족으로 그것에 대해서 속수무책입니다. 이러한 사실이 우리 국민들에게 정확하게 인식(認識)되게 해야 합니다.

우리나라의 국회의원들은 대부분 인기로 무작위로 선출된 사람들로 전문책무를 감당할 수 있는 능력을 갖추었다고 인정할 수 없습니다.

국회는 각 정당에서 전문성이 특출하여 입법할 수 있는 가장 훌륭한 국가최고의 석학들이 모여서 국민을 위한 법안을 만들고 발의해서 통과시키므로 국민의 삶을 향상시키며, 국가장래(国家將來)를 열어가는 기관이 국회임을 국민들이 정말로 바로 인식해야 잘 살아갈 수 있는 희망이 있습니다.

국회가 온갖 부류를 대표하는 잡화상대표들의 모임이 되어서도 아니 되며, 존경받지 못하는 인간 만물상이 되어서도 아니 됨을 명심해야 합니다.

각 분야에서 박사학위를 받은 세계최고의 석학들인 독일연방 국회의원들은 하루에 16시간 이상 근무를 합니다. 그 만큼 처리해야할 법률안건이 많습니다. 이들은 대학원 시절부터 장학생들 이였던 최고의 인물들로 적어도 20년 이상 전문정치가로 정치재단에서 지속적으로 육성되어 어떤 어려운 책무도 다 감당할 수 있는 정당 최고의 인물들입니다.

독일연방 국회의원들은, 지역구를 돌면서 인기는 관리하면서도 쌓인 법안처리는 뒷전으로 돌리는 우리나라 국회의원과는 철학이 판이하게 다른 사람들입니다.
책임과 의무를 우습게 알고 행동하는 자는 결코 국회의원이 되어서는 아니 되는,
국가와 민족의 희망을 좀먹는 간악한 사탄(詐誕)들 입니다.

제18대 국회에서 처리했어야 했는데 입법처리의무를 다하지 못하고 직무유기 하여
폐기된 안건이 무려 6,362개임을 언론들은 보도합니다. 제18대 초선의원의 비율은
62.5% 이었습니다. 역대 가장 많은 초선의원들이 등청한 것입니다. 그런데 이들 대
부분은 국회의원의 책무를 감당할 준비가 안 된 몽학수준(蒙學水準)의 사람들이 대
부분 선출되었습니다. 유럽 선진국에 비하면, 한국 국회의원들의 법안처리 능력은
유치원생 수준정도의 실질평가를 받을 수 있을 것입니다.

4.2.1. 국익위한 민주적인 양원제

지금 대한민국은 단원제를 채택하고 있으므로 국회에서 한번만 통과 되면 모든 법
은 대통령 서명으로 발효됩니다.
어떠한 수단으로든지 한번만 통과 하면 그만이라는 집착 때문에 국회 내에서 몸싸
움과 폭력행위를 밥 먹듯이, 조폭들의 패싸움을 방불케 하는 것으로도 부족해서 국
가에 필요한 법을 제정하는 신성한 입법기관 본회의장에 최루탄이 투척되는 사건이
일어났으니, 대한민국의 국민들이 타국에서 낯을 들고 다니기가 여간 부끄럽기 짝
이 없습니다.

그래서 이러한 폐단을 막기 위하여, 국회에서 자연스럽게 패싸움이 사라지는, 선진
국에서도 실시하는 양원제를 우리들도 개헌하여 실시해야 합니다.
입법에 신중을 기하고 패싸움을 배제하기 위하여 양원제는 선택이 아니라 정치혁명
을 위한 필수조건입니다.

'정도에 어긋남이 없고 명분에 부족함이 없는 유럽 선진국의 기업을 위한 양원제'
를 살펴보겠습니다. 선진국은 모든 것이 투명하여 불법이 아예 범접 못하게 잘 짜
인 정당구조, 사회구조, 기업구조를 볼 수 있습니다. 우리가 배울 점이 너무나 많음
을 알 수 있습니다.
기업지배구조의 감독시스템과 경영시스템을 비교해 보면 우리가 얼마나 모순되게
기업을 운영하고 있는지를 잘 알 수 있습니다.

정치혁명을 실시할 때 일제강점기 때부터 전해오는 구시대적인 모든 악법들을 정비해야 합니다. 법률정비에 앞서서 선진국에서 실시되고 있는 각종 법률제도를 탐구(探究)해 보기로 하겠습니다.

4.2.2. 질서 속에서 자유를 지향하는 입법기관

입법과정은 정도에 어긋남이 없고 명분에 부족함이 없어야 합니다. 어느 특정 집단의 영향을 받아서는 아니 됩니다. 입법된 법률을 검토하는 국회상원제도가 있으면, 국회에서 법안이 통과 되더라도 상원을 거쳐야 하기 때문에 국회에서 국회의원들이 몸싸움은 의미가 없어집니다. 국회에서 몸싸움을 하지 말라고 65년이 넘도록 국민들이 흥분하여 외쳤으나 소용이 없었습니다. 오히려 더 과감하고 과격해 졌습니다. 국회상원과 국회의원제도로 정치시스템을 바꾸면 됩니다. 그래야 정치가 투명해 집니다. 그래서 유럽의 선진국들에서는 양원제를 채택하고 있습니다.

국회의원으로 모든 입법안을 처리하는 업무는 그대로입니다. 다만 국회에서 통과된 법안이 국회상원에서 표결로 통과 또는 부결되면 국회로 다시 송부하는 시스템입니다. 국회상원은 심의 하는 기관이 아니라, 단지 검토하는 역할만 하는 기관입니다. 국회상원에서 국회로 보낸 법안이 다시 심의되고 표결된 사항을 다시 국회상원으로 보내는 현명한 입법제도입니다.

국회상원에서는 검토만 하고 이상이 없을 때는 통과시켜서 대통령의 결재를 받아 효력을 발생시킵니다. 만약 두 번째에도 국회상원에서 부결되면 다시 국회로 보내지며 같은 법안이 세 번 국회상원에 상정되면 큰 무리가 없는 한 통과 될 수 있는 제도입니다. 그러므로 세 번째는 대부분 다 통과되는 통례가 생기게 됩니다.

두 번째 국회상원을 통과하지 못한 법안은 다시 국회로 송부됩니다. 다시 수정되어 세 번째 올라온 법안은 국회상원에서 통과되도록 하는 시스템입니다. 이렇게 하는 이유는 전문가 집단으로 구성된 국회상원들이 법률안을 신중히 검토할 수 있게 함입니다. 그렇게 되면 자연스럽게 지금까지 국회에서 하던 비열한 몸싸움은 영원히 사라져서 옛이야기로 남게 될 것입니다.

4.2.3. 국회의원 선출방식

국회의원 수는 현재와 비슷한 300명 정도로 하고, 50%는 지역에서 선출하고 나머지 50%는 전국구로 하여 훌륭한 인물들이 정당에 등용되게 합니다. 현재 지역구에서 선출하는 방식은 선거지역의 인구가 너무 적기 때문에 부정과 부패가 너무 많고 또한 당선된 사람들의 자질이 국회의원으로 책임과 의무를 감당하기에는 너무나 부족한 사람들이 많이 선출되었습니다.

앞으로는 국회의원 선거를 할 때 자기가 선호하는 정당과 후보자에 투표를 하는 것은 지금과 같습니다. 그러나 정당정치를 하기 위하여 국회의원 수를 배정 받는 방법은 지금과 전혀 다릅니다.

본래 정당정치제도 에서는 무소속이 없습니다. 무소속 존재자체가 편법정치입니다.

5%이상 득표한 정당들의 득표의 합을 100%로 하여 국회의원 숫자를 배정받게 됩니다. 그다음 각 정당은 배정받은 인원에서 먼저 지역구에서 당선된 숫자를 제외한 수만큼 비례대표 후보리스트 순위 되로 전국구 국회의원으로 선정합니다.

지역구 국회의원 숫자가 반으로 줄어들기 때문에 지역구에서 단 한명이라도 당선되는 정당은 그 만큼 정당지지표를 득표할 수 있게 되어 대개의 경우 국회의원 배정을 받을 수 있는 5%선을 넘을 수 있습니다. 만약 그렇지 않는 경우를 대비하여, 지역구에서 당선 되었으나 자신이 속해 있는 정당이 5%의 정당지지득표를 받지 못하여 국회의원 수를 배정받지 못하면, 지역구에서 가장 많이 득표한 후보라도 소속정당이 국회에 등록되지 못하므로 자연히 당선이 무효가 됩니다.

그러므로 지금까지의 무소속 당선자 같은 암적인 독불장군은 있을 수 없다는 교훈입니다. 이것이 바로 민주정치의 꽃인 정당정치 입니다. 이점에서 정당의 중요성이 강조되는 부분입니다.
국회상원이나 국회의원은 어떤 직책도 겸직할 수 없습니다.
임기 만료 6개월 전에 상원의원들이 하원의원들의 책임과 의무수행을 평가해서 직무유기인 경우에는 재임을 불허하게 합니다.

그리고 불허한 내용들을 신문에 공고합니다. 국회의원의 책무를 감당할 능력이 부족한 사람들에게는 재선자격이 박탈됩니다.

4.2.4. 상원의원 선출방식

상원의 의무는 하원에서 올라온 입법내용을 상원의 석학들과 직접 행정을 담당하는 광역단체장들이 함께 검토하고 조언하는 기관이지 심의하는 입법기관은 아니지만, 당대 최고의 석학들이 등용되게 함으로 국가의 어른이 됨으로서 큰 업적을 세울 수 있고, 하원심의에서 부족한 내용을 보충할 수 있는 기회를 줌으로 진지한 선진법치국가를 만들어 갈 수 있는 훌륭한 제도가 아닐 수 없습니다.

상원의원의 숫자는 77명으로 정하고, 16개 광역장(도지사 + 광역시장)은 자동으로 상원의원이 되며, 나머지 61명중 40명은 하원선거에서 지지받은 정당득표비례에 의하여 상원의원 수가 배정됩니다. 이렇게 배정받은 상원의원들을 정당에서 전문석학들을 선출합니다. 나머지 21명은 대통령이 직접 전문석학들을 상원의원으로 임명합니다. 광역시가 불어나면 상원의 수도 자동으로 늘어납니다.

광역단체장을 자동으로 겸직하는 것을 제외하고는 상원의원들은 어떤 직책도 겸직할 수 없습니다. 대통령이 21명을 지명하는 이유는 각 당에서 전문석학들을 상원으로 뽑아서 보내지만, 어느 분야는 약하고 어느 분야는 강한 면이 나타날 것입니다. 상원의 전문능력을 출중히 하기 위하여 최고의 석학들을 대통령이 안배하는 제도입니다.

4.2.5. 대통령 선출방식

초대 대통령은 국회에서 선출되었습니다. 그 이후 직접선거로 또 유신체제 때는 대의원 선거인단에 의한 간접선거를 했습니다. 그리고 다시 직접선거로 선거법이 개정되었습니다. 지금처럼 대통령을 직접선거 하는 데는 너무나 큰 무리 들이, 특히 예산이 많이 낭비되었으며, 무엇보다 능력이 부족하여 대통령직을 감당할 수 없는 인물을 국민들이 잘 모르고 선출하여 나라를 개망신 시켰습니다.

지난날들의 과오를 다시 재현하지 않고, 선동과 바람으로 흥분된 군중에 의한 대통령을 선출한다는 그 자체에 큰 무리가 있습니다. 국민들도 선거에 들떠서 제정신으로 선거를 치룬 것인지? 아닌 것인지? 선거후에 후회를 하는 경우가 비일비재 했습니다. 대통령의 선거결과는 너무나 참담했습니다. 그들의 임기기간 동안은 최악의 정치상태 이었습니다.

대통령을 '국민총회'에서 선출합니다. 국민총회구성은 하원의원 300명 + 상원의원 40명(대통령이 지명하는 상원 21명은 재외) + 광역의회의장 16명으로 총 356명으로 한다. 이 숫자는 국회의원 수와 광역장 수에 따라 변경될 수 있습니다.

대통령선출시스템(국민총회)은 많은 비용을 절약하고 인기위주가 아닌 정치지도자 다운 제대로 된 대통령을 선출할 수 있습니다.
그래서 아무나 대통령이 되겠다고 거들먹거리는 풍조가 없어질 것입니다. 대통령 선거로 국고가 낭비되는 일이 없게 되며, 아울러 직무를 감당치 못할 사람이 인기로 대통령이 되는 우를 범하는 것을 미리 막을 수 있게 됩니다. 그래서 대한민국에서 '세계적인 정치시스템이'새롭게 탄생되게 됩니다.

4.3. 지방자치제 개혁

지방 청사들이 서울청사들 보다 더 크고 화려하게 건축하면서 온갖 비리와 이권이 개입되어 있습니다. 한 예로 청사유지도 못하는 성남, 용인시청, 해도 해도 너무 할 정도로 세금을 낭비했습니다. 지방자치제 아니라 '지방방종제'이라는 명예롭지 못하고 오만한 지방자치법은 엄격하게 개정되어야 합니다.

특히 어설픈 풀뿌리 민주주의지향으로 중앙통제가 무색하게 되기도 합니다. 폐단은 이권 다툼을 하는 양상으로 변모하여 기득권 사회의 단점을 극단적으로 표출하고 있습니다. 이는 지방의회의원들조차 세비까지 받으면서 온갖 공사나 행사에 이권을 다투는 등 온갖 패륜(悖倫)을 서슴없이 행하고 있습니다.

이럴 경우에는 피선거인들의 자격이 격상되어야 되며 직무를 감당할 수 있는 능력이 겸비되어 '정도에 어긋남이 없고 명분에 부족함이 없는 사람'이 선출됩니다.

특히 NGO사회단체의 임원들의 정계진출을 법적으로 엄격하게 금지시켜야 합니다. 또 부정부패에 가담한 경력이 없는 자만이 정계진출이 가능하게 자격을 강화시켜야 합니다. 군 단위 이하는 지자체 선거를 폐지해야 합니다.

그리고 지자체에서 각종행사 및 공사는 물론, 권위에 관한 모든 사항은 중앙정부의 허락을 받게 해야 합니다.

중앙정부는 지방세의 평균치 이상은 집행하지 못하게 해야 하며, 부자지방의 지방세의 일부가 가난한 지방으로 흐르게 조절을 해야 합니다.

4.4. 교육감 선거 폐지

국가이념교육은 중앙 정부가 일괄 담당하게 해야 하기 때문에 교육감 선거는 폐지해야 합니다.
사상적으로 부적합한 자가 선거에 의하여 서울특별시의 교육수장이란 교육감에 당선되어서 법원과 경찰서를 들락거리는 모습은 정말로 성스러운 교육을 함부로 다루는 것 같습니다. 연간 수조원의 교육예산을 집행하는 교육감의 자질이 수준 이하인 것이 문제인 것입니다.

모든 교육정책은 중앙정부가 맡아서 해야 하며, 특히 능력 있는 **훌륭한** 석학을 교육감으로 대통령이 지명하게 해야 합니다.

곽노현, 정말 나쁜 교육감!

뉴데일리뉴스 / 김민상 시민 논설위원 / 최종편집 2012.08.31 17:55:55

곽노현이 대법원에 선고를 헌재 선고 후로 미뤄 달라 요청했습니다. 대한민국의 미래를 책임질 어린이와 청소년들의 교육을 책임지는 자리에 있는 교육감이 정의를 보여주는 것이 아니라 꼼수만 보여주고 있으니 참으로 대한민국의 미래가 걱정입니다. 곽노현 서울시 교육감은 상대 후보를 돈으로 매수하여 야권 단일화에 성공하여 교육감에 당선 된 사람입니다.
돈으로 상대 후보를 매수하여 돈으로 교육감을 산 자로 1심과 2심에서 같은 성향의 판사들로 인하여 교육감 자리를 현재까지도 유지하고 있는 인물입니다. 1심에서는 돈 받은 자는 구속되고 돈 준자 곽노현은 벌금 3,000만원으로 교육감직을 유지할 수 있도록 이상한 선고를 하였습니다.

그리고 2심 역시 판사가 돌았는지 1년 징역형을 선고하고서 법정구속은 하지 않도록 선고를 하여 곽노현이 교육감 자리를 계속 유지하게 했다. 참으로 희한한 판결을 보고서 국민들은 분노하지 않을 수가 없었습니다. 이쯤 되면 교육감으로 자격이 상실된 자이건만 뻔뻔하게도 돈을 준 행위가 죄가 아니라고 항변을 하면서 대법원에 상고를 하였습니다. 그리고 대법원 판사들이 임기를 마치면서 후임들이 야권의 꼼수로 임용이 늦어지면서 선거 관련 재판은 3개월 이내에 상고심 판결을 하도록 돼 있는 것을 넘겼습니다. 이 문제도 민통당의 꼼수로 인하여 대법원 판사 국회 청문회가 늦어지고 대법원 판사의 임용이 늦어진 것입니다. 민통당의 꼼수로 인하여 곽노현의 대법원 판결이 법정시한 7월 17일을 40여일 넘긴 상황이 되었습니다.

이제 대법원 판결만 남겨 놓는 곽노현은 또 꼼수를 부리기 시작했습니다. 곽노현은 1심에서 벌금 3,000만원을 선고받고서 헌법재판소에 본인에게 적용된 사후매수죄에 대해 헌재에 헌법소원을 제기했습니다. 후보매수를 한 죄에 대하여 반성도 없고 오히려 법이 잘못되었다고 헌법소원을 제기하는 꼼수를 부린 것입니다.

그리고 이제 대법원 판사들이 임용이 되고 대법원 선고 목전에서 또 다시 꼼수를 부리기 시작했습니다. 이번에는 대법원에 선고기일일정을 연기하는 의견서를 제출했습니다. 곽노현 측은 의견서에서 "사후매수죄는 헌재에서 위헌 결정이 내려질 개연성이 아주 높다"고 주장을 하며 " 대법원 선고는 헌재의 결정 이후 내려져야 한다"며 재판을 늦춰 달라"고 요청을 하는 꼼수를 부린 나쁜 교육감입니다.

곽노현 측에서 주장하는 사후 후보매수죄가 위헌이라면 돈받고 자리 파는 매관매직과 무엇이 다른 것인가? 돈 받고 사또 자리 앉게 해주던 매관매직과 돈 받고 후보자리 파는 사후 후보매수죄하고 무엇이 다른 것이라고 위헌이라고 헌법소원을 제기하고 대법원에 법률해석기관인 헌재의 결정을 기다리는 것이 옳다고 주장하는 것인지 도무지 알 수가 없습니다.

곽노현 측에서 주장하는 사후 후보매수 죄가 선 약속을 하고 후에 이행하면 죄가 아니라는 것이 아닌가? 이런 개풀 뜯어 먹는 소리가 어디 있는가?
먼저 당선되면 몇 억을 주겠다고 하고 후보를 매수하여 당선된 후에 선의로 어렵다고 하여 돈을 주면 죄가 아니라는 것은 곽노현이가 주장하는 법일 뿐입다.

곽노현 측에서 대법원에 선고기일 연기를 요청한 것은 한마디로 곽노현이가 교육감 자리에 더 앉아있겠다는 꼼수일 뿐입니다. 이렇게 꼼수나 부리는 교육감이 우리나라의 장래를 책임질 어린이들과 청소년들의 교육 수장이라는 것이 대한민국 서울의 불행입니다.

적어도 교육감 자리에 앉을 사람이라면 실력과 능력은 부족하더라도 진실하고 정의로운 사람이어야 합니다. 곽노현은 진실하지도 못하고, 정의롭지도 못한 인물이라는 것이 이미 1심과 2심 재판에서 밝혀졌습니다.
진정으로 대한민국 서울의 어린이 교육을 걱정하는 사람이라면 1심과 2심 재판 결과에 승복하고 깨끗히 교육감 자리에서 사표를 냈어야 했습니다. 그것이 어린이들에게 진실하고 정의롭게 살아야 한다는 것을 가르친 살아있는 교육입니다.

후보매수 죄는 가장 부도덕하고, 청렴하지 못하고, 공정하지 못한 짓을 한 것입니다. 그것도 어린이들과 청소년들의 교육을 책임진 교육감으로는 아주 최악의 부끄러운 짓을 한 것입니다. 그럼에도 불구하고 곽노현이가 지금까지 보여준 행동은 생긴 대로 논다는 말이 딱 어울리게 행동을 하였습니다.

곽노현이 진정으로 대한민국 교육과 어린이들과 청소년의 미래를 걱정하는 사람이라면 지금이라고 깨끗하게 교육감직에서 사퇴를 하기 바란다. 그것이 더 자라나는 세대들에게 귀감이 되는 짓을 하는 것입니다.

곽노현은 이제 명예도 잃고 돈도 잃는 순간이 오게 되어 있습니다. 이것이 정의 입니다. 곽노현이 지금까지 교육감 자리에 앉아 있었던 것이 불의한 세상이라는 것을 잘 보여준 것입니다. 좌파들이 내세우는 정의로운 세상은 아무리 봐도 불의한 짓을 정의로 착각하고 사는 것 같습니다..

대한민국이 지금까지 곽노현 재판을 보면서 불의한 사람들이 각 부처 곳곳에 얼마나 많이 있었는지 알 수가 있었습니다. 이번 대법원의 재판은 불의한 세상을 바로 잡는 계기가 될 것입니다. 그리고 사법부에 법으로 말하지 않고 사상으로 판결을 하는 불의한 재판관을 몰아내는 계기로 삼아야 할 것입니다.

출처: 보도자료 및 기사제보 press@newdaily.co.kr [자유민주·시장경제의 파수꾼 - 뉴데일리/ newdaily. co.kr] Copyrights ⓒ 2005 뉴데일리뉴스 - 무단전재, 재배포 금지 555

제5장
21세기는 과학기술대통령 시대

5.1. 참신한 과학기술대통령은?

15년간 유럽 유학생활을 하면서 체험한 것을 말씀드리면, 유럽 정치인들은 정직성과 투명성이 철저하게 몸에 배인 생활이 습관화된 지도자의 5대 덕목을 갖춘 인물들로 세계최고의 경쟁력을 갖춘 인존복지(儿尊福祉)의 국정능력을 구축하고 실천할 수 있는 분들이 국가를 이끌어 가는 지도자로 선출 되는 것을 보았습니다.
청빈하기로 그 명성이 대단하신 전 인도대통령 '압둘 칼람 박사님'같이 혈혈단신(孑孑單身)이며, 지도자의 덕목을 갖추신 무소유자(無所有者)로 애국심(愛国心)이 투철(透徹)하고 통습(通習)하고 통섭(通涉)되어 통섭(統攝)하신 세계적으로 존경받는 위대한 분이십니다. 전문지식, 리더십, 창의력과 국정수행능력을 감당할 수 있는 인물이라야 국민을 긍휼(矜恤)히 여기는 참신한 대통령이 될 수 있습니다.

[핵물리학 박사 '압둘 칼람' 인도 대통령]

"나는 들어올 때처럼 작은 옷가방 두 개만 들고 떠납니다. 하지만 인도가 선진국이 되는 모습을 꼭 보고 싶습니다." 압둘 칼람(76) 인도 대통령의 '퇴임의 변'이 10억 인도인의 심금을 울렸습니다. 해외

거주 인도인 석학들을 귀국케 하여 인도에 정보기술(IT)산업의 토대를 마련하셨고 국가 현대화를 주도하셨던 그는 부귀나 명예를 추구하지 않았고 '막후실세'로 남겠다는 욕심도 없었습니다. 뜨거운 박수 속에 떠나는 그의 위대한 모습이 아름답습니다. [東亞日報 김남복 / '스포트라이트'] 아름다운 '빈손 퇴임'

인도 압둘 칼람 아름다운 '빈손 퇴임'

중앙일보 최형규 기사전송 2007-07-21 04:33

"목적이 있는 선물은 받지 마십시오. 그리고 훌륭한 도덕적 가치를 가진 가정을 꾸려 나가십시오."

지난 5년 동안 부강한 인도를 만들기 위해 혼신의 힘을 쏟았던 APJ 압둘 칼람(76) 대통령이 25일 퇴임을 앞두고 국민에게 한 당부입니다. 그는 19일 4,896명의 선거인단이 그의 후임을 뽑기 위한 선거를 시작하자 수도 뉴델리의 이슬람문화센터에서 고별 강연을 했습니다.

이 자리에서 그는 선친의 가르침을 언급하면서 "목적 있는 선물을 받기 시작하면 각 개인이 갖고 있는 성스러운 마음이 사라집니다."라고 말했습니다. 칼람 대통령은 재임 기간 스스로 청렴하고 검소하게 살기 위해 자신을 채찍질한 것으로 유명합니다.

그는 강연에서 "어제 유명인사 한 분이 저에게 펜 두 자루를 선물했는데 저는 유쾌하지 못한 마음으로 이를 돌려줄 수밖에 없었습니다."고 고백했습니다. 무소유와 청렴한 공직 생활을 하다 보니 그는 떠날 때도 빈손이었습니다.

인도 유력지 더 타임스 오브 인디아는 19일 델리의 라슈트라파티 바완(대통령궁)을 떠나는 칼람 대통령의 짐은 옷 가방 두 개와 책 꾸러미에 불과하다고 전했습니다.

"5년 전 옷 가방 두 개를 들고 대통령궁에 들어왔고, 이제 그것을 들고 떠납니다. 내게 남은 소망은 2020년까지 인도가 선진국 대열에 서는 것을 보는 것입니다."

그의 사생활은 철저하게 금욕으로 일관했습니다. 채식주의 자에 이슬람 전통을 지켰으며 청렴과 절제를 좌우명으로 삼았습니다. 그는 퇴임 뒤 고향인 타밀나두로 돌아가 안나 대학에서 공학을 가르칠 계획입니다.

칼람 대통령은 남부 타밀나두 주에 있는 작은 섬의 가난한 이슬람 가정에서 태어났습니다. 대학에서 로켓공학을 전공한 과학자 출신으로 인도 핵 개발의 아버지로 불렸습니다. 그가 인도 과학 발전을 위해 한 일은 엄청납니다. 인도 최초의 위성 발사와 탄도 미사일 개발, 핵실험 등이 그의 작품입니다. 이 때문에 국민의 존경을 한 몸에 받으면서도 정치에는 관심이 없었습니다.

그러나 2001년 인도 최대 정당인 국민회의가 국가를 위해 봉사해 달라고 요청하자 이를 받아들여 대통령이 됐습니다.

그의 대통령직 취임은 여러 가지 기록을 남겼습니다. 비주류인 무슬림 출신인 데다 독신 대통령이라는 기록을 남겼습니다. 정치보다는 경제, 특히 정보기술(IT) 육성에 정책의 최우선을 둔 대통령으로 유명합니다. 국가의 부는 결국 과학기술에서 온다는 게 그의 신념입니다. 이를 위해 그는 오픈 소스 소프트웨어 진흥을 제도화하고 와이프로. 인포시스 같은 거대 IT 기업을 키웠습니다.

그의 인생 역정과 철학은 국내에도 번역 출간된 자서전 '불의 날개' 등을 통해 잘 알려져 있습니다. [홍콩=최형규 특파원 chkcy@joongang.co.kr   http://blog.joins.com/argus60/]

진정으로 존경받은 대통령은?

유명한 지성인 리하르트 폰 바이츠제커(Prof. Dr. Richard von Weizsäcker)는 연방 총회에서 84.9%까지 득표를 얻어 선거로 추대된 독일 대통령으로서 존경을 받은 분으로 대통령! 대통령! 진정으로 사랑하는 우리 대통령! 이라는 만구칭송(萬口稱頌)을 독일 국민들로부터 받았습니다[주2].

[주2] 참조: 5.3.9. 헌법위법 하는 대통령 예비후보 / 아름다운 지성인 '리하르트 폰 바이츠제커 대통령'를 읽어주십시오!

존경받지 못한 대통령은?

독일 현직 대통령이 (Christian Wolf) 지난 2월 17일 청빈하지 못했다는 이유로 언론 앞에 무릎을 꿇고 사임을 했습니다. 그 이유가 한국이라면 아무렇지도 않다는 듯이 넘어갈 문제로 생각할 수도 있습니다.

니더삭센 주의 주지사로 있을 때 은행으로부터 보통사람보다 싼 융자를 받은 것과 기업이 선사하는 휴가를 한 것이 사임의 이유가 되었습니다. 누구보다 정정당당해서 가장 존경받는 지도자의 최고로 명예로운 자리에 있는 자가 청빈하지 못했기에 물러나게 된 것입니다.

대통령의 사생활과 정치영향은?

후임 대통령 후보에 동독사람으로 동독의 비밀경찰 '슈타지'의 감시 대상이었던 요아킴 가우크(Dr. Joachim Gauck, 72세,) 가 대상에 올랐습니다. 그는 1991년 전처인 게힐트 한지와 이혼했습니다. 전처와는 4명의 자녀를 뒀습니다. 이후 20세 연하인 다닐라 샤트(52)와 12년째 함께 살며 사실혼 관계를 유지하고 있습니다. 샤트는 지역신문인 뉘른베르크 차이퉁(NZ) 국내 정치 담당 에디터로 일하고 있습니다.

독일에서 대통령은 상징적인 국가원수로서 법안과 국제조약에 대한 최종서명 권한 등을 행사합니다. 하원의원과 16개 국가의회 대표로 구성된 상원의원이 구성하는 연방총회가 법적절차에 따라 다음 달 3월 18일 압도적인 결과인 79.9%득표로 새 대통령으로 추대 되었습니다.

전후임 두 대통령은 특징이 있습니다. 한사람은 청빈하지 못했고, 다른 한사람은 이혼경력으로 사생활이 원만치 못했습니다. 인간이란 완벽할 수는 없지만 대통령으로서 덕목은 청빈에 더욱 무게를 주고 있는 민족이 독일인인 것 같습니다.

독일인은 정치와 사생활을 냉정하리만큼 엄격히 분리합니다. 선거전에서 사생활 이야기는 전혀 하지 않습니다. 이번에도 79.9% 득표로 선출이라기보다는 추대수준의 결과로 당선 되었습니다.

그러나 공적으로는 아무리 적은 부정이라도 용납되지 않는 정직이라는 가장 맑은 피가 사람의 마음속에 넘쳐흐르는 게르만 민족으로 구성된 국가이기도 합니다.
참신한 대통령상은 무엇보다 감당할 능력(통섭)과 청빈을 지도자 덕목 중에서 최우선으로 인식하고 있음을 보여주고 있습니다.

5.2. 대통령의 중요한 책무들은?

만민이 평등한 민주주의 사회에서 대통령을 누가하면 어때? 하고 대드는 사람들이 있습니다. 우리 헌법에 40세 이상이면 누구나 대통령에 출마는 할 수 있습니다.

국민들의 대통령선거를 인기투표정도로 대수롭게 감정적으로 처리하는 모순된 오류로 선거를 격멸(擊滅)했던 역사는 너무나 많았으며 그 악습은 아직도 계속되고 있습니다.

대통령의 책임(責任)과 의무(義務), 즉 대통령책무(大統領責務)에 대해서는 생각하고 투표를 하는 국민들은 그리 많지 않는 것 같습니다. 필자는 2002년에 '아~! 대한민국 사랑하는 우리의 대통령'이라는 책과 부록으로 '대통령 후보자 평가 체크리스트'를 출판했습니다. 이 책속에 대통령 후보자와 유권자가 필히 알아야할 사항과 준비해야 할 사항을 수록했습니다[주1].

[주1] 참고 : 8.4. 국민필독서 필자저서들

대통령은 아무나 되는 것이 아닙니다. '3.1.2. 훌륭한 정치가가 되려면?'에서 언급된 것 같이 왕세자교육과 같은 준비를 한 사람만이 대통령의 책무를 감당할 수 있습니다. 현재 우리 나라에서 대통령이 되겠다는 후보자들 중에는 선진국 정치재단에서 대통령이 되는 지도자육성교육을 받은 사람은 없습니다. 필자가 33년 동안 독일 정치재단인 KAS(Konrad Adenauer Stiftug) 에서 지도자로서 책무를 다 할 수 있게 통섭(通涉)이라는 고행(苦行)에 고행(高行)을 하는 것과는 너무나 대조적(對照的)입니다.

대통령이 되고 싶어서 인기를 모으기 위하여 자신을 알리려고 야욕에 차서 혈안이 되어 설치는 사람들은 많으나 정작 대통령이 되었을 때 그 막중한 책무를 감당할 수 있게 왕세자처럼 공부를 철저하게 한 사람들이 현 정치가들 중에는 한분도 안 계십니다.

진정한 대통령이 되기 위해서는 통습(通習)되고 통섭(通涉)되어 통섭(統攝)할 수 있는 인물이어야 됩니다[주2-4].

[주2] 통습(通習): 사람이 모든 것을 두루 배웁니다. 세상에서 널리 행해지고 있는 습관입니다.
[주3] 통섭(通涉): consilience는 '함께 넘나듦 (jumping together)'이라는 뜻의 라틴어는 'consiliere' 다양한 영역과 분야를 단순히 넘나들거나 널리 통하는 개념입니다.

[주4] 통섭(統攝): 統攝은 '큰 줄기'라는 뜻의 統과 '잡다' '쥐다'라는 뜻의 攝을 합쳐 만든 말로서 '큰 줄기를 잡다'라는 의미를 지닙니다. 사전은 '전체를 도맡아 다스린다.'고 정의합니다. '통섭(統攝)'은 '통섭(通涉)' 이후에 오는 것입니다. 우리말로 하면 通涉은 넘나드는 것이고, 統攝은 아우르는 것입니다. [출처: [우리말 바루기] 통섭(統攝)과 통섭(通涉) [중앙일보] 입력 2011.05.19. 00:01 / 최성우 기자

우선 자신이 대통령 후보를 결정하기 전에 막중한 대통령의 책무를 감당할 수 있는지 없는지 스스로 성찰해 보아야 합니다. 대통령책무는 크게 3부분으로 나눌 수 있습니다.

첫째 책무는 외교 입니다.

둘째 책무는 국방 입니다.

셋째 책무는 내정 입니다.

대부분 국민들은 내정에만 관심이 있습니다. 여소야대가 될 경우 대통령의 권한이 분할 가능한 프랑스에서는 대통령은 외교와 국방만 책임지고, 내정은 국회의석이 많은 야당에게 내어주어서 합리적으로 국정을 꾸려가기도 합니다. 외교가 최우선입니다. 그래서 대통령이 되려면 우선 통습(通習)되고 통섭(通涉)되어 통섭(統攝)할 수 있어야 됩니다. 그 과정에서 적어도 대학에서 문과와 이과는 한 학과 이상 반드시 공부해야 하고, 적어도 한 두 분야에서 박사학위는 받아야 합니다. 그래야 공부를 많이 한 외국정상들과 유익한 대화가 가능합니다. 외교는 상대방을 존경하고 싶은 마음이 저절로 우러날 때 진정한 대화가 되어 내실 있는 외교가 결실됩니다.

그러기 위해서는 적어도 10년~15년 이상 대학공부를 해야 학력이 튼튼하게 됩니다. 반드시 이 과정에서 선진국에서 적어도 5년 이상(필자는 15년 독일유학)의 유학을 통해 지성을 겸비하므로 세계적으로 인정받고 존경받는 인물이 되어야 합니다. 그래야 세계정상들이 스스로 허심탄회하게 친하고 싶어 합니다. 외교에서는 군국 적으로 대통령의 인품이 국가의 위상으로 바로 나타나는 것이기 때문에 대단히 중요합니다.

외교과정에서 정상들은 상대국의 정상들을 만나기 전에 상대정상에 대해서 많은 공부를 합니다. 상대방의 학력체크는 필수고, 그분의 박사논문과 저서들을 읽고 면밀히 인지하고 사고한 다음 지적인 외교를 시작합니다. 닉슨 대통령이 중국과 '핑퐁

외교'를 시작하기 전에 모택동의 저서들을 다 읽고 출발했다고 합니다. 손자가 병법에서 언급한 것처럼 상대정상을 알고, 자기를 알면 백전백승이 되는 것입니다. 외교는 총 칼 없이 상대를 나의 의도(意圖) 안으로 끌어들이는 지성과 지혜를 무기로 하는 지성(知性)과 이성(理性)의 전쟁(戰爭)입니다.

대통령은 국군최고통솔자로 국방을 책임지는 책무가 있습니다. 국방역시 거의 다 외교로 해결되는 것이기 때문에, 국방과 외교는 하나같이 대통령의 막중한 책무입니다. 상대국 정상이 우선 학력이 부족하면 사람들과는 대화자체가 시작되지 않습니다. 지적으로 준비되지 않은 정상들과의 대화는 그 자체가 시간 낭비이기 때문입니다. 선진국 유학을 하지 못해, 학문의 영역을 넓히지 못한, 우물 안의 개구리가 된, '인기의, 인기에 의한, 인기를 위한' 대통령은 비록 국빈이지만, 화기애애한 친교 없이, 어쩔 수 없이 딱딱한 공식외교절차만 밟고 귀국하는 것이 고작입니다.

이는 노무현 대통령이 외교다운 외교를 전혀 할 수 없었던 이유입니다. 심지어 영국신문은 자국을 방문한 노무현 대통령의 이름을 자사신문에 올리는 것조차 너무나 수치스럽게 생각해서 전혀 언급하지 않았던 것입니다.

대통령의 위상이 곧 국가의 위상임을 생각할 때, 무지하여 막말 잘하는 노무현 대통령의 영국방문은 수치와 무지 그 차체였음을 한국인들은 겸허하게 자각할 수 있어야 합니다. 한국을 대표하는 노 대통령이 받은 그 수치스러운 위상은, 바로 한국국민들의 위상이기 때문입니다. 영국인들이 우리 한국국민들의 지적수준을 아주 노골적으로 치졸하고 형편없이 평가하는 것입니다.

우리가 통섭능력(統攝能力)을 갖춘 사람을 뽑은 것이 아니라, 인기인을 뽑았으니, 우리가 국제적으로 받을 위상의 수준은 아주 당연지사 입니다. 그야말로 스스로 투표한 내용에 상응하는 것만큼 정확하게 '무시당함'이란 열매를 결실한 것입니다.

노무현씨가 대통령에 당선된 것은 정몽준씨가 후보단일화 토론에서 대패를 했기 때문입니다. 아이러니 하게도 노무현씨가 토론에서는 대패를 하고 여론조사에서는 더 많은 표를 얻은 것입니다.
필자가 그 토론을 처음부터 끝가지 들었습니다.
그런데 한사람은 고등학교 실력이고 다른 한사람은 박사실력으로, 고졸자와 박사가 정치맞장을 뜬 것입니다. 그런데 고교출신은 대학원 출신인 박사의 적수가 될 수 없었습니다. 그리고 대화나 토론 자체가 성립되지 않았습니다. 고졸자가 문제를 전혀 이해하지 못하고 어이없는 동문서답을 했기 때문입니다

고졸자는 정치경제의 전문용어의 대부분을 이해하지 못했고, 적당하게 히! 히! 웃으면서 얼버무려 버렸습니다. 두 사람은 토론을 할 수 없을 정도의 수준차이를 실감했습니다. 고졸자 보다 10년을 더 공부한 경제학박사가 말하는 정치경제 용어를 대부분 못 알아들었습니다. 전문가가 들었을 때는 박사는 100% 다 알고 있는데 고졸자는 100만점에 10점 받을 수도 없었던 즉 10%도 이해 못하는 일방적인 토론이었습니다. 교수가 점수를 매김 다면, 한사람은 100점이고 한사람은 많이 봐주어서 10점도 안 되는 점수였습니다.

토론이 끝난 다음 100만점 받은 측에서는 게임도 안 되어서 이겼다고 자축파티를 했었다고 합니다. 여론 조사 결과는 아연질색 할 정도의 결과로 나타났습니다. 고졸자가 여론조사에서 더 많은 득표를 한 것입니다. 그래서 그 고졸자가 대통령에 당선 되어서 망나니 대통령으로 국가위상을 고등학교 수준이하로 운영했고 나라를 파국으로 몰았습니다. 유감스럽게도 결국은 저승사자가 그를 너무나 사랑했습니다 [주5].

[주5] 망나니: ① 말과 행동을 함부로 막돼먹게 하는 사람을 욕하여 이르는 말
              ② 사형을 집행할 때, 죄인의 목을 베는 일을 맡아보던 사람

그가 준비없이 대통령직을 탐하지 않았다면, 지금도 살아서 우리 곁에 여전히 막말 잘하는 망나니의 인기는 누릴 것입니다. 과욕이 엄청난 화를 부른 것입니다.

앞으로 대한민국 국민들은 '진리에, 진리에 의한, 진리를 위한, 진리의 민주주의' 즉, '진리정치'가 무엇인지 잘 알아야 하고 그 뜻을 명심해야 합니다.

<Dr.-Ing. Dipl.-Ing. Choon-Keun Park, 공학박사 공학디플롬 박춘근>

막스베버가 한 말이 생각납니다.

"그 나라 정치수준은 그 나라 국민수준입니다."
                                                              - Max Weber -

고졸자가 이긴 이유에 대해서는 막스베버가 그 정답을 말해주었습니다. 국민들 대부분이 학력이 고교생이 많았습니다. 동병상련(同病相憐)인 것입니다. "나도 못 알아들었어!" "알아듣게 말 안하고 어려운 정치경제용어를 쓰며 잘난 체 해서 나도 고교출신 찍었어!"라고 웅성웅성거린 것입니다. 국민들 앞에서 대통령이 되는 정치와 경제에 대한 전문토론을 하고 여론조사로 결정하는 자체가 어처구니없는 망나니짓이 되어 버린 것입니다. 이런 경우에는 여론조사의 맹점이 허구성으로 바로 나타나는 것입니다.

이 허구성이 나라를 망친 대표적인 사례입니다.

그래서 이런 경우에는 두 정당의 전문인들이 합의해야할 사항이지 국민 앞에 인기토론하고 여론조사 하는 것은 전말로 한심한 짓입니다. 박사까지 공부한 자가 이 망나니짓에 출연한 것 자체가 정말로 어리석기 짝이 없고 어처구니없는 허무맹랑한 해프닝 이였을 뿐입니다.

이는 마치 대학수학을 배우지 않는 사람들에게 미분방정식을 묻는 것과 같이, 대통령의 책무에 대해서 물으면 국민들은 이해 못합니다. 그러므로 국가운명을 좌우하는 대통령을 뽑는다는 것은 가장 훌륭하게 통섭(通涉)된 인물을 뽑는 것입니다. 그러므로 유럽선진국에서는 국민대표들이 대통령을 간접선거로 추대하는 것입니다(당선은 50%이상, 추대는 80%이상).

대통령은 출중한 사람으로 국민들뿐만이 아니라, 국가의 인물들, 수만 명 되는 박사들을 학식과 실력으로, 나아가서는 정신적으로, 생명적으로 이끌어 가야하는 영도자로, 이들 인재들보다 훨씬 뛰어난 입지적인 인물이어야 합니다. 멀티박사(Dr. mult. 두개 이상 박사학위를 가진 사람, 명예박사는 제외)는 되어야 합니다. 그것도 이과(理科)와 문과(文科)를 다 통습(通習)하여 통섭(通涉)한 세계가 인정하는 인물로, 통섭(統攝)으로 탁월한 정책(政策)들을 지시할 수 있는 확실한 능력(能力)을 겸비해야 합니다. 통섭(通涉)으로 준비된 대통령만이 내각을 통섭(統攝)할 수 있기 때문입니다.

총리의 책무는 국정내용을 대통령으로부터 지시받아 장관들에게 잘 전달하고, 잘 보고 할 수 있는 박식(博識)한 사람이면 가능합니다. 그러나 내각의 장관들은 자기 분야에서 최고전문가(最高專門家) 이어야 합니다. 그래야 장관의 책무를 감당할 수 있습니다.

그러나 대통령은 다릅니다. 모든 분야를 전문가수준으로 다 능통(能通)해야 합니다. 왜냐하면 국정을 책임지고 결단(決斷)하고 결재(決裁)를 통섭(統攝)하는 사람이기 때문입니다. 그래서 대통령만은 반드시 통습(通習)으로 통섭(通涉)이 된 인물이어야 됩니다. 그래야 통섭(統攝)을 할 수 있기 때문입니다.

필자가 6개 대학 7학과를 등록했으며 5년을 한국대학에서 그리고 15년을 독일대학에서 수학했습니다. 20년 대학 및 대학원수학으로도 통습(通習)이 부족할 가봐 틈틈이 스스로 독학을 했습니다. 그러다 보니 나이가 60대(代) 초반이 되었습니다. 나이가 60대(代)가 될 때까지 공부해야 대통령의 중책을 지혜롭게 감당할 수 있음을 깨닫게 되었습니다.

필자가 지도자가 되는 준비로 통섭(通涉)을 위해 돌아오지 못하는 지난 33년을 기쁘게 공부한 것을 조용히 회고해 보면, 40대(代)에는 기백과 패기는 좋으나, 그 패기 때문에 대통령의 책무를 감당할 수 있는 통섭(通涉)된 능력이 갖추어질 수는 없는 연령대임을 알게 되었습니다.

40대에 진정 통섭(通涉)된 지도자가 되는 것은 현대정치에서는 불가능합니다. 그러나 능력이 출중하지 못했던 많은 대통령들이 즐겨했었던, 각종 위원회의 결정에 의지하는 수렴청정을 경하는 꼭두각시 지도자로는 40대도 가능할 수 있습니다.

60년 전에는 60살에 회갑을 맞이하면 늙은이 이었지만, 지금 60살은 싱싱한 청년입니다. 앞으로 누구나 120살은 살 수 있기 때문입니다. 우리나라가 1945년 8월 15일 광복을 맞이했을 때 국민평균 수명이 37세 이었고, 지금 81세입니다.

지난 통계를 보면, 20년에 약 15세가 증가한 것입니다. 앞으로 누구나 평균 100까지는 일을 할 수 있다고 예측할 수 있습니다. 대통령이 되고자 하는 사람은 60살까지 공부와 사회체험을 계속해야만 이 막중한 책무를 감당할 수 있는 통섭(通涉)의 지혜를 갖출 수 있습니다.

국회의원은 40~50대 청년 때가 좋고, 대통령은 60대 책무를 감당할 수 있는 준비된 아저씨 때라야 좋다고 생각됩니다.

5.2.1. 한전 외래화를 막아라!

대한민국에 건국역사 이래 가장 큰 위기를 대통령이 스스로 자초(自招)한 것입니다. 그 발상은 발전소 공학에 무지한 대통령께서 보혈 같은 국가기간산업인 한국전력을 외국인에게 쪼개서 매각을 한다는 정책입니다. 국가기간 산업의 보혈인 전력을 외래화시키면 우리나라는 경제적 주권을 넘겨주는 것과 다름없습니다.

백만 대군보다, 메인스위치 하나만 소유하면, 국가의 모든 기능을 무기력화 할 수 있습니다. 우리나라의 경우 '발전소 터빈공진'으로 하루만 전력공급이 중단되면, 경제적으로 무려 4조원의 손실을 보게 됩니다.

전력은 4%만 단독으로 소유하면, 발전터빈의 공진파괴현상(Resonance Destruction Effect)을 무기로 어느 국가든 협박할 수 있기 때문입니다[주1].

[주1] 참조: 제8장 8.1.7. 발전소 해외매각 재고를 (세계일보 기사) / "電力 부족보다 電力의 품질이 더 큰 문제", '4% 전력으로 올 스톱 가능성도 (four per cent theory)' (주간동아 기사)

세계 5위 잘 살던 경제대국 아르헨티나의 국영전력회사를 미국이 인수해서 이 학문의 무기(공진파괴현상, Resonance Destruction Effect)로 50년 만에 세계 54위로 추락시켜 후진국으로 입성시키는 악행을 대대적으로 성공시켰습니다. 이는 과학기술지식이 부족한 대통령이 만약 국가기간산업을 대수롭게 여기면, 언제든지 급속도로 패망할 수가 있음을 증명해주고 있습니다.

발전소 특성에 대해 잘 모르는 한국인 미국유학파들은 한전을 이미 5개 회사로 분할해 놓고 전 세계에서 구매자를 찾고 있었습니다. 이는 "한국을 털도 뽑지 말고 통체로 잡아 잡수십시오!"라고 내 놓는 무지한 처사였습니다[주2].

[주2] 참고 : 미국 내 공과대학교에는 발전소공학과가 없습니다.

필자는 식음을 전폐하면서 이 나라 지도자의 지식이 부족함에서 스스로 유발된 엄청난 매국행위를 막기 위하여 한국을 대표하는 모든 신문사들을 직접 다 찾아다니며 한전매각 자체가 난국(亂國)을 초래(招來)하는 것임을 호소(呼訴)에 호소를 했습니다. 언론사들의 임원들은 발전소공학을 전혀 모르면서, 에너지정책도 이해하지 못하면서, 전혀 부끄러운 줄도 모르고, 오히려 필자의 호소를 듣고 '피'하며 희죽거리며 비웃었습니다. 그들은 한전주식이 50%을 타사에 넘겨주지 않으면 상관없다고 생각하는, 일반 경영권논리가 머릿속을 완미고루(頑迷固陋)하게 만들었기 때문입니다[주3].

[주3] 頑迷固陋 : 완고(頑固)하여 사물(事物)을 바로 판단(判斷) 못함을 말합니다.

천신만고(千辛萬苦) 끝에 그중에 주간동아와 세계일보를 설득시키는데 성공했습니다. 주간동아의 김현미 기자는 "電力 부족보다 電力의 품질이 더 큰 문제"라는 기사를 쓰기 위하여 필자의 연구실을 2주일 동안 개근하면서 발전소에 대한 일반상식을 초과하는 득급교육을 받았습니다.
2주간이 지나고 원고를 다 쓴 다음에 필자에게 애교있게 "박사님! 왜요! 제가 전력의 중요성과 발전소에 관한 실력은 우리나라 기자들 중에서는 최고입니다!" "예! 그렇습니다." "그 방면에 15년간 공부한 내용들을 단 2주 코스로 완성을 하셨으니 대단하십니다!" 또 세계일보는 일간지는 세계 언어로 번역되어 약 40국가로 퍼져나간다고 하십니다. 저의 글이 40개국에서 읽히게 된 것입니다. 변함없이 주야로 이 문제가 해결될 때까지 반년동안 구국계몽(救国啓蒙)에 집념을 다 했었습니다.

2002년 국민들은 월드컵에 정신이 다 빠져 있었을 때, 필자는 혼자 식자우환(識字憂患)으로 늘 깨어있으면서 한전 외래화를 막기 위한 최선의 방책을 찾기 위하여 세계일보와 동아주간에 기사가 나간 후에도 회사일은 전폐하고 뛰고 또 뛰면서 구국기도(救国祈禱)를 계속했었습니다.

미국의 한 회사가 5개로 분할된 것 중 하나로 가장 알짜회사인 '동남발전'를 인수하기 위하여 내일 한국으로 출국한다는 소식이 필자의 심장을 갈기갈기 찢어 놓았습니다. 그리고는 나 혼자 힘으로 벽에 부딪힌 한계라고 생각 했었습니다. 그래도 나라를 위해서 혼자 남몰래 한없이 울면서 기도를 계속했었습니다. 그리고 뼈아픈 좌절을 체험했습니다.

그런데 기적이 일어난 것입니다!
미국회사의 사장이 '동남발전'을 인수하기위하여 출국수속을 하려고 공항에 나왔을 때 미국경찰이 그를 체포하여 출국을 하지 못하게 했었기 때문입니다. 그 이유는 그 사장이 분식회계로 회사공금을 행령한 사실이 때마침 발각되었기 때문입니다.

필자는 그 때 "오! 창조주님이시여!
대단히 감사합니다!   정말로 감사합니다!   진심으로 감사합니다!
주님은 진정 대한민국을 버리지 않으셨군요! 너무 너무 감사합니다!" 하고 한없는 감사의 눈물을 흘렸습니다. "창조주님께서! 저를 독일 유학시켜 '발전소공학 박사'로 만들어 주신 것이 진실로 자랑스럽습니다. 이것도 다 주님께서 인도 하신 것이 아니십니까?" 엄청 큰 연단을 승리하게 해주심에 진정으로 감사합니다.

그리고 우리정부가 만들지 말아야할, 스스로 만든, 너무도 무식하고 무모한 사건을 통해서 지도자(대통령) 자리가 얼마나 중요한 자리인지 새삼 깨닫게 되었습니다. 그래서 지도자(指導者)는 먼저 자신의 인생에 기초가 되는 전문분야(專門分野)에 석학(碩學, 博士)이 되는 통습(通習)을 하면서 세계적인 정치재단(政治財團, 예: KAS)으로 부터 훈련(訓練)을 받고 통섭(通涉)을 한 후라야 비로소 통섭(統攝)하실 수 있는 대통령(大統領)이 될 수 있음을 절실하게 체험했었습니다. 당시 2002년 필자는 지도자가 되는 통섭(通涉)을 위한 공부(工夫)에 더욱 박차(拍車)를 가하게 되었습니다.

5.3. 민주정치를 배신하는 사시이비 지도자들

정치후보자의 심사는 인간의 존엄성, 헌법, 민주주의의 이해 및 통섭(通涉)의수준(水準)을 기준으로 해야 합니다! 대통령의 기본덕목을 갖추기 위해서는 학력수준이 세계적인 명문대학의 박사는 기본이 되어야하고 필수적으로 통습(通習)되고 통섭(通涉)된 인물이어야 통섭(統攝) 할 수 있는 능력이 타나나기 때문 입니다.

특히 인간성으로서는 먼저 덕망을 갖춘, 지도자의 5대 덕목(지성, 설득력, 지구력, 자제력, 지속적인 의지)에 투철해야 합니다.
광복이후 우리나라에는 17명의 대통령이 선출되었지만, 덕목을 제대로 갖춘 대통령은 단 한분도 없었고, 대부분 이기주의와 인기주의로 또는 군의 힘으로 대통령직을 수행해서는 아니 되는 사람들이 이 나라를 통치(統治)함으로 인하여 국민성이 아주 강팍(剛愎)해졌고 황폐수준(荒廢水準)에 이르렀습니다.

GNP 올라가니 통계상에는 어느 나라보다 돈도 많고 부유한 것 같으나 빈부의 차이는 극에 극으로 첨예하게 긴장되어 있습니다. 아직도 국민의 의식주조차도 해결하지 못한 못난 대통령들로 기록되고 있습니다.

대부분 대통령직을 감당할 수 없는 부족한 능력과 자질은 물론 기본적인 덕망조차 갖추지 못해서 정직성이 결여된 인물들이 대통령직을 무리하게 수행했기 때문에, 사회문제는 더욱 더 악화되었고, 도덕이 땅에 떨어졌으며, 이념과 경제혼란 속에서 혼돈되고 있는 것은, 지도력과 시스템화된 정책부재로 인해 본질적으로 대통령직을 충분히 감당하지 못했기 때문입니다.

이들은 하나같이 국가를 통치할 수 있는 이념(理念)과 능력(能力)이 부족해서 불합리한 정치쇼(show)를 공연한 정치 배우들로 기억되고 있습니다. 그것도 그럴 것이 낭시에는 선진국에서 지도자 교육을 받은 사람이 한분도 없었기 때문 입니다.

필자가 유학을 시작했던 1976년에 독일에서 공부하던 유학생이 겨우 150명으로 대부분 독문학, 음악, 철학을 공부하는 사람들이었고, 필자를 포함해서 공대생은 단지 14명뿐이었습니다.

[민주정치를 배신하는 사시이비 지도자들의 예의범절 / 출처: 국민일보 2012년 8월 13일 만평]

통섭(通涉)을 위하여 이과 문과 두 대학에서 두개 학과 이상을 공부한 사람은 한사람도 보지 못했습니다. 사실 독일어로 한 학과조차 디플롬(Diplom=석사+박사과정))까지 공부하는 것조차 쉬운 것이 절대로 아닙니다.

통섭(通涉) 조차 아니 된 작자가 통치자가 되겠다는 작자는 사시이비 정치가입니다. 이들에게 정치를 맡기는 것은 고양이에게 생선을 지키도록 부탁하는 것과 같은 것으로, 이일은 의사면허증이 없는 돌팔이에게 중요한 대수술을 맡기는 것과 같습니다. 인기를 기반으로 당선된 대통령은 인기로 나라를 망칩니다.

우리나라뿐만 아니라 지구촌에서 제일 좋은 시스템이 있다면, 통습(通習)되고 통섭(通涉)되여 통섭(統攝)할 수 있는 지구촌 최고의 지도자가 나라를 통치해야 합니다. 우리나라에 훌륭한 인재들을 통습시키는 시스템(정치지도자육성재단)이 없다면, 지구촌 끝이나 하늘 끝이라도, 있는 곳에 유학해서라도 훈련되고 육성되어 지도자의 역량(지성, 설득력, 자제력, 지구력, 지속적인 의지)을 충분히 갖춘 인재가 실력과 존경으로 대통령에 당선이 되어 통치를 하게 되면, 그 나라에 위기가 와도 걷든 히 꾸려갈 수 있습니다.
그 반대급부로, 민주주의국가에서 지도자 즉 통치자로 부적합한 사람이 정치를 하게 되면 우리나라는 희망이 사라집니다. 희망을 앗아가는 자들이 누구인지를 자세히 알아보기로 하겠습니다.

5.3.1. 언정유착 하는 언론인

언론인은 민주주의 사회를 수호하고 지탱하며, 정부나 정치가의 잘못을 비판하고 여론화 하여 민주시민의 인권을 지켜주고 권익을 보호하는 소명을 가지고 있는 분들로 참으로 엄청난 책무를 감당해야 합이다. 말할 것도 없이 숭고한 민주주의 거대한 생명(Life)은 언론의 힘(Power)에서 나오는 것입니다. 언론인은 정치가의 나팔수가 아닌, 민중의 뜻을 반영하는 대언자요, 힘없는 민중을 수호해 주는 파수꾼이 되어야 됩니다. 이것이 선진 민주주의의 전통인 동시에 진리요 원칙이기 때문입니다.
'언정유착'이라는 전문용어를 처음 쓰게 된 것은 2006년 출간된 "국민들이 가슴으로 함께하는 교육혁명"이라는 필자의 책에 처음 서술했습니다. 정경유착의 경우, 정치가 경제를 지배하는 구조이기에 '정경유착'이란 용어를 사람들은 널리 쓰고 있습니다. 그러나 모든 분야에 정치와 야합하는 것을 '정치'라는 더 큰 뜻의 '정'자가 합성어 앞에 쓰이고 그 다음에 경제의 '경'자가 붙여집니다. 예로 정경유착, 정종유착, 정단유착 등등... 그러나 '언정유착'은 언론이 정치를 감시하고 비평하고 민주국가를 수호하고 바르게 이끌어 가는 막중한 책무를 가졌기 때문에 '정언유착'이라 아니하고, 더 깊은 뜻인 '언정유착'이란 전문용어를 필자가 창출한 것입니다. 이는 민주주의국가에서 언론의 막중한 무게를 강조한 것입니다.

"그 나라의 언론수준은 그 나라의 민주정치 수준입니다."

<박춘근, Dr. Park, Choon-Keun>

그러므로 올바른 민주국가를 만들려면 언론인의 수준을 최고로 상승시켜야 하는 이유입니다. 나폴레옹이 100만 대군보다 '신문지 3장'이 더 무섭다고 말할 정도로 언론의 역할이 예나 지금이나 대단히 강력하기 때문입니다.

그러므로 올바른 판단이 의무인 언론인은 민주국가에서 신의의 원칙에 의하여, 선진국의 통례로 영원히 정치인은 될 수 없으며 되어는 더더욱 아니 됨을 알 수 있습니다. 정치인과 언론인은 태어날 때부터 대칭(對稱)으로 소명(召命)이 서로 판이하게 다릅니다[주].

[주] 소명(召命) : 1. <기독>사람이 창조주님의 일을 하도록 창조주님의 부르심을 받는 일. '부름'으로
　　　　순화. 2. 임금이 신하를 부르는 명령. 소명을 받들다.

언론인이 정치인으로 둔갑하여 민주주의를 배신하는 사마귀(詐魔鬼, 사탄(詐誕), 마귀(魔鬼), 귀신(鬼神))가 되고, 민주정치를 파괴하는 도덕적으로 극악무도한 미필적고의살인(未必的故意殺人)에 해당하는 중죄인이 됩니다.

언론과 정치의 유착인 '언정유착'은 패망의 길로 망국병 중에 가장 으뜸 병으로 민주정치를 파괴하는 사마귀(詐魔鬼)들의 본업(本業)이 됩니다. 대학교육 시절부터 언론인은 철저하게 따로 육성해야 합니다. 특히 언론고시를 합격하지 못한 자(者)는 언론인이 될 수 없게 하루속히 입법해야 합니다. 언론고시 불합격자들은 교양, 철학, 애족, 애국에 대한 사상이 부족할 수 있고, 엠바고(embargo)에 대한 무책임한 행동을 할 수 있기 때문입니다.

국민이 알아야할 권리도 중요하지만, 정도의 심판자인 최고의 지성인인 언론인으로 국가에 이익이 되는 사항, 즉 지켜야하는 것은 지킬 줄 아는 의무와 책임감을 가장

중히 여겨야 합니다. 이는 엠바고(embargo)에 충실해야 한다는 말을 강조한 것입니다. 정치가들이 사석에서 기자들과 진실을 사심없이 편안하게 의견 교환한 내용들은 언변자(言辯者)의 요구에 따라 주는 것이 언론인(言論人)으로서 지켜야할 예의(禮義)요 덕목(德目)입니다.

정부나 정치가가 엠바고를 걸면 절대적으로 따라 주어야 합니다. 예를 들어서 "방금한 말의 내용은 기록에서 삭제해 달라"고 하면 삭제를 해 주어여 하며, 다른 어떤 장소에서도 말하지 않는 것을 요청하면 기자들은 당연히 그 비밀을 지켜주어야 합니다. 정치가는 공인(公人)으로는 강하지만, 역시 사석(私席)에서는 깨어지기 쉬운 도자기처럼 연약한 일개개인임을 언론인들은 지각(知覺)해야 합니다.

정치인으로서 국론이 분열되게 하는 반대를 위한 반대를 하기 위해서 말 바꾸기를 잘하는 인간들은 신뢰를 저버린 민주국가의 역적(逆賊)들 입니다. 이들은 물거품 같은 군중심리에 의한 인기영합으로 스스로 패망의 길을 걷는 자들로 화를 면치 못할 것입니다. 왜냐하면 '남을 배려함으로 가장 합리적인 결과를 수확할 수 있는 것'이 진정한 민주사회이기 때문입니다.

정치가는 **훌륭한** 의견을 모으고 수렴하여 '정도에 어긋남이 없고 명분에 부족함이 없는 가장 합리적인 결과'를 토출해 내는 사람입니다. 선진국의 정치재단(예: KAS)에서는, 정치가를 육성하기 위한 교육과정 중에 여러 사람들의 의견들을 다 수렴하는 과정과 수렴된 의견을 하나의 의견으로 융합하는 민주시민교육을 실시하고 있습니다. 토론은 치열하게 하지만 결국 하나의 의견으로 융합하는 데는 서로 상대방을 배려할 줄 아는 기본적인 민주시민 의식이 있어야 불필요한 논쟁을 위한 논쟁을 피할 수 있으며 결론을 이끌어 내는데 많은 시간을 절약할 수 있습니다. 언론과 정치는 철저하게 분리되고 각자 자기의 길을 곧바로 가야하며, 야합도 변형도 대역도 국민들이 허락하지 않을 때 진리가 통하는 참신한 지성의 민주주의 국가가 됩니다.

5.3.2. 정단유착 하는 NGO인

NGO-출신인물들은 원칙적으로 철저하게 민주정치에서 배제되어야 됩니다. NGO는 본래 비정치적으로 사회에 봉사하는 단체(NGO, Non Government Organization)로서 약자들을 위하여 공헌을 하겠다고 인류 앞에 공표(公表)했으므로, 민주주의가 인정한 사회적인 신뢰의 단체들이기 때문입니다. 그러므로 법적으로 기부를 받기도 하고, 정부로부터 보조금을 받기도 합니다. 계속 잘 하면 이들 단체장과 단체회원 들은 노벨상이나 막사이사이상 등을 받기도 합니다. NGO를 정치에 진출하는 발판 으로 또 앵커들이 TV방송을 정치를 하기 위한 발판으로 삼아 민주주의의 배신자가 되고 국가에는 역적이 되는 중죄를 범하는 것을 절대적으로 국민들의 지성의 힘으 로 즉 투표로 막아야 합니다. 이들에게는 단 한 표도 주지 않는 국민들의 아름답고 합리적인 지성(知性)이 필요합니다.

그야말로 인류를 위한 진정한 사회사업을 목표로 보다 좋은 사회를 만들기 위하여 건설적인 정책을 제안하는 등 정치에 참여하지 않고 진실과 진리로 사회에 영원히 봉사함으로 공헌하는 숭고한 사람들이 모인 단체가 NGO 이기 때문입니다.

이러한 사회단체를 이끄는 몰지각한 대표들이 인기를 얻었다고, 신뢰를 저버리고 우매한 백성을 궤휼(詭譎)해가면서 정치 분야에 천착(穿鑿)도 되지 않는 사람이 정 치꾼들로 나서는 그 자체가 비도덕적이여 국민들의 신의(信義)를 배반한자들이므로 정치에 참여시켜서는 아니 됩니다. 만약 참여시키면, 지금의 한국처럼 국가기강(国 家紀綱)이 급속도로 무너지게 되어 무정부(無政府) 상태가 초래(招來)됩니다[주 1,2].

[주1] 궤휼(詭譎) : 간사스럽고 교묘함. 또는 교묘한 속임수.
[주2] 천착(穿鑿) : 1. 구멍을 뚫음 2. 어떤 원인이나 내용 따위를 따지고 파고들어 알려고 하거나
                연구함.

이미 2011년 서울 시장 보선결과 NGO-출신이 시장으로 등장하게 되었습니다. 국민들의 신의를 악용한 역사적으로 가장 비신사적인 표본이 되었습니다. 그 자(者) 는 낙선운동을 고안해 냈으며 막사이사이상까지 받은 유명한 NGO인으로 덕망이 있었던 분으로 국민들을 믿게 하는 궤휼(詭譎)을 했습니다. 그는 NGO인으로 단지 덕망이 있는 척한 악마 즉, 사이비(似而非) NGO인이었습니다.

지금 서울시장직을 행하고는 있지만 그는 인기를 영합한 가장 비도덕적인 인간으로 국민을 기만하고 궤휼(詭譎)한자로 민주주의 원칙을 배신한 사시이비 정치꾼으로 지구상에서 가장 나쁜 사이비정치가로 기록될 것입니다. NGO인으로 서울시민을 궤 휼한 죄는 자자손손 화(禍)를 입을 것입니다.

독일의 정치학(政治學)의 천착자(穿鑿者)들은 그가 당선 되었어도 시장이란 중책을

감당할 수 있는 도덕조차 없으므로, 모두가 쇼(Show)로 시작하여 쇼로 끝날 것이며, 그러므로 그는 한국의 민주주의 발전에 엄청난 해(害)를 끼칠 것은 자명하며, 그 후유증은 돈으로 환산할 수 없는 즉, 민주주의의 본질파괴(本質破壞)로 이어지게 될 것이라고 예견했습니다. NGO인은 정치인이 아니라, 정치가 미치지 못하는 소외된 사회의 사람들을 위한 천사 같은 사회사업을 하는 아름다운 사람들입니다.

5.3.3. 정경유착 하는 기업가

기업가는 이윤을 목적으로 하는 회사를 이끌어가는 사람입니다. 이윤은 남으로부터 원가보다 더 받아내는 것을 의미합니다. 남에게 베푸는 사람들이 아닙니다. 기업을 경영하는 자는 철학적으로 근본적으로 선진국들처럼 정치에서 철저하게 배제(背題)되어야 됩니다.
기업가가 국가를 기업처럼 운영하다가 나라를 기업부도처럼 국가부도(Moratorium)를 낸 정치가는 그리스 이탈리아 등 비일비재(非一非再) 합니다.
지금 유럽남부의 PIGS-국가들의 수상들이 하나같이 기업인 출신으로 국가부도를 낸 기업형정치가들 입니다. 지금의 상황을 증명하기라도 하듯이 기업가들은 근본적으로 정치가가 되어서는 아니 되는 사람들입니다. 기업가들은 주식을 상장하게 됩니다. 그러면 도박에 가까운 수준으로 작전 같은 비도덕적인 유혹들이 항상 도사리고 있기 때문에 정치를 감당할 수 있는 철학과 자격과 자질이 절대적으로 부족합니다. 이들은 마음속에 국민들을 위한 배려 자체가 성장되지 못한, 돈만 아는 사람들이 바로 기업가들입니다.

미국까지 지내고 노벨상수상을 수여받은 엘 코어는, 기자들이 당신은 경제학을 전공했으면서 왜 주식을 하지 않느냐? 고 물었을 때, 그의 대답은 간단 명쾌했습니다. 사행성이 도사리고 있는 주식노름을 하는 사람들은 지도자 자격으로 국민 앞에 도덕적으로 설 수 없습니다. 정치가는 '정도에 어긋남이 없고 명분에 부족함이 없어야 합니다.'라는 말을 한 것입니다.

지도자로 자격과 덕목을 갖추지 못한 사람들이 주식노름을 하여 이익을 챙기면 좋은 것은 아니지만 법적으로 위반은 아닙니다.
그러나 국가지도자가 아니더라도, 국회의원이라도 되려면 정신적으로 철학적으로, 사행성이 잠재하는 주식이나 경마나 도박 등 잡기들을 안 하는 최소의 도덕적인 덕목(德目) 정도는 소유하고 있어야 하는 것입니다.

주식은 단지 기업을 평가하는 수단에 불과합니다. 주식을 비록 사고 팔수는 있지만 도박의 수단이 되어서는 아니 됩니다. 앞으로 주식을 구입하게 되면 일단 일정기간 보유한 다음에 팔수 있도록 하는 법이 제정 되어져야 될 것입니다. 그렇게 되면 작전이나 거품이나 궤휼은 주식시장에서 점차 사라질 수 있을 것입니다. 주식시장은 카지노 같은 허가난 도박장이 아닙니다.

에피소드로 한 성도(聖徒, Christian)가 창조주님께 기도 중에 여쭈었습니다. 창조주님이시여! "저의 재산을 다 주식에 투자 했으니 꼭 성공하게 해주세요!"라고 기도 했더니 창조주님께서 답하시기를 "애야! 주식은 도박이다!" 라고만 말씀하시고 더 이상 말씀을 하시지 않으셨습니다. 그렇게 말씀하심은, 주식에서 벌고, 경마로 벌고, 카지노 등등 에서 벌은 돈으로는 '정도에 어긋남이 없고 명분에 부족함이 없는 사람'으로 존경받을 수 없다는 것을 간접적으로 즉, 비유로 알려 주시는 것입니다.

한 젊은 의사출신이 천직은 버리고 IT-기업가로 변신하여, IT-백신사업에 성공했습니다. 그의 인기로 그가 이끄는 회사의 주식이 폭등하여 많은 이익을 보게 되니 그의 이름은 널리 알려지게 되었습니다. 그러자 서울시장을 넘어서 대통령까지 나오겠다고 즉 정치새치기를 하겠다고 엿보는 정치사상(政治思想)자체를 사상누각(沙上樓閣)으로 건축하는 사람으로 변모 되었습니다.

이 분은 통섭(通涉)이 안 된 자로 정치도덕도 모르는 40대 정치몽학생(政治蒙學生)으로 인기만 믿고, 자신이 감당해야할 책무도 모르고, 자신의 능력이 부족함도 모르는 자기 위치를 떠난 천사처럼 단지 포풀리즘(populism, 인기주의, 대중영합주의)으로 국가지도자가 되겠다고 미꾸라지처럼 정치라는 연못에서 구정물을 만들고 있습니다.

이는 마치 정치가 짐승인양 잡아서 털도 뽑지 않고 먹겠다는 성급한 수작(手作)으로 앞과 뒤를 모르고 민족의 운명을 짊어질 책무도 모르고 자신의 이기적인 사리사욕(私利私慾)에 야욕(野慾)을 더해서 불행하게도 자신을 부질없이 불태우고 있습니다[주1].

[주1] 참조: '안철수 신드롬의 허상' / 정해윤 (kinstinct1@naver.com) 미디어워치 객원논설위원]

[국민만평 2012년 9월 28일 2면 / 서민호 min3018@kimib.co.kr]

그와 그의 부인이 2011년 6월 서울대 정교수로 채용심사 할 때 "정년보장교원임용심사위원회" 심사위원 K교수는 "두 사람 모두 정교수 자격요건인 해당분야 논문과 연구실적 이 부족함에도 정년보장교수로 채용했다."고 주장하며 위원직을 사퇴했다. K 교수는 "정치적인 이유로 위원회의 독립성이 훼손되는 게 싫었다."고 2012년 8월 29일 밝혔습니다.[주2]

[주2] 참조: '작년 안철수-김미경 부부 서울대 교수 채용 때 한 심사위원 "자격미달"사퇴 / 국민일보 기사 2012.8.30 / 사회면 8면

1,500억 원이란 돈은 개인적으로는 큰돈이지만 국가적으로 보면 뜨거운 철판위에 떨어진 물 한 방울처럼 금방 증발되는 금액에 불과합니다. 이렇게 빈약한 돈으로 재단을 만들어서 국민들의 어려움을 다 해결할 것처럼, 그것도 당당하지 못한 주식

으로 번 돈으로 국민을 우롱하고 있는 것입니다. 그 돈의 10,000배가 넘어도 국가의 어려운 문제를 다 해결하기는 어렵습니다.

[경향신문 / 2012년 9월 28일 3면 / 김용민의 그림마당 yongmin@kyunghyang]

단지 돈이면 다 된다는 추악한 사고(思考)가 사상(思想)인 동시에 그자의 성품(性品)으로 표출시키고 있습니다. 그야말로 축록자불견산(逐鹿者不見山) 입니다[주3]!

[주3] 축록자불견산(逐鹿者不見山) : 사슴을 쫓는 자는 산을 보지 못합니다.

선진국의 유명한 기업가가 엄청난 돈을 투입하여 각종재단을 만들어서 사회에 공헌하기 위해 기부하는 경우는 있어도, 그 장본인인 기업가가 정치에 직접참여 하는 야바위 같은 행위는 본적이 없습니다. 필자가 독일에서 유학한 15년 동안 독일기업인이 정치꾼으로 둔갑하는 사례는 단 한 번도 보지 못했습니다. 송충이는 솔잎을 먹고, 누에는 뽕잎을 먹어야 각자 행복하게 생존할 수 있습니다. 지도자란 천직 역시 창조주가 주시는 소임(所任)임을 국민들은 반듯이 인식해야 합니다. 필자는 국민들에게 물어 봅니다.

정답 1: "남을 성공시키는 사람입니다." 선생님도 제자를 성공시키니 훌륭하신
분으로 군사부일체(君師父壹体)라는 격언(格言)처럼 존경(尊敬)을 받습니다.

질문 2: "국민 모두를 성공시키는 사람은 누구일가요?
정답 2: "대통령 입니다!" 그러므로 훌륭한 사람이 대통령으로 추대되어야 됩니다.

왜냐하면?
대통령은 가장 중요한 책무인 외교능력 이외에도 지도자로서 국민을 정신적으로 학
문적으로 그리고 복잡한 국정들을 지휘하고 정치적인 능력자로 창조주께서 주신 권
세로 국민들을 이끌어가야 하는 통섭자(統攝者)이시기 때문입니다.
통섭자(統攝者)는 남으로부터 무엇을 받거나 이익을 추구하는 사람이 아닙니다. 국
민을 늘 돌봐주는 성인천성을 가진 지혜로운 사람이 천직으로 민주정치를 감당하는
것입니다.

대통령은 국민들의 생업이 잘 되게 도와주고 늘 평강을 마련해주는 사람이며, 잘
될 때 세금을 받아서 그 세금으로 불행한 사람들이 없도록 분배정책을 지혜롭게 펼
치므로 다 같이 중산층을 이루면서 잘 살게 해야 하는 역사적인 사명을 감당해야
합니다.

'서민을 성공시키는 사람'이 정치지도자이신 대통령입니다. 그러므로 정치지도자는
인도의 전 대통령 압둘 칼람 박사님처럼 늘 청빈해야 합니다.

그러므로 정치인은 남을 배려하는 즉 국민들을 긍휼(矜恤)히 여기는 성품이 가슴속
깊이 선천적으로 자리잡고 있어야 합니다. 정치가의 천성은 타고나는 것입니다. 애
국하는 것 역시 소질(素質)인 동시에 소명(召命)이며 천직(天職)인 것입니다. 그러나
기업을 경영하던 사람이 정치가가 될 수 없는 것은, 그들 기업가의 두뇌 속에는 긍
휼과 청빈(淸貧)이란 단어가 살아 숨 쉬고 있지 않고, 단지 이익과 사욕이란 단어가
확실하게 둥지를 틀고 있기 때문입니다.

5.3.4. 정종유착 하는 성직자

대한민국 국민들은 누구나 신앙의 자유가 있으며 종교와 정치는 분리(分理)되어 있습니다. 제헌 헌법 제6조에 명시되어 있습니다.

몇 번의 개헌으로 현재 우리나라 종교는 국가의 통제 밖에서 자유분방하고 야릇하게 생존하면서 면세받는 기업으로 둔갑되어 있습니다. 교회의 규모가 큰 데는 대기업으로 작온 데는 중기업 또는 소기업으로 아주 작은 데는 가내공업처럼 되어 있습니다. 어떤 교회는 몇 만 명의 교인이 있는가 하면, 작은 교회는 고작 몇 명의 교인이 있습니다.

말라기 3장 8절에 '사람이 어찌 창조주님의 것을 도적질하겠느냐 그러나 너희는 나의 것을 도적질하고도 말하기를 우리가 어떻게 주의 것을 도적질하였나이까? 하도다. 이는 곧 십일조와 헌물이라' 이 대목을 근거로 교회지도자는 헌금(교회공동체공금) 모아서 사유화 하고 있어서 교계가 아주 시끄럽습니다. 이 대목은 율법의 내용으로 그 당시의 유대민족의 믿음공동체를 위한 십일조이었습니다. 믿음공동체는 예나 지금이나 그 상황이 다르지 않습니다.

종교지도자는 교인들을 창조주님을 알 수 있게 인도하는 안내자입니다. 기독교에서 창조주님께 인도하여 침례와 세례로 성령을 받게 하는 사람을 목자(牧者)라 합니다. 이들이 사명을 버리고 성도들의 수를 정치판의 표로 잘못 알고 정치가가 되려는 위인들이 기승을 부리고 있습니다. 그들은 창조주님을 섬기는 것이 천직인데 창조주님의 약속은 저버리고는 정치와 종교가 야합되는 '정종유착'으로 민주사회를 혼탁하게 만드는데 크게 기여하고 있습니다.

종교성직자는 절대로 정치(권력)에 참여해서는 아니 됩니다. 종교성직자의 정치참여 자체가 죄 없다 아니할 수 없기 때문입니다. 모 대형교회에 목사가 넘치는 사욕을 주체하지 못해서 대통령에 출마한다고 야단법석으로 대대적으로 수억 원을 드려서 전면신문광고를 연일 내놓고 있습니다.

그 목자는 복음을 전하는 것은 뒷전이고 재물(財物)과 사욕(私慾)과 명예와 대통령병(大統領病)에 눈먼 하찮은 미물(微物)에 불과한 작자가 주제파학도 못하고 대통령이 되겠다고 광분하고 있습니다. 천직을 배반한 사람이자, 자기자리를 떠난 천사와 같이, 창조주님의 뜻을 배신행위입니다. [주1,2]

[주1] 창조주, 야훼님, 엘로힘(히브리어: אֱלֹהִים, אלהים, Elohim)은 신성을 나타내는 단어 입니다.
     한국어 성경에서는 하나님으로 흔히 번역되며, 영어 성경에서는 흔히 God/god 로 번역됩니다.
     이는 히브리어 : אל히 엘과 관계가 있지만, 형태론적으로는 엘의 복수인 엘로아(אלוה)에서 나옴.
     엘로힘은 히브리어 창세기에서 세 번째로 나오는 단어이며, 히브리어 성경에 자주 나오는 단어
     입니다. 복수를 의미하는 엘로힘은 삼일체를 뜻합니다.

5.3.5. 정공유착 하는 친공자

독일은 패전국이므로 전승국들에 의하여 강제로 분단되었지만, 우리나라는 불행하게도 공산주의 이념 때문에 남북이 분단되었습니다. 1950년 6.25 동족살인전쟁, 1968년 1·21사태 공비 침투, 2010년 천안함 어뢰공격사건과 연평도 포격사건 등으로 많은 동족들이 비참하게 사살되었습니다. 이는 북한이 공산주의사상을 지향하고 있기 때문입니다.

6.25사변이 끝난 후 오래 동안 대한민국의 정체성(正體性)은 반공(反共)을 국시(国是)로 삼은 철저한 반공국가(反共国家) 이었습니다[주1].

[주1]국시(国是) : 나라의 근본(根本)이 되는 주의(主義)와 방침(方針)

그런데 국가관이 투철하지 못한 친공산주의자(親共産主義者, 親共者), 김대중과 노무현 두 사람이 대통령직을 수행하는 과정에서 공산주의사상(좌익사상(左翼思想))을 국민들에게 침윤지참(浸潤之讒)시켜 국민들의 사상이 반공국가와는 거리가 멀어지는 정체성(正體性)이 불분명한 자유분방주의(自由分房主義)로 치닫게 되어서 혼란(混亂)과 혼돈(混沌)을 야기시켜서 친공산주의(親共産主義)인 친북자(親北者)로 만들고 있는 암담(暗澹)한 시대의 잔상이 지금도 지속되고 있습니다[주2].

[주2] 浸潤之讒 : 물이 차츰 스며듦과 같이 깊이 믿도록 서서히 하는 참소(讒訴·譖訴)의
               말이라는 뜻으로, 아주 교묘(巧妙) 한 중상모략(中傷謀略)을 말함

특히 연좌죄(連坐罪)에 묶여 있던 약 400만 명이 넘는 친북공산주의자들을 좌익 대통령들이 막 풀어놓는 바람에 국민의 일원으로 착실하게 대한민국 국가이념에 충실하지 못하고, 오히려 모호(模糊)한 단체를 만들어서 불만 층을 선동하여 지속적으로 정부가 하는 정책에 무조건 '반대를 위한 반대'를 하고 있어 나라는 온통 붉은 사

상으로 침윤(浸潤)되고 있습니다[주3].

[주3] 연좌제[連(緣)坐制 , implicative system]: 한 사람의 죄에 대하여 특정 범위의 사람이 연대책
     임을 지고 처벌되는 제도. 죄인의 죄를 가족과 친지들에게도 함께 묻는 제도이다. 전근대 사회
     의 왕조국가에서 주로 시행되었다. 대역죄나 국가반역 행위, 정부나 왕, 귀족 등에 도전한 행위
     를 한 자들을 대부분 연좌제로 사형에 처하였으며, 그 죄를 본인의 부모, 형제, 사촌, 육촌, 팔
     촌에까지 전가해 연결시키기도 하였다. 심한 경우 범죄자와 가깝게 지낸 친지와 동리 주민들에
     게도 연좌제가 적용되기도 하였다. 연좌제가 시행되면서 보통 가까운 근친들을 함께 처벌했는데
     그때 쓰였던 용어인 삼족(三族)이란 본인의 친가, 외가, 혹은 배우자의 집안을 가리키기도 한다.
     범죄자의 일족에게도 연결시켜서 사형 내지는 당사자에 준하는 처벌을 하였다.
     대역죄인 당사자의 가족은 사형을 시키고 집안의 남자들은 같은 등급에서 친밀도에 따라 낮은
     등급을 받았으며, 집안의 여자들에게도 같이 적용되었다. 사형 이상의 중범죄자의 일족들은 대
     부분 사형을 시키거나 가산을 몰수하고 노비로 삼았다. 우리나라에서의 연좌제는 1894년 대한
     제국 시대의 갑오개혁 때 폐지되었으나 공식·비공식으로 통용되어 오다가 1980년 8월 1일 공식
     적으로 폐지되었다.

이들의 대부분은 6.25 때 팔공산에 숨었던 약 100만 명의 공비들은 소탕되었으나
지리산에 숨어있던 휴전까지 소탕되지 않은 운 좋은 약 60만 명이나 되는 공비들과
그들의 자손들로서 사상을 유산으로 받은 자들로, 친 공산주의를 지향하기 위해서
반정부 운동을 하는 사람들입니다. 이들은 법조계를 비롯해서 정치계에서 특히 국
사편찬에서 자신들의 정체성을 희석시키며 내면에는 친 공산주의 사상을 버리지 않
고 잠재 시켜 놓고 있다가 나라가 혼미(昏迷) 되면 군중(群衆) 속에서 들고 일어나
서 나라를 혼돈(混沌)에 빠져들게 합니다.

여기에 좌익성향이 아주 강한 인물들이 이들을 정치적으로 이용하고 있어서 대한민
국은 지금 국시(国是)인 반공사상(反共思想)이 곳곳에서 무너지고, 국가보안법이 퇴
색되었고, 사회질서는 너무나 문란해졌으며, 빈부차가 극심하게 되어서, 어느 계층
도 만족함이 없는 '분노(憤怒)와 혼돈(混沌)'으로 망국의 길로 치닫고 있습니다.

그 결과 국가보안법이 흐지부지 하게 되어, 군 기강이 흐리게 되는 막대한 영향을
주고 있습니다. 국민들이 공산주의자들에게 궤휼(詭譎)당하는 동안 많은 어리석은
국민들은 그들의 사상에 물들어서 완미고루(頑迷固陋)하게 되어서 중심을 잡지 못
합니다[주4].

[주4] 頑迷固陋 : 완고(頑固)하여 사물(事物)을 바로 판단(判斷) 못함을 말합니다.

이들은 오직 군중심리를 이용하여 허우적거리게 만드는 사람들입니다. 공산주의와
정치를 유착시키려는 이들이야말로 나라를 맡길 수 없는, 즉 민주국가의 지도자가
될 수 없는 친공사상(親共思想)을 소유하고 있는 만고의 역적(逆賊)들입니다.

친 공산주의 지도자 김대중

지도자로서 자격이 전혀 없는 자로, 국가에 큰 재앙을 초래한 친 공산주의자는 김대중입니다. "그는 집권 33일 만에 '적화통일 기반조성'을 위하여 국정원 대북요원 581명을 해고하고, 민변출신 변호사 등 500여 명을 검증/시험절차 없이 특채하였습니다. 또한, 대공경찰 2,500여 명, 국군기무사령부(舊국군보안사)직원 900여 명 등 국내 대공(수사)요원을 4,500여 명을 깡그리 쫓아내 우리나라의 국가안보 체계를 완전히 뿌리 뽑았습니다"[주5].

[주5] 출처: http://ohyongtt.blog.me/120114568034

반드시 불법으로 강제퇴직 당한 억울한 이 사람들은 전원 복직되어야 하며, 이들 중에 퇴직연령이 넘은 분들은 상응하는 보상을, 그리고 강제로 불법퇴직만행관련자들은 모두 법대로 처벌 받아야 합니다.

사상적으로 지리산(빨지산) 공비의 후손인 노무현과 김대중, 두 만고의 역적들은 다시는 이들이 정권 잡기 전의 정상적인 민주국가로 회복되지 못하게 보수진영의 세력들을 무기력하게 만든 장본인들입니다.

[강제퇴직자 모임인 국사모 회원이 중심이 된 국가안보기능회복 추진회 회원 등 200여명은 2012년 8월 8일 서울 내곡동 국정원 앞에서 '국정원 대학살 만행 진상조사 공개발표 촉구 대회'를 열고 김대중 정권때 581명을 강제 퇴직시킨 사태의 진상 조사결과를 밝히라고 요구했다. ⓒ 뉴데일리]

오늘날의 혼돈과 혼미를 조직적으로 만든 두 사람은 천벌을 받아서 이미 지옥 불에 떨어진 것입니다. 그러나 아직도 정신 못 차리고 두 사람의 친 공산주의 업적을 세우는데 손발이 되었던 문제의 사람인 '문재인'이 이들 연좌제 붉은 세력들을 등에 업고 마치 노무현처럼 정권을 잡으려고 발버둥치고 있는 지금 필자는 결코 좌시하지 않을 것입니다.

지금 우리는 정신 바짝 차려서 창조주가 선물하신 민주정치를 더 이상 좌파 친 공산주의자들의 손바닥 안에서 놀아나게 해서는 아니 되는 난국(亂国)으로 아주 위험한 상황입니다. '거룩한 한마음'으로 단결해서 좌파세력들이 단 한 표도 득표하지 못하게 하는 것만이 조국을 사수하는 우리의 소명임을 기필코 명심해야 합니다.

지만원 박사는 광주5.18단체들의 고소(2008년9월)로 일어난 법정싸움에서 1심 (2011년 01월19일), 2심 (2012년 08월 23일) 모두 이겼습니다. 이로써 10년 동안 싸워온 5.18과의 전쟁에서 사실상 종지부를 찍었습니다.
5.18집단이 고소한 문구: "모든 기록들을 보면서 필자는 5.18은 김대중 등이 일으킨 내란사건이라는 1980년 판결에 동의하며, 북한의 특수군이 파견되어 조직적인 작전지휘를 했을 것이라는 심증을 다시 한 번 갖게 되었다."[주3].

[주3] 출처: http://cafe.naver.com/nonodemo/134689

그리고 그 김대중 정권은 굶주린 이리떼처럼 달려들어 20조원짜리 '신동아그룹'을 단 11일 만에 뜯어먹었습니다[주4].

[주4] 출처: http://ohyongtt.blog.me/120167139633

그 외에 동아그룹과 대우그룹을 비롯해서 많은 회사들이 대통령선거 때 정치자금을 내지 않았다는 이유로 물리고 뜯기고 해체 당했습니다. 그야말로 그는 사탄(詐誕)의 괴수(魁首)이었습니다.

김·노 대통령의 인재말살 및 반공국가회복불능 정책

김대중과 노무현은 지성(知性)의 대학교육을 받지 못해서 진정한 긍휼(矜恤)보다는 이기심(利己心)을 무한(無限)대로 키운 편협(偏狹)적인 사람들입니다. 그래서 평생 애국보다는 권모술수(權謀術數)의 괴수로 아는 체만 한 아름답지 못한 사람들입니다. 두 사람은 각각 나라를 망치는 작품들을 만들었는데, 그것들이 바로 히틀러를 모방하여 '국민들을 바보로 만드는 국정 (국민우매화(園民愚昧化), Volksver-dummung (독일어))'을 운영했던 건국 이래 최악(最惡)의 걸작들입니다[주1].

[주1] Volksverdummung: 독일어, 국민우매화(園民愚昧化), Systematische Volksverdummung Deutschlands (독일을 시스템적으로 국민 우매화) 이는 고등학교만 나온 히틀러와 김대중 그리고 노무현 역시 비슷한 수법으로 국민을 기만하며 '국민 우매화'를 했습니다.

두 사람은 '대한민국을 고스란히 북한에 바치는 걸작'을 행한 것 즉, 남한을 '반공국가회복불능'으로 만드는 것이 국정목표이었던 것이었습니다. 무엇보다 국민들을 3S (Sports, Sex, Screen)와 게임(game) 산업으로 두뇌는 생각하는 능력도 창의력도 전혀 없는 바보로, 몸체는 로봇같이 무감각한 기계인간으로 만들어 놓았습니다.

대중문화는 아무 상상도 못할 정도로 가볍고 저급한 '키치문화(Kitsch Kultur)'로 만들어 놓았습니다[주2]. 우매(愚昧)함과 동병상련(同病相憐)으로 웃기는 바보들로부터 인기를 얻었습니다.

[주2] 키치문화(Kitsch Kultur): 독일어로 '아주 저속한 문화'
    사전: Kitsch [남성] = Schund (예술상의) 위조품, 저속품, 유치한 작품, (대중의 취향에 영합하는)싸구려 예술, 감상적인 통속물
    사전: Schund [남성] 1.조잡품, 저속[저질] 작품 2.[구어] 고물, 폐물, 잡동사니
    사전: Kultur [여성] 1.문화, 개화, 문명 2.교양, 세련; 훈련, 수양 3.경작, 개간; 토양; 개량

김대중은 앞서 인용문과 같이 국정원의 대북요원들, 대공경찰들, 국군기무사령부(舊국군보안사) 직원들, 대공 국내 대공(수사)요원들을 깡그리 쫓아내 반공국가(反共國家)의 안보체계를 완전히 뿌리뽑았습니다. 반국가적인 행위를 '민주화'라고 국민들을 기만(欺瞞)하고 궤휼(詭譎)했습니다.

이것이 바로 'DJ 정신의 실체'입니다. 이 썩은 정신(情神)을 추앙(推仰)하는 자들이 버젓이 저들끼리 대통령후보경선을 치루고 있는 추태가 국민들 보이기에 조금도 부끄럽지도 않는지? 이들은 무식한 것인지? 아니면 무감각한 사람들인지? 정확한 것 하나는 사욕이 앞서서 국가와 국민에 대해서 무책임하다는 것입니다. 현재(現在)는 국민들조차 정신 못 차리고 혼돈(混沌)의 도가니에서 헤매고 있는 작태(作態)이니 이런 최악의 나라를 건지려면, 국민들이 늘 깨어서 정신 바짝 차리고 있어야 합니다. 그래야 이들 이리들이 선한 양들을 잡아먹지 못합니다.

노무현이 당선 되었을 때 한 수 더 떠서 아주 인기 있는 인변으로, "나는 무능하니 국민들이 훌륭한 사람들을 장관직에 추천해주면 그분들 중에서 합당한 사람을 장·차관들로 모시고 정부를 구성해서 훌륭한 정치를 하겠으니 인터넷으로 추천해 달라고 해서 국민들로부터 정말로 훌륭한 사람들을 추천받았습니다.

국민들은 노무현을 믿고 '참 좋은 아이디어'라고 말하고 너도 나도 정말로 훌륭한 사람들을 추천했었습니다. 필자 역시 한독과학기술자협회 장재춘 회장님께서 이사회의 만장일치를 거쳐서 산자부 장관에 추천을 했습니다[주3].

[주3] 참조: 제8장 부록 8.1.6. 산업자원부장관에 추천하는 書翰文
　　　 교수 공학박사 장재춘 회장 (Prof. Dr.-Ing. Jae-Choon Jang): 독일 Doktor von TU Berlin

무능한 대통령에게 진정으로 도움을 주고 싶었습니다. 미국 대통령 클린턴이 이런 전례(前例)를 남겼습니다. 하지만 그 진행방법은 정 반대로 클린턴은 훌륭한 사람들을 미리 장관직에 포석해 놓고, 이 분들이 일을 잘 하도록 정치를 잘 할 터이니 무식한 자기를 찍어 달라고 간청했습니다. 미국 국민들은 동병상련(同病相憐)에 동조되어서 클린턴을 재임까지 시킨 것입니다.

그러나 노무현은 추악하게도, 국민들로부터 추천받은 사람들을 보니 자기보다 너무 똑똑하여, 추천된 사람들만 매장시키면 우리는 편하게 국민우매화(園民愚昧化)를 할 수 있다고 좋아했다고 합니다. 그는 추천된 사람들 중에 단 한 사람도 등용하지 않았고, 오히려 추천된 인재들을 늘 경계 했으며, 또 그들의 앞길에 바리케이드를 쳤습니다. 그는 철저하게 인재들을 매장시키는 궤휼(詭譎)을 지성인과 국민들을 상대로 서슴없이 그것도 최고로 추악한 방법을 사용한 것입니다. 그는 역사상 가장 악랄한 수법으로 대한민국의 지성인들을 갖고 놀았던 민족대반역자(民族大叛逆者)이였던 것이었습니다. 결국 창조주는 그를 지옥으로 안내했습니다.
어리석은 노무현은 스스로 자신을 링컨으로 포장했습니다. 링컨 역시 자신처럼 대학교육을 받지 못했지만 훌륭한 미국 대통령이 되어서 노예해방을 한 위대한 대통령이라고 분수도 모르고 자기와 대등시 했습니다.

링컨이 살았던 시절에는 지구상에 출판된 책이 고작 500권정도 이었으며, 그 책들을 전문분야로 나누면 한 분야에 몇 권이 되지 않았습니다. 그래서 링컨은 몇 권의 법률서적을 빌려 읽고 변호사가 될 수 있었습니다. 또 당시 지식인들이 읽는 책들이 빈해서 한정된 독서량를 통해서 얻은 지식을 가지고도 그 당시에는 그 사회를 이끌어 가는 지도자(指導者)가 될 수 있었습니다.

그러나 현대는 하루에도 수백만 권의 책이 지구촌에 솟아져 나오고 있어서 누구도 모든 책을 다 읽을 수는 없습니다. 그러나 대학에서 그 많은 책들의 핵심을 공부할 수 있어서 시스템적으로 필요한 것을 정확하게 배울 수 있습니다. 그래서 세계인들이 인정하고 만사(萬事)의 기준(基準)이 되는 학력(學力)과 학력(學歷)은 사실 대단히 중요한 것입니다. 그래서 세계적인 명문대학에서 받은 박사학위는 그만큼 가치와 권위를 재중(在中)하고 있는 것입니다. 특히 독일처럼 국가가 수여하는 국가박사학위(Doktorgrad)와 작위(Doktorwürde)는 개나 소나 다 받는 그 무엇이 아닙니다.

필자가 발전소 분야에 출간된 모든 책을 다 읽고 박사가 되고 보니 이제야 겨우 배움이 성숙되어서 아는 것과 모르는 것을 확실하게 구분할 수 있는 능력이 생겼구나 하는 자신감(自信感)과 자부심(自負心)이 내면에서 분출(噴出)됨을 느꼈습니다.

1991년 10월 7일 KBS2 의 토크쇼 '11시에 만납시다!'에서 "기능공 출신 독일 뮌헨공대 공학박사 박춘근" 라는 제목으로 초대 되어 약 한 시간가량 방영되었는데 그 때 아나운서 김동건님께서 질문을 하셨는데 "세계적인 박사가 되고 보니 어떠하십니까?" 라고 물었을 때, 필자는 "그저 아는 것과 모르는 것을 확실하게 구분할 수 있을 정도의 능력이 생긴 것 같습니다." 라고 겸손(謙遜)하게 대답한 적이 있습니다.

21년 전인 그 당시에는 통섭(統攝)할 수 있도록 통섭(通涉)을 계속하든 시절입니다. 필자가 6개 대학 7학과를 20년간 통섭(通涉) 했습니다. 그러나 지도력을 키우기 위해서 아직도 배워야할 사항들은 끝없이 많습니다. 그래서 늘 독서와 체험을 통해서 견문을 더욱 더 넓히고 있습니다. 존경받는 지도자(대통령)가 되기 위해서는 늘 책을 같이 하고 국가와 국민들을 위한 생각들을 모으고 기도(祈禱)를 줄기차게 해야 합니다. 5대 자질(지성, 설득력, 자제력, 지구력, 지속적인 의지)을 지속적으로 배양(培養)하는 사람만이 통섭(統攝)할 수 있는 지도자(指導者)가 될 자격이 있습니다.

대부분의 사람들은 자신이 얼마나 알고 얼마를 모르는지조차 모릅니다. 그저 우리나라에서는 아는 체를 잘 하는 실제로 신통한 속 실력이 없는 사람들이 비일비재(非一非再) 합니다. 많은 사람들이 자신에 대해서 잘 알고 있지 못한 것 같습니다. 사실은 자신이 어느 위치에 있는지도 모르면서, 남을 혹독하게 평가하고 비판하는 진실성이 없는 하찮은 사람들도 적지 않다는 점이 필자의 가슴을 아프게 합니다. 인간은 자신의 위치를 알아야 제대로 처신할 수 있습니다.

예를 들면, 박사학위를 수여받은 적이 없는, 박사학위를 평할 자격조차도 없는 사람들이 미국박사가 어떻고? 독일박사가 어떻고? 하면서 서슴없이 세치의 혀로 사정없이 단죄(斷罪)를 합니다.

앞에 언급한 두 사시이비(似是而非) 대통령들은 서출(庶出)로 자신의 도덕적인 위치도 모르는 몽학선생(蒙學先生)에 불과한 사람들로, 권모술수(權謀術數)와 사리사욕(私利私慾)에 사로 잡혀, 자신의 욕망(慾望)을 끊임없이 채우려다 대한민국의 발전을 20년 후퇴시켜 놓고 유황불이 타는 영원한 지옥(地獄)으로 행차(行次) 하신 것입니다. 두 사람 다 대한민국의 국민들을 조금도 존중하지 않고 궤휼(詭譎)한자로 자신들이 받아야 할 천벌은 자자손손 지속해서 받을 것입니다.

선하고 선한 은혜(恩惠, 사랑하고 사랑하는)하는 국민여러분!
DJ-좌익사상에 휘말리지 말고, 순진한 호남사람들과 지리산 공비(빨갱이)들과는 엄연히 구별하여 전라도 사람들의 명예를 김대중의 빨갱이사상으로부터 구별하여 보호해 주어야 합니다. 그리고 대한민국 국민들은 순수한 호남인들의 지혜와 평야가 주는 넉넉함이 몸에 배인 평온한 정신을 존경해주고, 더 없이 사랑해주어야 합니다. 수십 년 동안 호남인들은 DJ에 폭 속아 왔고 철저하게 이용만 당해왔습니다. 다시는 이런 사시이비들과 비슷한 좌익사람들이 국가의 운명을 흔드는 일이 없도록 대한민국 국민들은 누구나 정신을 바짝 차리면서 늘 확실하게 깨어있어야 합니다.

5.3.6. 곡학아세 하는 치교수

중국 한나라 황제(皇帝)인 경제(景帝)가 즉위하여 천하(天下)의 선비를 찾다가 산동에 사는 원고생이란 90세의 노 시인을 등용(登用・登庸)하기로 했습니다. 중신들은 그의 등용(登用・登庸)을 반대했으나, 끝내 경제(景帝) 임금은 그를 등용(登用・登庸)했습니다. 같이 등용(登用・登庸)된 소장 학자가 있었는데, 그도 역시 산동 사람으로 공손홍이라고 했습니다.

공손홍은 원고생을 깔보고 무시했으나, 개의치 아니하고 공손홍에게 이렇게 말했다
고 합니다. "지금은 학문(學問)의 정도(正道)가 어지러워져 속설이 유행하여 전통적
학문(學問)이 결국은 사설로 인하여 본연의 모습이 사라지고 말 것이야. 자네는 학
문(學問)을 좋아하고 젊으니 선비로써 올바른 학문(學問)을 세상(世上)에 널리 펼쳐
주기 바라네. 자신이 믿는 학설을 굽혀(曲學), 이 세상(世上) 속물들에게 아첨하는
일이 있어서는 아니 되네."
이 말을 들은 공손홍은 고매한 학식과 인격을 갖춘 원고생에게 지난 잘못을 사죄
하고 제자가 되었다는 설화가 있는데, 이로 인하여 전해지는 말이 바로 곡학아세
(曲學阿世)입니다.

[주] 곡학아세(曲學阿世): 학문(學問)을 굽히어 세상(世上)에 아첨(阿諂)한다는 뜻으로, 정도(正道)를
        벗어난 학문(學問)으로 세상(世上) 사람에게 아첨(阿諂)함을 이르는 말입니다.

요즘 일부 한국대학의 교수들 중에는 학생지도와 학문에는 뒷전이고 오직 곡학아세
하는데 급급하여 학자(學者)의 정도(正道)를 어지럽히는 교수를 폴리프로페소르(政
治敎授, Poliprofessoer)라는 신종 민주정치의 배신자들이 토출(吐出)되고 있습니다.
이들은 교수로서 본분을 지키지 못하는 사람들입니다.
교수직을 사표내고 정치인으로 나가지도 않고, 교수직을 그대로 유지하면서 중요한
수업시간을 많이 빼먹으면서 정치에 참가하는 양다리 걸치는 아주 비열하고 비열한
이기주의 교수를 폴리프로페소르('Poliprofessoer=Politic+Professor 합성어)'라 합
니다.

이들은 학문의 기강을 문란하게 하며, 학생들에게 떳떳하지 못함을 스스로 노출시
키는 파렴치한 자로, 교육자도 아니요, 정치가도 아니요, 단지 사욕에 혈안이 된 기
회주의자로, 직분을 떠난 생의 방향을 잃은 고루(孤陋)한 인간으로, 결코 지도자(指
導者)가 될 수 없는 배은망덕하고 부도덕적한 폐물(廢物)들입니다.
선거 때 이런 인간들에게는 단 한 표도 던지지 않는 참신한 국민이 스스로 되셔야
합니다.

5.3.7. 정문유착 하는 문화인

언론기관이 정치인 양성소가 되어서는 아니 되는 것처럼, 학창시절 반장 학생회장 경력이 정치인경력으로 인정하는 오류는 범하지 말아야 합니다. 유럽에서는 학창시절, 특히 대학시절 학생회장을 한 친구들은 정치인에서 제일먼저 재외 됩니다.
우리 나라와 정반대되는 환경입니다. 우리나라에는 학창시절 대표경력을 대단한 경력으로 여기고 대학시절 학생회장 경력이 바로 국회의원이 되는 첩경인줄 착각하는 정말로 우매한 사람들도 적지 않습니다. 그 길이 바로 나라를 망치는 큰 길입니다. 대학시절 공부는 하지 않았고 학교의 배려로 졸업장은 손에 쥐었지만 머릿속은 빈 깡통으로 외식(外式)만 하는 자들로 회칠된 인간들이 바로 이들이기 때문입니다.

한번을 'ㄱ' 대학의 학생회장 출신이 학생시절 경력을 가지고 흔들어서 국회의원 3선을 하고 지금까지 자신이 정통 정치가인줄 알고 2007년 대통령에 출마를 위해서 예비후보에 등록하고 필자의 저서 '국민들이 가슴으로 하는 아름다운 교육혁명'과 '봄이 오는 소리'란 책들을 읽고 필자와 만남이 이루어졌습니다.

그분은 필자를 만나자 정치적인 제안을 했습니다. 자기가 대통령에 당선 되면 교육부 장관직을 보장해 줄 터이니 자기를 대통령으로 만들어 달라는 것이었습니다.
부인까지 같이 동석한 자리에서 두 사람에게 필자는 좋습니다.
그러나 조건이 있습니다.

"대통령의 책무를 감당하실 수 있는 능력이 증명되면 당연히 같이 일을 하겠습니다."라고 대답하고 나서, 필자는 몇 가지 질문을 하기로 했습니다.

"1) 대통령의 업무를 크게 3가지로 나누어 보세요?"
"2) 대통령으로서 외교정책을 이야기 해 보세요?"

그 는 묵묵부답이었습니다. 대통령이 되면 그저 잘하겠다는 말만 거듭했습니다. 어떻게 잘하겠다는 구체적인 내용은 없었습니다. 대학생 때 학생회장이란 감투를 쓰고 민주화데모를 즐기느라고 대학공부는 뒷전이었던 사람이었습니다. 이들 학생감투꾼들은 물론 교수와 대학 측에서 배려해주어서 서류상으로 졸업을 하는 경우가 대부분이었습니다. 저의 질문에 충격을 받은 그와 그의 부인은 대통령출마예비후보를 취소시켰습니다.

이는 우리 나라 대학의 강의내용이 독일에 비해서 수준이 아주 많이 떨어지기 때문에 쉽게 졸업을 할 수 있어서 가능한 이야기입니다. 독일처럼 국가고시를 합격해야 하는 졸업제도도 아니고 대학 들어가면 다 나온다는 것이 통례이니 학생회장이란 감투를 위해서 추한 선거전까지 벌린다고들 합니다. 이러한 풍조는 초등학교까지 내려 왔다고 합니다. 기성세대가 학생들까지 금권선거와 권모술수를 간접으로 교육하고 있는 미래를 좀먹는 비극적인 현실에 가슴이 아니 아플 수가 없습니다.

독일에서는 신이 아닌 이상, 공부와 학생감투라는 두 마리 토끼를 잡을 수 없을만큼 공부부담이 큽니다. 한 과목에 5시간씩 주관식 오픈 북으로 필기고시와 구두시험을 통과해야하는 엄청난 공부를 해야 겨우 국가고시에 합격하고 신용장(Dilpom)을 받을 정도이니 그 누구도 학생시절에 쓸데없는 감투를 쓰려고 하지 않는 것이 독일대학입니다. 독일 정치재단에서는 학생감투를 쓴 사람을 선발하는 경우는 전혀 없습니다.

우선 석학이 되지 않은 자는 정치할 자격조차 없기 때문입니다. 정치는 잘난 체하고, 외식(外式)하는 자들의 쇼 무대가 아니라, 나라를 대표하는 최고의 석학들이 모인 최고의 전문인집단이 현대 선진국의 국회(Parliament)인 것입니다. 광복 후 지금까지 "깡패정치"로 시작되어 "패거리정치"로 권모술수의 혼돈정치가 구현되어 왔습니다. 그러므로 정치이미지가 아주 나쁜 이유는, 국민을 대표하는 중책을 감당할 수 없는, 아는 체만 하는, 아무것도 할 수 없는 감투건달출신들의 정치적 견해가 나라를 지배했었기 때문입니다.

독일 정치인 사이에는 내가 대학에서 어떤 감투를 썼었네 하고 자랑하는 우매한자는 아무도 없습니다. 정치는 대학졸업 후 정치재단에서 적어도 20년 이상 정치지도자 교육을 전부 받아야 국가를 대표하는 인재로 성장할 수 있기 때문입니다. 대학교는 공부만하는 곳이지, 정치를 실험하는 모의정치실습장이 아닙니다. 정치인은 정치재단의 시스템적인 프로그램에 의하여 육성되는 것인데, 여기에 초대되려면, 우수한 대학교성적을 증명할 수 있는 초능력의 사람들만이 가능합니다. 정치는 아무나 하는 것이 아니라, 국가정책을 책임질 수 있는 학력과 능력이 출중해야 하는 것입니다.

5.3.8. 철새정치 하는 상가지구

정치는 능력이 충만하여 책무를 감당 할 수 있는 통섭(通涉)된 사람이 정치철학을 가지고 제대로 하는 반면에 이당에서 저당으로 정당을 옮기는 철새처럼 돌아다니는 줏대 없는 정치미아들도 있습니다. 이런 인간들을 필자는 '상가지구(喪家之狗)정치꾼'이라는 전문용어를 만들어서 사용하고 있습니다. 총선 때는 비일비재합니다. 심지어는 2007년 대선 때 대통령경선에 나섰던 후보가 경선에서 탈락될 것 같으니 다른 당으로 당적을 그것도 여당에서 야당으로 옮기는 상가지구(喪家之狗) 같은 대표철새후보가 있었습니다[주1].

[주1]상가지구(喪家之狗): 상갓집의 개라는 뜻으로, 여위고 기운 없이 초라한 모습으로 이곳저곳 기웃거리는 사람을 놀림조로 이르는 말입니다.

이런 이기주의에 능한 인간은 '신뢰를 근본으로 하는 정치현실'에서 영원히 사라지게 될 수밖에 없도록 국민의식이 속히 성장되어야 합니다.

머리말에 언급된 '대구에피소드'처럼 이런 상가지구(喪家之狗)는 '청와대로 보내는 것이 아니라 보신탕집으로 보내야 합니다.' 이런 자를 사이비정치가 또는 사기꾼과 같은 대우를 받는 '정치꾼'이라 필자는 명명해봅니다. 이런 '정치꾼'의 특징은 정치를 감당할 수 있는 준비로 통섭(通涉)은 전혀 되어 있지 않고, 단지 당선되는 권모술수를 익히기만 하면 되는 것이 정치인인줄 알고 착각하는, 무지한 야심만을 충만하게 가진 아주 불쌍한 허구인(虛構人) 입니다[주2].

[주2] 허구인(虛構人): 실재(實在)하지 않는 일을 사실처럼 엮어 만들어 행하는 자(者)입니다.

5.3.9. 헌법위법 하는 대통령 예비후보

헌법을 위반한 범법자가 양심도 없이 버젓이 정치를 하고 있으며, 또 대통령이 되겠다고 정국을 벌집처럼 들쑤시고 있습니다. 지도자가 되는 통섭(通涉)은 하지 않고 통섭(統攝)할 자격도 없는 자기위치(自己位置)를 배반한 천사처럼 아무것도 모르는 국민들 앞에서 잘 난체만 하는 공주병의 주인공이신, 비싼 명품 옷을 입고 사치하는 독재자의 딸이 있습니다.

통섭(通涉)이 되지 못해서 세계적인 지도자대열에 서지 못해서 인정조차 못 받는 것조차도 모르는 즉 주제파악을 전혀 못하는 한심한 독재자의 딸이 차기 대통령이 되겠다고 갖은 수단으로 우매하게 나라의 헌법을 어겨가면서 혼탁(混濁)하게 하고 혼돈(混沌)되게 만들면서 '새누리당'의 예비후보가 되었습니다.

그녀 자신의 죄를 돌아보면, 후보자로 날뛸 것이 아니라, 먼저 국민 앞에서 석고대죄를 평생하면서 뉘우치는 삶을 살아야할 죄인입니다.

군부독재와 유신독재자의 딸로서 문세광 흉탄에 서거한 자기 어머니의 자리인 퍼스트레이디자리를 꿰어 차고 헌법을 짓밟아가면서 국민들을 궤휼한 헌법범법자임을 시인하고 뉘우치면서 평생을 죄인으로 살아야 하는 사람임을 스스로 깨달아야 합니다[주].

[주]문세광(文世光, 1951년 12월 26일 ~ 1974년 12월 20일)은 재일교포 한국인

우리나라 헌법에 '대통령부인이 서거하면 그 자리를 딸이 대신한다.'는 조항은 어디에도 없습니다. 왕비인 중전이 갑자기 서거하면 새로운 중전을 맞이했지, 그 중전자리를 공주인 딸이 차지하여 내명부를 관장하게하지는 않았습니다.

이는 나라전체를 속이는 궤휼을 했던 인류역사상 어디에도 찾아 볼 수 없는 아주 나쁜 최악의 사례요 죄악입니다.

그러나 사욕에 눈이 먼 대통령의 딸은 어머니가 제일교포의 흉탄에 서거한 1974년 8월 15일부터 1979년 10월 26일 아버지가 김재규 총탄에 암살당할 수밖에 없었던 환경이 만들어지게 처신한 장본인은 다름 아닌 대통령의 딸이었습니다[주].

[주]10·26 사건(궁정동 사태)은 1979년 10월 26일에 대한민국의 중앙정보부 부장 김재규가 박선호, 박흥주 등과 함께 대통령 박정희, 경호실장 차지철 등을 살해한 사건입니다.

영부인자리를 비워 놓지 말고 대통령이 새로운 영부인을 맞이하여 정상적인 정치를 하실 수 있게 했어야 했었습니다. 대통령의 딸은 정치인이 되는 통섭(通涉)을 하기 위하여 세계적인 명문대학으로 유학해서 석사박사 과정을 공부한 다음 세계적으로 인정받는 박사가 된 후 귀국하여 정치에 입문했었다면, 이 시대가 요구하는 훌륭한 여성정치인이 될 수도 있었을 것입니다. 그러나 그녀는 원대한 대역사 대신에 임시 먹기 좋은 곶감을 선택했었습니다. 그 틈을 타서 음습(陰濕)한 비극이란 놈이 조국을 엄습(掩襲)했습니다.

정치지도자가 되려고 하는 사람은, 반드시 우리나라에 없는 좋은 세계적인 프로그램(System)교육을 받을 수 있게, 최소한 5년 이상 선진국에서 유학을 해야 합니다. 그것도 세계가 인정하는 명문대학에서 박사학위를 받는 자체는 선택이 아니라 필수조건이라고, 미래운동을 창시하신 민족지도자이신 김익원 목사님께서 생시에 역설하셨습니다. 석학이 되지 않는 사람이 석학인 타국의 정치인과 만나면 대화가 되지 않습니다.

그래서 정치는 통섭(通涉)으로 성인군자(聖儿君子), 예를 들면, 세종대왕이나 정승을 지낸 공자처럼, 탁월한 인재만이 할 수 있다고 세계역사는 말해 수고 있습니다. 지도자가 되기 위해서는 대학은 최소한 문과(文科)와 이과(理科)를 다 나와야 하며, 학업과정 중에 선진국에서 5년 이상 유학을 해야 하는 것은 선택이 아니라 필수입니다. 적어도 한 분야를 통습(通習)하는 박사학위는 필히 취득해야 세계적으로 인정을 넘어서 존경을 받는 외교능력이 축척되는 지도자가 될 수 있는 것입니다.

"당명 바꾼다고 상속받은 독재악행 개주나?"

[한겨레 그림판 '뉴스일반' 2012.03.19 08:55]

그러나 독재자의 딸은 아버지의 독재를 이어 받기라도 하듯이, 마치 엉덩이fp 뿔난 망아지처럼, 이미 20대에 권력의 단맛을 흠치 했고 5년 동안 지구역사상 유래가 없는 국모자리를 꿰어 차고 국민들을 궤휼(詭譎)해서 사이비국모행세를 한 국민의 마음을 도적질한 국법을 어긴 중(重) 죄인(罪人)이 되었습니다.

그 결과 하늘의 저주로 아버지는 수많은 어린양 같은 처녀들을 밤의 제물로 삼다보니, 정치는 수하인들이 해 먹게 되었었고, 수하인들끼리의 권력싸움으로, 정상적인 대통령이 아닌, 마치 수천 명의 궁녀와 놀다가 백제를 패망케 한 의자왕의 행보를 이어받게 한 환경을 만든 장본인은 다름 아닌 바로 독재자 자신의 딸이었습니다.

만약 정상적으로 영부인이 추대되었다면, 그리고 그녀가 정치야욕을 조금만 버렸다면, 믿었던 부하의 총탄에 대통령이 서거하지는 않았을 것이며, 경제대국을 만든 업적으로 현명한 독재자로 국민들의 추앙 속에 아직도 강건하게 살아계실 수 있었을 것입니다.

허황된 권력욕망의 소유자인 독재자의 딸은 당장 반성하고, 국민 앞에 겸허하게 석고대죄를 하려는 양심적인 의향은 없고, 독재자를 추앙하든, 기득권을 휘두르든 무리들의 힘을 업고, 비명으로 떠난 독재자를 생각하는 동정심에 의존하여 자신이 감당할 수 없는, 전혀 통섭(通涉) 되지 않은 채, 그녀는 당명(黨名)을 유치원 이름처럼 바꿔서 순진한 국민들을 계속 궤휼(詭譎)하고 있습니다.

얼마나 누리고 싶었으면 '새누리당'이라고 이름 지었을까? 유치원생 같은 몽학(蒙學)의 발상이 아닐 수 없습니다.
'새누리당'이 수차례 추한 역사들이 짜깁기된 '새누더기당'이 되지 않기를 바랄뿐입니다.

그녀는 독재자가 앉았던 보좌를 넘보는 허황된 야욕을 채우기 위해서 온갖 권모술수를 모두 동원하기 시작했습니다. 사실 그녀는 늘 추문을 달고 다니는 사시이비정치꾼에 불과한 영적(靈的)으로 아주 처절하게 비참하고 불쌍한 사람입니다.

그러므로 그녀는 국민들을 궤휼(詭譎)하면서 국모자리까지 꿰어 차고 사시이비 퍼스트레이디로 부끄러운 유신체제기간 동안 부끄러운 줄 모르고 민주주의 억압과 인권유린의 주력자로서 대한민국헌법을 수년간 유린한 극악무도하게 헌법을 유린한 무뢰한 여식임에는 틀림이 없습니다. 이 세상 어느 왕국에서도 왕비(중전)가 서거하자 그 자리를 공주가 잠시 공석이어야 할 중전마마의 자리를 꿰어 차고 내명부를 5

년간 흔든 역사는 전후무후(前後無後)한 무지하고 수치스러운 역사입니다.

사시이비국모 행위를 한 것이 마치 나라를 구한 사람처럼 자랑하는 책자, "꽃이 검을 베다."를 최근에 출간되어 적반하장 격인 표현에 깊은 생각이 없는 국민들은 찬사로 입 모으는, 웃지 못 할 형국(形局)이 벌어지고 있는 것이 참으로 한심한 실정입니다. 하루 속히 진실을 알게 하는 계몽이 필요합니다. 그래야 국민들을 궤휼(詭譎)하는 사탄(詐誕)의 힘이 사라지기 때문입니다[주].

[주] '꽃으로 검을 베다.': 독재자의 딸이 망국행각을 자랑삼아 언급한 지혜롭지 못한 책
　　　김영화 저 / 높은오름 / 2012.02.15 출판 ISBN:978898622857

카이사르 것은 카이사르에게

'성경에 카이사르 것은 카이사르에게' 이는 자기 것이 아니면 주인에게 돌려주어야 한다는 깊은 뜻입니다. 유태인 부모는 자식에게 교육할 때 '돈이 길에 떨어져 있으면　줍지 말라'고 가르친다고 합니다. 그 이유는 그 돈의 주인은 따로 있기 때문입니다.

독재자가 경주최씨 문중이 세운 대구청구대학과 대구대학을 빼앗아 영남대학을, 부일장학회를 빼앗아 정수장학회를 만들었으며, 문화방송·부산문화방송·부산일보 까지 빼앗아서 지금의 MBC를 만들었으며, 어린이대공원 까지 이 모든 것을 독재자는 자기 자녀들에게 넘겨주었습니다.

이 수십조 원의 불법재산을 가지고 독재자의 자녀들끼리 재산 때문에 싸움을 추하게 벌이는 부도덕한 모습을 보는, 청빈하게 사는 우리 국민들은 어떻게 이해해야 할 것인지[주]?

[주]출처: '정수장학회 반환 패소' 김지태씨 유족 "대법원까지 갈 것" / 뉴시스 천정인 기자
　　　1000@newsis.com / 기사전송 2012-02-24 11:14 최종수정 2012-02-24 11:40

'정수장학회 반환 패소' 김지태씨 유족 "대법원까지 갈 것"

정수장학회의 모태인 부일장학회 설립자인 고(故) 김지태씨의 차남 영우(70)씨는 24일 정수장학회 반환 청구소송에서 기각된 것과 관련, "아버지의 명예회복을 위해 대법원 전원합의체의 판결까지 갈 것"

이라고 항소 의지를 밝혔습니다.

김씨는 이날 서울 서초동 법원청사 앞에서 판결 직후 기자들과 만나 "과거 우리나라가 경제수준이 낮아 국민의 재산권을 보호하지 못했던 대법원의 판례에 얽매어 이번 판결이 나온 것 같다"며 "사법부가 국민 재산권을 보호하는데 앞장 서는 것이 신뢰를 얻는데 도움이 될 것"이라고 아쉬워했다. 이어 "아버지의 호인 '자명'이 장학회에 들어가 장학생들이 아버님을 기릴 수 있도록 하기 위해 계속 노력할 것"이라고 재차 강조했습니다.

그는 정수장학회에 대해 "이미 사회에 환원된 공익재단이고 약 4만 명 이상의 고급 인재를 길러내는 등 목적을 이루고 있다"면서도 "장학회가 특정인의 치마폭에서 놀아나지 않고 제대로 운영될 수 있어야 한다."고 박근혜 새누리당 비대위원장을 우회적으로 비판했습니다.

앞서 서울중앙지법 민사17부(부장판사 염원섭)는 이날 김지태씨 유족들이 정수장학회와 법무부장관을 상대로 '강제 헌납된 문화방송·부산문화방송·부산일보 주식과 토지를 돌려달라'며 낸 주식양도 등 청구 소송에서 원고 패소 판결했습니다. [끝]

[정수장학회 모태, 부일장학회 설립자 고(故)김지태씨 차남 영우(70)]

강제로 추하게 뺏은 재산으로 사치를 하며 정치행각을 하는 독재자의 딸이 지도자가 된다는 것은 패망을 재촉하는 지름길이 될 것입니다. 그러므로 국민들은 그녀의 아버지의 추억과 동정에 얽매이지 말고, 그녀에게 단 한 표도 주지 않는 지성인다운 지혜로움을 단호하게 보여주어야 할 것입니다.

세계의 지성인 '리하르트 폰 바이츠제커 대통령'

독일 대통령을 지낸 유명한 리하르트 폰 바이츠제커 (Prof. Dr. Richard von Weizsäcker)교수님의 처신이야말로 친일파들과 독재자의 자녀들이 알고 각성해야 할 훌륭한 본보기가 되는 세계적인 교훈으로 남게 되었습니다[주1].

[주1] Prof. Dr. Richard von Weizsäcker (1920년 4월 15일 ~)는 독일의 제6대 대통령(1984~94), 연방총회에서 대통령으로 추대하는 선거에서 사상 최대의 기록인 84,9%의 지지를 얻었습니다. 서베를린의 지배적 시장(1981~84)을 지내기도 했습니다. 만17세 때 영국으로 건너가 옥스퍼드 대학교의 벨리얼 칼리지에서 혈학과 역사를 전공하였습니다. 그는 이어 프랑스의 그르노블 대학교에서도 수학하였습니다. 제2차 세계대전이 일어나자, 육군의 대위로 근무하였습니다. 1945년 동프로이센에서 상처를 입고, 슈투트가르트로 집을 옮겼습니다. 그러고 나서 지속적으로 괴팅겐 대학에서 역사를 수학하고, 결국 법학을 공부하면서 1955년 박사학위를 취득 했습니다.

바이츠제커 전 대통령의 부친은 나치당원으로 어마어마한 재산증식을 했었습니다. 물론 그 재산을 고스란히 유산으로 받은 젊은 바이츠제커는 1955년 법학박사 학위를 취득하고 사회생활을 시작했습니다. 그러나 친부로부터 나치당원의 아들이라는 불명예를 유산으로 함께 받은 것이 항상 양심에 거리꼈습니다. 그리고 그는 아버지가 나치당원으로 저지른 잘못을 청산하고 싶었습니다.

바이츠제커 박사는 결심했습니다! 그리고 자기부친이 나치당원 이었음을 당당하게 "나는 나치당원의 아들입니다."라고 바이츠제커 박사는 밝혔습니다. 그러나 "나는 나치당원이 아닙니다. 그래서 아버지가 나치당원으로 증식한 모든 재산을 국가에 돌려 드리겠습니다." 그는 아버지가 나치당원이 되기 전에 소유했던 가족의 고유재산만 남기고 아버지가 나치당원으로 있을 때 증식한 엄청난 재산들을 국가에 모두 돌려주고 지성인으로서 새로운 삶을 살기 시작했습니다.

독일인답게 그는 지성인이 취해야할 정확한 길을 제시했습니다. 독일국민들은 친부의 나치행각을 청산한 바이츠제커 박사에게 존경과 찬사를 보냈으며, 그를 뜨거운 마음과 함께 상하원회에서 80%넘는 득표로 대통령으로 정중하게 추대한 것입니다. 그는 독일정신에 숭고함을 더한 독일의 대표적인 지성인으로 평가받고 있습니다[주2].

[주2] 獨逸史, history of Germany: 현 독일지역에 게르만족이 건설하여 내려오는 국가의 역사. 국가 독일의 기원은 독일의 제부족을 하나로 통합한 프랑크 족이 세운 프랑크 왕국에서 시작됩니다. 메로빙거 왕조로 시작한 프랑크 왕국은 이후 동프랑크와 서프랑크로 분열되었고, 911년 동프랑크는 콘라트1세를 독립된 독일의 왕으로 세웠습니다. 콘라트1세, 하인리히 1세의 뒤를 이은 오토 1세는 로마 황제 대관을 얻어 신성로마제국을 탄생시켰습니다. 이후 독일 황제와 로마

교황 사이의 갈등, 주변 연방 국가와의 갈등, 중앙과 지방 제후간의 갈등으로 독일은 오랜 시간 정치적 혼란기에 직면합니다. 루터의 종교개혁이 일어나면서 제국 국민들의 불만도 함께 폭발했고, 독일은 농민전쟁·기사전쟁·30년전쟁 등을 겪었습니다. 독일은 프랑스 혁명의 여파로 전쟁을 치른 뒤 1806년 결국 신성로마제국이라는 이름이 무너지게 되었습니다. 이후 39개 주권국가로 구성된 독일 연방으로 다시 태어났다가, 1871년 1월 빌헬름 1세를 황제로 한 독일 통일이 이루어졌습니다. 제1, 2차 세계대전을 일으킨 독일은 전쟁에서 패배하고 큰 손실을 입었습니다. 1945년 항복한 독일은 서독과 동독으로 나뉘어졌다가, 1990년 10월 3일 분단 41년 만에 하나로 통일되었습니다.

친일파들 중에서 그리고 독재자의 자녀들도 자신들의 것이 아닌, 친부가 강제로 뺏은 재산들은 주인에게 또는 국가에 돌려주고, 자기가 스스로 땀 흘려 벌은 돈으로 떳떳하게 살아가는 지성인이 될 수 있는 인품을 가졌더라면 얼마나 좋았겠습니까? 지성인이 어떤 사람인지? 그 숭고함을 실천하는 아름다움이 정말로 아름답다는 그 무엇인지를 알게 해주시는 독일 대통령 바이츠제커 박사님에게 존경은 필수입니다.

'전자국세'를 도적질한 '봉화아방궁의 좌익죄인들'

노무현 대통령 임기 내내 비서로, 비서실장으로 중책을 맡았던 한 사람이 노 대통령을 현혹케하여 불법으로 '봉화아방궁'을 짓게 하고 '전자국쇄(電磁国刷, Password for President)'를 다음 대통령에게 넘겨주지 않고 봉화아방궁으로 가져가 불법으로 웹2.0 인터넷정부를 만들어 헌법을 위반하는 범법행위를 주도케 한 핵심자의 한사람으로, 결국은 대통령 임기기간 뿐만이 아니라 퇴임 후에도 '정도에 어긋나고 명분이 부족한' 처사로 노무현 대통령이 죄를 짓게 하는 범법환경조성을 했던 사람이 있습니다.

그는 노 대통령에게 넘치는 과잉충성으로 결국은 조기에 하늘나라로 모시는 데 일등공신으로 엄청난 범법적인 문제를 야기한 소위 범법한 법조인입니다. 그는 국민들이 그 진실을 모른다고 도덕도 양심도 책임도 망각한 채 지금 사욕에 빠져서 차기 대통령이 되겠다고 스스로 야단법석을 벌리고 있는 작태야 말로 어불성설이 아닐 수 없는, 추하고 추한 행동으로, 창조주 무서운 줄 모르고 날뛰고 있는 것입니다. 회개하지 않는다면 자자손손에게 저주에 저주가 동행할 것입니다.

현재 유럽선진국가의 정치가들은 무한한 노력으로 마치 수십 년 동안 우리 나라의 고3처럼 공부해서 먼저 석학이 된 다음에야 비로소 정치에 입문합니다. 이런 인물들과 비교하면, 대통령으로 준비되는 과정인, 통섭(通涉)이 전혀 되어 있지 않은,

평범한 법조인이 대통령후보가 되겠다고, 비참하게 저~세상 사람이 된 그분에 대한 동정심을 부추겨서, 일시적으로 형성된 군중심리에서 소생된 인기만을 믿고 국민을 궤휼(詭譎)하는 모습은 마치 '자신이 스스로 기름을 들고 유황 불속으로 들어가는 것'과 같아 보입니다. 최근 기사 중에서 그의 좌파성향의 괴설(怪說)의 일부내용을 잠시 살펴보기로 하겠습니다.

집권 후 연방통일? 문재인의 '매국노' 공약! 친북좌파!

http://ohyongtt.blog.me/120166883219

문재인, 마침내 '종북 대통령' 자처하다!

윤창중 칼럼세상 대표/전 문화일보 논설실장 2012.08.20 / orginal text

그야말로 치 떨립니다. 그토록 살 떨리는 분노를 억누를 수 없게 했던 2000년 6월15일, 김대중과 김정일의 '낮은 단계 연방제' 합의. 대한민국 대통령이 평양에 날아가 김일성의 '고려연방제'식으로 한반도를 통일하자고 아들 김정일과 합의했던 '낮은 단계의 연방제'를 민주당 안에서 지지도 1위를 달리고 있는 대선후보 문재인이 어제 들고 나왔습니다.

문재인은 서울 동작동 국립서울현충원에서 열린 DJ 3주기 추도식에 참석해 "낮은 단계의 연방제는 정권교체를 통해 다음 정부 때 반드시 이루겠습니다."고 선언했습니다. 자신이 대통령이 되면 김일성의 고려연방제식 통일 방안으로 한반도 통일을 이루겠다는 대선후보가 제1야당의 대선 후보 지지도 1위를 유지하고 있는, 이 웃지 못 할 기막힌 현실 앞에 대한민국은 지금 벌거숭이처럼 서 있습니다.

달리 말하면 김일성의 통일유업, 그 '유훈통치'를 대선주자 반열에 올라있는 문재인이라는 인물이 대통령이 되면 실현하고야 말겠다? 대한민국을 북한의 입 안에 간단히 털어 넣겠다는 망국적 발상! 이를 서슴없이 대선 전략으로 삼아 종북좌파의 표를 얻어보겠다는 문재인! 정말 치 떨리고 살 떨리는 분노를 느낍니다.

낮은 단계의 연방제? 대한민국 안에서 활개치고 있는 종북세력과 통일환상주의 세력, 이념적으로 허약한 세력을 겨냥해 달콤하게 윤색한 김일성의 '고려연방제', 바로 그것입니다. 김일성은 1980년 10월 "북과 남이 서로 상대방의 사상과 제도를 인정하고 용납하는 기초 위에 민족통일정부를 세우고, 이를 기초로 북과 남이 같은 권한과 의무를 지니고 지역자치제를 실시하는 연방공화국을 수립합니다."고 선언.

북한이 대한민국의 사상과 제도를 인정하고 용납해 민족통일정부를 세워? 남과 북이 지역자치제를 실시하는 연방공화국을 세워 통일을 해? 연방공화국을! 이러 가증스러운 선동 뒤엔 바로 '무엇'이 선결 조건으로 내걸려있는가 통찰해야 합니다!

첫째: 국가보안법 철폐.
둘째: 주한민국 철수 및 평화협정 조기 체결, 미국의 내정간섭 포기!

한마디로 정리하면 대한민국 안에서 국가보안법 철폐로 종북세력의 활동을 합법화! 주한미군 철수시키고 베트남 식으로 평화협정 체결하고, 더 이상 미국이 한반도 통일문제에 개입하지 못하도록 손발 꽁꽁 묶어 두고 대한민국을 공산화하겠다는 것!

문재인이 내년 2월25일 대통령에 취임해 '낮은 단계의 연방제'를 반드시 이루겠다고 한 건 단순히 이번 대선 전략일 뿐만 아니라 자신의 '철학'! 그는 김대중·노무현에 이어 이명박 정부만 탄생하지 않고 좌파정권이 연속됐다면 '낮은 단계의 연방제'로 인한 통일이 가능했다는 게 확고한 소신!
"김대중·노무현 정권을 거치면서 남북이 평화통일에 가까워졌다. 국가연합 혹은 낮은 단계의 연방제에 이를 수 있다는 희망을 품을 정도가 됐습니다." (2011년 2월12일 한국일보 인터뷰)

거듭 인용하건대, 문재인은 '문재인의 운명'에서도 노무현 정권에서 국가보안법 폐지를 이루지 못한 걸 땅을 치고 분해하는 듯 했다. 국보법 폐지가 안 된데 대해

"우리 모두의 반성이 있어야 합니다. 그 시기에 진보개혁 진영의 전체적인 역량 부족을 보여주는 상징처럼 여겨집니다."

문재인 자신이 대통령 되면 국보법은 반드시 폐지하겠다는 자기 주문으로 들리고도 남는다.

'문재인 대통령'이 탄생하면 대한민국 앞에 펼쳐질 그림은 이미 다 그려져 있습니다. '낮은 단계의 연방제'를 이루기 위해 국보법 폐지는 기본이고, 서해 북방한계선(NLL)은 노무현·김정일의 10·4 공동선언에 따라 '서해 평화협력지대'로 포장해 북한에 넘겨주게 되고, 종북세력에 대해선 모조리 풀어주고, 사면·복권 다 시켜주고, 제주해군기지는 백지화되고….

대한민국의 명운을 벼랑 끝으로 몰아가는 '문재인 대통령'의 폭주(暴走)! 이건 과장이나 억지가 아니다. 이미 문재인은 그렇게 약속했습니다.

김대중·노무현은 적어도 대통령이 되기 전까지엔 남북문제나 통일문제에 대해선 그나마 말을 아꼈습니다. 그런데, 문재인은 아예 '낮은 단계의 연방제'까지 입에 올려 놓았다. 김대중·노무현보다 더 지독한 '종북대통령'이 되겠다고 자처하고 있습니다. 참으로 너무 기막힌 대한민국 현실 아닌가? [주]

[주] 출처: 윤창중 칼럼세상 바로가기 http://blog.naver.com/cjyoon1305

문재인 씨! 그럼 난 한국인 아니다!

"文씨는 17일 오전 자신의 트위터에 "저는 민주통합당이지만 당내(黨內) 누구라도 이념적 색깔공세를 한다면 동의하지 않습니다."라며 "친북좌파니 종북좌파니 하는 말은 상대와의 공존을 거부하는 사악한 말입니다. 그런 표현부터 정치권에[서] 추방돼야 우리 정치가 공존과 타협이 가능한 정치로 발전할 수 있습니다"라고 썼다.

그는 민족공멸의 북핵(北核)문제엔 사실상 침묵하면서 평화적 핵(核)인 원전(原電)에 반대하고, 한미(韓美)동맹 해체를 주장한다. 韓美동맹이 해체되면 핵(核)우산이 철거되어 한국은 核무장한 북(北)에 무방비로 노출된다. 조국을 적(敵) 앞에 벌거벗겨 굴종시키겠다는 자가 종북(從北)이 아니라면 누가 종북(從北)인가? 이런 경우는 종북도 너무 순한 표현일 것입니다.

문재인씨는 종북(從北)이란 말을 지은 것은 우파가 아니고 민노당의 반북(反北)좌파들이 당(黨)의 주도권을 잡은 주사파(김일성 추종세력)를 지칭한 용어란 사실도 모르는가? 민주당원들은 간첩사건에 연루되었던 김일성 숭배자 둘이 작곡, 작사한 노래를 당가(黨歌)로 부른다. 이래도 민주통합당은 종북(從北)이 아닌가?[주] － 趙甲濟 －

[주] 출처: 문재인 씨! 그럼 난 한국인 아니다! / 뉴데일리 원문 기사전송 2012-03-19 00:26 최종수정 2012-03-19 00:28 중에서.

[주사파 : 김일성 추종세력]

1948년 건국이후 연좌제(連坐制)에 묶여있었던 사람들이 DJ정권 때 풀린 약400만 명이 넘는 친 공산주의자들이 노골적으로 불법데모하면서 표출하는 친북행보는 그 도를 엄청나게 넘고 있습니다. 이들은 북한을 이롭게 하는 행동이라면 반대를 위한 반대데모를 서슴없이 감행하는 이성을 다 잃어버린 친 공산주의들입니다.

심지어는 2011년 6월 30일 국가보안법 재판법정에서 범인이 "김일성 만세"를 외쳤지만 판사들조차 보고만 있었다고 합니다.

좌파가 무서워서 국가보안법을 제대로 재판에 적용하지 못하는 것인지? 국민들은 의심스러워하면서 낙심을 합니다. 이는 남한의 정치지도자들이 친북공산주의자들에 대해서 얼마나 허술하게 대처했었는지 그 결과를 현실로 보여 주는 한 예입니다.

이렇게 문제가 많은 친 공산주의자가 대통령이 될 수 없게, 기회조차 철저하게 말살시킬 줄 아는 냉철하고 지혜로운 성숙된 지성의 국민들이 대한민국의 민중임을 굳게 믿기에 필자는 그나마 안심합니다.

청바지 입고 국회에 등청한 '독일유학파 꼴뚜기'

정치추문(政治醜聞)들은 이것뿐만이 아닙니다. 초선국회의원이 되어서 등청하는 날 청바지입고 인기를 의식해서 튀는 행동으로 국회의 숭고한 권위를 객(gage)으로 유치하게 장난치는 한 정치꾼은 독일에서 좌파성향 공부를 하고 귀국해서 튀는 괴설(怪說)로 재미삼아 국민을 혼란하게 만들고 있습니다.

그는 어물점 꼴뚜기 같은 망신스러운 행동을 함으로, 독일서 유학한 모든 사람들을 우습게 볼 수 있는 계기를 제공한 장본인을 필자는 부덕한 '독일 꼴뚜기'로 명명했습니다. 어물전 망신은 꼴뚜기가 시킨다고, 독일유학에서 박사학위도 받지 못한 위인이 명분 없는 불충한 행동들로 독일 유학파들을 계속 망신시키고 있는 것입니다.

통섭(通涉)이 되지 못해 더 배워야할 사람인 그도 통섭(統攝)을 감당할 수 있는 대통령이 되겠다고 말장난으로 특히 젊은 층 국민들을 유린하고 있습니다. 정치는 달변만으로 되는 것이 아니라는 것을 그는 아직도 모르고 있는 것 같습니다.

통섭(通涉)된 능력으로 통섭(統攝)하는 사람이 정치지도자(대통령) 입니다. 국민들은 좌파허상을 직시하시고 이런 말장난을 곧 잘하는 정치꾼들에게는 단 한 표도 허락지 않는 지혜를 보여 주실 수 있는 유권자가 바로 오늘날 대한민국의 민중이라고 필자는 자부하고 싶습니다.

5.4. 통섭으로 준비된 대통령감은 과연 어디 있는가?

괴설(怪說)을 무기로 쓰는 사이비 정치꾼들과는 비교도 안 되는, 참으로 독일에서 유학도 제대로 아주 잘했고 지도자가 되는 과정도 훌륭하게 잘 소화한 디플롬(국가가 인정하는 신용장 = Dipl.= Diplom=석사+박사과정)과 창작으로만 가능한 유명한 독일 박사학위(Dr.= Doktorgrad)와 박사학위칭호(Herr Dr.= Doktorwürde)를 받은 인재들이 국내에만도 20,000 명이나 됩니다.

정치를 감당할 수 있는 인물들이 없는 것이 아닙니다. 인물들은 넘치도록 많이 있으나 돈 선거로 '정도에 어긋남이 없고, 명분이 부족함이 없는 출중(出衆)한 인물들'이 정치가로 등용되고, 그들의 역량이 힘차게 뻗어 나갈 수 있는 길을, 권력의 단맛만 아는 무책임한 탐욕의 정치기득권자들이 광복이후 지금까지 철저하게 금권(金權)으로 가로막고 있기 때문에, 한국에는 민주적인 올바른 정당정치 즉, 선진정당정치시스템이 구축될 수 없었습니다.

그러므로 20,000명의 능력있는 출중한 인물들이 어제도 오늘도 내일도 썩어가고 있습니다. 이들의 지혜를 국정에 활용하려면, 금권이 필요 없는, 돈이 전혀 안 드는 선진정치시스템을 구축할 수 있습니다. 다음 대통령은 적어도 2년 이내에 헌법을 개정하는 정치혁명(政治爀明)을 확실하게 성공시켜야 선진국진입이 가능합니다.
앞으로 총선과 대선에서 한국정치를 좀먹는 기생충 같은, 국가발전의 역적들인, 기존의 한국정치를 실패작으로 만든 기득권만 가진 무책임한 정치꾼들을 국민들이 철저하고 완벽하게 배제(排除)해야 올바른 정당정치(政黨政治)가 실현될 수 있습니다.

우리나라가 정치선진국으로 진입하려면, 돈이 전혀 들지 않는, 인류 역사상 가장 훌륭한 정치혁명(政治爀明)이 반드시 성공되어야 합니다. 필자는 대한민국의 국민수준이 정치혁명을 할 수 있을 정도로 상승되었음을 굳게 믿습니다. 국민이 원하는 통섭된 과학기술대통령을 올해 선출한 다음, 온 국민들이 한마음으로 2015년이 가기 전에 개헌하는 국민투표를 실시하여 새로운 정당정치시스템을 구축해야 합니다. 그렇게 되면 세계를 놀라게 하는 세계사적인 대단한 성공을 거둘 수 있습니다.

2012년 12월 19일 선출되는 대통령은 2015년 안에 '평화로운 금융혁명(金融爀明)', '아름다운 교육혁명(敎育爀明)', '선진시스템의 정당정치를 구현할 수 있는 정치혁명

(政治爀明)’, ‘검소한 생활혁명(生活爀明)’을 성공시켜야 합니다. 그렇게 하면 중산
층을 급속도로 회복시킬 수 있습니다. 중산층 회복은 경제를 회복시키는 정책으로
국력이 빠르게 증강됩니다. 이 모든 역사를 2015년까지 반드시 성공시켜야 합니다.
필자는 이런 혁명(爀明)들을 단기간인 2년 이내에 성공할 수 있는 지혜들을 집필하
여 이미 몇 권의 필독서로 출판하여 성문화(成文化) 시켰습니다[주].

––––––––––––––––––

[주] 참고: 제8장 부록, ‘8.4. 국민필독서 필자저서들’을 정독해 주시면 국민들이 한마음이 됩니다.

국민들이 이 책들을 읽어 주셔서 ‘거룩한 한 마음’이 되시면 33년 동안 탐구(探求)
하고 탐구(探究)하여 준비된 혁명(爀明)들을 기적적(奇蹟的)으로 성공(成功)시킬 수
있습니다. 그리하여 평강하고 안정적인 대한민국으로 눈부시게 지속성장시킬 수 있
음을 필자는 확신하고 확신합니다. 하늘은 스스로 돕는 자를 돕는다고 했습니다.

필자가 지난 33년 동안 탐구(探求)하고 탐구(探究)하여 준비한 중요한 핵심정책들을
제6장과 제7장에 아름답게 펼쳐보겠습니다.

‘준비된 대통령’이 필요하다!

국민일보 26면 오피니언   2012.09.04 18:38 김진홍 논설위원 jhkim@kmib.co.kr

“노무현 전 대통령에 이어 혹평 받는 이명박 대통령… 차기 대통령은 달라야”

이명박 대통령 지지율이 다소 올랐다고 합니다. 독도 방문과 위안부 문제에 대한 일본정부의 책임있
는 조치 촉구 등이 영향을 미쳤습니다. 청와대에서 열린 한 행사에서는 박수도 받았습니다. 하지만 민
심은 여전히 냉랭합니다.

최근 모임에서 지인은 이렇게 말했다. “이 대통령은 누구나 대통령을 할 수 있다는 걸 보여줬다. 5년
간 도대체 뭘 했나?” 동석한 다른 사람은 ‘사기’ 운운하며 더 험한 말을 쏟아냈습니다.
잘못한 점을 구체적으로 꼽아보라 했더니 두 가지가 거론됐습니다. 첫째는 만사(萬事)라는 인사(儿事)
문제다. 결론부터 말하면, 국민들이 바라는 쪽과 정반대로 ‘청개구리 인사’를 해왔다는 것입니다. 대통
령 권한은 국민들이 잠시 위임한 것뿐인데, 마치 슈퍼 갑(甲)이라도 된 양 인사 때마다 독선과 오만을
부리고 있다는 얘기입니다.
현병철 국가인권위원장이 가까운 사례입니다. 인사청문 과정에서 논문표절, 아들 병역특혜, 부동산 투
기 등 온갖 의혹이 제기돼 시민사회는 물론 여당인 새누리당마저 연임에 반대한다는 뜻을 밝혔지만
이 대통령은 강행했습니다. ‘불통 인사’의 끝은 어떠한가. 현 위원장은 야당 의원들로부터 인사청문회

- 169 -

법 위반 혐의로 고발당해 검찰 수사를 받을 처지가 됐고, 국가인권위원회는 내홍을 겪고 있습니다.

다른 하나는 민간인 불법사찰이다. 국무총리실 공직윤리지원관실의 불법사찰 파문은 검찰 수사도 끝나 잊혀질 법한데, 아니었습니다. 공적라인이 아니라 비선조직을 만들어 도청과 미행 등을 통해 민간인 사생활까지 들여다보았다는 것에 대한 분노는 가라앉지 않았습니다. 국민을 우습게 여기지 않고는 상상할 수 없는 일이라는 인식이 아직도 공유되고 있는 것입니다. 현 정부가 민주주의를 퇴보시켰다는 지적이 나오는 이유이기도 합니다. 지난달 20일 재판 과정에서 야당에 불법사찰 사실이 들킬 것을 염려하면서도 'VIP(대통령)'가 필요하다면 비선 보고를 유지해야 한다는 내용의 문건이 추가로 드러나는 등 사찰 파문의 여진은 계속되고 있습니다.

2007년 당시 한나라당 대선후보 경선은 사실상 본선과 다름없었습니다. 노무현 전 대통령에 대한 실망감이 광범위하게 퍼져 있던 터라 한나라당 경선 승리자가 대통령이 될 가능성이 매우 컸습니다. 이는 이 대통령이 본선에서 이길 것으로 진작부터 예상됐던 만큼 집권 이후 프로그램을 미련할 시간적 여유가 충분했다는 것을 의미합니다. YS(김영삼 전 대통령) 하면 금융실명제 실시와 하나회 해체가, DJ(김대중 전 대통령) 하면 외환 위기의 조속한 극복과 사상 첫 남북 정상회담 개최가 각각 연상되는 것처럼 이 대통령도 뭔가 업적을 남겼어야 정상입니다. 그러나 임기가 5개월여밖에 남지 않은 지금까지 딱히 떠오르는 게 없습니다. 집권 이후의 준비를 소홀히 한 결과가 아닐까 싶습니다.

노무현 전 대통령은 '준비하지 않은' 경우가 아니라 '준비하지 못한' 케이스입니다.

예상을 뒤엎고 대선후보로 뽑혔고, 대선에선 투표일 직전까지 박빙의 승부가 펼쳐져 선거 승리에 전적으로 매달려야 했던 상황이어서 집권 이후를 미처 준비하지 못했다. 그래서 당선되자마자 대기업 연구소에 손을 내밀어 도움을 받아야 했습니다.

노 전 대통령은 민주주의 발전 등 긍정적으로 평가받을 측면이 있지만 전반적인 국정 운영은 낙제점 수준입니다.

반드시 잡겠다던 집값은 가파르게 상승했습니다. 빈부 격차, 사회 양극화도 심화됐습니다. 대통령이 되겠다는 뜻은 이뤘으나, 대통령이라는 자리에 오른 이후를 대비하지 못한 점이 주요인이라 해도 무방할 듯합니다.

오는 12월 19일이면 새 대통령이 탄생합니다. 국내외 상황은 녹록치 않습니다. 악재에 둘러싸인 국내 경제는 돌파구가 보이지 않습니다. 곳곳에서 흉악범이 날뜁니다. 한·일 관계와 동북아 정세는 요동치고, 김정은 체제의 북한은 불안합니다.

올 대선에서 이런 난제들을 헤쳐 나갈 수 있는 능력과 자질을 상대적으로 잘 갖춘 '준비된 대통령'이 선출됐으면 좋겠습니다. 준비되지 않은 대통령은 10년으로 족합니다.

제6장
삼국의 정치 환경

6.1. 한국 정치 환경

사람이 환경의 지배를 받듯이 정치역시 환경의 지배를 받습니다. 우리들에게 잘 알려진 대한민국의 정치 환경은 어떠한지 인터넷상에 올라온 대표적인 내용들을 조사해보니 다음과 같습니다.

 1. 역사적인 환경 : 단일민족
 2. 문화적인 환경 : 단일문화로 개방가능
 3. 인종적인 환경 : 단색인종
 4. 지리적인 환경 : 좁은 국토에 70% 산악지역
 5. 교육적인 환경 : 고등교육자 과다로 사시이비지식인 양산
 6. 외교적인 환경 : 미국위주 외교, 유럽외교 전무, 지구촌 반쪽의 정보는 모름
 7. 학문적인 환경 : 박사학위남발로 학문의 기강이 무너짐, 학문의 깊이가 얕음
 8. 군사적인 환경 : 잘못된 민주화로 명령체계의 국방의식 결여, 바꾸려면 => 민주시민교육으로 국민계몽 필수
 9. 사회적인 환경 : 빈부차이 극한, 사회범죄원인, 불평등에 불만, 인맥주의, 인정주의, 준법무시, 교통법무시, 황금만능주의, 언정유착
10. 가정적인 환경 : 대가족에서 핵가족, 결혼, 이혼, 회우결혼이 늘고, 장유유서 (長幼有序)가 사라지고 있다. => 인성교육문제 =>교육혁명
11. 성격적인 환경 : 자존심이 강하고, 지배받기 싫어하고, 지기 싫어하여 무모한 경쟁심이 강함, 간판주의자로 군림하기를 즐김, 상대인정 아주 싫어함, 편애주의, 동병상련 강함, 근시안적이고, 시기심과 질투심이 극렬함, 남을 헐뜯길 좋아함, 중상모략의 귀재, 사촌이 논 사면 배 아픔, 진리를 모르면서 아는 체는 능청맞게 아주 잘함.

이러한 정치 환경을 올바르게 바꾸려면, 국민들을 긍휼(矜恤)이 여기는 출중한 인재들이 등용되는 민주적인 정당정치시스템을 구축해야 합니다. 휴먼시장경제 체제로

'정도에 어긋남이 없고 명분에 부족함이 없는 정치'가 지속되지 못하면, 높은 경제성장의 부와 함께 찾아오는 극렬한 양극화라는 비극이 자리를 잡습니다. 다름 아닌 '빈부의 차이가 극심해진다'는 것입니다[주1].

[주1] 휴먼시장경제: 독일이 성공한 '사회적시장경제' 시스템을 기초로 하되, '사회중심의 시장경제체제'에서 한국화 및 세계화하기 위하여 정립된 '인간중심의 시장경제체제'로 정립한 새로운 경제이론 입니다.

빈부차가 극심해지면 우리 사회가 마치 봉건시대의 주인과 종처럼 비슷한 관계로 전락(轉落)되게 됩니다. 그렇게 되면 극빈자들의 불만으로 인해 발단 되는 분노가 사회질서를 파괴시키고, 준법정신을 해의케 하고, 감옥에 가는 범죄자가 급진적으로 늘어나는 최악의 상태 즉, 사회적인 혼란(Chaos)이 초래(招來)됩니다.

이렇게 나타나는 현상은, 국민소득이 미화 3만 불이 넘기 시작하면 아주 급진적으로 나타나서 폭동으로 치닫는 극한사태가 자주 유발되게 됩니다. 한국에서도 이미 극한현상으로 분노가 폭발하기 시작했습니다.
통계상 국민소득은 많으나 승자독식(勝者獨食)으로 중산층이 사라지는 분배정치를 했기 때문에, 극단적인 빈부차로 인한 양극화가 나타나는 아주 비참하고 처절한 현실로 다가올 것이 불을 보듯 뻔합니다.

위기를 기회로 만들기 위해서, 필자가 제시한 아름답고 현실적인 혁명(爀明)들은 늦어도 대통령임기시작을 기점으로 2년(2015년)이내에 성공적으로 마무리를 해야 대한민국이 기적적으로 소생할 수 있습니다. 제안된 혁명(爀明)들이 성공되면 인구 1억 명 인구를 먹여 살리는 장기적인 계획이 구축되어 중산층이 양파모양처럼 다시 살아나는 튼튼한 한국사회를 구축할 수 있게 됩니다.

어느 정도지만, 다 같이 대등하게 잘 살지 못하고, 빈부차가 극심하게 되면 인간의 존엄성이 가슴속 깊은 곳까지 상처받아 절망에 이르는 사회가 됩니다. 이런 나라에는 강력한 경찰력이 있어도 질서유지가 힘들어지며, 거지와 부자가 공존하는 것 같지만 사실은 공존이 될 수 없어서 분노가 폭발되는 공포사회가 갑자기 조성됩니다. 잠시라도 움직이려면 불안하게 되어 경호사업이 번창되며, 위화감(違和感)이 조성되며, 국민의 성품이 두층으로 나뉘어져서, 부유층에 종살이 하는 최악의 사회로 급하게 변화될 수 있습니다. 그렇게 되면 천박한 자본주의식 민주국가로 전락되게 됩니다.
사회주의 사상이나, 공산주의 사상들로 이념 논쟁자들만이 득실거리는, 허울만 좋은 자본주의 민주주의국가인 지금의 한국을 진정으로 이상적인 국가로 발전시키려면, 민주주의를 바로 이해시키려면, 또 자유 평등 박애가 살아 있게 하려면, 창조주를 경외하는 신앙심이 4가지(仁義禮智)를 넘어서 5가지(仁義禮智信)가 살아 힘차게 생동하는 아름다운 사회로 만들어야 합니다.

특히 지방색으로 편을 가르는 것 역시 그만 중단하고, 감정에 의한 돌출적인 행동을 하는 사람들이 아니라, 이성적이고 지성적인 사람들이 되어서 만사형통(萬事亨通)하게 하는 아름다운 행운의 정책들을 펼쳐야 합니다.
전라도 하면 빨치산 공비지역, '라도' 하면 '더블빽' '좌익사상' '연좌제'를 연상하게 하는 아름답지 못한 이미지로 소외하려는 합당한 명분이 부족한 풍조들이 있었습니다. 또 경상도 하면, 촌놈이고 우직하고, 약지 못하고, 고집세고, 사투리 강하고, 자존심 강한, 합리적이지 못한 이미지들이 선입견들을 창조했었습니다.

이러한 선입견이 사라지게 하기 위하여 '전라남도', '전라북도'라는 지리용어를 '호남남도(호남도)' '호남북도(호북도)' 또 '경상북도', '경상남도'라는 지리용어를 '영남남도(영남도)', '영남북도(영북도)'라고 새롭게 지리적인 용어단장을 하고, 통섭자(統攝者)의 영도(領導)아래 '거룩한 한마음'으로 굳게 뭉쳐서 다함께 대한민국의 아름다운 새 역사인 '제7공화국'을 출범시켜야 하는 것이 우리 모두의 소명인 동시에 책임이라 크나큰 행운이 됩니다.

여기에는 정치적으로 사회적으로 정의가 살아 있는 선진국 정당정치 시스템을 구축해야 합니다. 누구나 다 즐겁고 기쁜 마음으로 은혜와 평강 속에서 아름다운 창조주가 주신 천직을 수행하면서 다 같이 잘 살 수 있는 민주적인 사회를 수립해야 합니다. 이어서 필자와 함께 온 국민들이 한마음이 되어 튼튼한 '휴먼시장경제 시스템'을 구축해야 가능합니다.

이번 대선에는 통습(通習)하여 통섭(通涉)까지 되어서 통섭(統攝)할 능력을 갖추신 분으로, 우리나라의 정치 환경을 혁명(嚇明)할 수 있는, '정도에 어긋남이 없고 명분에 부족함이 없는 성인군자(聖儿君子)'같이 철저하게 준비되신, 현실부패정치에 물들지 않은, 전 세계 인류가 존경하고 인정하는, 창조주께서 수십 년 전부터 연단으로 예비해주신, 현 정치꾼들보다 아주 탁월하신, 절대적으로 청빈하고 신성한, '과학기술대통령'을 선거로 추대(80% 이상 득표)해야 합니다. 행복하게도 한국인으로 유럽유학으로 준비된, 세계가 인정하는, 지도자급 인물들은 많이 있습니다.

6.2. 미국 정치 환경

청교도들이 2,700만 명이나 되는 인디언들을 무자비하게 사살한 후 그 죽은 영혼들 위에 건국된 기독교 국가가 바로 미국입니다. 기독인 외에는 인간 취급을 오래 동안 하지 않은, 뿌리 깊은 인종차별, 극심한 빈부차이, 게토(Getto, 독일어: 민족 끼리 모여 사는 타운)문화 즉, 차이나타운, 코리아타운, 멕시코타운, 등등 이런 타운으로 구성되어 있는 여러 종족의 합중(合衆)으로, 그러나 아직도 완전한 국가체제에 필요한 화폐를 찍어내는 중앙은행이 없는 독특한 나라가 미국입니다.

여러 민족끼리 사는 이색타운으로 이루어진 미국에서는 LA에서는 세 번 경고를 무시하면 권총에 장전된 총알 12발을 모두 다 소모해서 즉사 시키라는 유래 없는 강력한 경찰력으로 질서를 유지하는 나라이기도 합니다.

그러나 성조기 앞에서 애국을 맹세하고 애국심을 아주 철저하게 강조하는 국가가 미국입니다. 미국시민 중에 단 한사람이라도 억류되면 백악관이 나서서 전용기를 보내어서 협상을 통해서 구출하는 나라이기도 합니다. 실제로 부시정권시절 미국시민권을 가진 한국계의 한 여기자가 북한에 억류 되었을 때, 클린턴 전 대통령이 미국 대통령 전용기를 타고 북한에 가서 협상을 한 다음, 그 여기자를 구출했던 사실을 모두가 다 잘 기억하고 있습니다.

또 6.25 사변 때 북한에서 전사한 미군들의 유해발굴을 위해 적지 않은 보상을 주고, 발굴된 유해들을 미국 국립묘지에 안착시키는 역사를 지속적으로 실시하고 있습니다. 이는 미국이 자신의 국가위상을 높이는 역사는 결코 게을리 하지 않습니다. 이런 역사들이야 말로 미국이 국력을 과시하는 기회요, 미국을 유지하는 정신이요, 미국에 대한 애국심을 키우는 원천이 되기 때문입니다.

이러한 국가위상을 위한 역사를 한국 대통령들은 너무나 소홀히 했습니다. 탈북자 문제가 바로 우리나라 정치수준을 이야기 해주고 있습니다. 동독인이 동구라파주재 서독 영사관이나 대사관에 들어오면 즉시 그 자리에서 서독인신분증을 주어서 40만 명이 무사히 서독으로 올수 있었습니다. 그러나 1980년 DJ정권시절 40만 명의 탈북자가 생겼을 때 DJ정부는 이들을 외면했으며, 탈북자들이 정치범형무소로 끌려가 총살을 당하는 것을 보고도 비판하지 않고, 오히려 북한에 동조하여 식량과 달러를 조건 없이 엄청나게 퍼주기만 했던 '햇볕정책'에 국민들은 아직도 분통을 감추지 못하고 있습니다.

우리나라 데모꾼들이 국내에서는 공권력을 무시하고 온갖 불법을 다 행하던 자도 쇠고기수입협정에 반대하기 위하여 미국 수도 워싱턴에 가서 데모할 때는, 한국에 서처럼 폴리스라인(police line)을 넘어 경찰에 대항하는 행위를 하지 못하고, 너무 잘 지켰던 이유는, 경찰경고 3번에도 불응하는 자는 현장에서 권총에 장전된 실탄 12발을 다 쏘아서 즉사시키라는 공권력이 강력한 경찰국가라는 것을 한국 데모꾼들 도 상식으로 너무나 잘 알기 때문에 총알 맞을까봐 폴리스라인을 순한 양들처럼 고 분고분 잘 지켰던 것입니다.

미국에 다녀온 한국데모꾼들도 국내에 들어오기만 하면 공권력을 무시하고 경찰을 폭행하는 짓을 겁없이 계속합니다. 우리 나라에는 정도 많고 사랑도 많아 좋지만, 국민이 정부에게 의탁한 공권력에 도전하는 무법자들만은 인정사정 두지 않는   미 국처럼 강력한 공권력을 발휘할 수 있는 경찰력으로 사회질서를 유지하도록 국민들 이 합심하여 강력하게 민주정부를 밀어 주어야 비로소 미국처럼 질서가 잡힐 것입 니다.
미국에는 이러한 험악한 정치적 환경 때문에 어쩔 수 없이 형식적으로 '다문화가 녹아 하나의 도가니 속에 용융되어 새로운 미국문화가 된 것처럼 보이게 하는 환상 을 심어주는 정치문화'가 미국사회의 질서를 유지하기 위해 '현장사살'이라는 공권 력을 쓸 수밖에 없는 현실로 진보되게 된 것입니다.

2011년 미국통계에 의하면 부자 1%가 국민소득의 1/4을 차지하고, 나머지 3/4은 99%의 빈자들의 몫입니다. 극심한 양극화 현실에 당면해, 실업으로 의식주까지 위 협받는 막다른 골목에 다다른 99%의 빈자들이 미국월가 앞에서 역사상 유례없는 불법데모로 자신들의 분노를 폭발시키고 있는 처참함이 현실로 나타난 것입니다.
부실경제의 많은 원인들 중에서 가장 실패한 정책으로, 잘못된 조세정책을 예로들 수 있습니다. 제2차 세계전쟁 후부터 지속적으로 부자들의 세금을 80%에서 25%로 내려 주는, 부자 위주의 조세정책을 펼쳐 왔기 때문에 어려움을 스스로 자초한 것 입니다.

자국화폐를 발행할 수 있는 중앙은행이 미국에는 없으므로 연방준비은행(FRB)에 의존하는 금융시스템으로 화폐유통 자체가 어느 나라보다 아주 복잡하여 어려움이 산재합니다[주1].

[주1] 연방준비은행 (Federal Reserve Banks): 미국 각지에 12개 지점이 있습니다. (보스턴, 뉴욕, 필라델피아, 시카고, 샌프란시스코, 클리블랜드, 리치먼드, 애틀랜타, 세인트루이스, 미니애폴리 스, 캔자스시티, 댈러스)연방 준비 제도를 국립은행이라고 오해하지만 사실은 사립은행입니다. [출처: 위키백과]

빈자를 위한 대책으로는 미국사회의 기부문화(寄附文化)와 자원봉사(自願奉仕)시스템을 언급할 수 있습니다.이들이 알모젠엠팽거(Almosenempfänger, 독일어)에 지나지 않는 현실입니다 [주2].

[주2] 알모젠엠팽거 : Almosenempfänger, 독일어, 부자가 동정심에서 주는 별가치 없는 선물을 수령
       받는 사람

알모젠플레거(Almosenpfleger, 독일어)들이 내 품고 있는 행위는 인간의 존엄성을 위해, 조금 대변하고 있는 것 같은 허구를 거품처럼 내뿜고 있는 셈입니다[주3].

[주3] 알모젠플레거 : (Almosenpfleger, 독일어, Almosen(동정품) 분배 물을 취급하는 사람.

서로 도와주며 박애정신으로 잘 사는 나라인 것처럼 기부문화로 위장되어서 근본문제가 해결되지 않는 허상을 극진히 칭찬하면서, 내용없는 갈채를 보내는 정치적 환경으로 미국은 지금도 위장하고 있습니다. 이러한 기부문화는 동정품(Almosen)을 빈곤층에게 나누어 주는 것으로, 마치 거지에게 푼돈 몇 푼 주고는, 갈채를 요구하는 궤휼(詭譎)의 사회인 것입니다. 이들이야말로 바로 성경에 나오는 외식(外飾)하는 위선자(僞善者)들입니다.

단지 자본 앞에 평등한 자본주의 사회로 인기가 존엄성보다 먼저이고, 돈이 인간을 멸시하는, 돈이 사람을 지배하는 사회로 진화된 극도로 비정한, 또 금융신용으로 사람을 길들이기 위해 사회적인 질서유지의 골수무기(신용불량)로 사용하는 사회입니다. 이러한 행동들이 인간의 존엄성을 파괴함에도 불구하고 지극히 정상인 것처럼 강조하는 위선적인 자본주의 국가가 유감스럽게도 바로 아름다운 나라 미국(美國)입니다. 미국은 인간의 존엄성 앞에 평등하고, 홍익정신으로 배려하는 한국(韓国)의 고유문화를 언젠가는 수입해야 영원히 생존할 수 있다는 엄연한 사실을 잘 터득해야 할 것입니다.

그동안 우리가 미국정책에 생각없이 복종해 왔으며, 미국문화를 최상으로 여기는 어리석음을 정신없이 발휘하는 주책이 없었습니다. 그 결과 우리의 숭고한 교유문화가 초토화되도록 맹렬하게 강타 및 강탈을 당하여 아주 심한 상처들을 너무 많이 입었습니다.
한 예로 미국에서는 등록금이 없으면 대학을 꿈도 못 꿉니다. 인간이 능력 앞에 평등한 것이 진리가 아니라, 돈 앞에 평등이 전제 되고, 돈에 따라 대접받는 나라, 신용이란 족쇄를 채워놓은 비인간적인 시스템들이 마치 아주 사회적인 시스템들인 것처럼 착각하게 하는 정책들을 펼쳐가는 사시이비, 민주주의의 아름답지 못한 향

기를 만연하게 내뿜고 있는 나라가 현존하는 미국입니다.

부모가 돈이 없으면 아무리 똑똑해도 대학을 가기 힘든 사회는 인간의 존엄성이 말살된 승자독식(勝者獨食)의 약육강식(弱肉强食)의 동물사회(動物社會)나 다름이 없습니다. 국민교육은 국가가 책임져야 할 최우선적인 으뜸의무입니다. 학교교육을 사학에 맡기는 나라는 국가로서 책임들을 사학들에게 배정한 그 만큼 다하지 못한 인간의 존엄성이 공핍된 영(콩)적으로 아주 뒤처진 나라입니다.

성인이 되기 전에 교육만은 누구에게나 평등하게 능력에 따라 최상의 공부를 할 수 있는 정책을 펼치는 국가가 정상적인데, 우리나라 위정자들은 미국사회의 황금만능주의가 가슴속 깊숙이 자리 잡고 있어서, 완벽한 국가로 아직 자리 잡지 못한 미국의 모든 것, 정치 사회 교육 문화 등등, 심지어 우리에게 치명적인 해가되는 제도까지 60년 동안 맹목적으로 따라가는 엄청난 우(愚)를 범했습니다.

유감스럽게도 아직도 같은 우를 계속적으로 속도를 더해가면서 범하고 있습니다. 미국에 맹종하는 이것이야 말로 정치후진국에서 아직도 몇 걸음도 벗어나지 못하고 있는 승자독식의 사회에서 비참한 현실이 아닐 수 없습니다.

이러한 미국의 정치적인 환경을 참고하면서 우리들은 미국을 무조건 따라갈 것이 아니라, 우리들은 고유(固有)의 숭고(崇古)한 고유철학(高猷哲學)을 잘 보존(保存)해 가면서 시대에 합리적(合理的)인 대한민국의 정치문화(政治文化)를 스스로 창조(創造)해 나가야 합니다.

차기 과학기술대통령은 최우선적으로 주택, 교육, 일자리는 정부가 전적으로 책임지고 국민들에게 제공해야 하는 정책을 유럽 선진국보다 더 철저하게 펼쳐나가야 합니다.

의식주는 정부가 국민들에게 반드시 배려 해주어야할 최우선 기본권이라는 것을 차기 과학기술대통령은 지각(知覺)하고 해결(解決)해야 합니다.

국민 스스로 지각(知覺)해서 스스로 계몽(啓蒙)되고 스스로 계발(啓發)하며 국민 스스로 지각(知覺)을 경영하는 정치적인 환경을 만들어 줄 수 있는 통섭(通涉)된 과학기술대통령을 국민의 권리인 닥아 오는 12월 19일 대대적으로 선거를 통한 추대(지지율 80% 이상) 하여 그에게 통섭(統攝)할 수 있는 막대한 힘을 실어 주셔야 합니다.

6.3. 독일 정치 환경

독일이 세계 대전을 두 번씩이나 치르고도 처참한 폐허 속에서 반세기 만에 다시 세계최강의 경제대국으로 회복할 수 있었던 것은 독일민족(German)의 국민성과 교육제도가 뒷받침했기 때문입니다.

특정인이 아닌 독일국민의 일반적인 성향을 살펴보기로 하겠습니다.

필자는 독일에서 15년 이란 오랜 유학생활을 했기 때문에 자신만이 완미고루(頑迷固陋)된 내용을 서술할 수 있는 위험이 있어서, 이 내용 만큼은 충분힌 객관성을 갖기 위하여 인터넷에 오른 여러 글들 중에 가장 객관적으로 서술된 글을 인용하였음을 참고하여 주시길 솔직히 부탁합니다[주1,2].

[주1] 완미고루(頑迷固陋): 완고(頑固)하여 사물(事物)을 바로 판단(判斷)하지 못함

[주2] '독일국민의 일반적인 성향' 출처: http://blog.naver.com/paradox1223/120026569854

첫째 질서 지향적입니다.

독일인들은 자동차를 몰고 다닐 때나 거리를 걸어 갈 때 질서를 지키는 것을 당연한 것이라고 생각하고 행동합니다. 공공장소에서 교과서적으로 질서를 지키는 민족입니다. 질서를 어기거나 예의에 어긋나는 것이라고 판단이 되면 항의를 하거나 주의를 줍니다. 이웃집 사람이라도 불법이라고 판단되면 단호하게 경찰에 신고합니다. 따라서 개인적으로 친한 것과 법률을 준수하는 것을 구별합니다. 특히나 개인주의가 생활화되어 있기 때문에 개인의 사생활을 침해하거나 참견하지 않습니다. 친구 사이라도 지킬 것은 지켜야만 합니다.

둘째 : 검소하면서도 합리주의적입니다.

집이나 가구는 튼튼하고 호화롭고 값비싼 것을 선호하지만 쓰고 버리는 식의 성향은 없습니다. 재활용은 독일의 특징입니다. 모든 물건은 재활용이 가능한 한 모두 합니다. 자신에게 필요 없는 물건은 벼룩시장을 통해서 팝니다. 벼룩시장에 모이는 사람이 가난한 사람들은 아닙니다. 부유하거나 가난하거나 재활용은 생활이기 때문입니다. 독일에 벼룩시장에 가면 버릴 수도 있는 물건들이 매우 많습니다. 부모들은 어릴 때부터 아이들에게 이러한 교육을 시키기 때문에 연필 몇 자루를 가지고 나온 어린이도 흔히 볼 수 있습니다.

셋째 : 근면하지만 합리적인 휴식을 취합니다.

노동과 휴식이 시간적으로 명확히 구분되어 양자의 혼동을 볼 수 없습니다. 이것은 독일 장인(匠儿)의 손으로 만들어진 정교하고 튼튼한 독일제품으로 상징됩니다. 정해진 시간에만 일을 하기 때문에 한국 경영자들은 초기에 적응하기가 매우 어렵습니다. 초과 시간의 노동을 강요하거나 한국에서는 당연하게 받아들여지는 근로문화를 독일에서 실행하면 경찰의 조사를 받습니다. 한편 휴식 때에는 휴식과 함께 가족생활을 누리는 건실한 생활양식을 보이고 있습니다.

독일의 휴가는 세계에서도 가장 깁니다. 근로자들은 생각할 수 있는 모든 휴가를 받을 수 있습니다. 남자도 아내가 출산을 하면 출산휴가를 받습니다. 뿐만 아니라 여름휴가도 매우 깁니다. 그럼에도 불구하고 독일에서 생산된 제품은 세계적인 경쟁력을 보유하고 있습니다. 노동시간과 제품의 질은 무관하다는 것을 보여줍니다. 보도블록을 수리하는데 한국에서는 하루면 끝나지만 독일에서는 3~4일씩 하기도 합니다. 일을 지연시키는 것이 아니라 수리공 마음에 들 때 까지 철저하게 하기 때문입니다. 근면함과 일을 빨리 끝내는 것과는 관계가 없는 것입니다.

넷째 : 꼼꼼하고 이치를 밝히는 기질이 있으며 깔끔한 것을 좋아합니다.

이것은 일정표에 따르는 생활리듬, 고집스러울 정도의 자기주장, 논쟁을 좋아한다는 점, 정연한 거리와 반들반들하게 닦은 유리창과 깨끗한 부엌 등에 잘 나타나 있습니다. 독일인들이 일을 하는 장소는 언제나 깨끗합니다. 주변정리를 항상 하기 때문에 바쁜 가운데에서도 혼란하지 않습니다. 만들어 내는 제품은 일정한 품질을 갖고 있으며 일정한 수준에 도달하지 않으면 판매하지 않습니다. 이를 장인정신이라고도 하는데 독일의 전반적인 경제의 경쟁력은 장인정신에 있습니다.

독일인들은 논쟁을 매우 좋아합니다. 학교에서도 논쟁을 오랜 시간동안 실시합니다. 어떤 주제를 가지고 자신만의 논리를 전개하고 또한 타인의 주장을 받아들입니다. 이러한 전통은 독일인들을 논리적인 사고를 하게 만들었습니다. 논쟁을 위해서는 독서량이 매우 중요하기 때문에 독일인들의 독서량(독일국민 1인당 연간 교양도서 독서량은 3,000 페이지)은 매우 많은 편입니다[주].

[주] 독일국민 1인당 교양서 독서량은 연간 약 3,000페이지입니다. 진실로 은혜 하는 국민여러분!
     한국국민 1인당 교양서 독서량은 연간 약 3 페이지입니다. 부끄럽지 않게 최소한 4,000 페이는

읽읍시다. 독서량은 그 나라의 국민지성수준 입니다.
한국 사람들은 독서하기를 아주 싫어해서 스스로 독서를 통한 공부하기를 싫어합니다. 그러므로
독서량이 적어서 진리를 알 수 없습니다. 그러나 진리를 아는 체는 하는 품이 능청맞을 정도로
아주 잘 합니다. 노력은 안 해서 중책을 감당할 수 없는 사람들조차도 분수는 모르고 좋은 자리
에는 앉고 싶어 하는 사람들이 바로 한국 사람임을 6.1.에서 인터넷은 말하고 있습니다.

다섯째 : 철저하게 규정을 준수합니다.

정확함은 독일인의 대표적인 특징인데 이러한 철저함은 여러 곳에서 발견됩니다.
교통편 시간은 물론 생활에서 각종 시간은 면도날 같이 지켜집니다. 늦거나 지연되
는 법은 없습니다. 규정을 만들 때도 합리적으로 만들지만 만들어진 규정은 철저하
게 지킵니다.
한국에서는 사소하게 넘어갈 문제도 독일인들은 심각하게 고려를 합니다. 규정과
규율을 엄격하게 준수하기 때문에 서양의 농담에 독일인들이 나오면 군인처럼 행동
한다는 식의 글을 볼 수 있습니다.
이와 같은 일련의 독일인의 기질은 그들의 엄격한 성향을 대변하는 것입니다.

단점도 있는데 관료주의(Bürokratismus)가 그것입니다. 너무나 완벽한 체계를 중요
시 하다 보니 명령에 충실하고 그것을 중요하게 생각합니다.

독일과 한국 그리고 프랑스 학생들이 낙하훈련을 받을 때 교관들이 뛰어내리게 하
는 지시사항이 다르다는 에피소드가 있습니다.
독일 훈련생에게는 "이것은 명령이다!"라고 하고, 한국 훈련생에게는 "성적에 반영
된다!" 하고, 프랑스 훈련생에게는 "휴가 준다!" 라고하면 바로 뛰어 내린다는 내용
인데 독일인들의 일반적인 의식을 말해준다고 할 수 있겠습니다.

여섯째 : 독일인은 음악을 사랑하는 민족이기도 합니다.

"독일에는 명곡(名曲)은 있으나 명화(名畵)는 없다."는 말이 있을 정도로 독일인은
음악을 애호합니다.
그것은 맥주 집에서의 합창이나 교회의 수준 높은 서민합창단으로도 알 수 있습니
다. 질서와 권위, 근면과 검소, 견실과 청결, 그리고 강한 자기주장과 함께 넘치는
음악성, 이 말들 속에서 독일인의 국민성을 엿볼 수 있습니다.

일곱째 : 독일의 모든 시스템은 체계적이며 완벽하다는 것을 자랑으로 생각합니다.

예를 들어 기차의 도착시간은 거의 완벽에 가깝게 지켜집니다. 빨리 오는 경우도 드물고 늦게 오는 경우도 드뭅니다.
ICE의 열차사고는 독일인들의 자존심에 치명적인 상처를 입혔다는 기사를 본 적이 있을 것입니다.
하나의 사고가 자존심의 상처를 입힌다는 표현은 시스템의 완벽에 기울이는 노력을 엿볼 수 있습니다.

여덟째 : 독일인들은 보수적입니다.

보수적인 것이 개방적인 것과 반대되는 개념으로 받아들이면 안 됩니다. 그것은 자신이 가지고 있는 문화, 자연, 건물, 물건들을 아주 소중하게 생각한다는 것으로 받아 들여야 합니다.
독일인의 자연보호정신은 세계적입니다.
그리고 그들은 문화재를 소중히 하는 데도 정평이 나있습니다.
전쟁의 피해를 복구하는데 있어서도 옛것을 그대로 복구하는데 노력을 기울였습니다. 뿐만 아니라 자연환경을 파괴하지 않고 그대로 두는 것을 중요하게 생각합니다. 그리고 자신의 고장에 대한 자부심도 대단합니다.

그것은 독일의 역사와도 관계가 있는데 독일의 통일은 매우 늦었으며, 통일 이후에도 주(Land)별로 독특한 체제를 유지했습니다.
독일의 행정체계와 독일의 역사를 살펴보면 독일이 지방색이 매우 강할 수밖에 없는 이유를 알 것입니다.
특히 남부와 북부 간에 존재하는 이질감은 언어에서도 차이가 나며, 서로 간에 외국인이라는 느낌까지도 갖습니다.
이것은 배타성으로 간주될 수 있는데 외부의 접근을 반기지 않는다고 생각할 수도 있을 것입니다.

필자가 독일에서 15년 동안 경험한 많은 내용들을 기록하기에는 몇 권의 책으로도 부족할 것입니다. 미국영화에서 항상 히틀러라는 독재자를 비방하는 작품들을 많이 접하면서 어린 시절을 보낸 필자 역시 독일로 유학하기 전에는 독일 사람들을 곱게 만 보지 않았습니다.

모두 히틀러나 나치 같은 사람들만 사는 줄 알았습니다. 그러나 그 당시에는 아주 무지(無知)하면서 엄청 무지(無智)한 판단(判斷)을 스스로 내렸던 것입니다.

우리 국민들은 필자가 어린 시절에 독일에 무지(無知) 했었던 것처럼, 아직도 독일을 잘 모르고 있습니다.

그리고 미국 이야길 하면 당연시 하며 잘 듣고 있지만, 독일 이야기만 나오면 어찌 되었는지 화부터 내는 한국국민들이 대부분입니다. 왜 그렇게 잘못 인식하고 있는 지 21년 전 1991년에 독일 유학에서 귀국했을 때에는 그 연유를 잘 몰랐습니다. 그러나 21년이 지난 지금에서야 그 연유를 알았습니다.

우선은 히틀러와 나치를 비방하는 미국영화의 편향적인 나쁜 영향 때문에 독일에 대한 나쁜 이미지를 국민 누구나 가지고 있다는 점입니다. 다른 이유는 독일에 대해서 진실을 전혀 모르니 관심이 없다는 뜻으로 반감을 나타내는 것입니다. 10년전 까지만 해도 미국은 자주 다녀도 독일을 자주 오가는 사람이 적었기 때문에 교류할 수 있는 시간이 부족했기 때문입니다.

우리나라에는 "6.1. 한국 정치 환경"에서 여섯 번째 서술된 "6. 외교적인 환경: 미국위주 외교, 유럽외교 전무"라는 사항을 지적하고 있습니다. 우리 국민들은 "진리를 듣고 싶은 것이 아니라, 자신이 듣고 싶은 것만 듣고, 판단하고 싶은 것만 판단하는, 아집을 집요하게 갖고 있는 편향이 너무도 강하기 때문에 특히 미국에서 유학한 사람일수록, 스스로 지성인임을 자부하는 사람일수록, 독일에 대해서는 아주 배타적입니다. 왜냐하면, 그들은 자신이 수십 년 동안 진리라고 믿었던 학문적인 견해가 진리가 아님이 밝혀지는 것을 너무나 두려워하고 있기 때문입니다.

예를 들어서 말씀 드리면, 우리국민은 우리나라가 경제개발을 시작할 때 미국의 원조가 종자돈(seed money) 역할을 한 것으로 착각하는 사람들이 아주 많습니다. 미국은 원조를 할 때 굶주린 배를 잠시 채울 수 있는 죽은 생선만 주었습니다. 그러나 독일은 생선 잡는 기술과 나라가 일어날 수 있는 국가경제부흥을 위한 밑천인 종자돈(seed money) 즉, 개발자금(資金)까지 주어서 한국이 경제개발을 시작해서 일어날 수 있도록 지원해 주었습니다. 우리들이 지금 선진국 운운할 수 있는 것도 다 독일이 한국의 미래를 구축할 수 있도록 충실하게 도와주었기 때문에 당시에 불가능 했던 것들이 오늘날 다 가능할 수 있었던 것입니다.

더 자세히 이야기 하면, 1961년 군사혁명을 성공한 독재자는 미국대통령 케네디를 만나서 종자돈 5,000만 불을 빌리려고 워싱턴엘 갔으나 케네디 대통령은 쿠데타의 주역을 아주 무시하여 만나주지도 않았습니다. 그 당시 5,000만 불만 있으면 국토 개발을 시작할 수 있었기 때문입니다. 그러나 그는 성과 없이 호텔에서 눈물만 흘리고 돌아왔습니다.

그 후 그는 독일을 방문했었습니다. 이번에는 농업 및 지질공학을 전공한 독일 뤼브케(Heinrich Lübke) 대통령께서 그를 정식으로 초청해 주셨기 때문에 미국 갈 때 보다는 전혀 다른 국빈예우를 받을 수 있었습니다[주].

[주] 칼 하인리히 뤼브케(Karl Heinrich Lübke (1894년-1972년)는 독일의 정치가로서 1953년부터
     1959년까지 콘라트 아데나워 내각의 농림식품부 장관을 역임하고 1959년부터 1969년까지
     서독 대통령을 지냈습니다.

그 1960년 당시에는 우리나라가 워낙 가난하여 어느 대학을 나와도 일자리가 없었습니다. 산업이 없었으니 일자리가 있을 수 없었습니다. 서독에서 한국에 광부와 간호사를 모집했었습니다. 당시 필자가 초등하교 5학년 때 일이었습니다.

서독광부로 채용되면 출세했다고 했었습니다. 광부채용선발 경쟁률이 무려 25:1이 넘었다고 합니다. 서울대 연대 고대 한양대 할 것 없이 많은 대졸실업자들이 서독으로 향했습니다. 주로 지금 70대의 사람들이었습니다. 간호사는 근무환경이 광부보다는 더 좋은 조건이였습니다. 그는 독일방문 시 광부들과 간호사들을 방문 했었습니다. 그리고 독일의 광산촌인 루르지방에서 고생하는, 검은 석탄가루가 묻은 얼굴의 한국의 명문대학을 나온 석탄광부들의 검은 손을 꽉 잡고 눈물을 흘렸습니다.

루르지방(Rurgebiet)에서 뤼브케 대통령의 전용차에 동승하고 당시 수도인 본(Bonn)으로 가는 고속도로 위를 달리는 동안에도 그의 눈물이 그치지 않았습니다. 가난해서 우리 대학의 최고 엘리트들이 탄광에서 고생하고 있는 모습에 슬퍼서 눈물을 한없이 흘렸다고 합니다. 동승한 뤼브케 대통령은 손수건을 주시면서 '각하 우리 독일인이 한국을 도울 것입니다.' 눈물을 거두시라고 하시면서 위로 하셨다고 합니다. 냉혹한 독재자(獨裁者)로 피도 눈물도 없는 사람으로 생각했던 뤼브케 대통령은 그의 눈물을 보고 인간적으로 깊은 감동을 받으셔서 한국을 돕는데 앞장을 서셨습니다.

그러나 독일에서 돈을 빌리려니 담보할 것이 한국에는 아무것도 없었습니다. 독일에서 돈은 빌려주고 싶은데 독일 법적으로 빌려줄 방법이 없었습니다. 그때 세계역사상 말도 안 되는 조건, "한국광부들과 한국간호사들의 봉급을 담보,"로 독일에서 미화 1억5천만 불을 차관 받을 수 있었습니다. 말도 안 되는 조건이지만 독일정부는 한국정부를 돕기 위해서 기꺼이 동의를 했었습니다. 당시 국민소득이 약 60불도 안 되는 당시에 미화 1억5천만 불은 엄청난 자금으로, 경부고속도로를 건설하는 것을 시작으로 국가재건에 박차를 가할 수 있는 크나큰 종자돈이 되었습니다.

미국에서 5천만 불 빌리러 갔다가 서러움만 받고 온 역사를 기억하면, 우리나라 대한민국 국민들을 독일이 우리 경제를 살리는데 밑천인 종자돈(seed money)을 대준 엄청난 역사적인 사실을 잘 아는 사람들은 많지 않습니다.

그러므로 우리는 당시 서독에서 광부로 간호사로 일하신 분들에게 한국정부는 물론 온 국민들은 영원히 감사해야 합니다. 조국을 가난에서 구할 수 있었던 미화 1억5천만 불을 차관하는데 담보를 제공한 자랑스러운 수많은 큰 영웅들의 힘이었음을 진정으로 가슴속 깊이 두고두고 인정해 주어야 합니다. 60년대 내내 독일의 도움으로 지금 한국인 일인 GNP는 독일(35,000$)과 겨우 6,000불 차이로 근접했습니다.

아! 아! 아!
서독 광부와 간호사들이여!

이분들이 없었다면 우리는 분명히 이렇게 빨리 10대 경제 강국으로 부흥하기에는 역부족이었을지도 모릅니다. 우리 국민이 꼭 올해 필히 해야 할 큰 중대사는 "승자(勝者)가 독식(獨食)하는 정책을 불허하여, 빈익빈(貧益貧) 부익부(富益富)되는 양극화현상(兩極化現狀)을 타개(打開)하실 수 있는 능력(能力)이 충만(充滿)하신 통습(通習)되고 통섭(通涉)된 신성(信聖)하신 과학기술대통령(科學技術大統領)을 선거로 추대(推戴)하여 나라를 통섭(統攝)하시게 하는 것입니다.

우리들은 역사적인 진리 앞에서는 늘 겸허해야 합니다.
그리고 우리가 잘살기 위해서는 또한 독일처럼 어떤 난관들도 극복해서, 세계에서 으뜸가는 나라가 되기 위해서는 독일정책을 분석하고 연구하면 배울 점이 적지 않음을 알 수 있습니다. 이상적인 국가를 만들기 위해서 정치 분야에서도 버릴 것은 버리고, 채택할 것은 채택하는 냉철한 벤치마케팅(cool bench marketing)을 반드시 해야 합니다.

제7장에서 대한민국을 지금의 난국에서 구할 수 있는 구체적이고 합리적인 지혜로운 정책들을 제시합니다.
국민들이 이 책을 꼭 읽고 마음속으로 힘을 모아주신다면 우리 나라는 세계최고의 정당정치가 실현되는 행복한 '으뜸민주국가'를 건설할 수 있습니다.

은혜(恩惠) 하는 국민 여러분!
위기(危機)는 바로 기회(機會)이기도 합니다.
대한한국의 정치위기는 정치선진국으로 가기 위한 하나의 필수과정(必須科程)입니다. 이 난국을 통해서 현명한 우리 국민들의 인식이 올바로 설수 있는 절호의 전화위복(轉禍爲福)기회라고 필자는 확신하고 있습니다.

세계의 경제위기와 독일의 국제적 위상

미국 투자회사 리먼 부러더스(Lehman Brothers) 동부 시간으로 2008년 9월 15일, 약 6천억 달러($613 billion)에 이르는 부채를 감당하지 못해 파산신청을 했습니다. 이 파산으로 촉발된 경제위기는 처음부터 월가(Wall Street)를 중심으로 한 미국 금융/투자회사의 방만한 허기성(詐欺性) 부실경영에 기인하는 것이었습니다.

[2008년 미국의 경제위기]

오늘의 미국자본주의를 '야바위 자본주의'라고 부르는 이유도 여기에 있습니다.
1997년 IMF 사태 이후 한국도 이런 '야바위성'에 상당히 물들었다고나 할까[주1].

[주1] 야바위: 협잡으로 그럴듯하게 꾸미는 일. ~에 속다. 남의 눈을 속여 협잡을 꾸미다.

이번 그리스의 경제위기는 금융시장을 통해 먼저 촉발된 것이 아니라. 정부의 재정
정책에서 문제가 생긴 것입니다. 그리스 정부가 발행한 국채규모가 GDP의 150%를
넘어서고, 이들 국채는 대부분 유럽의 다른 나라 금융기관에 팔았습니다. 그리스
정부는 이 국채를 팔아 무엇을 했느냐? 공장을 짓고 도로를 닦는 등 생산적인데 쓴
것이 아니라, 오로지 먹고 마시는 국민의 복지를 위해 다 썼습니다. 그리스의 위기
는 국가의 장래를 예측하지 못한 정말로 무능하고 못난 정치지도자의 엄청난 직무
유기(職務遺棄) 입니다.

정치가 극단적인 포퓰리즘(대중영합주의, populism)으로 흘러 국민들을 놀고먹게끔
만들었다고나 할까? 복지에 길들여진 국민들은 정부더러 계속 돈을 풀어 복지를
늘리라고 요구합니다. 그러나 정부는 자기네 국채가 채권시장에서 휠값이 되는
마당에 계속 돈을 풀 수는 없는 노릇입니다. 그래서 긴축정책이라도 쓰면 국민은
또한 못살겠다고 소돔과 고모라처럼 아우성들입니다. 아테네 거리를 휩쓰는 이성을
망각한 폭력 데모대의 모습이 그것입니다[주2]. 의인(義儿)이 사라진 불쌍한 그리
스 국민들이여 EU들 어찌하오리까?

[주2] 출처: 성균관대 경제학과 李大根 명예교수님 글 중에서

우리나라의 국민 성향을 보면 그리스를 평가할 자격이 있는지? '생계형 빚에 허덕
이는 가구가 56.2%' 한국은행은 분석했습니다[주3].

[주3] 출처: 포커스신문 제2198호 2012년 4월 3일 화요일, "생계형 빚 허덕"

현대경제연구원에서 설문조사에 의하면, 4·11 총선 때 여야 정치권이 쏟아낸 '장
밋빛 무상공약'에 국민 65%가 "포퓰리즘이 맞지만 찬성"입니다.
공약을 접하는 많은 사람들의 생각은, 혜택은 받고, '부담 나 몰라'라는 '이중성'을
갖고 있는 '우선곶감성향'에 빠진 것으로 나타났습니다.
우리나라에서도 정치꾼들이 우선 '포퓰리즘'을 의식한 복지정책을 국민의 요구에
따라 펼친다면, 몇 년 후에는 그리스처럼 되는 것은 당연지사일 것입니다.

그리스와 같은 불행을 막기 위하여 통섭된 정치지도자가 미래를 예측해서 복지정책

을 아주 신중하게 다루어야 하며, 국민들이 요구하더라도 국민을 계몽시켜가면서 지속적으로 감당할 수 있는 합리적인 복지정책을 독일처럼 펼쳐나가야 합니다. 복지정책에는 반드시 금금절약(錦衾節約)의 사회분위기가 필수조건으로 수반(隨伴)되어야 지속 가능합니다[주4].

[주4] 출처: 포커스신문 제2198호 2012년 4월 3일 화요일, "내 돈 내면 안 돼 두 얼굴 복지셈법"

북한의 장거리로켓(장거리미사일·광명성 3호) 발사 비용이 북한 주민1900만 명의 1년 치 식량을 사는 돈과 맞먹는다는 분석이 나왔습니다. 정치지도자의 선택에 따라 그 나라 국민들이 배불리 먹을 수도 있고, 굶을 수 도 있는 것이 냉혹한 정치현실입니다[주5].

[주5] 출처: 포커스신문 제2198호 2012년 4월 3일 화요일, "'광명성3호' 쏘는 데 8억5천만弗…북한
         주민 1,900만 명 1년 치 식량"

2008년 미국의 경제위기가 왔을 때 독일은 1조5,000억 불($)이라는 거금으로 미국의 국가부도를 막아주는 대신에 미국은 독일이 요구하는 금융관련 6가지 조건을 들어 주기로 약속했었다.

그중에 가장 중요한 것 두 가지는?

첫째: 스위스 은행의 비밀계좌의 주인들을 밝힐(실명)것과
둘째: 면세정책을 쓰는 나라(예: 모나코)가 없도록 할 것 이었습니다.

그래서 미국은 비밀계좌의 주인들의 명단을 이미 발표를 했으며, 한국도 멀지 않아 발표될 것입니다. 독일 메르켈(Frau Kanzlerin Dr. Angela Merkel) 수상은 세계의 돈들이 불법으로 유통되는 것을, 그 누구도 손댈 수 없었던 국제적인 고질적 병폐를 아주 철저하게 뜯어고친 것입니다.

지금 유로존의 경제위기에서 독일은 유럽재정안정기금(EFSF)의 29%를 담당하고 있습니다. 독일이 PIGS 국가들의 국가재정의 부도를 막아주고 있는 셈이다[주6].

[주6] 유럽재정안정기금(EFSF)이란, 유럽연합이 재정 위기에 처한 회원국들을 지원하기 위해 설립한
     비상기금입니다. 유럽재정안정기금은, 그리스를 포함한 포르투갈, 이탈리아, 아일랜드, 그리스,
     스페인(PIIGS) 국가들의 재정위기가 타 유럽국가들로 번지는 것을 막기 위해, 2010년 5월 9일
     EU 27개 회원국 재무장관들이 브뤼셀에 모여 결성하기로 합의했습니다. 유럽재정안정기금의
     본부는 룩셈부르크에 있습니다. 기금 규모는 4,400억 유로이며, 독일과 프랑스의 분담 비율이

절반에 달합니다. 또한, 유로존 국가들은 해당 지역 내 금융안정체제인 유럽재정안정기금 (EFSF)을 국제통화기금(IMF)과 같은 강력한 금융지원 기구로 강화하는 것에 합의하였습니다.

중국은 1972년 서독, 1989년에 미국, 그리고 1992년 8월 24일 한국과 수교했습니다. 이 세 나라 중에 중국과 가장 가까운 나라는 독일입니다. 독일은 1979년 벤츠 그룹 소속인 'Intertraffic'란 회사가 중국국토개발 15개년 계획을 해주었습니다. 그 때부터 교역이 본격적으로 진행되었으며 독일은 오스트리아, 스위스 (독일어 공용어 국가들)와 함께 중국에 2,400개의 회사가 진출해서 중국경제발전에 엄청난 기여를 했습니다. 그래서 중국은 많은 시행착오를 줄일 수 있었습니다. 그 결과 중국은 국가산업의 알킬레스 건들은 독일에 의존하게 되었습니다.

그리고 중국에는 KS(한국표준) 나 JIS(일본표준)처럼 국가고유의 산업표준을 제정하지 않고 독일산업표준인 (DIN, Deutsch Industrie Norm)을 라이선스로 쓰고 있어서 중국에 수출하려면 DIN을 기준해서 생산해야 합니다. 이는 중국이 독일로부터 선진공업규격을 받아드리므로 큰 혜택을 보는 현명한 정책이 아닐 수 없습니다.

세계표준(ISO, International Standard Organization)의 대부분을 차지하는 DIN을 택하므로 독일에 예속은 막을 길이 없으나 가장 발달된 독일규격을 택하므로 따로 국제표준에 대해서 대책을 세울 필요성은 줄어들었습니다. 중국은 일본(JIS)과 미국 (ASA)의 산업표준을 쓰지 않으므로 일본과 미국으로부터 산업시스템예속을 막았습니다. 한국은 JIS의 시스템을 쓰고 있어서 경제개발 초기부터 일본에 예속되어 있었습니다.

표준에 관한 결정으로 중국의 경제성장은 독일의 산업표준의 힘으로 구축되었으며, 독일이 아주 중요한 중국산업의 핵심부분에 중추역할을 하고 있습니다. 중국과 독일이 한 팀으로 합작된 셈이고, 미국과 일본이 한 팀으로 합작된 셈입니다.
 중국은 과학기술 분야에서 독일의존도는 적지 않습니다. 중국이 가장 중요하게 맞이하는 사람은 독일 수상입니다. 중국은 '독일시스템'이라는 확실한 실리를 택한 나라입니다.

필자가 이러한 내용을 소개하는 이유는, 이러한 사정을 알고 있어야 합니다. 그래야 앞으로 우리가 중국을 움직이려면 독일을 먼저 움직여야 중국이 움직인다는 사실을 터득하게 됩니다. 우리 나라는 미국과 관계가 야단법석이라면, 독일과 관계는 소리 없이 실리적이며 정도에 어긋나지 않고 명분에 충실하게 처신해야 합니다.

독일의 4번째 수출국이 바로 한국입니다. 약 30조원의 독일제품들이 한국으로 수입됩니다. 독일과 한국의 관계는 상호협조에 신중을 기했으므로 탄탄하게 쌓아 왔습니다.
여수해양 엑스포에도 어느 나라 보다 더 독일은 적극적입니다. 그리고 특별히 6월 15일에는 "독일의날" 행사가 있었습니다. ADeKo(독일에서 유학한 석·박사 2만 명의 동창들로 구성된 한국독일동문네트워크)는 한독상공회의소와 함께 여러 회원님들은 이 행사에 초대되었습니다.

옛날에는 유럽에서 공부한 인재들의 수가 미국 유학생에 비해 엄청 적었습니다. 그러나 지금은 한국정치인 전부를 유럽서 공부한 사람으로 교체해도 될 만한 충분한 인재들이 준비되어 있음을 확실히 알려드립니다. 유럽처럼 확실한 정당정치로 선거에 돈이 들지 않는, 독일처럼 정치자금이 전혀 필요 없는 정당정치가 실현되면, 정치등용문이 활짝 열리게 되어서 유럽에서 제대로 공부한 훌륭한 사람들이 등용되게 됩니다. 그러면 그들이 한국을 정치선진국으로 만들어 줄 것입니다.

'정치등용문 열리게 하는 것 즉, 정치혁명이 성공하는 것,' 그 자체가 이 책을 쓰는 책임이기도 합니다. 정치혁명의 일환으로 개헌하여, 실력 있고 청빈하며 능력이 출중하여, 통섭된 참신한 사람들이 등용되면, 우리도 정치선진국이 될 수 있습니다. 이러한 진실을 우리 국민들이 가슴깊이 인식하여 주시면, 잘사는 나라로 확 바꿀 수 있는 참신한 인재들이 등용되게 됩니다.

이번 대선에 유럽선진국가의 정치재단에서 지도자의 길을 수십 년간 완벽하게 밟아온 통섭(通涉)된 인물을 추대하게 되면, 한국에서도 진정한 지구촌에서 앞선 선진 민주주의가 실현될 수 있게 됩니다.

앞으로 오는 12월 19일 대선 일에 국민들이 유럽에서 공부하고 정치재단에서 완벽한 지도자로 육성되고 준비된 과학기술을 비롯하여 이과 문과 모두 통습(通習)되고 통섭(通涉)된 인재를 '대통령'으로 올바르게 선거추대(80%이상 득표)하는 것이 대단히 중요합니다[주7].

[주7] '선거추대'란? : 선거를 통해서 80%이상 득표 시에 추대로 인정합니다.

제7장
대한민국의 정치 이상

우리는 대한민국에 가장 합당한 정당정치가 실현되는 이상적인 지구촌 최고의 민주국가를 창조해야 합니다. 이는 유럽보다도 미국보다도 더 훌륭한 민주국가를 창조해야 한다는 뜻입니다. 필사는 33년간 탐구(探求)하고 탐구(探究)해서 헌법, 국회, 언론의 의무와 책임을 중시하는 세계최고의 민주국가 건설을 위한 지혜들 즉, '정도에 어긋남이 없고 명분에 부족함이 없는 새로운 정치시스템'을 최선을 다해서 창작한 내용을 이 장(章)에 전개(展開)하고자 합니다.

최우선적으로 펼쳐야 할 정책은 중산층을 하루속히 튼튼하게 회복하는 것입니다. 그리고 회복된 중산층(中産層)의 폭을 넓혀 서민층과 부유층 즉 하층과 상층은 극소수가 되는 정책을 펼쳐서 마치 양파와 같은 사회를 만들어야 합니다.

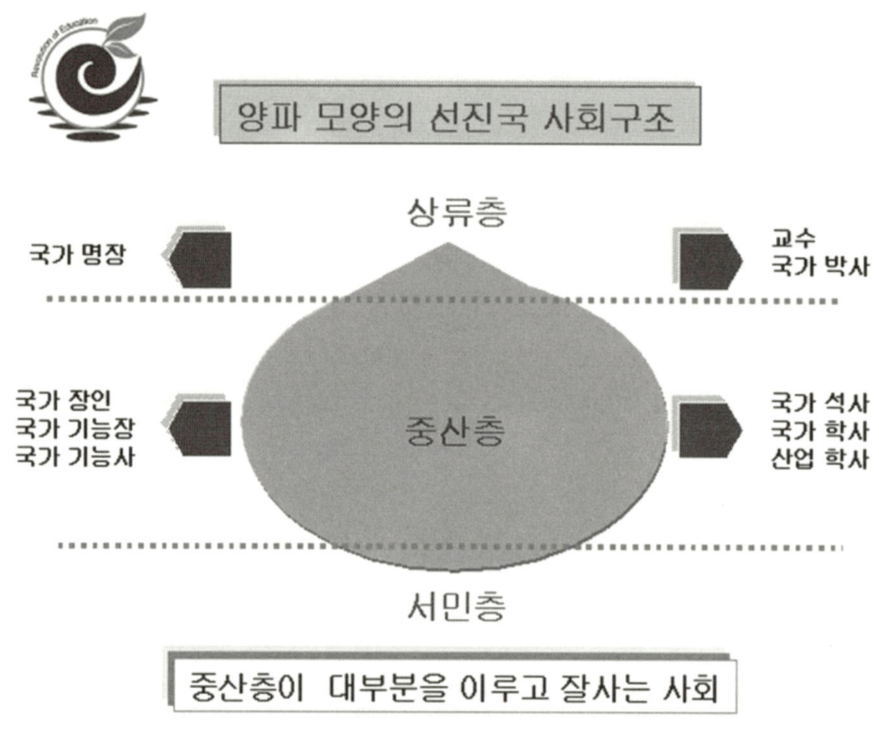

7.1. 국민들의 생활고민 해결
7.1.1. 취약계층 생활고민 해소

우리 나라에는 취약계층으로 농촌과 자영업 장인공방 그리고 소매업과 소기업들의 미래를 밝게 하기 위한 정책으로 이들의 생활고민을 근본적으로 해결하는 정책을 필자가 오래전부터 수립해 놓았습니다.

필자가 독일정치재단 KAS에서 정치지도자교육을 받을 때 무엇보다 농촌문제가 유럽연합의 큰 골칫거리로 쟁점화 된 것을 기억합니다. 일반적으로 농산품을 가지고 큰 부가 가치를 창출하기란 쉽지 않습니다. 특히 유럽연합의 주변 국가들의 농산품이 너무나 저렴하게 수입되기 때문입니다.
이는 중국농산품이 우리농산품을 덤핑하는 것과 상황이 비슷합니다. 앞으로 FTA(Free Trade Agreement)가 체결되면 이런 현상은 더욱 심각해질 것이 불을 보듯 뻔합니다.

[농촌에 설치될 스마트식물공장/ 출처: 에너지 경제]

다행히도 우리는 가장 축복받은 국토를 가지고 있습니다. 특히 포졸란(pozzolan)과 일라이트(illite) 매장량이 어느 나라보다 풍부합니다.

우리 나라에 풍부한 자원인 이 두 자원을 활용하면, 특수한 맛과 영양이 아주 좋은 최고의 특종 농업상품을 생산할 수 있습니다. 특히 환자를 위한 맞춤형 스마트 식물공장과 비닐하우스 객토로 특수작물을 생산 할 수 있습니다.

특히 생명과학측면에서 보면, 그 전망은 대단 합니다, 이제부터는 전통적이고, 구태의연한 농촌이 아니라 특수작물생산 및 가공공장기지로 수출 공단으로 변모시킬 수 있습니다.

농부는 생산만 하고, 생산된 최고급 농산품유통은 정부가 맡아서 부자가 많은 나라에 수출하는 것입니다. 중국국민의 5%는 상류층 부자들로 우리들의 특수 고객들입니다. 식물공장에 필요한 종자돈(Seed money)은 정부가 부담합니다.

필자의 계산으로는 국민일인예산(국민 일인에게 분배되는 국가예산)을 검토하니, 한국정부예산이 독일정부예산에 뒤지지 않은 충분히 확보하고 있음을 발견했습니다 [주1].

[주1] 국민일인예산: 정부예산을 국민의 수로 나눈 값. 이 전문용어는 필자가 이 책에 처음 사용함. 2012년 올해예산 325조원입니다. 국민일인예산 = 325조원 / 4천 500만 = 722만원 입니다.

국가예산을 어떻게 효율적으로 낭비 없이 정도에 어긋남이 없고 명분에 부족함이 없게 투명하게 집행하느냐에 문제해결의 실마리가 있습니다. 혈세로 이루어진 방만한 정부예산을 부처마다 갈라먹기 식으로 이전투구만 계속해서는 아니 됩니다.
필자가 연구한 결과는, 꼭 필요한 곳에 사용된 것이 아니라 집행과정에서 누수가 많았습니다.

그 이유는 지도자가 통섭(通涉)된 과학기술대통령이 아니다 보니, 능력이 부족하여 통섭(統攝)을 감당할 수 없는 대통령이 스스로 의사결정을 할 수 없었기 때문입니다. 의사결정을 통섭(統攝)하지 못하다보니 불필요한 위원회를 너무 많이 만들어져서, 엄청난 시간과 혈세가 불필요하게 낭비되고 있음을 필자는 잘 알고 있습니다.

예를 들면, 3,000억 원이 필요한 중입자가속기의 예산신청은 5,000 억 원이었습니다. 이 프로젝트에는 120명의 과학기술위원들이 참여하는 것으로 구성 되었습니다. 독일전문가 혼자서 할 수 있는 일입니다. (현재 중입자가속기 도입 프로젝트를 정부의 도움 없이 필자 혼자서 독일서 공부한 과학기술과 독일이 인정하는 외교력으로 잘 추진하고 있습니다).

농촌외의 취약 분야는 예술인공방, 자영업, 소기업, 가내공업도 특수화를 하여 부가
가치를 올리고, 명장명품백화점을 통한 유통노하우로 최고의 작품들을 최상의 가격
으로 판매되게 하는 정부정책을 마련하면 됩니다('7.2.3.3. 대한기능회 창설과 장인
정책' 참조하시기 바랍니다).

그 외에 노년층 그리고 아무 기술도 없는 소외층 실업자들이 희망을 가지고 일할
수 있는 일터를 준비해야 합니다. 국민일인당 정부예산을 독일과 비교해 보면, 우
리역시 충분한 예산은 확보되어 있습니다. 한국과 독일 두 나라의 국민일인당 GNP
를 비교해 보면 (29,700-$: 35,900.-$) 그 차이는 겨우 약 6,200.-$입니다[주2].

[주2] 출처: 국민일인당 GNP, 2010 IMF 통계에 의하면, 대한민국 = 29,791.-$. 독일 = 35,930.-$

독일국민들이 우리보다 20%정도 더 넉넉한 삶이란 것이 통계로 볼 수 있습니다.
50년 전 독일이 우리에게 차관을 주던 60년대에는 한국국민당 GNP가 60.-$ 이하
로 당시의 독일과는 비교조차 안 되던 시절이 있었습니다.

부정부패와 승자독식, 게다가 세금정책이 불균형으로 혈세낭비가 극심한 되다가
명분이 부족한 부의분배 등, 국정운영시스템이 독일보다 훨씬 후진성을 면치 못하
기 때문에 한국서민들의 삶이 힘들어지는 이유입니다.

현명한 정책으로 이 후진성 문제를 해결할 수 있는 통섭(通涉)된 과학기술대통령을
선거로 추대(80% 이상 지지)하면 모든 정치문제가 시스템적으로 해결되어 집니다.

7.1.2. 직장인들의 생활고민 해소

대한민국 통계청 자료에 의하면 우리나라 직장인들의 근속기간은 평균 20년 10개
월이며, 퇴직 평균 연령은 53세입니다.
즉 20년 일하고 23년간 소득 없이 살아야 하는 운명입니다.
태어나서

20대가 되면 결혼자금이 필요하고,
30대가 되면 육아자금이 필요하고 또 이때부터 주택마련자금을 걱정해야 합니다.
40대가 되면 자녀교육자금과 주택마련자금을 준비해야 합니다.
50대가 되면 자녀결혼자금과 노후생활자금을 걱정해야 합니다. 수입이 없는
60대가 되면 후생활자금이 가장 큰 문제입니다.

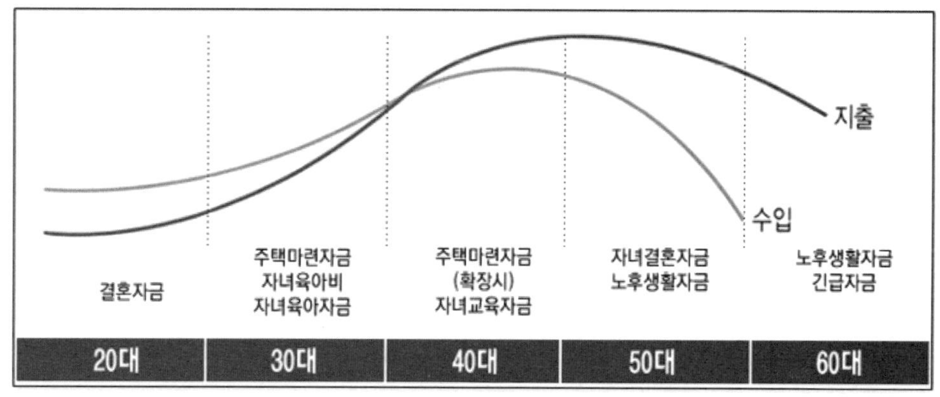

그나마 공무원들과 군인들 그리고 국민연금을 제대로 부은 사람은 조금은 위안이
되지만, 대부분 서민들은 그렇지가 못합니다. 대가족제도에서 핵가족제도로 급변되
면서 지금 노후를 맞이하는 전후 베이비붐 세대에 대해서는 정부도 가족도 속수무
책인 셈입니다.

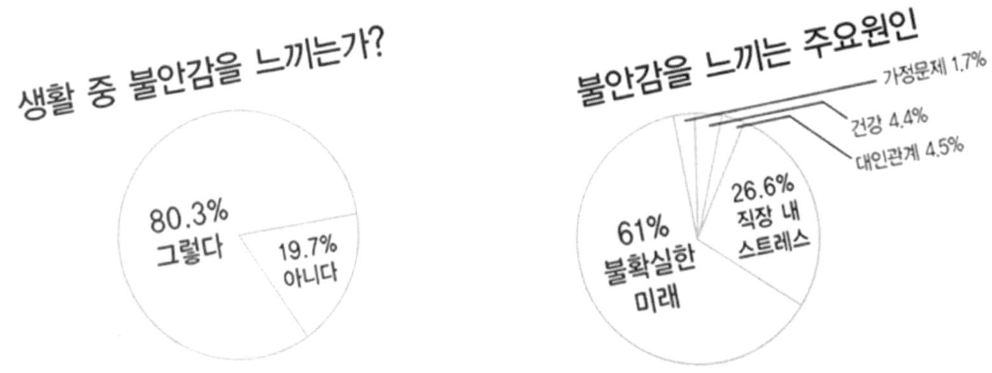

통계자료에 의하면 국민들 대다수인 80%가 생활에 불안을 느끼며 살아가고 있다고
합니다. 불안을 느끼는 주요원인은 61%가 불확실한 미래, 26%가 직장 내에서 받

는 스트레스로 통계되었습니다.
국민 대다수가 생활안정이 보장되는 중산층이 되려면 풀어야할 문제로 1. 결혼자금
/ 2. 자녀육아자금 / 3. 자녀교육자금 / 4. 자택마련자금 / 5. 자녀결혼자금과 / 6.
인생밑천 / 7. 노후생활자금 등이 있습니다.
이 문제들을 7.2.1.~1.2.7 장에서 아주 구체적이고 상세하고 세부적인 명쾌한 정책
으로 어렵지 않게 해결해 보겠습니다.

필자가 15년간 독일에서 그리고 21년간 국내에서 모두 36년간의 체험을 토대로 그
동안 통섭(通涉)한 내용과 탐구(探究)한 내용을 토대로 긴 기간 동안 구축한, 구체
적이고 확실한 정책들로 중산층 회복정책'에서 쉽게 풀어가는 역사를 시작해 보기
로 하겠습니다.

7.2.1. 유치원부터 박사까지 무상교육   (문제 2. 자녀육아 / 3. 자녀교육)
7.2.2. 국민 모두가 자택을 소유함   (문제 4. 자택마련)
7.2.3. 장인정신으로 중산층 회복한다.   (문제 3. 자녀교육 / 4. 주택마련)
7.2.4. 중소기업과 자영업 육성으로 국민…(문제 1.~6. 생활전반에 관한 문제)
7.2.5. 서민의 삶이 보장되는 조세정책   (문제 6. 노후생활)
7.2.6. 신용불량자와 비정규직이 없는…   (문제 1.~6. 생활전반에 관한 문제)
7.2.7. 생활혁명으로 아름다운 지성사회… (문제 1.~7. 생활전반에 관한 문제)
7.2.7.1. 검소한 결혼문화 혁명   (문제 1. 결혼자금)
7.2.7.2. 인생밑천이 마련되는 '성인식문화'(문제 6. 인생밑천)
7.2.8. 밀레니엄으로 사회평화구축   (문제 7. 인생전반에 관한 문제)

하나같이 어려운 문제들이지만, 필자에게는 해결자체는 그리 어렵지 않습니다.
필자는 이런 문제들을 차례차례 풀어갈 수 있는 지혜로운 정책들이 이미 준비되어
있습니다.

정책들보다 더욱 중요한 것은 국민들이 한마음 한뜻 되어 필자에게 힘을 실어주는
것입니다.
필자는 독일에서 15년간 유학생활을 하다 보니, 독일 사람과 똑 같이, 법을 준수하
고, 검소하고 정직하며, 정도에 어긋남이 없고, 명분에 부족함이 없으며, 길거리에
침 뱉지 아니하고, 담배꽁초 버리지 아니하고, 쓰레기 아무데나 버리지 않고, 깨끗
한 곳에 옥에 티가 되는 쓰레기는 줍는 습관이 몸에 배어들어 있습니다.

[경향신문 김상민 만평 '돌고돌고' 작가 홈페이지 (www.yellowbag.pe.kr)
입력 : 2012-06-19 18:12:28 | 수정 : 2012-06-19 18:12:28]

힘을 실어 주는 의미란?

모든 국민들이 이런 필자를 지지해주시고 선견지명(先見之明)에 따라주시는 것입니다[주].

[주]선견지명(先見之明) 先 먼저 선, 見 볼, 之 갈 지, 明 밝을 명 : 앞을 내다보는 안목(眼目)이라는 뜻으로, 장래(將來)를 미리 예측(豫測)하는 날카로운 견식(見識)을 두고 이르는 말. [출전]후한서(後漢書)

이런 쉬운 것들부터 다함께 남 의식하지 말고 조용히 필자를 따라 실천해주시면 늘 복(福)에 복(福)을 받을 것입니다.

저를 따라 하다보면 얼마 지나지 않아서 어느덧 우리 나라는 자동으로 지구촌에서 생명(生命)과 육(肉)이 가장 깨끗하고 아름다운 선진국이 되어 있을 것입니다.

7.2. 중산층 회복정책

우리나라의 국민들이라면 누구나 현재의 학교교육의 고충들을 잘 알고 있습니다. 다음의 사설에 언급된, 교육빈곤층(education poor)이 사라지게하려면 '학력을 중시하는 사회에서 천직을 사랑하는 사회'로 아름답게 탈바꿈해야 합니다. 이 난공불락 같은 문제를 해결하는 방법은 교육혁명(教育爀明)을 해야 합니다. 이 장에서는 아주 간단명료하게 언급만 하고, 자세한 내용은 필자의 저서 **"봄이 오는 소리 (아름다운 교육혁명) 과 국민들이 가슴으로 함께하는 아름다운 교육혁명"**에 설명되어 있으니 민족의 교육을 위해서 필독해 주시길 간곡하게 부탁드립니다[주].

[주] 박춘근 '봄이 오는 소리(교육혁명 http://blog.daum.net/ssnsoridansori)' 다운가능 합니다.
　　　이책의 부록 8.4 국민필독 필자저서들 참고하시기 바랍니다.

7.2.1. 유치원부터 박사까지 무상교육

최우선적으로 교육비 부담이 완연하게 사라지는 다음 도표와 같은 **필자(朴春根)의 '교육혁명(教育爀明)'**으로 '무상교육'을 실시하면 학비는 영원히 사라지게 됩니다.

우리는 교육혁명을 통해서 유치원부터 박사까지 무상교육을 실시할 수 있습니다. 대학에 진학하지 못하는 학생들은 직업교육을 받으면서 산학협력으로 산업현장에서 도제교육을 받게 됩니다.
지금 우리가 실시하고 있는 교육제도와는 정반대로, 가정에서는 무상교육으로 등록금이 사라지는 것뿐만이 아니라, 오히려 학생들이 산업현장에서 도제교육으로 비록 큰돈은 아니지만 실습한 성과만큼 임금을 받게 되므로 가계에 보탬이 될 수도 있습니다. 가족의 실질 수입이 올라가는 지혜로운 정책이 펼쳐지므로 어느 가정이나 자녀만 있으면 생활에는 전혀 걱정이 없게 됩니다. 출산을 많이 하면 할수록, 가족경제가 좋아지는 정책으로, 즉 아이 양육비와 교육비를 나라가 모두 다 부담하는 정책으로, 출산율이 높아지는 베이비붐까지 일으킬 수 있습니다.

교육비 대신에 내 집 마련과 노후대책 등 미래를 준비할 수 있게 되어 평생 동안 생활걱정이 없어집니다. 교육혁명으로 자연스럽게 편안한 사회가 되므로 사람들의 얼굴에 웃음꽃이 활짝 필수 있게 됩니다.

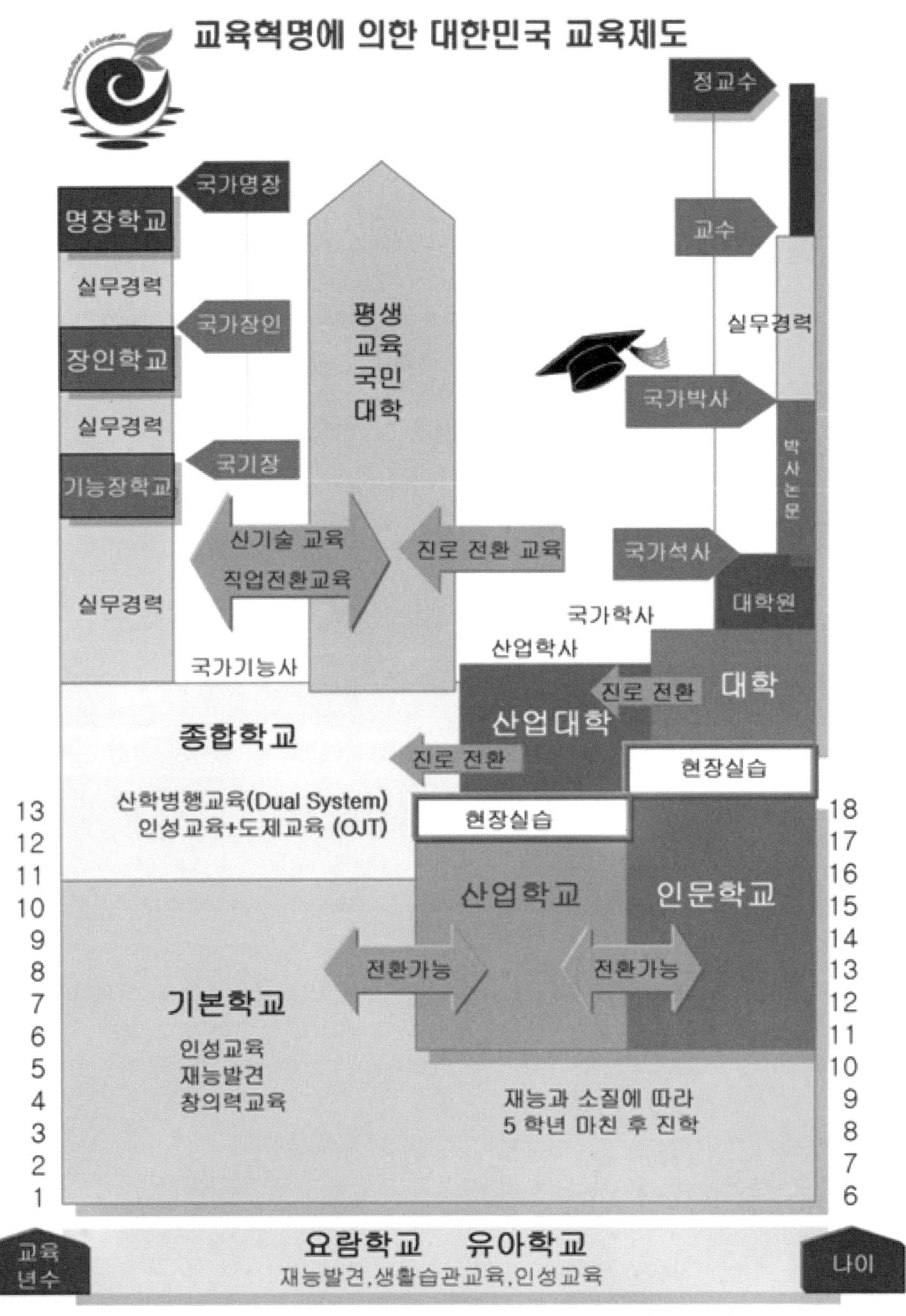

(도표: 교육기회 평등원칙에 의한 교육제도)

에듀푸어(교육빈곤층) 양산하는 학력중시사회와 결별을

국민일보 / 사설 / 2012.08.26 20:20

과다한 교육비 지출로 가계수지 적자를 면치 못하고 있는 '교육빈곤층'이 305만 명에 이른다는 지적입니다. 저임금으로 빈곤에 허덕이는 워킹푸어(근로빈곤층), 담보대출로 집은 샀으나 원리금 상환에 지쳐있는 하우스푸어(유주택 빈곤층)에 이어 '에듀푸어(education poor·교육빈곤층)'가 또 하나 우리 사회의 걱정거리로 등장했습니다.

26일 현대경제연구원의 보고서에 따르면 교육빈곤층은 부채가 있고 지출이 많은 상태임에도 평균보다 많은 교육비를 지출해 가난하게 사는 가구 입니다. 보고서는 지난해 자녀교육비 지출이 있는 것으로 조사된 632만6000가구 중 82만4000가구(13%), 가구원수 305만 명으로 추정했습니다.

교육빈곤층의 특징은 소득이 전체 가구 평균보다 낮음에도 불구하고 교육비 지출액은 더 많고, 소득 중 교육비 비중이 매우 높습니다. 가구주의 주류는 대졸 이상 학력의 40대 중산층입니다. 교육빈곤층은 감당하지 못하는 교육비 때문에 의식주 등 생활에 꼭 필요한 지출을 줄이거나 빚을 질 수밖에 없습니다.

추정된 교육빈곤층 중 60만5000가구(73.3%)가 중산층에 속했는데 이들이 지출하는 교육비 중 중·고교의 경우 85.6%가 사교육비였습니다. 사교육비 부담 때문에 중산층이 몰락하는 사태에 직면하고 있는 것입니다. 학력중시 풍조가 만연되면서 가계부채를 안고 있는 가구들조차 자녀교육에 올인 한 결과입니다.

그래픽: 조선일보 / 입력 : 2012.08.27 15:13   자료: 통계층 & 현대경제연구소

단기적으로는 공교육 내실화를 통해 사교육 수요를 줄이는 한편 교육 재정을 늘리는 학자금 융자제도를 강화할 필요가 있습니다. 더 중요한 것은 빚을 지더라도 교육비 지출을 늘려야 한다는 낡은 인식으로부터의 탈피입니다. 이는 중장기적 과제로 기존의 학력중시 사고로부터의 결별이 전제돼야 합니다. 지나친 것은 부족함만 못합니다. 교육열이 높은 것은 나무랄 바 없으나 과도한 열정은 당사자인 학생 자녀들의 심리적 압박을 가중시켜 왕따나 이지메를 양산할 수 있으며 무엇보다 비용부담 때문에 교육빈곤층 가구구성원의 정상적인 경제활동을 제약합니다. 결과적으로 사회의 활력을 떨어뜨리는 원인이기에 범사회적 각성이 요청됩니다. [끝]

7.2.1.1. 교육기회 평등원칙에 의한 교육헌장

아래의 도표를 보시면 지금까지와는 전혀 다른 새로운 '국민교육 5대 원칙'으로 구성된 '국민교육헌장'인 것을 국민누구나 한눈에 이해할 수 있습니다.

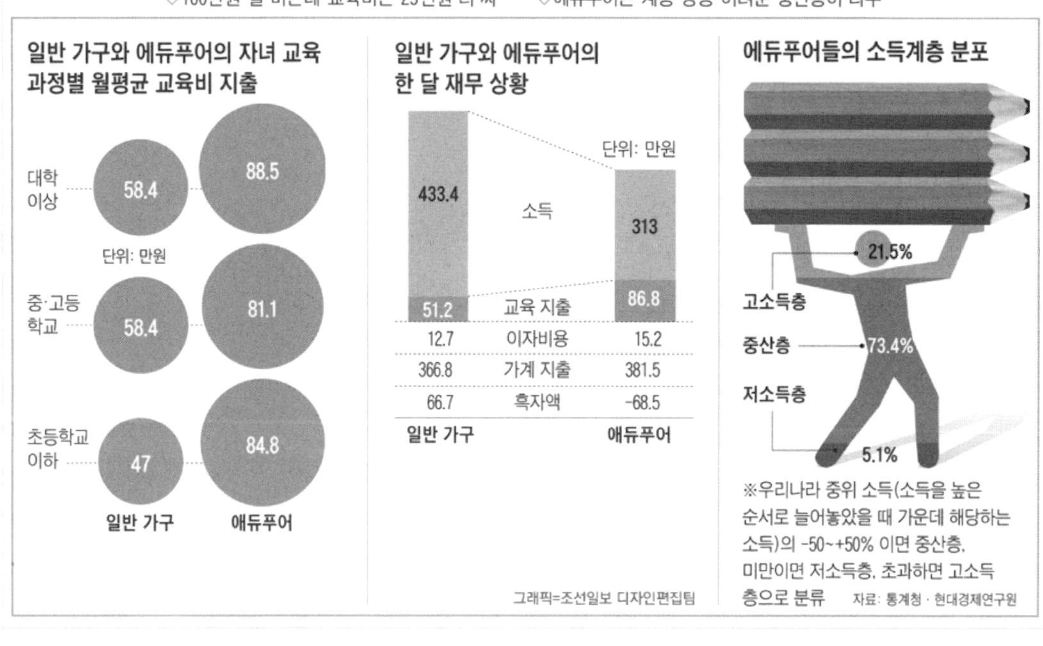

지출 28% 교육에… 月68만원 적자, 月대출이자 15만원
유치원 이상 9가구 중 1곳   중·고교 자녀에 月81만원 꼴
대부분의 에듀푸어 가장들은   대졸 이상 학력 40대 중산층   "내 자식만큼은 더 잘살아야"
◇100만원 덜 버는데 교육비는 23만원 더 써   ◇에듀푸어는 계층 상승 어려운 중산층이 다수

일반 가구와 에듀푸어의 자녀 교육
과정별 월평균 교육비 지출
대학 이상
58.4
88.5
단위: 만원
중·고등 학교
58.4
81.1
초등학교 이하
47
84.8
일반 가구
애듀푸어

일반 가구와 에듀푸어의
한 달 재무 상황
단위: 만원
433.4
313
소득
51.2
86.8
교육 지출
12.7
15.2
이자비용
366.8
381.5
가계 지출
66.7
-68.5
흑자액
일반 가구
애듀푸어

에듀푸어들의 소득계층 분포
21.5%
고소득층
중산층
73.4%
저소득층
5.1%
※우리나라 중위 소득(소득을 높은
순서로 늘어놓았을 때 가운데 해당하는
소득)의 -50~+50% 이면 중산층,
미만이면 저소득층, 초과하면 고소득
층으로 분류   자료: 통계청 · 현대경제연구원

그래픽=조선일보 디자인편집팀

제1원칙 : 인간의 존엄성과 홍익사상을
근본으로 하는 교육
제5원칙 :
가정 교육을 반석으로
하는 교육
제2원칙 :
기회평등의 의한 교육
교육혁명을 위한
Revolution of Education
국민교육5대원칙
제4원칙 :
인재를 중시하는
교육
제3원칙 :
소명에 따르는 교육
교육혁명의 5대원칙

필자가 직접 탐구(探究)하여 이룬 '국민교육헌장'대로 교육혁명이 실시되면, 중산층은 2~3년 이내에 자연스럽게 다시 확실하게 살아나게 됩니다.

새로운 교육제도는 국민 누구나 평생 동안 벌어드리는 수입의 합이 대등하여 누구나 행복하게 잘 살 수 있는 사회를 구축할 수 있습니다.

누구나 잘 사는 교육철학을 실현하기 위하여 '국민교육 5대원칙'을 새로운 '교육헌장'으로 세웠습니다.
이는 인간의 존엄성이 존중되는 교육을 실시하기 위함입니다. 더 자세한 내용은 필자의 저서 '봄이 오는 소리'에 아주 자세하면서도 체계적으로 저술해 놓았습니다.

필자의 블록 http://blog.daum.net/ssnsoridansori 에 들어가서 카테고리 '팬서비스'를 여시면 필자의 저서 '봄이 오는 소리' 책자를 'e-book'으로 다운 받으실 수 있습니다.

'봄이 오는 소리' 책자를 다 읽으시면 교육혁명 전반에 대해서 아주 쉽게 이해하실 수 있습니다. 그리고 '유치원부터 박사까지 무상교육'이 어떻게 구체적으로 실시되는지에 대해서도 상세하게 탐구(探究)하고 연구(研究)해 놓았습니다.

25년간 심혈을 기울여서 자료를 준비하고 경험을 쌓아서 집필한 책, '국민들이 가슴으로 함께하는 아름다운 교육혁명'이란 아주 재미있는 국민계몽용 필독서도 출간되어 있습니다.

7.2.1.2. 천직을 사랑하라! '직업도둑?'

사람은 누구나 두 개나 세 개 정도 천직이란 복을 갖고 태어난다고 합니다. 이 천직은 소질로 나타나며, 주로 초등학교 때 나타납니다. 그래서 독일에서는 초등학교 4학년까지는 아이들이 되도록 놀게 하고 공부는 슬~슬 하게 합니다.

그래야 아이가 하고 싶은 것을 하게 놓아둡니다. 부모님과 선생님은 이 학생의 소질이 무엇이며, 어떤 천직을 갖고 태어났는가? 유심히 관찰합니다. 그래서 어떤 소질을 나타내는지, 자신이 가장 잘하고, 항상 하고싶어 하고, 늘 좋아하는 것이 무엇인지 찾아 줍니다. 관찰된 내용들이 종합되면 천직이 나타납니다. 이 천직을 조기에 찾아서 인생항로를 제대로 하게 도와주시는 인생스승이 바로 담임선생님이요 학부모이십니다.

그런데 아주 특별한 천직을 갖고 태어나는 사람이 있습니다. 자기 집은 부자 임에도 늘 훔칠 때 짜릿한 스릴을 좋아하고, 도둑질에 대해서 관심이 비상한 아이들이 종~종 있습니다. 이 아이의 천직은 '도둑'입이다. 도둑질을 못하게 막아서는 아니 됩니다. 그래서 도둑학교에 입학시켜서 직업도둑으로 성장 시켜야 합니다. 언뜻 생각하기에는 미진 짓이 아니냐고 생각할 수도 있습니다. 아닙니디! 직업도둑 역시 세금내고 도둑업종을 합법적으로 지속하는 여느 직업과 다름없이 평범한 직업인입니다.

어디에? 어떻게? 라는 질문을 필자에게 하시고 싶으실 것입니다. 사실 국가를 유지하기 위해서는 도둑들이 많이 필요합니다. 국가정보원, 해커, 진짜도둑 잡는 직업도둑 등이 있습니다. 직업도둑은 주로 백화점 도난방지시스템 점검에 활용됩니다. 명문백화점의 매출손실의 약 10%는 도둑들이 챙긴다고 합니다. 영특한 도둑들을 막기 위해서 최첨단 도난방지시스템을 설치합니다.

그리고 도둑을 육성하는 도둑협회에 연락하여 일정기간 직업도둑 몇 명을 보내주도록 요청합니다. 백화점 점원들이 긴장을 늦추지 않고 자신의 매장에서 도둑맞지 않게 노력합니다. 도둑협회에서 투입된 도둑이 훔친 물건을 도둑협회에 쌓아 둡니다. 그리고 계약기간이 끝나면 백화점 주인은 협회에 와서 일당을 계산하고 물건을 찾아 갑니다. 만약 직업도둑이 도난시스템에 걸리게 되면, 우선 경찰서로 연행됩니다. 경찰서에서 직업도둑면허증을 보여 주면, 백화점 주인이 와서 일당을 주고, 물건을 찾아 갑니다. 지도자는 어떤 사람도 다 쓸모 있게 통섭(統攝)하는 지혜가 있어야 합니다. 이 뿐만이 아닙니다.

마약환자가 약기운이 떨어지면 마약을 구하기 위하여 도둑질을 하는 경우가 많습니다. 이 경우에는 어떤 정책이 필요할까요?
이런 경우, 마약환자는 언제든지 병원에 오면 마약을 주사해 주는 법이 제정되어야 합니다. 마약을 맞으러 오는 중독자의 기록을 보고 매번 조금씩 약하게 투입합니다. 비록 긴 시간이 필요하지만 차츰 차츰 마약환자가 정상인으로 회복되게 합니다. 국가적 차원에서 보면, 마약환자에게 이렇게 잘 해주는 것이 인간적이며 사회질서도 잡고 국가경제에 나타날 사회적비용을 줄이는 것입니다.

자신이 도둑질하여 생긴 돈으로 마약을 사서 스스로 통제 없이 투입한다면, 형사 및 사회문제로 번지게 됩니다. 물론 환자는 회복할 수 있는 기회마저 영원히 잃게 되어 어느 날 비참하게 생을 마감하게 되기 때문입니다. 정책적으로도 마약환자들을 통제함으로 마약퇴치에도 크게 도움이 되는 정책을 실시하게 되는 것입니다.

그래서 독일은 인간의 존엄성(Würde des Menschen)에 해를 끼치지 않는다는 헌법정신이 살아있는 선진국입니다. 국민소득이 많다고 선진국가가 되는 것은 아닙니다. 한국과 독일 두 나라의 GNP차이는 약 6,200.-$로 그리 크지 않습니다[주].

[주] 국민 일인당 GNP: 2010 IMF 통계에 의하면, 미국 = 47,123.-$ / 독일 = 35,930.-$ / 일본 = 33.828.-$, / 대한민국 = 29,791.-$.

앞서 언급한 것과 같이 한국에는 부정부패와 승자독식, 게다가 세금정책이 불균형으로 혈세낭비가 극심하며, 명분이 부족한 분배 등으로 국정운영시스템이 독일 보다 훨씬 투명하지 못하는 후진성을 면치 못하고 있기 때문입니다.

필자가 분석해보면, 지금 우리 나라의 재정은 충분합니다. 오히려 남습니다. 그런데 왜 아직도 유상교육을 하고 있는 것일까요? 독일에는 GNP에 관계없이 건국 때부터 무상교육을 시작했습니다.

이는 미국시스템이냐?
혹은 독일시스템이냐? 하는 교육시스템문제일 뿐입니다.

인간의 존엄성을 먼저 생각하고 국민들이 다 같이 잘사는 독일 사회적 시장경제(복지병행)시스템과 미국의 자유로운 자본주의시스템의 차이뿐입니다!

[참고] 박춘근 '봄이 오는 소리(교육혁명 http://blog.daum.net/ssnsoridansori)' 다운가능 합니다.
       부록 국민필독서로 추천하는 필자의 저서들에 책 소개가 수록되어 있습니다.

7.2.2. 국민모두가 자택을 소유함

대한민국의 국민이면 누구나 다 등 붙이고 평화롭게 잠을 잘 수 있는 자기 집을 가져야 합니다. 국가는 인간의 존엄성과 홍익사상에 준하는 배분의 원칙에 의하여 거처를 준비해 주어야 하는 의무가 있습니다. 새들도 둥지가 있고, 산짐승들도 굴이

라는 자기 집이 있는데, 하물며 만물을 지배하는 생명을 소유한 사람이 자기 집을
소유하지 못한다면, 사람으로서 동물에 비교한다면 체면이 말이 아니지 않습니까?
현재 우리 나라에는 세대수보다 주택의 수는 오히려 더 많습니다. 현재도 주택물량
은 충분합니다.

[Oh! My house & home!]

그러나 대부분의 집들을 악덕자본가들이 가지고 있습니다. 이들 이기주의자들인,
그들이 집값과 집세를 임의대로 형평성을 잃고 자꾸 올려서 일반 서민들은 집을 소
유하기가 하늘에 별 따기처럼 너무나 어렵게 되었습니다. 일생동안 저축해도 겁 없
이 오르는 집값 때문에 집을 소유하기 힘들게 되었습니다.

이러한 현상이 나타나게 되는 즉, 한가정이 집을 소유하기 어렵게 된 환경을 개선
하지 않고 방치한 처사는 우리나라 정치가들의 직무유기인 동시에 인간(儿間)의 존
엄성(尊嚴性)을 유린(蹂躪)한 비양심적(比良心的)인 미필적고의살인(未必的故意殺人)
이나 다름없습니다.

이러한 처사(處事)는 짐승보다 못한 사탄(詐誕)들이나 하는 짓입니다. 사람이 사람
답게 살려면, 우선 자기 집이 있어야 합니다. 주거가 안정되어야 비로소 정신적인
평강이 있을 수 있습니다.

국민일인당소득(GNP)은 1960년에는 60.-$ 이하 인데 비해 2010년에는 29,791.-$

(자료:IMF)로 약 500배나 높아졌지만, 집이 없는 사람들은 더 많아졌고, 의식(衣食)이 어려워진 사람들 역시 줄어들지 않았습니다. 아직도 나타나는 이러한 현상은 대한민국의 아주 부끄러운 정치자화상입니다. 인간의 존엄성이 배려되는 주택정책 실시로 다음 대통령께서는 바로 잡아야 합니다.

앞으로 지혜로운 주택정책으로 온 가정이 누구나 다 자기 집을 소유 할 수 있는 정책을 펼쳐야 합니다. 최소한 적어도 1인당 10평은 배려되어야 인간적입니다. 결혼하면 20평, 자녀가 생기면 30평, 부모를 모시면 40평짜리 주택은 국가가 제공해 주어야 합니다.

'집'은 사무실 빌딩과 똑 같은 부동산이 아닙니다. '집은 사고 파는 상품이 아니라, 사람의 보금자리인 사랑의 둥지'입니다. 사람은 보금자리, 둥지를 가질 권리가 있음을 지각(知覺)하고 부동산 중에서 둥지인 집은 특별하게 취급하여야 합니다. 예로 집을 많이 소유한 사람들에게 세를 놓아 얻은 수익은 유지보수비를 빼고 모두 세금화하는 정책을 실시해야 합니다.

'주택은 빌딩처럼 똑 같은 투자의 대상'이 아닙니다. 전세업에 투자하는 것보다 산업에 투자하는 것이 더 유리한 정책이 실시되어야 합니다. 그래야 몇 년 안에 누구나 다 집을 소유할 수 있게 됨과 동시에 국가산업도 꾸준히 발전시킬 수 있습니다. 의식주(衣食住)문제는 획기적인 교육혁명(필자저서: 봄이 오는 소리) 내용대로 풀어가면 중산층이 속히 회복될 수 있고 의식주도 쉽게 해결할 수 있습니다.

현재 우리나라의 국민1인당 GNP는 29,791.-$ (2010년 IMF통계)로 기술수준으로나 일인소득으로 보면 세계에서 10번째로, 지금보다 더 잘 살 수 있는 모든 조건을 다 갖추고 있습니다. 그럼에도 불구하고 유감스럽게도 승자독식정책(勝者獨食政策)이 아직도 능청스럽게 허용되고 있으므로 빈익빈(貧益貧) 부익부(富益富)가 되는 양극화현상(兩極化現象)이 극렬(極烈)하게 나타나게 된 것입니다.

그 결과 서민(庶民)들의 주택소유(住宅所有)는 더욱 더 어려워졌습니다. 그러므로 새로운 주택정책(住宅政策)으로 이러한 폐단(弊端)을 단기간 내에 해결할 능력(能力)이 통습(通習)되고 통섭(通涉)된 통섭(統攝)능력(能力)을 갖고 계신 창조주님께서 이미 준비시키신 과학기술대통령(科學技術大統領)을 온 국민들이 뜻을 모아 추대(推戴)선거(80%이상 득표)를 치르시면 문제가 모두 해결됩니다.

7.2.3. 장인정신으로 중산층 회복

7.2.3.1. 독일의 '제2의 라인강의 기적'을 재현

'위기의 시대'에 유럽을 호령하는 최강자로 우뚝 선 독일의 비결을 살펴보기로 하겠습니다. 국익을 위한 정책 앞에서는 정파를 초월하는 정치권, 경쟁력을 최고의 가치로 추구하는 기업의 장인정신, 전적으로 믿고 협력하는 문화가 합쳐져서 새로운 국가적 기초를 구축한 독일은 20년 동안 엄청난 통일비용을 들이고도 세계경제의 어려움 속에서도 '제2의 라인강의 기적'을 재현해 냈습니다.

독일은 "2008년 미국발 금융위기의 여파로 수출수요가 줄어들자 다음 해인 2009년에는 전체 직원의 근로시간을 42시간에서 26시간으로 줄이고 임금을 삭감하는 뼈를 깎는 인내로 지탱하면서 단 한 명도 해고하지 않았다는 전례를 남김으로 사회적인 안정을 다시 찾았고 비록 힘든 기간은 있었지만 비정규직을 없애는 대책까지 마련했기 때문입니다.

2009년 독일의 경제성장률은 2차 세계대전 이후 최악인 −5.1%를 기록했지만, 실업률은 0.2%포인트 오른 7.5%에 그치고, 2011년에는 경제성장 3%로 오르자 서방 경제학자들은 "라인강의 기적이 재현됐다"고 극찬했습니다.

요즘도 사상 최고의 실업률로 사회적 갈등이 고조되는 그리스 스페인 이탈리아 프랑스 영국 등 대다수 유럽 국가들과는 정반대의 모습입니다.

이런 리더십은 독일의 정치재단, '콘라드 아데나워 재단(KAS)' 출신인 현 집권당 정치가들의 현명한 정책실현으로 오늘날의 위기를 극복하고 전 유럽의 새로운 리더로 부상되었습니다.

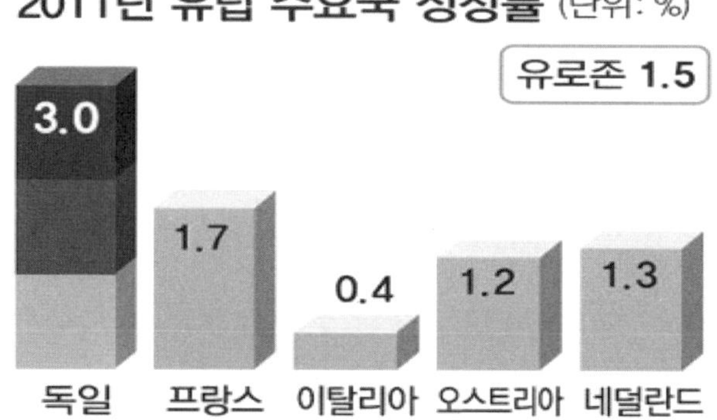

독일처럼 우리 대한민국도 어서 일어설 수 있는 통습(通習)되고, 통섭(通涉)되어 통섭(統攝)할 수 있는 지도자(指導者)를 과학기술대통령으로 오는 12월19일 추대하시면 성공합니다.

2012년 1월 독일의 실업률은 전달보다 0.1%포인트 하락한 6.7%로 사상최저치이었습니다.

지금 세계경제를 리드하는 독일 경제의 화려한 부활은 막대한 통일비용의 후유증과 정치 포퓰리즘으로 곪았던 상처를 도려내는 데는 '정치가들의 지성'으로부터 개혁이 시작되었기 때문입니다. 독일경제의 구체적인 성공요인은 다음과 같습니다.

- 근로시간 확대 등 근로문화, 사회개혁
- 해고자제와 임금인하 등 신뢰의 근로문화
- 실업급여 등 복지비용 지출 규정강화
- 세제혜택 등 정부의 실용성 있는 수출장려정책
- 튼튼한 내수 시장과 튼튼한 산학병행교육시스템(Dualsystem)
- 결제의 근간인 370만 개의 핵심기술보유의 중소기업

현재의 독일을 두고 1000년 제국 로마의 멸망 후, 약1000년간 지속된 신생로마제국(독일, 게르만민족제국)에 이어서, 19세기 철혈재상 비스마르크가 통일독일제국을 재건하여 유럽을 호령했고, 20세기 초 2차례의 세계대전을 일으킨 이래, 네 번째로 가장 막강한 영향력을 발휘하는 시대를 맞이했다는 분석이 나옵니다.

재정위기에 맞선 유럽의 마지막 보루인 독일이 유로 존을 구하는 진정한 새 리더로 거듭 부상(浮上)되고 있습니다.

한편 근로직종협의회 간, 좌파 우파 간 상호 양보와 상호절제의 노력을 통해 위기를 이겨낸 독일인들인 만큼 요즘 최악의 재정난으로 존망의 위기에 선 그리스 등 남유럽 국가(PIGS)의 도덕적 해이에 대해선 강한 비판과 불만을 표출합니다[주1].

독일국민들은 "그리스의 정치, 경제 지도자들과 국민이 잘못해 벌어진 일을 왜 다른 유럽 국가들이 책임져야 하느냐"고 목청을 높이고 있습니다.

유로연합의 회원국가들의 국가부도(Moratorium)를 막기 위하여 같이 힘쓰고 있으

나, 25개 회원국가들 중에서 17개 회원국이 구제비용을 함께 부담하지만, 그중 독일은 전체비용의 29%를 담당하고 있습니다. 이는 적지 않은 희생이 따르는 금액입니다. 독일정치가들은 유럽이 무너지면, 세계경제공황이 뒤를 이을 것을 이미 예시했기 때문에, 독일이 세계인류를 즉, 독일헌법 제1조에 명시된 '인간의 존엄성'을 지키기 위하여 엄청난 고통을 감수하는 큰 뜻이 있습니다.

그래서인지 '타인에게 작은 피해라도 주는 것을 금기시하고 약속을 철두철미하게 지키는 국민성을 가진 독일인'의 얼굴에는 2년째 구제금융 지원을 요청하면서도 긴축개혁을 거부하며 파업을 벌이는 그리스인의 작태(作態)를 도저히 이해할 수 없다는 표정이 역력합니다. [주2]

[주1] 근로직종협의회 : Gewerkschaft, eine Organisation, die Interessen der Arbeitnehmer (meist einer bestimmten Berufsgruppe) gegenueber den Arbeitnehmern bzw. dem Staat vertrett: die Gewerkschaft der Angestellten.)

　　해설 : 우리나라의 노동조합이 Gewerkschaft 란 단어를 노동조합니라고 번역하는 것은 합당치 않습니다. 노동조합을 번역하면 "Arbeiterverein",또는 "Arbeiter e.V." 라는 독일어로 써져야 합니다. "Arbeiterverein"이라는 전문용어를 쓰지 않고 왜 Gewerkschaft 라는 전문용어를 쓰는 이유는 포괄적인 사회주의(공산주의) 사상을 담고 있는 '노동인 국가, 노동신문, 노동자, 노동조합' 등의 전문용어와는 참뜻이 판이하게 다르기 때문입니다.

[주2] 출처: '포퓰리즘 버렸다… 제2 라인강 기적 독일이 살아났다' / 프랑크푸르트·묌브리스=이종훈 특파원 taylor55@donga.com / 기사입력 2012-02-21 03:00:00 기사수정 2012-02-21 09:14:02 => 제8장 부록 8.1.2. 에 수록되어 있습니다. 참조하시기 바랍니다.

7.2.3.2. 생활혁명으로 '제2의 한강의 기적'을 재현

우리나라는 국제기능올림픽대회에 25번 참가하여 17번을 종합우승한 대단한 재능(손재주)을 가진 민족입니다. 필자의 집안에도 대구근교에 한옥과 사찰을 많이 지으신 대목(大木)중에 대목이신 할아버님이 계셨습니다.

필자인 저 역시 1968년 전국대회 일등으로, 1969년 제18회 국제기능올림픽 벨기에 대회 국가대표선수가 되었습니다. 우리는 잘 살 수 있는 손재주를 은혜로 받은 민족입니다[주].

[주] 출처 : 제7장 부록에 '국제기능올림픽'이 수록 되어 있습니다. 참조하시기 바랍니다.

앞으로 국민들이 독일처럼 '기능인'과 '기능올림픽'을 '체육인'과 '체육올림픽' 못지 않게 대등하게 우대하는 국민의식의 생활혁명(生活嫌明)이 되면, 각 분야에 종사하는 대한민국 기능인 2천만 명이 장인정신으로 굳게 뭉치게 되어서, 대한민국의 산업발전당시인 60년대와 70년대 때처럼 엄청난 국력이 다시 소생될 것입니다.

종합우승으로 세계저패의 영예를 안은 기능올림피 메달리스트들이 시민들의 환영을 받으며 개선하고있다.

이제 우리도 '제2의 한강의 기적'이 일어나야 합니다. 그리고 그 기적은 '4대강의 기적'으로 확장 되어서 전국을 골고루 활용하여 농촌과 도시의 생활차가 없어지는 것은 물론, 오히려 공기 좋고 마당 있는 넓은 집에 넉넉하게 잘 살 수 있는 장점이 국토를 더욱 균형 있게 발전시키게 만들 것입니다. 이는 차기대통령의 비상한 지혜 를 필요로 하기에 준비된 과학기술대통령을 추대해야 하는 이유입니다.

일찍 자고 일찍 일어나는 경제시차제로 다 같이 생활혁명을 합시다!

생활혁명의 실천강령 중에는 국민들의 직업과 취미에 따라 업무시간을 적절하게 조정하면 교통혼잡은 물론 발전소공학적인 측면에서는 발전시간이 자동으로 조절됨 으로 피크타임이 없어지게 됩니다. 자연스럽게 전력사용량을 줄이지 않더라도 발 전비용을 엄청나게 줄일 수 있어서 전기요금을 올리지 않아도 됩니다.

이러한 내용을 필자가 1991년 귀국해서 피크타임을 없애는 전력공급을 창안하여, 그 일환으로 정부에 조기조업을 제안한 적이 있었습니다. 그러나 알아듣는 사람은 극소수로 특히 완미고루(頑迷固陋)한 공무원들 때문에 실현되지 못했습니다.

우리나라에는 모든 분야가 거의 같은 시간에 일을 시작하고 같은 시간대에 퇴근을 합니다. 필자는 시작시간과 퇴근시간을 직업과 직장 그리고 직무에 맞추어서 자율 적으로 실시하므로 중산층 경제회복에 크게 이바지할 수 있음을 탐구(探求)한 다음 에 지혜로운 조기조업을 탐구(探究) 했습니다.

예를 들면, 빵을 굽는 빵집에서는 새벽4시부터 일을 시작하여 8시간 일을 합니다. 그래서 12시에 퇴근합니다. 고객들이 따끈따끈한 빵으로 아침식사를 할 수 있게 합니다. 초등학교는 학교가 집 가까이 있으므로 아침 7시에 시작하고, 중·고교는 8 시에, 그리고 대학의 강의는 9시에 시작합니다. 관공서·은행은 8시에 시작하며 오 후5시까지 근무를 합니다. 기업에서는 현장과 사무직 간에 시차를 두고, 생산현장 에는 오후5시에 (늦어도 6시) 작업을 시작하고 2시에 (늦어도 3시)에 퇴근 합니다. 사무직은 8시에 시작하여 오후 5시에 퇴근 하는 것으로 변함이 없습니다.

이렇게 경제시차제를 현실화하면, 국가경제는 튼튼해지고 악성 사회문제도 많이 해 결할 수 있습니다. 그리고 자기 계발(啓發)도 자유롭게 할 수 있습니다. 유럽에는 이런 경제시차제(經濟時差制) 근무제를 오래 전부터 실시하고 있습니다. 시차를 더 적극적으로 이용하기 위하여 여름에는 시계의 바늘을 한 시간 앞당기는 'Sommer Time'제를 실시합니다. 경제시차제를 반대하는 자들이 '바이오리듬'을 들고 나오는 것은 '게으른 자의 변명'에 불과 합니다. 사람들의 적응력은 놀라울 정도로 대단하기 때문에 걱정이 없습니다. '게으른 자는 먹지도 말게 하라'는 성경말씀을 묵상해 보시길 바랍니다.

방과 후인 오후에는 초등학생과 생산현장에서 근무하는 학부모들은 오후 2시 이후부터 잠자러 가는 시간 밤 9시 까지는 7시간은 온가족이 같이 생활할 수 있어 부자유친할 수 있어서 가정교육이 저절로 되는 큰 장점이 있습니다.

지금처럼 주요뉴스 시간이 밤9시가 아니라 밤8시로 앞당겨지게 되겠습니다. 교통체증이 줄고, 무엇보다 발전소에서는 전기의 생산단가를 크게 줄일 수 있습니다. 피크타임에 생산되는 전력생산단가는 평상시의 3배나 비싸기 때문입니다.

그렇게 되면 한국경제는 즉시 부흥되게 됨으로, 지금 찾아온 불청객인 '제2의 보릿고개'도 잘 넘길 수 있어서 괜한 걱정은 안 해도 될 것입니다. 그러므로 제2의 보릿고개를 '제2의 한강의 기적'에 이어서 '4대강의 기적'으로 소리 없이 발전시킬 수 있습니다.

독일경제의 저력은 어디서 나오는가 하면, 그것은 370만개나 되는 중소기업에 종사하는 고도의 기술을 보유한 기능인들의 손끝에서 나옵니다. 이는 80% 독일국민들이 근무하는 직장으로 전통적으로 경제시차제를 실시하여 오전 5시에 (늦어도 6시에) 생산이 시작됩니다.

필자도 독일유학시절 방학 동안에 'Bosch' 자동차 부품을 생산하는 중소기업의 공무반(생산설비 및 생산기계를 유지보수 하는 작업실)에서 아르바이트하여 생활비를 조달해 본 적이 있습니다. 당시 독일에는 유치원부터 박사까지 등록금도 학비도 없었으니 생활비 이외에는 걱정이 되지 않았습니다.

1960년대의 보릿고개를 겪은 필자는 2012년 서민에게만 다시 찾아온 제2의 '보릿고개'인 '극심한 빈부의 차'를 타파하기 위하여 철학적으로 아름다운 기적을 재현할 수 있는 경제시차제가 실시되는, 기능인의 천국, 세계에서 으뜸가는 '기능한국'을 위한 구체적인 정책에 국민의 생명(生命)과 육(肉)을 합심하여 다음과 같이 "제2의 한강의 기적"과 "4대강의 기적"을 성공시키고자 "대한기능회"를 발족시키고자 합니다.

7.2.3.3. 대한기능회 창설과 장인정책

대한민국 국민이면 누구나 다 일인일기(一儿一技)로 조국의 산업에 중요한 산업역
군인 기능인들이 자부심을 갖고 산업현장에서 온 힘을 모아 세계최강 기술국가로
전진할 수 있도록 국가가 최우선적으로 적극적인 장인정책을 펼쳐야 합니다.

첫째: '대한기능회(大韓技能會)'국가가 창설하고 그 '위상을 국가가 최고의 대우'
를 해야합니다. 그래야 우리들의 출중한 재능으로 대한민국의 산업을 발전
시킬 수 있습니다.

둘째: '국제기능올림픽선수'들은 물론 지방대회와 전국대회 수상자들에게도 많은
혜택을 주는 기능인 최우선 정책을 실시해야 합니다.

셋째: 장인교육시스템으로 최고의 명예인 국가명장(대학원 수준에 해당)육성과
명장명품백화점창립으로 새로운 유통시스템을 구축하여 최상의 경영으로
활성화시켜야 합니다.

앞으로 국제기능올림픽대회에서 1등한 사람에게는 10억 원, 2등한 사람에게는 5억
원, 3등한 사람에게는 3억 원을 참가선수에게는 1억 원을 상금으로 주어서 우선은
최고의 기능인들인 그들의 의식주해결이 되도록 하여 숭고한 기능인의 긍지를 심어
주어야 합니다.

또한 국내 기능대회에서 입상한 기능인들에게도 국제기능올림픽대회의 상금에 1/10
정도 상응되는 후덕(厚德)한 우대(優待)를 해줍니다. 우리나라가 독일처럼 기능인들
의 천국인 명장명국(名匠名国)으로 거듭날 수 있는 직종별로 맞춤형 기능정책(技能
政策)을 철저하게 펼칠 수 있도록 국민들의 마음이 모아지면 안 될 것이 없습니다.

'7.2.1. 유치원부터 박사까지 무상교육'에서 설명한 '교육기회평등원칙에 의한 교육
혁명시스템'(도표 참조)에 의하여 직업교육(기능사) => 기능장교육(국가기장) =>장
인학교(국가장인) => 명장학교(국가명장)이 되는 기능인을 위한 새로운 교육제도를
실시하여 직업교육의 강국을 이룩해야 합니다.

최고의 명예인 명장이 되면, 자영(自營)을 할 수 있는 상업권리(商業權利)를 부여하
고, 국가에서 공방을 차릴 수 있는 자금을 충분히 지원해 주어서 명품들을 제작한
작품들이 '명장명품백화점'에 전시하고 경매하여 고수익을 올릴 수 있도록 하는 직

종별로 활성시키는 정책을 실시합니다[주3].

[주3] 명장명품백화점: 필자가 만든 새로운 용어로, 명장들이 제작한 명품들만 주기적으로 일정기간
      전시하며 전시 후에는 경매를 통해서 판매하는 시스템, 마치 스위스의 '독립시계 박람회'처럼!

우리와 가까운 이웃인 중국과 일본에는 한국의 수제명품을 선호하는 부자들이 약 1
억 명이 살고 있습니다. 우리가 훌륭한 독립제품을 제작하여 '명장명품백화점'에 전
시한 후 이어서 경매하는 유통시스템을 전개한다면 세계의 부자들은 우리의 수제명
품을 소장하고 싶어서 명장명품백화점으로 많이 몰려오게 될 것입니다.

양복 한 벌에 1,000만 원 이상, 시계 하나에 10억 원 이상, 침대 하나에 10억 이
상, 보석가공품 한 점에 100억 원 이상, 희귀난초 하나에 3억 원 이상, 한국산 명
주 한 병에 100만 원 이상 하는 최고급 상품들을 생산하여 '명장명품백화점'에 연
중 전시판매하면서 특정 품목들은 주기적으로 경매하면 많은 이익을 창출할 수가
있습니다. 명품들을 유통하여 사치를 조성하는 것이 아닙니다. 국익을 위하여 기능
인과 명장들이 함께 세계 1%부자들을 위한 으뜸상품을 만들어서 '명장명품백화점
을 통한 새로운 유통시스템'을 구축함으로 새로운 부를 창조시키자는 것입니다.

세계인구의 1%가 부자인데 세계(개인)총자산의 40%를 차지하고 있습니다. 우리의
타고난 손재주로 이들 1%-부자들을 상대로 정성과 혼을 다해 제작된 최고의 명품
들을 직종별로 정기적으로 전시하고 특별경매를 한다면, 대단히 큰 수익을 얻을 수
있습니다. 고수익에서부터 얻어지는 세금으로 서민층을 중산층으로 끌어올리는 것
입니다. 한국이 기능인 천국으로 변신하게 되므로, 온 국민들에게 그 혜택이 골고
루 돌아가게 되어 국민모두가 다 잘 사는 명품사회를 만들 수 있습니다.

이러한 최고급 명장명품을 상권으로 하는 정책을 주 무기로 활용하는 나라가 바로
헬베티(Helvetii)족이 세운 경제 강국 스위스 입니다. 헬베티(Helvetii)족은 우리 민족
처럼 손재주가 좋습니다. 스위스(CH, 자국인구 600만 명 / 거주외국인 200만 명)
는 한국(ROK, 인구 4,500만 명)과 일본(인구 1억2천 만 명)에 이어서 국제기능올
림픽대회에서 종합우승들을 많이 제패한 손재주 경쟁국들 입니다. 인구비례로 본다
면 스위스는 당연히 수공업 1위 국가입니다.

스위스는 대학출신이 세계에서 가장 적은 나라로, 그 대신 수공업기능인 비율이
가장 높은 나라입니다. 스위스가 기적의 선진 수공업국가를 이룩하는 데는 직업교

육의 선구자 페스탈로치가 있었기 때문입니다[주4~6].

[주4] CH : Confederation von Hervetii (스위스 약자) 우리나라의 ROK (Republic of Korea)에
        해당됩니다.
[주5] 출처: 요한 하인리히 페스탈로치(Johann Heinrich Pestalozzi, 1745년~1827년)는 스위스의
        교육자이자 사상가입니다. 고아들의 대부이며, 어린이의 교육에 있어 조건 없는 사랑을
        직업교육을 실시한 직업교육의 아버지로 유명합니다. 19세기 이전에 이미 어린이를 하
        나의 인격체로 간주한 것으로 유명합니다. [출처: 위키백과]
[주6] 출처: 세계의1%의 부자가 세계(개인)총자산의 40%를 차지하고 있기 때문입니다. =>변화하는
        세계 인문학은 왜 주목받는가? [머니투데이 임경주 머니투데이 대학경제 객원기자
        입력 : 2012.02.24 15:06]

7.2.3.4. 평생수입이 대등한 직업에 귀천 없는 대한민국

'진로(進路) 별 평생소득(平生所得)'표를 자세히 보시면 이해할 수 있듯이, 선술후
학(先術後學) 정책으로 직업교육(기능교육)을 도제제도인 산학병행 제도를 실시하면
나이 16세부터 수입이 생기기 시작하여 직업교육(職業敎育)을 다 마치는 시점에는
이미 이들 실습생의 적금(積金)은 많이 불어나 있게 됩니다. 도표를 자세히 보면,
기능인들은 16세부터 65세까지 무려 50년간 꾸준히 벌게 되므로 티끌모아 태산이
란 말처럼 이자에 이자가 붙어서 참신한 부(富)를 축적할 수 있습니다. 박사학위(博
士學位)를 받고 36세에 사회에 진출(進出)하게 되면 65세까지 30년을 벌게 됩니다.
50년간 벌어들인 기능인(技能儿) 출신 명장(明匠)이나, 30년간 벌어드린 대학원(大
學院)출신 박사(博士)나 다같이 65세에 결산(決算)을 해보면, 두 사람 다 거의 대등
(對等)한 부(富)가 축척되는 것을 알 수 있습니다.

어느 직업을 택하든지 평생수입은 대등한 인간적인 교육시스템입니다. 그러므로 천
직을 찾아서 살아가는 사람이 가장 행복하게 됩니다. 직업에는 귀천이 없다는 말이
정말로 정확합니다. 교육혁명이 성공되면, 직업에는 귀천이 없게 되고, 삶의 질은
다 같이 높아집니다. 이것이 양극화(兩極化)를 없애고 중산층(中産層)을 회복시키는
산학병행(産學竝行) 교육제도 또는 토속어로 도제제도(徒弟制度), 독일어로는 두알
시스템(Dualsystem) 이라고 말합니다.

가난으로 인하여 부득불 선술후학(先術後學)의 길을 선택했던 필자는 대구공고
기계과를 나와 기아산업(지금의 기아자동차)의 설계실 제도사로 취업을 했다가

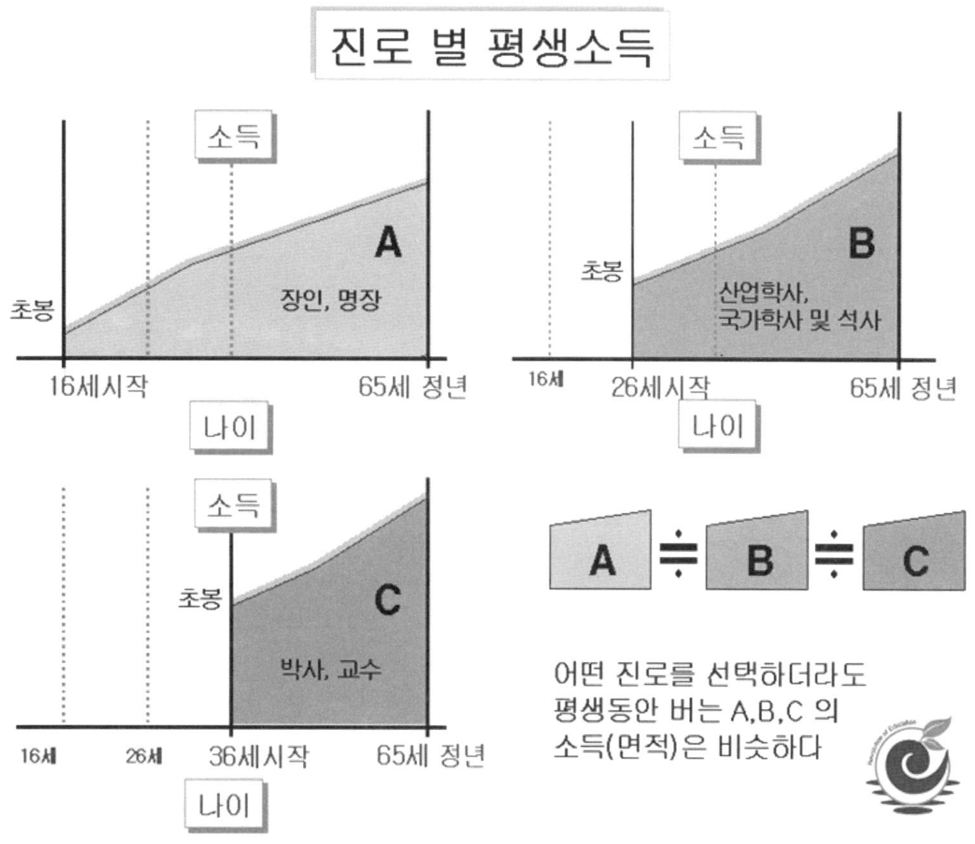

가장 늦게 나이 30살에 독일 니더삭센 주(Staat Nierdersachsen) 에 있는 하노버 대학(TU Hannover)에서 외국인을 위한 아비투어를 수석으로 합격하고, 독일 크라우스탈 공과대학 (TU Clausthal)에 입학을 했습니다[주7,8].

[주7] 아비투어: 대학입학자격 국가고시, Abitur, Feststellungsprüfung 주관식으로 한 과목에 5시간 하루에 한 과목씩 이틀 보고 하루 쉬고 이틀 보는 유명 독일대학입학 자격고시로, 합격하면 평생 동안 유효합니다.

[주8] 독일 클라우스탈 공과대학 (TU Clausthal): 1775년에 왕립 광산대학으로 설립된 세계에서 가장 오래된 공과대학으로 학과로는 광산학과 야금학과는 전 세계에서 최초로 생긴 대학으로 유명하여, 서울공대 광산학과 출신들이 유학자 많이 있습니다. 필자는 기계공학을 공부했는데, 이 학과가 생긴 이래 기계과를 4학기(2년)만에 졸업한 최초의 외국인입니다. 이 대학출신들이 '독일 경제기적'을 루르지방에서 일으킨 주역들이 많습니다.

20세기에는 광산, 야금, 기계가 독일의 주력산업 이었습니다. 그래서 우리나라 서독광부로 간 사람들 중에 이 대학을 나오신 분들도 계십니다. 이 대학은 미국의 MIT 보다 독일의 TUM 보다 약 100년 먼저 설립된 유럽에서는 유명한 광산대학으로 이름이 알려져 있습니다. 전 세계에서 이 대학에만 있는 학과 중에 광맥을 찾는 광맥학과가 있습니다.

[왕립 클라우스탈 공과대학교 문장과 1775년 설립당시 본관축성식 관경]

독일인 동기동창들은 30세 이였던 필자 보다 10살이 적은 20세로 같이 공부 했으나 동안(童顔)인 필자가 10살이 많은 사람이라는 것을 아는 동창생은 아무도 없었습니다. 이 대학(TUC)에 기계과가 생긴 이후 역사상 처음으로 공학포어디플롬

(Maschinenbau Vordiplom, cand. ing., 공학학사)을 법적으로 가능한 최단기간 4학기(2년)만에 합격한 최초의 외국인이었습니다
(최 단기 학사기록증명서 받았습니다).

늦게 30살에 공부를 시작했어도 아무런 지장이 없었으며 오히려 늦게 시작한 공부에 관심을 더 가지게 되어 6개 대학 7개 학과 (한국: 경기공업고등전문학교, 독일: 콘스탄츠 산업대학 (FHK, Fachhochschule Konstanz), 클라우스탈 공과대학(TUC, Technische Universität Clausthal), 뮌헨공과대학(TUM, Technische Universität München), 뮌헨정치대학(PfH München), 미국: SBTSU 신학대학에서 공부할 수 있어서 통섭(通涉)할 수 있었습니다[주9].

[주9] TUM, Technische Univerität München: 1868년 Bayern 왕인 Ludwig II 가 설립한 왕립 공과대학으로, 수많은 과학기술자, Ridolf Diesel, Siemens, Klaus Mapei, 떠한 많은 노벨수상자를 배출한 세계최고의 3대 공과대학, ETH, TUM, MIT 중 하나로, 바이에른에서 유일한 공과대학교이며, 독일의 가장 유명하고 오래된 역사와 큰 규모를 가진 공과대학교 (필자가 '에너지와 발전소 공학' 석·박사 그리고 '경제학과 노동학'을 디플롬을 공부하고 수학하였습니다).

[뮌헨공과대학교, TUM Garching Campus]

[TUM Garching Campus 나사-형상화한 기계공학과 (유럽최대건물 320m x 360m)과 연구시설]

[뮌헨공과대학교, TUM Garching Campus 연구동 및 연구 분야들]

이렇게 총 20년 동안 대학에 등록하고 공부를 했습니다. 이 기간 중 15년은 독일에서 공부하는 동안에는, '유아에서 박사까지 학비가 없으므로' 학문의 깊이 그 자체 이외는 전혀 걱정하지 않았으며, 오히려 상상을 초월한 엄청난 연구비를 독일국가로부터 지원받아 세계에서 인정받는 최고의 공학박사논문을 창작할 수 있었습니다.

통섭(統攝)할 수 있는 지도자로 성장되기 위하여 배워야할 그 많은 내용들을 무상으로 다 공부할 수 있도록 행운(幸運)의 천사가 필자와 항상 늘 같이 해 주었습니다. 이것이 창조주께서 우리나라에 내려주신 은혜(恩惠)가 아닌가 싶습니다. 필자처럼 선술후학으로 유명해진 세계적인 명사들이 더러 있습니다.
독일연방수상을 지낸 Gerhard Schröder 와 노동부장관을 지낸 Dr. Norbert Blüm 그리고 상대성 원리로 유명한 물리학자 Albert Einstein 등등 많이 있습니다.

일인일기(一ㄴ一技), 선술후학(先術後學)과 산학병행교육에 대한 더 구체적인 내용들은 필자의 저서 '봄이 오는 소리'에 상세하고 자세하게 언급되어 있습니다.

[참고] 국민 누구나 필자의 블록 http://blog.daum.net/ssnsoridansori 에 들어 가셔서 '카테고리
       팬서비스' 에서 'e-book'-편집된 '봄이 오는 소리' 책-파일을 다운 받으시기 바랍니다.
       또는 필자의 e-mail: gpupark@empas.com 으로 연락주시면 'e-book file'을 송부해 드리겠
       습니다.

7.2.4. 다양한 양원제로 국민경제 회복

'5.3. 민주정치 배신하는 사이비지도자' 중에 '5.3.3. 정경유착 하는 기업가'라는 제목 하에 언급한 내용과 같이, 기업인 출신은 지도자가 될 수 있는 자격이 정치철학적으로 분석해 보면 전혀 없습니다. 그런데 국민들은 이사람 저사람 시험 삼아 대통령을 시켜보는 중에 "기업인이 나라를 회사처럼 운영해 주길 바라면서" 현 이명박 대통령을 선택했습니다. 그러나 결과는 무법자처럼 파렴치한 일부 재벌총수들이 국가위에서 군림 하는 최악의 결과를 거두는데 동조해서 법인세까지 내려 주었습니다.

사실 그는 대통령으로 전혀 적합하지 않은, 학창 때 데모꾼이었던 사람으로 지도자 직분을 감당할 수 없는, 대통령으로는 학력과 능력이 너무나 부족한 사람이므로 정치를 해서는 절대 안 되는, 이익만 챙길 줄 아는 기업정신으로 무장된 최악의 사람이었습니다. 그는 통습(通習)이 되지 않는 상태이니 통섭(通涉)될 수 없었으며 통섭

(統攝)은 꿈도 꿀 수 없는 사람이었습니다.

그는 국민을 위하기보다는 오히려 같은 기업인이었던 '부자들의 세금을 깎아주는 정책'으로 소수의 대기업 의도에 끌려가는, 현실 문제를 잘못 판단하여 서민들을 더욱 힘들게 하고 있습니다.

세금을 아주 많이 올려야 할 부자들에게, 오히려 세금을 깎아 주는 정책을 지시하는, 무능한 모습을 보여서 필자는 한없이 실망했습니다. 그러므로 빈부차(貧富差)는 더욱 극심해졌으며, 서민들의 삶의 질은 더욱 더 고달프고 흉악하게 되었습니다.

국가의 저력은 탄탄한 중소기업에서 나오는 법입니다. 독일이 세계의 경제공황 속에서도 3%라는 경제성장을 하며 잘 살 수 있는 가장 큰 원인은 370만(독일 기업의 80%) 개의 중소기업이 기술과 자금의 주도권을 잡고 있기 때문입니다.

우리 나라에서도 국민의 88%가 중소기업과 자영업에 종사하고 있습니다. 그런데 대기업이 염치도 없이 문어발식으로 중소기업과 자영업을 피도 눈물도 없이 잠식하여, 국민들의 생계를 위협하고 있습니다. 심지어 고유의 전통 일자리까지 잠식해 사회분위기는 아주 험악할 대로 험악한 상태입니다.

대기업의 행포로는 어음결제, 제품단가 낮추기(마른수건 짜기) 등등, 그 횡포는 이미 중소기업들의 생존을 위협하고 있습니다. 중소기업이나 자영업에 종사하는 사람의 삶의 질은 더욱 나빠져 구매력을 잃어가고 있습니다. 이 틈을 이용하여 재벌들이 중소기업을 흡수하여 자기 배만 불리는 처지가 되었습니다.

재벌가의 부인들의 씀씀이를 살펴보면, 한 주일동안에 평균 2억 원을 용돈으로 쓰고 있다고 합니다. 서민들은 고작 몇 만원을 용돈으로 쓰고 있으니 구매력이 없는 서민만 늘게 되어 사회는 분노의 도가니로 변하면서 국가질서가 파국으로 치닫게 되는 것은 마치 불을 보듯 뻔합니다.

그에 대한 폐단은 이루 말로 하기 힘들 정도입니다. 이러한 상태로 대기업횡포가 심하게 된 이유 중에 하나는 독재자가 대기업위주의 경제성장을 주도했기 때문입니다. 이어서 무능한 대통령들이 나라를 통섭(統攝)하지 못했기 때문에 한국정치가 희망도 방향도 미래도 없이 이렇게 암울하게 황폐해진 것입니다.

중소기업과 자영업이 살아나지 않으면 88%의 국민생계가 위협받게 된다는 사실을 이명박 대통령은 무능하게도 확실하게 감지하지 못하신 것 같습니다. 그리고 부자들에게 세금을 감해주는 정책은 패망을 재촉하는 망국정책임을 정작 모르시는 것입니까? 그 패망의 증거로 미국의 조세정책의 역사를 살펴보면 잘 알 수 있습니다.

미국이 경제공황을 초래한 가장 큰 원인은 자신이 부자인 역대 대통령들이 제2차 전쟁 직후 70%이상이던 부자들의 세금을 60년 동안 깎아주어서 25%까지 낮춘 것이 화근입니다. 자세한 내용은 "7.2.5. 서민에 삶이 보장되는 조세정책"에서 상세하게 다루기로 하겠습니다.

현재 우리 나라 법조계는 그야말로 "유전 무죄요 무전 유죄"라는 말이 가장 잘 적용되는 나라가 한국입니다. 근대화 과정에서 법률 개정이 미처 따라오지 못하여 법치국가를 이룩하지 못한 후진국으로 머물러 있습니다.
우선 형법, 민법, 상법… 등 모든 법률을 인간의 존엄성을 존중하는 내용으로 정비되어야 합니다. 국가는 구태의연한 국가제도를 시대가 필요로 하는 새로운 시스템으로 개혁되어야 됩니다. 그런데 기득권자들의 반발로 손을 전혀 못 대어 일본의 강점기 때 사용하던 법을 아직도 대부분 그대로 적용하고 있는 법률가들의 직무유기가 도를 넘어서 법조인들의 이기주의가 팽배하고 있기 때문에 그 상태는 상상을 초월한 추함만이 있을 뿐입니다.

특히 기업에 관한 법은 너무나 낙후되어 있습니다. 그것은 현재 기업의 기득권자가 독식하는 불평등한 제도입니다. 투명성을 보장할 수 없는, 견제가 불가능한 법률들이 난무합니다. 88%가 종사하는 중소기업과 자영업을 살리려면, 우선 기업에 관련된 법률부터 확실히 정비되어야 구태의연한 대기업의 엄청난 횡포를 막을 수 있습니다.

프랑스를 집권중인 니콜라스 사르코지(Nicolas Sarkozy)대통령은 "정부를 위협하는 기업은 절대 허락할 수 없다"고 단호히 역설한 적이 있습니다. 지구촌에 존재하는 거대한 다국적 대기업들이 국가를 위협하는 데에 대한 경고입니다. 기업의 경제규모가 국가경제를 좌지우지 할만큼 그 규모가 커서, 국가를 위협하는 일은 없어야 된다는 뜻입니다. 기업의 예산이 국가의 예산을 넘어서는 아니 된다는 의미이기도 합니다. 이는 미국의 경제체재를 간접적으로 맹렬하게 비판한 것입니다.

미국 대통령을 미국을 지배하는 통섭(統攝)인이 아니라, 대기업의 로비스트라는 말을 종종 듣습니다. 이는 미국의 소수의 대기업들이 대통령위에서 경제실권을 행세하고 있다는 증거입니다. 부도를 당한 대기업 총수기 대통령에게 구제금융을 청탁하러 가는데 오만하게 전용비행기를 타고 가는 처신이 명백하게 증명해 주고 있습니다.

미국 대통령은 어쩌면 미국대기업의 궂은일을 처리하는 하수인인지도 모른다고 언

급하기도 합니다. 기업예산이 정부예산에 버금가면 그 대기업의 총수는 오만방자
(傲慢放恣)해 질 수 있습니다. 일부 미국의 대기업의 총수는 그 나라 국가예산이 자
기 기업보다 적은 나라는 아예 무시하는, 오만방자함을 노골적으로 드러내는, 지성
인답지 못한 기업인이 비일비재한 현실 속에 우리가 살고 있습니다.
우리는 IMF 때 미국 대기업들의 잔인한 횡포들을 뼈를 쪼개는 아픔을 안고 참아야
했습니다. 미국소고기 사건 등 많은 사태 배후에는 미국의 대기업들의 보이지 않는
오만한 힘이 조정하고 있었습니다.

다국적 대기업에 대한 경고를 한 사르코지 대통령은, 프랑스 국내에 있는 기업만이
프랑스 기업이지, 프랑스 자본으로 해외에 세워진 기업은 프랑스 기업이 아니다.
즉 '프랑스에 세금을 내는 기업만이 프랑스 기업이다.'라는 뜻입니다. "외국자본이
들어와 프랑스에 세금을 내는 기업이라면, 외국기업이 아니고 프랑스 기업이다."라
고 정의를 내렸습니다[주].

[주] 참조: 8.1.5. 세계 4위 갑부 루이비통 회장, 佛 부자증세 피해 벨기에 귀화 국민일보 김지방
　　　기자 fattykim@kmib.co.kr / 2012.09.09 21:52

유럽의 국가들은 이런 미국대기업의 횡포로부터 자유로울 수 있도록 법률들이 잘
제정되어 있습니다. 필자는 국민경제 측면에서 자유분방(自由奔放)한 미국식이 아
닌, 유럽의 투명하고 합리적인 준법기업으로 성장촉진될 수 있는 법률들에 대해서
언급하기로 하겠습니다.

7.2.4.1. 선진국의 경제 질서

선진국인 독일 기업구조를 살펴보면, 얼마나 합리적이고 투명한지 바로 알 수 있습
니다. 우리나라 재벌 대기업들은 무자비하게 국민경제를 위협해가면서 업종을 늘려
서 중소기업과 자영업을 멸하고 있는 집단이기주의가 팽배하여 국민경제를 크게 위
협하는 상황에 도달했습니다.

상호협력으로 상생의 길을 가자는 것이 아니라, 대기업이 중소기업을 지배하는 것
을 넘어서 인수하려는 자와 인수를 막아보려는 88%에 해당되는 중소기업과 자영업
체들 간의 권모술수의 치졸한 생존전쟁이 치러지고 있습니다. 이런 행위를 그대로
두면, 국가권위가 묵살되는 비참한 무법사회가 초래됩니다. 모든 것을 승자가 독식
(獨食)하게 되어서 모래시계처럼 아예 중산층이 없는 사회로 전락되고 있습니다.

민중을 종으로 삼게 되므로, 민중이 군중(群衆)으로 돌변하게 됩니다. 그들의 분노(忿怒)가 강렬하게 표출(表出)되게 되어 혼란(混亂)과 혼돈(混沌)으로 국가위상이 일시에 사라지면서 패망(敗亡)의 길을 재촉하게 되는 것입니다.

독일은 중산층이 튼튼한 아주 건실한 사회를 만들기 위하여, 기업에 관한 법률, 업종확장, 인수합병, 기업규모, 업종범위, 담합 등등을 정부차원에서 통제하는 카르텔청(Kartelamt)이라는 국가기관이 있습니다. 그래서 아무리 돈이 많은 대기업도 업종을 함부로 확장할 수 없습니다. 반드이 카르텔청의 승인이 있어야 가능합니다.

카르텔청에서는 대기업의 업종변경이나 확장은 물론 합병까지 국민경제에 미치는 영향을 전문적으로 검토한 다음에 비로소 허가할 것인지 아닌지를 결정합니다. 독일의 경쟁제한방지법은 카르텔청이 부당이득 액수를 구체적으로 정해 환수의 근거로 삼도록 하고 있습니다. 이는 담합의 가장 큰 폐해는 소비자들에게 직접적인 피해가 간다는 점입니다.

유명한 Daimler Benz Group, BMW Group, Siemens Group, Volkswagen Group, Hoechst Group, Bosch Group … 들이 업종확장은 물론, 때로는 Kartelamt 에서 제조물량까지 국민경제에 미칠 것을 고려하여 통제합니다.
Mecedes Benz 나 BMW 사에서 자동차를 연간 50만대로 제한하는 것은 안정된 국민경제와 기업의 명성을 동시에 지속하기 위함입니다. 물론 돈을 더 벌기 위해서는 더 좋은 차를 만들어서 더 높은 가격으로 수익성을 올리라는 것입니다. 즉 품질향상으로 구매자의 욕구를 채워서 수익을 창출하는 기업철학이 있기에 전 세계 사람들이 이들이 생산하는 명품들을 소유하길 원하는 것입니다.

독일기업가 들에게 돈이 많이 벌리는 사업이 있으니 같이 하자고 하면, 지금 안정적인 수입으로 내가 먹고 사는데 충분한데 왜 돈을 더 버느냐 하고 오히려 반박합니다. 필요한만큼 충분히 벌어서 걱정 없이 행복하게 잘 사는 것이지, 탐욕을 내는 것은 자신을 해치는 독이라는 것을 잘 알고 있기 때문입니다. 죽을 때 가지고 가는 것도 아닌데, 일부 사람들은 왜 그렇게 돈에 집착하는지 그 이유를 모르겠다고 대답합니다.

독일에서 박사논문을 창작하고 있을 때, 한 때 교사로 근무했던 금오공고를 나온 국제기능올림픽에서 금메달을 획득한 오왕근 이라는 제자가 스승인 필자를 찾아 독일을 방문했었습니다. 제자는 세계적으로 유명한 'Krail & Kremmer GmbH' 라는 알프스 산속에 있는 유한회사로, 약 300명의 직원이 일하는 광학기계 및 마이크로 필름제작에 특수전문기술을 보유하고 있는 이 회사를 방문하기를 원했습니다.

제자와 같이 뮌헨에서 자동차로 1시간 고속도로를 달려서 그 회사를 방문하여 제자가 경영하고 있는 회사와 협력하여 마이크로필름 사업을 같이하자는 제안을 한 적이 있었습니다. 이 회사는 그 당시 1/70로 축소하여 마이크로필름을 생산할 수 있는 세계에서 유일한 중소기업이었습니다. 그 회사에서 제작한 광학장비는 6대만 있었는데 2대는 로마 바티간도서관에 파견 나가 있고, 4대는 본사에서 마이크로필름을 제작하고 있었습니다. 점심까지 아주 융숭한 대접을 받고나서, 한국에서 이 회사와 협력할 수 있는 사업계획을 이야기했었습니다.

그러나 독일 회사 사장님은 말씀하시길 "우리는 6년 치의 주문물량이 밀려 있어서 영업걱정 없이 일을 잘하고 있습니다."라고 대답했습니다. 그렇다면 기계 한대를 더 제작하여 한국에서 마이크로필름사업을 하자고 제안했습니다. 친절한 사장님은 "우리는 복잡하게 확장을 하고 싶지 않습니다." 필요한 광학기능인을 양성하는 데만도 6년이 걸립니다. 당장 사업 확장에 필요한 고도의 광학기능인들을 어디서 확보 합니까? 우리는 우리가 필요한 충분한 돈을 벌고 있으며, 돈이 더 많아도 관리만 힘듭니다. 참으로 우리는 우리 일에 만족합니다.
"죽을 때 가지고 갈 것도 아니고, 자식에게도 고도의 기술을 가르쳐서 편안하게 물려주고 창조주님께 가려 합니다." 라고 대답했습니다.

기업은 안정이 우선이지 규모가 아니라는 것입니다. 중요한 것은 직원 일인당 수입이 중요하다는 것을 독일 사장님은 우리에게 친절하게 설명해 주었습니다. 독일에서는 최소한 3년 치의 주문이 밀려 있어야 안심이라는 말을 한다고 합니다.

우리 나라 사업가는 욕심이 너무 많은 것 같습니다. "말두면 종두고 싶다"는 말처럼 욕망에는 끝이 없고, 돈을 벌면 어느 정도 자제할 줄 모르고, 더욱 욕심을 냅니다. 심지어는 대기업이 중소기업에게 어음결제로 아주 힘들게 하는가 하면 잘되는 중소기업은 아주 삼켜 버리기도 하는데도 정부는 강 건너 불 보듯 무관심입니다.
심지어는 중소기업은 물론, 자영업인 빵집, 입시학원, 슈퍼마켓체인, 심지어는 청소회사까지 아주 양심도 없이 서민들의 생업을 아주 죽이는 실상으로 아무것도 남겨두지 않고 대기업들이 끊임없이 삼키고 있으므로 양극화는 정신없이 가속되고 있습니다.

창조주님께서는 이런 악한 폐단을 없애시기 위해 1000년 잔치(Millenniumsfeier)제도를 만드신 것입니다. 이에 대해서는 '7.2.8. 밀레니엄으로 사회평화구축'에서 소상히 설명드리겠습니다.
대기업이 중소기업을 죽이는 역사는 혁명군출신 독재자가 대기업에게 특혜를 주어서 빠르게 성장하게 했는데, 이는 국가경제가 마치 잔뿌리 없는 나무처럼 되어서 영양분을 스스로 공급하지 못하는, 언제 쓰러질지 모르는 연약한 상태로 만들었습니다. 그리고는 대기업에 국민의 혈세라는 영양분을 지속적으로 공급했었습니다. 만약 중소기업 중심으로 국가경제를 발전시켰다면 핵심기술은 독일처럼 중소기업이 가지고 있을 것이고, 대기업은 조립과 판매하는 브랜드로 세계를 정복하게 되는 균형 있는 국민경제를 성공시켰을 것입니다. 그 결과 한국경제는 뿌리에서부터 튼튼해져서 큰 거목이 되었을 것입니다.

그러나 독재자는 국민경제에 전문지식이 없었고 단기성과를 좋아하는 성격 때문에 빨리! 빨리! 재촉하여 우선적으로 규모에 집착하여 대기업을 키우느라 정신이 없었습니다. 우리 경제는 마치 마약을 마신 인간처럼 외부의 작은 영향에도 크게 흔들리는 약점을 가지게 되었습니다. 그래서 대기업의 총수는 배가 너무 부르고, 종업원들은 오히려 박봉에 허리띠를 지속적으로 졸라매게 되었던 것입니다.

그리고 독재자는 말했습니다. 우선 허리띠를 졸라매고 대기업을 키워서 돈을 많이 벌면 골고루 분배하자고 했습니다. 그러나 그는 분배해 보기도 전에 부하의 총탄에 쓰러졌고, 대기업은 “우리가 언제 분배해준다고 약속했느냐?”라고 말을 바꾸면서 국민의 세금과 정부특혜로 성장한 대기업들은 자신이 경영하고 있는 회사가 사실상 국민이 주인인 기업임을 외면하고, 오너(oner)회사로 독식해서 지금의 막대한 부를 챙겼습니다.

배당(配當)은 고사하고 꼬박꼬박 세금을 착실하게 낸 국민들은 아직도 의식주를 걱정하는 빈곤(貧困)층으로 곤두박질쳤습니다. 그 결과 최악의 양극화로 경악(驚愕)한 서민들은 분노(忿怒)하기 시작했습니다.

독일처럼, 대만처럼, 중소기업위주의 철저한 기술집약적으로 산업화를 애초부터 했었어야 했습니다. 우리경제를 발전시켰으나 국민들에게는 몹쓸 정책을 수행한 그 독재자의 딸이 상속받은 사고(思考)로 같은 오류(誤謬)를 범하려고 대선준비를 하고 있습니다. 그녀는 지도자로서 갖추어야할 소양인 통섭(通涉)은 하지 않고, 선진국의 지도자와 대화할 수 있는 학력조차 갖추지 못한 채, 양심도 없이 독재만 아는 공주병에 걸려서 무모하게 대통령이 되겠다고 입에서 독(毒)이든 거품을 내 품고 있습니다.

사실은 그녀 뒤에는 그녀의 아버지인 군사독재자로부터 많은 은총을 받았던 기득권을 아직도 행사하는 인간들이 그녀를 앞세워 꼭두각시로 만들어 놓고, 자신들의 치부(恥部)도 모르고 치부(致富)를 지속시키겠다는 수렴청정(垂簾聽政)의 의도(意圖)가 당연히 숨어 있습니다[주].

[주] 치부(致富) : 致 이룰 치, 富 가멸 부: 부를 이룸. 부유하게 됩니다.
　　 치부(恥部) : 恥 부끄러워할 치, 部 나눌 부; 치부 (1) 사람의 몸에서, 부끄러워 남 앞에서
　　　　　　 노출할 수 없는 부위. 곧, 성기, 음부(陰部). (2) 남에게 숨기고 싶은 부끄러운
　　　　　　 일이나 사실입니다.

　　 수렴청정(垂簾聽政) : 대리정치(代理政治)의 일종, 즉 섭정(攝政) 왕이 어려서 등극할 때 성인이
　　　　　 될 때까지 발을 치고 왕실의 여자가 대리정치를 하는 제도, 현대에는, 통섭(通涉)이 안 된
　　　　　 능력이 부족한 사람이 선거로 대통령에는 당선되었으나, 통섭능력(統攝能力)은 없고 오직
　　　　　 후견인의 지시를 받고 실제적으로 꼭두각시처럼 행동하는 소위 인기 지도자를 말합니다.
　　　　　 역대 대통령 중에 통섭(通涉)된 사람이 없다보니, 대통령 YS는 자문위원회를 많이 만들어서
　　　　　 위원회를 통한 '수렴청정'으로 모든 정치를 하다 보니 국가위기가 오는 것도 모르고 금융
　　　　　 실명제를 실시하다가 IMF를 초래했으며, 그 다음 대통령 DJ는 IMF를 악용해 치부(恥部)도
　　　　　 모르고 치부(致富)를 해서 나라를 빈부차가 극심한 '빈익빈 부익부'로 국민생활을 황폐하게
　　　　　 만들어 놓았습니다. 그 다음 노대통령도 지금의 이대통령도 통섭(通涉)되지 못 한 자로 통섭
　　　　　 (統攝)이 불가능한 자임으로 사실상 수렴청정은 계속되고 있습니다. 그 결과 아직도 엄청난
　　　　　 국가예산이 불필요한 위원회의 위원수당으로 끊임없이 낭비되고 있습니다. 통섭된 지도자
　　　　　 를 뽑아야 현대판 수렴청정이 사라집니다. 통섭이 된 사람은 참모를 두고, 수렴청정을 받는
　　　　　 사람은 위원회나 고문들을 많이 둡니다. 현재 대통령출마를 선언한 예비등록자들 중에 통섭
　　　　　 (通涉)된 자가 정작 있을까요? 지도자의 능력이 부족해 통섭(統攝)이 불가능 할 때 수렴청정
　　　　　 (垂簾聽政)으로 국정은 자연히 표류하게 됩니다. 수렴청정(垂簾聽政)이야말로 한국역사의
　　　　　 크나큰 치부(恥部)가 아닐 수 없습니다.

국민들이 낸 혈세를 먹어치운 추악한 구태(舊態)들의 의도를 지각(知覺)하고 절대로 동조(同調)하지 말아야 합니다. 이대로 가다가는 대한민국은 마치 제동장치 없는 화물차를 면허도 없는 자가 몰고 내리막길을 내려가는 위험한 형국이 될 것이 불을 보듯 뻔 하게보입니다.

한국은 지금 대기업이 자본주의를 내세워 국가 위에서 군립 하는 통제가 불가능하고 불법과 편법이 판치는 형국으로 지향(指向)되고 있습니다.

올 12월19일에 이 모든 어려운 역사를 충분히 감당할 수 있는 창조주님께서 준비하신 통섭된 청빈한 과학기술대통령을 추대하면, 이 분은 비록 늦었지만, 취임 후 곧바로 카르텔청(Kartelamt, 기업감독청)을 발족시켜서 기업의 업종, 규모, 종류 등을 지도력 아래 두어 재벌들과 대기업들을 정확하게 컨트롤(control)해서 정상적인 민주국가를 만들어서 국민 모두가 행복해지는 평온한 경제대국을 만들어 드릴 수 있습니다.

7.2.4.2. 한국 기업의 지배구조

우리 나라 기업은 한 사람의 오너(oner)가 지배하는 경영구조로 즉, 일인 독재체제 경영제도라고 보시면 됩니다. 법인에는 이사회가 있고 형식적인 감사가 몇 명 있는 것이 전부입니다. 의사결정은 이사회에서 하므로 대표이사가 오만하게 주인(oner) 행세를 합니다. 우리 나라 법인을 지배하는 이사회도 우리 국회처럼 단원제입니다.

기업에 직접 돈을 투자한 진짜 주인인 주주들의 의도는 전혀 반영되기 어려운 제도입니다. 사실은 돈 주고 뺨 맞는 격이 된 상황입니다. 그래서 한국기업들은 자본과 경영이 전혀 분리되어 있지 않고 있습니다. 대개 오너가 대주주 중의 한사람으로 독불장군 오너경영을 하고 있습니다. 지분이 9% 미만이라도 대주주면, 오너가 될 수 있고, 오너로서 기업을 쥐고 흔들 수 있는 것이 한국의 기업지배 문화입니다.

오너들의 특권은 부정을 밥 먹듯이 해도, 가짜 영수증으로 처리되어도, 불법이란 증거를 찾아내기란 여간 힘든 한국의 경영시스템입니다. 그러하다 보니 분식회계가 버젓이 이루어지고 편법이 성황을 이루고 있어도, 압수수색하지 않는 한 알아내기는 쉽지 않습니다. 자체 감사가 하는 역할은 그 역량이 아주 미비합니다.

정경유착으로 편법을 쓰지 않고, 정직하게 정법대로 경영하는 참신한 사람을 보고 배우고 뉘우치려고는 전혀 하지 않고 오히려 '바보병신'이라고 놀려대는 현실이, 한국 대기업오너들의 추악한 실태입니다. 말만 법인이지, 주식회사라고 해도, 사실은 무소불위(無所不爲)의 오너 세상인 것입니다[주].

[주] 無所不爲 : 못 할 일이 없습니다.

이런 오너들은 자식들에게 편법으로 회사재산을 우회로 상속합니다. 사악한 사탄 (詐誕)이란 놈과 사촌인 불법이란 놈이 가장 좋아하는 나라가 승자가 독식할 수 있는 편법의 천국이 한국인가 봅니다. 차마 얼굴을 들고 볼 수가 없습니다.

7.2.4.3. 독일 기업의 지배구조와 KODEX

독일에는 입법기관만 양원제가 아닙니다. 모든 사회구조가 투명성이 보장되는 양원제로 구성되어 있습니다.

국가기관도 기업도, 재단도, 법인도, 공익단체들도 모두 양원제로 되어 있습니다. 독일 사회구조는 양원제구조라고 말해도 될 정도로 투명성이 확실히 보장된 시스템으로 구축되어 있습니다. 기업의 구조와 경영 지침으로 된 'KODEX (Codex, 영어)'라는 규정집이 있어서 기업경영에 올바르게 처신할 수 있게 정부가 제정한 법입니다. 우리도 이 법률을 적용하면 대한민국의 미래에 크게 도움이 될 수 있습니다.

독일 기업에는 주주들의 대표로 구성된 감독회(Aufsichtsrat)가 구성되어 있고, 경영진으로 된 이사회(Vorstand)로 양원제로 되어 있습니다. 감독회는 상원에 해당되고, 이사회는 입법을 하는 하원에 해당됩니다. 감독회와 이사회의 업무와 상호 관계에 대한 규정은 'KODEX'에 명시되어 있습니다. 경영진인 이사의 수와 감독자의 수는 대개 비슷합니다.

기업을 경영하는데 감독회에서 결의된 내용만을 이사회에서 실행해야 합니다. 사업확장, 업종변경, 자금결제, 회계, 투자 등등 큰 건에 대해서는 반드이 이사회에서 결의되면 감독회의 승인받아야 결행할 수 있습니다. 사업과 회계도 아주 투명하게 집행됩니다. 독일어로 된 기업경영의 법규집인 'KODEX'를 언제든지 인터넷에서 다운 받아볼 수 있습니다.

기업철학의 선구자 Robert Bosh

독일의 기업철학은 승자가 독식하는 우리 나라 오너(oner)제도와는 판이하게 다릅니다. 기업이란 사회에 기여하기 위하여 창립된 사회적인 집단입니다. 처음부터 사회적인 공헌을 추구하기 위하여 창업을 하는 기업들과 개인의 영달을 위한 기업들의 기업철학은 판이하게 다릅니다.

유럽에도 개인의 영달을 위한 많은 가족기업들이 유한회사(GmbH, Gesellschaft mlt beschenkter Haftung)의 형태로 창업되고 경영되고 있습니다. 사회에 공헌을 목적으로 창업된 주식회사(AG, Aktiengesellschaft)는 그 수가 상대적으로 많지 않습니다.

기업철학의 목적의 우선순위는?

첫째: 기업은 먼저 그 지역사회에 공헌(貢獻)해야 합니다.
둘째: 기업은 종사하는 사람들을 즉, 종업원들의 생계(生界)를 배려해야 합니다.

셋째: 기업은 임직원의 생계를 배려해야 합니다.
넷째: 기업은 마지막에 주주들의 이익배분을 배려해야 합니다.

자영업자들과 가족기업들을 제외하고는, 기업들이 그룹을 이루기도 합니다. 기업가는 대표자이지 사실 무소불위(無所不爲)의 오너(oner)가 아닙니다. 그러므로 상속을 하는 것은 금물이며, 특히 능력있는 사람이 기업체를 이끌어가야 기업의 장래가 보장됩니다. 우리 나라처럼 오너의 비리로 회사가 망해서는 안 됩니다.
Bosh 그룹의 창업자(Robert Bosh, 1861-1942)는 유언으로 "Bosh라는 성씨를 가진 즉, 창업자의 가족과 자손은 누구도 그룹총수가 될 수 없음"을 유언으로 남겼습니다.

독일에서는 지멘스 창업자(Werner von Siemens, 1816-1892) 자손이라도 능력이 없으면 기업의 대표가 될 수 없습니다. 1847년에 독일 뮌헨공대 출신 Siemens 가 창립했지만 그룹대표직을 유산으로 물려준 적은 없었으며, 지금까지 Siemens 라는 성씨를 가진 사람들이 대표가 된 사람은 겨우 20% 정도입니다.

우리나라 대 그룹의 총수들은 자신의 자리를 어떻해 하든 자기 자손들에게 유산으로 넘겨주려고 추악한 편법을 자행하고 있는 작태야 말로 근절되어야 됩니다.

우리나라도 기업의 운영에 대한 법규를 바꾸어야 하는데 기득권을 가진 이기적인 현 경영자들이 이 공평한 법을 싫어하기 때문에 지금까지 어느 대통령도 바꿀 엄두를 못 내고 있습니다.

통섭(統涉)된 차기 과학기술대통령은 기업을 지배할 수 있는 국가권력을 확고히 보장하기 위하여 또 사회질서를 위하여 목숨 걸고라도 반드시 기업운영규정을 혁명(爀明)해야 합니다.
결제의 횡포인 어음제도는 꼭 폐지시켜야 합니다!
공정하고 투명한 기업철학으로 경영되어 사회에 모범에 되는 기업으로 거듭나는 그 날이 하루 빨리 오도록 우리는 '거룩한 한마음'으로 정치혁명을 성공시켜야 합니다.

7.2.4.4. 한국과 독일 재단의 지배구조

현대 사회에서 빼놓을 수 없는 것이 재단법인과 사단법인 각종 사회재단에 대한 규정입니다. 우리는 재벌들이 세금을 탈세하기 위한 수단으로 공익을 가장한 각종 재단들을 만들어서 세금도 적게 내고, 편법으로 재단을 운영하여 비정상적인 수익을 조작할 수도 있습니다. 법률적으로는 합법이지만 내용은 사이비들이 많습니다. 공공연한 궤휼이 아닐 수 없습니다. 우리나라 재단에도 마찬가지로 이사회만 있습니다. 투명하려고 아무리 노력해도 투명할 수 없는 승자독식제도입니다.

대부분의 재단법인들이 불법 비자금을 유치하는 수단으로 활용되고 있는 셈입니다. 그래서 우리나라에는 정말로 사회에 기여하는 재단은 거의 없다고 보아도 과언이 아닐 것입니다. 재단역시 보이지 않는 오너(oner)가 보이지 않게 세금을 포탈하는 비밀기구로 악용되는 경우가 많다고 보면 될 것입니다. 우리나라 재단지배구조 역시 국회와 같이 이사회만 있는 단원제입니다. 편법이란 놈이 마음 놓고 크게 활개칠 수 있는 나라가 단원제가 정착된 한국입니다.

독일의 재단들을 살펴보면 독일 국회처럼 양원제입니다. 또한 기업의 지배구조도 국회처럼 양원제입니다. 필자가 1980년부터 독일에서부터 지금까지 33년 동안 꾸준히 지도자교육을 제공받고 있는 독일의 유명한 '콘라드 아데나워 정치재단(KAS, Konrad Adenauer Stiftung)을 예로 들어서 재단의 지배구조를 살펴보겠습니다.

재단의 목적은 훌륭한 인재를 대학에서 발굴하여 대학원과정과 박사과정 이수할 때까지 장학금을 제공하면서 방학 때와 주말에 정치교육을 실시하며, 박사가 되고난 후에도 사회인이 되어서도 지속적으로 각종 세미나와 교육을 통해서 지도자육성교육인 통섭교육(通涉敎育)을 실시하여 국회의원, 상원의원, 수상, 총리, 대통령을 준비시키는 지도자육성재단인 동시에 민주시민 교육기관이기도 합니다.

KAS는 지구촌 120개국과 협력하며 70개국에 재단지국이 있고, 정규직원이 약600명이며, 정부로부터 배정받는 예산규모는 연간 약 3,000억 원 정도입니다. 그중 96.8 %는 예산지원이고 2.7 %는 행사참가비, 그리고 기부금의 비율은 0.7%입니다. 지배 구조를 보면, 하원에 해당하는 이사회(Vorsatnd)는 전 현직 수상들과 동급의 인물들로 구성되어 있고, 상원에 해당하는, 기업의 감독회(Aufsichtsrat)에 해당되는 재단감독회(Koratorium)에는 전직 대통령들과 동급의 인물들로 구성되어 있습니다.

세계에서 최고의 명예로운 정치재단 중의 하나입니다. 현재 KAS 재단총재님은 유럽연합(EU)의회 회장을 지내신 한스-게르트 푀터링 박사(Dr. Hans-Gert Pöttering)님 이십니다.

정말로 모든 것이 투명하고 정직한 지배 및 경영구조로 잘 짜인 정치재단임을 단번에 알 수 있습니다. KAS의 현직 이사회(Vorstand) 와 감독회(Kuratorium) 멤버들이신 정계 및 학계명사들을 참고로 하시면, 얼마나 무게 있는 정치재단인지 참작하실 수 있습니다.
필자 역시 1980년 KAS-장학생으로 시작하여 지금까지 33년째 KAS의 지도자육성 교육에 참여하고 있습니다.

[KAS 출신 수상님(앞줄 큰 얼굴들 왼쪽부터, 초대 Dr. Konrad Adenauer, Dr. Ludwig Wilhelm Erhard, Dr. Kurt Georg Kiesinger, Dr. Helmut Kohl, 현재 Dr. Angela Merkel]

Vorstand der Konrad-Adenauer-Stiftung e.V.

(Stand: Dezember 2011)

1. Dr. Hans-Gert Pöttering MdEP, Präsident des Europäischen Parlaments a.D.Vorsitzender
2. Bundestagspräsident Prof. Dr. Norbert Lammert MdB, stellvertretender Vorsitzender
3. Prof. Dr. Beate Neuss, Professorin für Internationale Politik an der TU Chemnitz,
    stellvertretende Vorsitzende
4. Hildigund Neubert, Landesbeauftragte des Freistaates Thüringen für die Unterlagendes
    Staatssicherheitsdienstes der ehemaligen DDR, stellvertretende Vorsitzende
5. Michael Thielen, Generalsekretär

6. Dr. Franz Schoser, Schatzmeister
7. Dieter Althaus, kooptiert, Ministerpräsident a. D.
8. Peter Altmaier MdB, kooptiert, Erster Parlamentarischer Geschäftsführer der CDU/CSU-
    Bundestagsfraktion
9. Otto Bernhardt, Vorsitzender der Hermann-Ehlers-Stiftung
10. Hermann Gröhe MdB, Generalsekretär der CDU Deutschlands

11. Peter Hintze MdB, Parl. Staatssekretär beim Bundesminister für Wirtschaft und Technologie
12. Volker Kauder MdB, Fraktionsvorsitzender der CDU/CSU-Fraktion im Deutschen Bundestag
13. Eckart von Klaeden MdB, kooptiert, Staatsminister bei der Bundeskanzlerin

14. Bundeskanzler a. D. Dr. Helmut Kohl
15. Dr. Hermann Kues MdB, Parl. Staatssekretär bei der Bundesministerin für Familie, Senioren,
    Frauen und Jugend

16. Bundeskanzlerin Dr. Angela Merkel MdB
17. Hildegard Müller, Vorsitzende der Hauptgeschäftsführung Bundesverband der Energie- und
    Wasserwirtschaft
18. Anton Pfeifer, Staatsminister a. D.
19. Prof. Dr. Günter Rinsche, ehem. Vorsitzender der CDU/CSU-Gruppe in der EVP-Fraktion im
    Europäischen Parlament
20. Prof. Dr. Andreas Rödder, Professor für Neueste Geschichte an der
    Johannes-Gutenberg-Universität Mainz
21. Dr. Jürgen Rüttgers MdL, Ministerpräsident a. D.
22. Prof. Dr. Hans-Peter Schwarz, ehem. Direktor des Seminars für Politische Wissenschaft der
    Universität Bonn
23. Prof. Dr. Bernhard Vogel, Ministerpräsident a. D. Ehrenvorsitzender

Kuratorium der Konrad-Adenauer-Stiftung e.V.

(Stand: Dezember 2011)

1. Professor Dr. Roman Herzog, Bundespräsident a.D.Vorsitzender des Kuratoriums,
2. Professor Dr. Kurt H. Biedenkopf, Ministerpräsident a.D.
3. Professor Dr. Manfred Erhardt, Generalsekretär a.D. des Stifterverbandes für die Deutsche
    Wissenschaft
4. Professor Monika Grütters MdB, Vorsitzende des Ausschusses für Kultur und Medien
    im Deutschen Bundestag
5. Professor Dr. Wilfried Härle, Prof. em. für Systematische Theologie / Ethik

6. Professor Dr. Eilert Herms, Direktor a.D. des Instituts für Ethik an der Ev.-theol. Fakultät
    der Universität Tübingen
7. Professor Dr. Dr. h.c. mult. Wolfgang A. Herrmann, Präsident der TU München
8. Professor Dr. Horst Köhler, Bundespräsident a.D.
9. Dr. Volkmar Köhler, Staatssekretär a.D.
10. Professor Dr. h.c. Klaus-Peter Müller, Vorsitzender des Aufsichtsrats der Commerzbank AG

11. Dr. h.c. Klaus D. Naumann Generalinspekteur a.D.ehem. Vorsitzender des Nato-
    Militärausschusses,
12. Birgit Schnieber-Jastram MdEP, Senatorin a.D
13. Professor Dr. Eberhard Schockenhoff, Professor für Moraltheologie an der Albert-
    Ludwigs-Universität in Freiburg i. Br.
14. Professor Dr. Rupert Scholz, Bundesminister a.D., Professor em. für
    Öffentliches Recht der Ludwig-Maximilians-Universität München

15. Professor Dr. Dr. h.c. Volker Schumpelick, Direktor i.R. der Chirurgischen Klinik und
    Poliklinik Universitätsklinikum Aachen
16. Ingrid Sehrbrock, Stellv. Vorsitzende des Deutschen Gewerkschaftsbundes
17. Dr. h.c. Wolfgang Spindler, Präsident des Bundesfinanzhofes a.D.
18. Dr. Burkhard Spinnen, Schriftsteller
19. Professor Dr. Christoph Stölzl, Senator a.D. Präsident der Hochschule für Musik Franz Liszt
    in Weimar
20. Professor Dr. h.c. Dieter Stolte, ZDF-Intendant a.D.

21. Professor Dr. Dr. h.c. Horst Teltschik, Ministerialdirektor a.D.
22. Dr. h.c. Erwin Teufel, Ministerpräsident a. D.
23. Professor Dr. Dr. h.c. mult. Hans Tietmeyer, Präsident i. R. der Deutschen Bundesbank
24. Professor Dr. Bernhard Vogel, Ministerpräsident a.D. und Ehrenvorsitzender
    der Konrad-Adenauer-Stiftung e.V.

우리나라도 이렇게 훌륭한 정치재단이 하루 속히 설립되어서 정말로 고귀한 인재들을 체계적인 육성과정에서 총리, 수상, 상원의원, 국회의원, 대법원장, 장관들, 대통령교육까지 올바르게 실시하여, 가장 청빈하고, 현명하고 정직한, 곡학아세(曲學阿世)를 모르는, 훌륭한 성인군자(聖儿君子)들이 정치를 할 수 있는 환경을 만들어 주어야 합니다.

대한민국에서 정치재단을 설립할 수 있는 종합계획은 물론, KAS의 설립지원으로 한국의 정치재단직원들에게 교육과 실습을 시켜주겠다는 약속까지 KAS 정치재단 출신인 필자가 작년에 받아 두었습니다.

지금 한국의 정치 상황에서는 정치재단설립에 필요한 재원을 정부로부터 지원받는다는 것은 가능하지 않습니다. 단지 조국을 사랑하고 걱정하는 부유한 애국자가 한국에 정치재단을 창립의사를 표명하여 주시면, 필자는 재단운영에 필요한 모든 지혜를 성의껏 최선을 다해서 제공할 수 있는 준비를 이미 다 해두었습니다.

정식으로 정치를 배우지 못한 사람은 현실정치를 감당할 수 없다는 진리를 대한민국 국민들은 지각(知覺)하셔야 합니다.

정치재단 설립을 주도하실 분이 속히 나타나시길 간곡히 기도하고 있습니다.

7.2.4.5. 정치혁명의 핵심은 양원제 입니다!

국가조직이나 민간조직이나 모든 조직을 양원제를 실현하면, '유아에서 박사까지 등록금도 과외비도 없고, 국민모두가 평생 버는 돈이 대등한 복지국가 대한민국'이 현실로 만들어 질 수 있으며 돈이 전혀 들지 않는 '정당민주주의'를 실현할 수 있습니다.

우리 주변을 살펴보면, 양원제는 늘 있었습니다. 양원제가 계몽되지 못했고 승자독식의 이기심 때문에 제도화가 성공되지 못 했을 뿐입니다. 우리사회는 양원제가 실현되지 못해서 늘 능력을 다는 저울의 평등을 이루지 못하면서 사회적인 불평과 혼미(昏迷)가 지속되고 있습니다.

현대가정 역시 아버지와 어머니가 상호 협력하는 양원시스템으로 운영되면 큰 무리가 없는 것처럼 국정, 가업, 재단, 사회단체들도 양원제를 실시하므로 공평 정대함은 물론 투명성 까지 확보되는 시스템이 바로 양원제입니다. 이는 '정도에 어긋남이 없고 명분에 부족함'이 없습니다.

양원제에는?

입법기관에 국회상원(Bendesrat)과 국회의원(Bundestag)을 두는 국회양원제 =>
　　　헌법개헌

기업에서는 기업감독회(Aufsichtsrat)와 기업이사회(Vorstand des Unternehmens)를
　　　두는 기업양원제 => KODEX(기업법)

재단에서는 재단감독회(Koratorium)와 재단이사회(Vorstand der Stiftung)를 두는
　　　재단양원제 => 재단법 이 있습니다.

단체에서는 NGO감독회(Koratorium)와 NGO이사회(Vorstand der Stiftung)를 두는
　　　NGO양원제 => NGO법 이 있습니다.

모든 의사 결정을 단원제로 처리하는 제도는 일사부조리로 처리과정에서 불투명과
과격함이 표출 될 수 있지만 양원제에서는 투명성과 정직성이 보장됩니다.
그러므로 선진국에서는 양원제를 쓰고 있으며 유럽에서는 양원제가 입법기관뿐만
이 적용되는 것이 아니라, 나라의 모든 조직들은 양원제로 투명성과 정직성이 보장
되게 실시하고 있습니다.

오로지 온 국민들이 이 책을 꼭 읽어 주셔서 '거룩한 한마음'이 되어야 합니다. 이
는 **훌륭**한 사람들이 돈과 관계없이 등용되는 진정한 민주정치가 실현될 수 있는 정
직하고 투명한 성스러운 정치시스템을 구축하기 위하여 성원으로 뭉쳐지는 '거룩한
한마음'입니다.

우리 국민들이 뜻을 모아 '거룩한 한마음'
이 되면, 훌륭한 인재들이 등용되게 되어 진리의 정당정치를 실현하는 참으로 행복
한 으뜸 민주국가 세계최강 대한민국을 만들 수 있습니다.
이 책을 집필하지 않는다면, 나라를 사랑하는 마음에서 "도덕적(道德的)인 측면에서
는 말할 것도 없이 직무유기(職務遺棄)로 신의성실(信義成實)에 위배(違背)되며, 형
사적(刑事的)인 측면에서 보면 미필적(未畢的) 고의살인 에 해당될 수도 있다."라는
생각을 하게 되었습니다.
그래서 필자는 양원제(Dual System)로 난국의 어려움을 타파하고자, 국민들의 마음
이 하나 되게 하는 지성에 횃불인 정치혁명(政治爀明)의 성공을 위하여 심혈을 기
우려 집필하게 되었습니다.

7.2.5. 서민의 삶이 보장되는 조세정책

오늘날 미국의 경제가 위기를 맞이한 원인은, 미국의 조세정책 역사를 분석해 보면, 우리들이 시행해야할 조세정책이 눈에 선하게 보입니다. 1960년 전에는 부자들로부터 소득의 70%이상 조세(租稅)했습니다. 1960 케네디 대통령이 70%로, 1981년 리건 대통령이 50%로, 2000년 클린턴 대통령이 39.6%로, 2003년 부시(아들) 대통령이 25%로 다운시켰습니다.

현재 미국의 국민 1%가 국민총수입의 25%를 차지하고 있습니다. 그런 부자들이 총수입에 겨우 25%만을 세금으로 납부하고 있습니다. 이는 서민층이 31%, 중상류층이 50% 이상 내는 핀란드에도 턱없이 못 미치는 낮은 세율입니다. 미국재정은 부자들을 위한 조세정책 때문에 전돈낭패(顛頓狼狽)를 보게 된 것입니다[주].

[주] 전돈낭패(顛頓狼狽) : 엎드러지고 자빠지며 갈팡질팡하는 모양입니다.

중산층이 회복되려면 조세정책이 막중한 비중을 차지함을 국민들에게 올바르게 인식시켜야 합니다. 대부분 부자들은 자신이 당대에 이룬 것이 아니라 유산으로 받은 것입니다. 말하자면 근로 없이 얻은 수입임을 알 수 있습니다. 그러니 세금을 많이 내는 것은 당연지사입니다.

적어도 60% 이상을 내는 유럽의 부자조세정책을 모범삼아 우리들의 조세정책을 펼쳐야 허물어진 중산층을 회복시키는 기간이 단축될 수 있습니다. 중산층이 회복된다는 것은, 사회기강이 회복됨을 의미하는, 서로 상통되는 매우 중요한 사항입니다.

7.2.6. 신용불량자도 비정규직도 없는 평등사회

통섭(統攝)을 감당 못하는 소위 정치9단이란 지각없는 단순히 이기적인 정치지도자가 IMF가 들어오도록 국가부도(moratorium)환경을 조성시켜 전돈낭패(顛頓狼狽)를 보았지만, 그 다음 등장한 정치9단이란 동급으로 몰지각한 정치지도자는 자신과 그의 정치패거리들의 막대한 취부로 국민들로부터 극심한 원성(怨聲)을 들었습니다. 국민들에게 신용카드를 무작위로 난발하는 어처구니없는 정책들을 아무런 도덕적인 가책도 느끼지 않고 무지하고 무모하게 실시했었습니다[주1,2].

[어처구니]

심지어는 길거리에서 누구나 신용카드를 만들 수 있게 난발하여 카드회사만 배불리고 많은 서민들이 카드대금을 막지 못해서 연체자(延滯者)가 되었습니다.
여기에 사탄(詐誕)의 장난으로 연체자들을 '신용불량자(信用不良者)', 약자로 '신불자(信不者)'라는 용어를 도입하여 서민들에게 추한 낙인을 찍어 빈익빈 부익부를 조성하는 불미스러운 역사가 시작되었습니다.

그 결과 사회적으로 엄청난 혼란이 야기되는 원인을 제공한 것입니다. 이 모든 비참한 역사는 우리나라가 행복하게 잘사는 모습을 보지 않기를 원하는, 보이지 않는 외교적인 능력이 없는 지도자가 감당하기 힘든 막대한 힘으로부터 강타 당했기 때문입니다.

신용불량자는 인간 대우를 받지 못하게 하는, 아주 잘 못된 규정으로 사회활동을 제한하여 어떤 직종에도 취업이 아주 어렵게 만들었습니다. 이러한 돌변상황은 정치지도자의 자질부족으로부터 발생된 무능과 근시안적이고 이기적이며, 무능한 외교정책으로 정상적인 한국 사회를 생지옥으로 만든 것입니다.
이러한 신불제도는 미국의 금융제도를 필터 없이 받아들인 것으로, 안정적인 중산층을 초토화시키는 아주 완벽한 무기이었습니다. 인간의 존엄성과 홍익사상에 크게 위배되는 비인간적인 아주 간악무도(奸惡無道)한 제도입니다.

2013년 2월 25일부터 시작되는 새 과학기술대통령이 지휘하는 정부에서는 신용불량자 제도를 완전히 폐기하여, 아예 '신용불량자'라는 용어사용을 아예 불필요하게 만들어서, 신불자의 신분을 '연체자'로 정상화시켜 당당하게 사회활동을 할 수 있게 하는 정책을, 그것도 되도록 빨리 실시해야 합니다. 연체자일수록 더욱 열심히 노력해서 빚을 갚을 충분한 기회를 정책으로 만들어 주어서 사람답게 생활할 수 있도록 해주어야 합니다.
정부의 잘못된 정책과 은행 그리고 카드사의 이기주의 때문에 사회를 더 이상 우리의 적들이 기뻐하는, 공포분위기로 치닫게 해서는 아니 됩니다. 중산층을 회복시키기 위해서는, 불행을 초래한 정치꾼들이 책임을 통감하고 반성해서 결자해지(結者解之)에 동참해야 합니다.

이에 부유층의 따뜻한 배려가 있어야 하고, 국민들의 지성적인 합의가 이루어져야 합니다. 그리고 정부는 '정도에 어긋남이 없고 명분에 부족함이 없는'훌륭한 정책을 실시해야 합니다. 오늘날 중산층이 와해된 주된 원인들은 지도자가 외교력과 경제에 대한 상식 부족과 자신의 이기(利己)만을 위한 아집통치를 했기 때문입니다.

한국경제가 파탄에 이르러 국가부도(Moratorium) 직전에 IMF가 상륙해서 부도는 막았지만, 수십 년 축척해온 우리의 노하우는 다 IMF 조건으로 강탈당했습니다.
차기 과학기술대통령은 앞으로는 더 이상 '신불자'라는 용어가 필요 없는 정책을 수립하여 금융질서를 정상화해서 미래를 새롭게 창조할 수 있는 분배에 주력을 다해서 중산층을 하루속히 회복해야 합니다.

비정규직 문제는 어제 오늘의 일이 아닙니다. 그러나 1000년 대계를 위한 새로운 경제정책으로 새로운 사회질서를 잡아가기 위해 반드시 인간의 존엄성을 존중하는 방향으로 해결해야 할 문제입니다.
같은 일을 하고도 비정규직이라는 신분 때문에 임금을 아주 적게 받는다는 것은, 자유 평등 박애의 공정한 민주사회에서는 있을 수 없는 이기적이며 부도덕한 가장 악질적인 처사입니다.

새로운 임금제도를 창안하여 국민적인 합의를 끌어내어, 노조가 조합원들의 이권만 생각하는 집단이기주의적인 불합리한 제도를 시급하게 바로잡아야 합니다.
그 결과 독일처럼 편법이 안 통하는 정규직만 있는 참신한 기업문화를 우리 스스로 창조해서 우리 손으로 실천해야 합니다.

평등한 사회, 자신의 출력(出力)대로 대우받는 정직한 사회를 만들어서 온 국민들이 다 함께 잘 사는 아름다운 대한민국을 우리 스스로 이룩해야 합니다.

7.2.7. 생활혁명으로 아름다운 지성사회 구축

2010년 겨울 서울, 강북의 특급 호텔에서 열린 고위 공무원(차관보) 출신의 아들 결혼식에는 20,00여명의 하객이 참석했습니다. 교통 혼잡이 덜한 초저녁에 진행된 결혼식이었지만 일대 교통은 대혼 잡을 빚었습니다.

A결혼업체 웨딩플래너는 "고급 공무원과 기업가 출신 등 고위층 자제의 결혼식은 90% 이상 특급 호텔에시 열린다고 보면 된다."며 "요즘은 특급 호텔에 뒤지지 않는 예식장이 많이 생겼지만 여전히 무조건 특급 호텔 중에서 추천을 해달라고 말하는 경우가 많다"고 했습니다.

2011년 10월 서울의 한 특급 호텔에서 열린 한 기업체 임원의 아들 결혼식은 꽃값이 2,500만원에 달했습니다. 이 호텔에서 예식을 진행하기 위해서는 반드시 2,000만 원 이상을 꽃값으로 내야 합니다.

하객 1인당 식비는 20만원, 하객들이 식사를 하며 곁들인 와인은 병당 10만원에 계산됐습니다. 이밖에도 웨딩케이크가 100만원, 기념초가 30만 원 등 양가의 혼주가 호텔에 낸 돈은 1억 원을 넘었습니다[주1,2].

[주1] 출처: '꽃값 2,500만원 밥값, 20만원, 특급호텔서 억대 결혼식' / 조선일보 원문기사: 2012년 2월11일 03:09 / 최종수정: 2012-02-13 16:35 / 석남준 기자 namjun@chosun.com
[주2] 출처: '부모의 눈물로 울리는 웨딩마치'또 하나의 고통(신혼집·혼수·예식·신혼여행 등), 결혼비용7년새2배로/ 조선일보 원문기사: 2012-03-16 03:22 최종수정 2012-03-16 10:48

사치와 허영이 만연한 사회, 빈자들이 최악의 적대감으로 분노를 폭발시키는 계층간에 서로 상충(相衝)되는 극한사항을 배제(排除)키 위해서는 더 늦지 않게 검소하게 실리적으로 살 수 있는 생활혁명(生活爀明)을 다음과 같이 실시해야 합니다.

7.2.7.1. 검소한 결혼문화 혁명

'꽃값 2,500만원 밥값, 일인당 20만원, 특급호텔서 억대 결혼식'이라는 조선일보의 기사를 읽고 경악하지 않을 수 없었습니다. 지금 현재 대부분 서민들은 신불자로 의식주를 해결하지 못해서 참지 못할 분노에 차 있습니다. 일부 지성과 이성이 부족한 사람들의 사치는 이미 그 도를 너무 많이 넘어섰습니다. 재벌가 부인의 일주일 용돈이 2억 원이라고 합니다. 집도 없고 학비도 없는 신불자 서민들은 지금의 정치에 분노가 머리끝까지 치밀 수밖에 없을 것입니다.

우리에게 가장 큰 적은 빈익빈 부익부 되는 양극화입니다. 특히 양극화로 나타나는 재벌들의 사치는 우리사회를 극도로 광분하게 만들고 있습니다. 미국 월가에서 벌어지는 99%의 가난한 국민들의 데모처럼, 혼란해지는 속도처럼 한국도 이대로 가다가는 미국처럼 걷잡을 수 없게 됩니다. 이러한 현상을 합리적으로 해결하려면 '6.3. 독일 정치 환경'에 서술된 독일국민성에서 배울 점을 찾아보는 것도 그리 나쁘지는 않을 것입니다.

독일인은 사치를 모르는 절약을 미덕으로 살아가는 착한 사람들입니다. 사치는 낭비임을 독일 국민들은 너무나 잘 압니다. 사치품의 매출이 크게 일어나지 않는 나라가 독일 입니다. 우리 역시 제일먼저 사치를 한국 사회에서 철저하게 추방해야 합니다. 훌륭한 가정의례준칙을 만들어야 합니다. 호텔에서 호화 결혼식도, 사치품이 지성과 이성을 키워가는 여대생에까지 유행하게 하는 망국의 사회풍조는 철저하게 근절되어야 합니다. 유럽 국민들처럼 절제를 미덕으로 삼는 참신한 한국 소비문화를 창조해야 합니다.

앞으로 결혼식은 유럽처럼 돈이 전혀 들지 않게 민법에 규정해야 합니다. 결혼식은 구청청사나 동사무소에 있는 호적사무소(Standesamt)에 소속된 국가로부터 민법적인 결혼절차를 위임받은 결혼담당관의 인도에 따라 예비신랑과 예비신부는 부부됨을 서명하고, 법적으로 이루어진 결혼을 증명하는 결혼증인으로 신랑 측 한사람과 신부 측 한 사람이 결혼증명서에 서명하면, 법적결혼절차가 완료되는 것입니다.

이 때 결혼식에 초대되는 하객은 양가에서 약 10명, 총 20명 정도입니다. 혼인신고가 그 자리에서 이루어지므로 결혼담당관은 즉석에서 혼인증명서를 발부합니다. 간단한 절차로 결혼식과 혼인신고는 모두 완료됩니다.
이것이 중앙 유럽의 국가, 네덜란드, 독일, 프랑스, 스위스, 오스트리아… 등 여러 나라에서 실시되고 있는 혼인법입니다. 물론 호적사무소(Standesamt)에서 혼인절차가 끝나면, 양가의 가족친지가 각각 집에서 조촐하게 가족파티를 합니다.

기독교인인 경우에는 민법적인 혼인절차가 완료되어 혼인증명서를 발부받은 신랑 신부만이 교회에서 종교의식에 따라 혼례예배를 드립니다. 대부분 결혼식 날 오전에는 호적사무소에서 법적인 결혼절차를 마치고 발급받은 결혼증명서를 가지고 오후에는 교회에서 혼례예배를 드립니다. 이때 따로 결혼예복을 준비하는 사람도 있지만 대부분 국민들은 깨끗한 전통의상을 입고 결혼식을 올립니다. 결혼비용이 거의 들지 않는 아주 검소한 결혼문화입니다.

유럽인들은 실리적으로 결혼비용으로 많은 돈을 허비하는 것은 '미친 짓'으로 인식하고 있습니다. 남들에게 보여주기 위한 결혼식이 아니라, 결혼은 당사자가 행복해지기 위해 부부가 되는 의식이니, 검소하게 치루는 것이 당당하고 합리적이며 정상적이라는 사고(思考)로 인식(認識)하고 있는 것입니다.

결혼비용 걱정하는 유럽의 젊은이도 부모도 없습니다. 학생일 경우에는 학생부부 기숙사를 국가가 제공해 줍니다. 그래서 유럽에는 우리 나라처럼 상업적인 결혼업체도 웨딩플래너도 있을 수 없습니다. 우리나라에서 행해지는 초호화 사치결혼식은 미국문화를 필터 없이 도입된 것으로, 이 모든 것은 무엇이 부족한 인간의 허영심에서 생성되는 실속 없는 자기과시로 회칠된 외식(外飾)에 불과합니다.

선진국처럼 우리의 혼인문화도 선진화할 수 있습니다. 앞으로 한국 사회풍조가   자신의 결혼비용 때문에, 또는 자식의 결혼비용 때문에 고통을 당하는 부조리(不條理)와 억측(臆測)이 더 이상 강요하지 않는 방향으로 지향되어야 합니다. 그리고 결혼하면 국가에서 애써서 마련해 주는 집에서 행복한 결혼생활을 시작할 수 있는 사회정책을 펼칠 수 있는 지혜의 인물을 과학기술대통령에 선거추대 해야 합니다.

사치하는 자에게는 엄중한 조세정책으로 더 이상 사치가 지속되지 못하는 정책을 시행해야 합니다. 부조하는 문화도 앞으로는 아주 달라져야 합니다. 권력가에게는 자식들의 결혼식이 마치 부조돈으로 단번에 목돈을 챙겨보자는 처사(處事)로 악용되었습니다. 특히 고위 공무원의 자녀 결혼식을 바라보는 힘없고 가난한 사람들에게는 분노가 분출되지 않을 수 없습니다. 새 포도주(문화)는 새 부대(조국)에 넣어야 됩니다.

7.2.7.2. 인생밑천이 마련되는 '성인식문화'

앞으로 성인식 이외에는 부조(扶助)를 하지 않는 새로운 사회풍조를 창조하면 건전한 사회를 만들 수 있습니다[주].

[주] 扶助 : 扶 ⓐ도울 부 ⓑ길 포, 助 도울 조; ① 남의 큰일에 돈이나 물건들로 도와 줌. 축의금. 부조를 보내다. ② 남을 거들어서 도와 줌.

'성인식문화'의 시초는 유대인 전통으로부터 유래된 인생사 생활문화 이야기 이지만, 유럽에서 크게 호응을 받고 있습니다. 자녀의 나이가 만13세가 되면 생리적으로 성숙한 사람이 됩니다. 즉 성인이 됩니다.

자녀 나의 만13세 되는 생일날에 '성인식'을 올려줍니다.
성인으로 인정받는 가장 중요한 생일축하를 해주는 아름다운 사회문화입니다. 유럽 사람들은 결혼이나 관혼상제에, 아주 가까운 친인척이 아니면, 부조(扶助)를 하지 않는 것이 상식적인 예의입니다.
부조는 하는 사람도 받는 사람도 부담 갖기는 다 마찬가지 입니다. 그러나 만13세 생일날(성인식 날)에 성인이 되는 아이를 아는 사람들은, 모두 다 자기의 형편에 따라 아주 성의껏 마음속에서 진심으로 우러나는 부조를 합니다.
이 부조돈은 이 아이의 거룩한 인생의 고귀한 밑천(종자돈, LSM, Life seed money)이 되기 때문입니다.

부모는 성인식부조돈을 모아서 은행에 정기예금통장을 만들어 줍니다. 정부는 이 돈 만큼은 복리로 가장 많은 이자가 더해지는 아름다운 정책을 실시합니다. 그리고 어떤 어려운 일이 있더라도 부모 역시 이 돈만은 자녀를 위해 성실하게 잘 관리해 줍니다. 만 18세로 성년이 되면, 부모는 통장의 돈이 얼마인지 알려 줍니다.
직업교육을 마치고 독립하거나, 대학을 마치고 사회로 진출할 때 부모는 이 통장을 자녀에게 건네줍니다. 그 때는 대부분 적어도 최소한 몇 천만 원 또는 1억 원 이상 이 쌓여 있게 됩니다. 이는 나라임금님도 구제 못한다는 가난을, 탈피할 수 있는 훌륭한 기회를 만들어 주는 정말로 아름다운 문화입니다.

이 책을 읽으시는 은혜(恩惠)하는 국민 여러분!

여러분들께서 솔선해서 이 아름다운 '성인식문화'를 가까운 주변부터 도입해 보시길 부탁드립니다. 필자는 33년 동안 교육혁명(敎育爀明), 정치혁명(政治爀明), 생활혁명(生活爀明, 社會爀明), 그리고 신앙혁명(信仰爀明, 宗敎爀明)을 할 수 있는 준비를 했습니다. 국민들께서 합심(合心)하여 동참해 주신다면, 우리는 4개의 혁명(爀明)으로 지상낙원(地上樂園)을 구축하실 수 있음을 확신합니다.

국민 여러분 두 주먹 불끈 쥐고 힘을 내십시오!

우리는 실현될 꿈이 있고, 준비된 과학기술대통령으로 부상 되는 인물들도 많이 있습니다. 오는 12월 19일 대선을 통해서 그 분들 중에서 통습(通習)되고 통섭(通涉)되시어 통섭(統攝)하실 수 있는 능력이 출중하신 분을 과학기술대통령으로 선거추대 하시면 됩니다.

7.2.8. 밀레니엄으로 사회평화구축

Millennium을 맞이했던 2000년대 지구촌에서는 Millenniumsfeier (독어, 1000년 축제(祝祭))로 지구촌의 주인들은 떠들썩했었습니다. 그러나 그 누구도 그 천년마다 찾아오는 Millennium의 참뜻은 모르고 고루하게 Millennium-burg 정도가 이슈로 등장하는 정도가 고작입니다. 더 이상 참뜻을 모르는 것은 민중들의 상식한계점 입니다. 신학(信學)을 모르는 기독교인들은 Millennium이란 단어에서 천년왕국(그리스도님께서 재림하셔서 이 땅을 통치하는 신성한 1000년)으로 기대했었습니다.

그러나 새로운 천년이 시작되면서 모든 것이 새롭게 시작한다는 아주 평범하면서도 엄청난 뜻이 숨어 있음을 감지할 수는 없는 것이 민중들입니다. 이는 마치 초림 때 예수님께서 옛 계명은 폐하시고 새로운 계명을 우리들에게 주시고 또한 재림을 약속하여 주셨음에도 이를 믿지 않는 사람들에 비유됩니다.

국가는 Millennium 때에 모든 것을 새롭게 출발 하는 새로운 시대를 여는 것입니다. 법집행도 새롭게, 정치도 새롭게, 사람들은 새로운 밝은 마음으로 새 출발할 수 있게 진정한 밀레니엄이 실현되도록 하는 것입니다. 좋지 않은 과거들이란 전혀 없었던 것처럼 사라지게 하고, 모든 것이 제로베이스(zero-base)에서 희망차게 새로 시작하는 것이 바로 밀레니엄입니다.

밀레니엄을 맞이했던 대통령은 나라를 새롭게 하는 뜻 깊은 소명을 실천했어야 했습니다. 사람을 살해한 간악한 흉악범이나 부모를 상해한 불효한 악한 범죄인들을 제외하고는, 모든 죄인들은 방면해주고, 간악한 죄수들이 수감된 곳을 제외한 모든 교도소에는 백기를 꽂을 수 있게 해야 합니다[주].

[주]'백기를 꽂을 수 있게 해야 한다.' 이는 스위스의 감옥 안에 죄수가 없으면 백기를 꽂아서 감옥이
    비어 있음을 표시하는 전통에서 유래했습니다.

국가는 조폭들을 해체하고, 그들을 먼저 인간의 존엄성과 숭고함과 사회일원임을 강조하는 정신교육을 철저하게 시켜야 합니다.

그들도 먹고 살 수 있는 합리적인 직업교육을 국가가 제공해 주어야 합니다. 자기 버릇 개 안 주는 성격의 소유자라도 고치지 않고도 합법적으로 살아가기 원하는 패기가 넘치는 자들이 원하면, 외인부대를 창설하여 부대요원으로 보내 줄 수도 있을 것입니다.

그 외 사람들은 자신이 가장 잘 하고 또 하고 싶은 천직을 찾아서 직업교육을 시켜 주어야 합니다. 직업인으로 자부심을 가질 수 있게 배려하여 줌으로, 평생 동안 심신이 안정된 생활을 할 수 있게 해 주어야 합니다. 그들을 긍휼(矜恤)히 여겨서 과거를 청산해주고(정부 공식기록에서 삭제, 신원조회에 나타나지 않음) 평범한 사회의 일원으로 돌아오게 하는 배려정책(配慮政策)을 펼쳐야 합니다.

대한민국 국민은, 누구도 따돌림 받거나 내버려 두어서는 아니 되는 숭고한 인격체임을, 지도자는 온 국민들에게 인식시켜야 합니다. 어떤 국민이든 다 쓸모있게 정

책을 세워야 하는 지혜를 갖춘 통섭된 사람이 정치지도자가 되어야 됩니다. 스위스에는 감옥에 백기가 꽂혀 있는데 그 뜻은 '이 감옥 안에는 죄인이 하나도 없다'는 뜻입니다.

Millenniumsfeier (1000년 축제)가 지난 12년 동안 하지 못했던 Millennium 정책들을 제18대 과학기술대통령께서는 집행하셔서 어두운 곳곳에 빛을 비추어 주어야 합니다.
미성년(未成年)이나 젊은 청춘의 초범(初犯, 대부분 적의(敵意)가 없는 즉흥적(卽興的)이고 우발적(偶發的)인 경우(境遇)가 많음)들을 특별히 긍휼(矜恤)이 여겨, 다시는 죄를 짓지 않게, '초범교도법'을 제정하여 전과범들과 격리시켜 정신적인 교화와 직업훈련을 병행하는 '직업학교형 교화소'를 준비하여 단 한번이 잘못이 일생을 망치지 않게 '인간의 존엄성과 홍익인간 사상'으로 완벽한 새 출발을 준비해주는 정책을 펴 나아가야 합니다.

초범이 전과자들과 만나지 못하게 따로 격리하는 이유는, 초자가 전과자들의 온갖 나쁜 범죄수법들을 전수받지 못하게 배려해 주어서 단 한 번의 잘못은 단 한번으로 끝나게 함으로 다시 생활능력 있는 선량한 민주시민으로 복귀시키게 하고자함 입니다.

회개하는 모든 죄인들을 사면해주되, 다시는 죄 짓지 않도록 다짐을 받고, 사해준 다음에 죄를 짓게 되면, 더욱 엄하게 처벌하는 제도를 실시하여, 다시는 죄짓는 사람들이 없는 대한민국을 만들어 가야 합니다.
Millenniumsfeier 에는 흉악범 말고는 거의 모든 죄를 다 사해줍니다. 그 이후로는 공소시효(公訴時效)를 없애고 죄지은 자는 죽어서도 형벌을 계속 받게 할 것입니다. 이스라엘에는 공소시효가 없습니다. 아직도 히틀러에 동조한 자들을 찾아서 처벌하고 있습니다.

미국에서 100년 이상 감옥 형을 받는 사람이 있는데, 우선 생각하기 에는 종신형(終身刑)이면 종신형이지 죽은 다음에 무슨 의미가 있는가 하고 생각했습니다. 그러나 그렇지가 않습니다. 100년 형을 받은 사람이 죽으면, 화장을 해서 그 유골(遺骨)이 감옥에서 형기를 채웁니다. 100년의 형기가 다 차면 후손들에게 전해 줍니다.

우리 사회에서 당장 풀어야 하는 문제는 한두 가지가 아니지만 가장 중요한 사회문제는 폭력이 난무하는 것을 막는 것입니다. 세상에서 유일하게 존엄성을 가진 사람을 상해하는 폭력은 지구상에서 영원히 사라져야 합니다. 상업적으로 교육을 좀먹는 선행학습을 하는 입시학원들은 아이들의 창의력을 손상시키므로 엄중하게 금해야 합니다.

독일 유학 15년 동안 독일 사람들이 서로 폭력을 휘두르는 경우를 보지 못했습니다. 독일에서는 영화도 폭력영화는 스스로 상영하지 않으며, 독일 영화사는 비폭력 영화만을 제작합니다.

그리고 학교에서 어릴 때부터 사람을 상해하는 것이 가장 나쁜 행위임을 인식시키는 교육을 철저하게 합니다. 아이들이 물건을 부수면, 관대하지만, 어릴 때부터 사람에게 폭력을 쓰는 것을 보면 독일 국민들은 절대로 관용이 없습니다. "Wer nicht hört, muß fühlen (듣지 않는 자는 반드시 느껴야 된다.)" 라고 말하고 그 자리서 혼을 내는 회초리를 듭니다.

그래서인지 독일 사람들은 아무리 화가 나도 상대를 폭행하지는 않습니다. 단지 폭력대상자를 대신하는 물건을 주변에서 찾아서 부수는 경우는 보았습니다. 아무리 언쟁이 높아도 서로 상해는 하지 않습니다. 독일형법도 사람을 상해하는 이에게는 Pardon(용서, 관용)이 전혀 없습니다.
독일헌법 제1조 (존엄성)도 모르고 사람이 사람을 폭력으로 상해하는 것은 사람이 아니라, 약육강식(弱肉强食)만 아는 동물이라고 인식하기 때문입니다.

교육혁명으로 공교육을 확고하게 회복시켜서 입시학원이 자연도태 되게 해야 합니다. 입시학원 강사들이 공교육으로 다시 돌아올 수밖에 없는 사회를 만들어야 합니다. 스승을 존경하는 군사부일체정신(君師父壹体精神)이 다시 살아나게 해야 합니다. 낡고 헐어 쓸모없는 것은 밀어내고 현명한 정치제도로 새로운 평등을 시작하는 진정한 Millenniumsfeier(천년축제)를 지금이라도 해야 합니다.

앞으로 한국에서는 엄격한 '지성의 형벌'제도를 실시해야 합니다. 이는 같은 죄를 짓더라도 학벌과 관직이 높을수록 형벌이 엄중해지는 것을 의미합니다. 학사이하의 사람들에게는 관용이 있지만, 학사를 받은 사람은 시회의 모범이 되어야 함으로 엄중히 적용합니다. 석사를 한 사람은 더 모범이 되어야 함으로 더 엄중히 적용됩니다. 그리고 박사학위를 받은 사람은 더욱 더 모범의 최상이 되어야 합니다. 그래서 더 더욱 더 엄한 법이 적용됩니다.

만약 모범이 되어야 하는 사람이 교통법규를 어기면 학력이나 직위의 높이만큼 더 벌금을 내야 합니다. 공무원이나 이에 해당되는 직위의 사람들일 경우, 사무관, 서

기관, 이사관, 관리관, 차관, 장관 그리고 교수들 선생님에게는 아주 엄중하게 법적 용을 받게 됩니다. 형벌인 경우에는 교도기간이 길어지며, 벌금형일 경우에는 지성의 높이에 따라 2배 3배 4배 5배 6배 7배 8배 9배 10배를 더 부과해야 하는 법입니다.

평균 31%~50%의 세금을 내면서도 세금이 아깝지 않다고 말하는 핀란드 국민처럼 우리나라에도 세금을 많이 내는 것을 좋아하는 분위기를 만들 수 있습니다.
핀란드는 소득에 따라 벌금을 부과하는 제도가 정착되어 있습니다. 특히 교통법규를 어겼을 때 내는 벌금은 연간 소득에 따라서 벌금이 매겨 진다. 소득이 많으면 같은 법규를 위반하드라도 소득의 몇%를 부과하므로 액수가 많아집니다. 핀란드의 대기업 '노키아'의 사장이 속도 15km를 과속하는 교통법규를 위반했을 때 벌금이 1억8천만 원이 부과되었다고 합니다. 최고는 2억6천만 원까지 교통범칙금을 낸 기업가도 있었다고 합니다[주].

[주] 출처: KBS TV, 2012년 4월 21일 토요일 22시 30분 '월드 특파원 뉴스'

우리나라에도 소득에 따라 범칙금을 내는 공평한 벌금제도를 실시하는 것이 좋지 않겠습니까? 더 좋은 것은 '지위벌금'과 아울러서 핀란드처럼 소득에 따르는 '소득벌금'제도를 겸해서 실시해야 더욱 효과적일 것입니다.

창조주도 의로운 노아가족 8명을 방주 속에 있게 하시고, 죄악의 퇴폐문화에 젖어 있는 인간들을 40일간의 장맛비로 모두 쓸어 버렸습니다. 정도에 심하게 어긋나는 범죄를 저지른 악한인간들은 명분에 적합한 죄의 값을 받아야 합니다. 우리들은 매사에 '주예수님'을 믿으시면 복을 누립니다. 우리들은 주예수님께 늘 감사하면 복에 복을 누리며 살게 됩니다.

천년축제(Millenniumsfeier)는 그 뿐만이 아닙니다.
국민들의 모든 재산을 다 거두어서 다 똑같이 나누어 주어서 누구나 똑같은 조건으로 새 출발하자는 것이 밀레니엄의 취지입니다. 사유재산이 엄연히 인정되는 지금의 민주사회에서 단번에 재산을 몰수해서 평등하게 나누어 주는 것 자체는 불가능합니다.

허나 정책으로 Millenniumsfeier 정신으로 빈부의 큰 차를 없애는 데는 성공할 수는 있습니다. 정부는 부자에게는 세금을 더 내게 하고, 빈자들에게는 정부가 주택을 제공해주고, 의식(衣食)은 자신의 노력으로 해결하게 함으로, 다시 빈곤층에서 중산층으로 발돋움할 수 있는 기회를 확실하게 제공해야 합니다. 그래야 중산층이 양파

모양처럼 튼튼하게 거듭날 수 있는 사회구조를 만들 수 있습니다.

그리고 지속적인 일자리가 누구에게나 제공되어야 하는 정책을 실시해야 합니다. 자기만이 정규직으로 높은 임금수준으로 남이야 죽든지 말든지 하는 사고방식은 없어져야 합니다. 그러므로 모든 비정규직은 없어 져야합니다.
우리가 다 같이 잘살기 위해서는 비정규직을 다 정규직으로 바꾸어야 합니다. 사람들은 자신이 한 일만큼 대우를 평등하게 받아야 합니다. 그래서 '비정규직'이라는 말이 사용되는 사회는 그 자체가 비정상적인 사회이기 때문입니다.

기업생존에 부담을 주지 않는, 경영이 가능하게 총임금 범위 안에서 모두가 조금씩 배려하고 양보하는 임금조정을 통해서 가장 합리적인 임금을 지속적으로 제공받을 수 있게 의(義)로서 합의해야 합니다.

일감이 적어지면 다 같이 적게 일하고 일감이 많아지면 정상적으로 다 같이 일을 하는 유연성 있는 근로 제도를 확립해야합니다.

우리는 지금 비합리적인 이념을 앞세우는 노조가 필요한 것이 아니라, 서로 돕고 이해하는 Millenniumsfeier 정신으로 무장된 평강과 평등이 살아 있는 '평의회(評議會)'가 필요합니다[주1].

[주1] 評議 : 評 끊을평, 議 의논할의; 의론해서 결정함. 모여서 서로 의론 하는 회가 평의회(評議會)

우리가 원하는 대통령을 만드는 정인(正儿)들이 정인연합(正仁聯合)이루어, 아버지 같은 마음을 가지고 어머니 손처럼 국민들을 보살필수 있는 정책들을 지혜롭게 준비하신, 선진국유학을 통한 명성으로 전 세계로부터 인정과 존경을 받는, 통섭(統攝)하실 수 있는 능력이 출중한 과학기술대통령을 선거로 추대하여, 그분의 지혜로운 혁명(爀明)으로 새로운 정당정치시스템으로 개헌(改憲)한 다음 늦었지만 Millenniumsfeier 를 제대로 시작해야, 대한민국에는 은혜가 풍성한 평화로운 나라, 축복받은 평강이 깃든 새로운 세상이 탄생되는 곳이 될 것입니다[주2,3].

[주2] '선거추대'의 의미는 선거에서 득표율이 80%이상일 때 당선차원을 넘어 '선거추대'라고 함!
[주3] '우리가 살길은 오직 정치혁명 뿐입니다!' 이 책의 이름, 정치혁명으로 마음의 평화가 충만한 준법국가탄생을 의미함!

- 은혜와 평강의 우리나라 -

우리나라 ………

누구나 내 집이 다 있는 우리나라

의 · 식 걱정이 전혀 없는 우리나라·

육아 · 교육비가 전혀 없는 우리나라

누구나 건강걱정이 전혀 없는 우리나라

물자걱정 살림걱정이 전혀 없는 우리나라

폭력과 범죄가 전혀 없는 준법국가 우리나라

신용불량 빈곤계층 전혀 없는 지상천국 우리나라

밀레니엄이 실현되는 이상 국가 지상천국 우리나라

세계인들이 한국 것을 배우려고 끝없이 몰려오는 우리나라

유구한 전통과 역사가 다시 살아 힘차게 숨 쉬는 우리나라에는

대망의 ’봄이 오는 소리 찬가‘가 지구촌에 소리 높여 울려 퍼집니다[주].

[주] ’봄이 오는 소리 찬가‘는 2007년 제17대 대통령선거에 필자가 예비후보로 출사표를 던지고 나서 약 70명의 자원 봉사자들과 함께 열심히 선거준비 했으나, 유감스럽게도 등록당시 5억 원이란 보증금준비가 늦어져서 시한 내에 등록을 못했다. 그 당시 동지 한 분이 작사를 하고 곡은 유럽에서 유럽연합의 연합가로 사용되는 다 잘 아는 베토벤의 제9번 ’합창‘ 교향곡 중에서 ’환의 의찬가‘의 곡을 붙여 열심히 조석(朝夕)으로 동지들과 합창하든 아름다운 필자의 꿈이 있는 찬가입니다.

봄이 오는 소리 찬가!

(곡: 베토벤 '기뻐하며 경배하세')

1. 바른사람 다모여서 정인연합 이루어

    우리함께 만들어요 바른우리 대통령

    대통령을 바로세워 새나라를 이루니

    대한민국 바른나라 봄이오는 소~리

2. 사교육비 주택문제 취업걱정 마세요

    신용불량 빈곤계층 한국에는 없어요

    우리함께 존경하는 대통령은 박춘근

    대한민국 복된나라 봄이오는 소~리

7.3. 국가운영은 정도통섭으로

국가운영은 기업경영과는 전혀 다릅니다. 통섭(通涉)된 대통령이 정도통섭(正道統攝)하는 것이 국가운영(国家運營) 입니다. 기업은 이익을 추구하는 것이 주된 목적이고 사회적인 기여와 기부는 의무가 아닌 도덕으로 강제성은 없습니다. 그러나 국가운영은 인간의 존엄성(尊嚴性)을 지키면서 서민들의 생업과 기업들이 잘되도록 지원(支援)하는 것이 막중한 책임(責任)이요 의무(義務)입니다.

국민의 생산성이 증대케 하여 얻어지는 수익에 대한 세금으로 가난한 서민의 생업과 기업들을 지원하고 후원해서 다 같이 잘 살게 하는 것이 국가운영의 기본입니다. 즉 백성의 마음을 이해하고 생각하고 지혜롭게 경영하는 것이 통치요 태평성대를 이루는 정도입니다. 정치는 '국민의 마음을 경영하는 고도의 과학기술'이기도 합니다. 현대는 과학기술이 지배하는 시대임으로 과학기술을 통섭하는 것이 지도자의 필수조건 입니다.

지도자가 기업처럼 국가를 운영하면 결국 경제파단이 일어납니다. 경제적인 고통을 격고 있는 남유럽의 국가수상들 중에 공교롭게도 기업인 출신도 있습니다. 국민들은 이들이 국가를 기업처럼 잘 운영해 줄 것을 기대하고 정치를 맡겼더니 결국은 포퓰리즘(populism)으로 국고를 낭비하여 국가부도(moratorium)를 낸 것입니다.

자세히 살펴보면, 국체를 발행하여 생산성이 있는 산업에 투자하지 않고 그 돈으로 인기를 얻기 위하여 복지에 다 허비한 것입니다. 일시적으로는 복지가 곶감처럼 달콤했으나, 오래가지 않아 국체 값이 하락되니 국가재정이 처참하게 파탄된 것입니다.

기업이 부도나면 정부가 도산(倒産)을 막기 위해 법정관리로 회생의 길이 있지만, 국가가 부도나면 IMF(International Monetary Fund, 세계통화기금)로부터 구제금융은 받을 수 있지만, 받기는 조건은 심히 고통스러운 치욕과 핍박을 감내해야 합니다. 구제금융의 조건 중에 심한 경제회생조건을 제시하기 때문에, 우리역시 IMF로부터 구제금융 받아서 국가부도는 막았지만, 상상도 못할 엄청난 그 무엇을 수도 없이 잃었습니다.

국가미래의 희망인 세계적으로 자랑했던 노하우를 보유한 알짜기업들을 모조리 헐값에 팔아넘겨야 했고, 첨단기술조차 헐값에 넘겨주어야 했고, 국내금융사들을 외국자본에게 헐값에 넘겨주어야 했습니다. 그렇게 되어서 외국의 악성자금들이 우리 경제권을 잔인하게 착취 및 접수했습니다. 우리는 속수무책으로 대부분의 은행 및 보험사들뿐만이 아니라 슈퍼마켓, IT-산업의 중심 기업들까지 인정사정없이 외국자본에 헐값에 매각되었습니다. 광복 후 67 년 동안 공들여서 쌓아올린 한국경제라는 상아탑이 일시에 비참하게 무너져 버렸던 것입니다.

IMF 당시 나라는 있었어도 국내의 중요한 기업들과 금융업들 외국자본들이 거의 다 접수하여 경제속국으로 전락되었습니다. 우리는 눈물을 머금고 쓸 만한 기업들을 모조리 외국자본에 넘겨주고, 아직도 그 회사에 종살이 하고 있는 것이 얼마나 비통한 현실입니까?

일반적으로 경제위기가 닥쳐서 불황이 되면 부동산이나 주식의 가치가 폭락해 국가의 부(富)가 줄어든 것 같지만 실상은 부가 줄어든 것이 아니라, 자산의 가치가 절하되는 것입니다. 경제위기 당시에는 자산을 가지고 있는 사람은 손해를 보지만, 자본을 가진 사람은 자산을 헐값에 인수할 수 있어 부를 더욱 키울 수 있습니다. 이 현상이 빈익빈 부익부를 만들어 양극화를 출생시킨 것입니다.

우리나라도 외환위기 당시 직장인은 실업과 임금하락으로 기업가는 주가폭락과 매출감소로 손해를 보았지만, 자본가는 금리폭등으로 오히려 이익을 보았습니다. 그 당시 국내자본가와 외국인들은 부동산이나 기업을 헐값에 인수할 수 있어 부가 줄어드는 것이 아니라 부가 자산가에서 자본가로 이동하는 현상을 볼 수 있었습니다. 즉, 자산의 가치는 내려가지만 자본의 가치가 올라가는 부의 이동현상이 나타납니다.

경제공황이 닥치면 경쟁관계에 있던 수많은 금융기관이나 기업이 파산하여 경쟁자가 줄었으니 일석이조의 효과를 거둘 수 있습니다. 그러므로 인위적인 경제공황이 조작되면, 세계자본을 움켜쥐고 있는 유대인들에게 큰 이득을 안겨다 줍니다. 지금까지 나타난 경제공황들이 모두 인위적인 것으로 밝혀진 사실에 경악하시고 싶지는 않으시는지요?

1998년 한국의 IMF 당시 빈자는 살아남기 위하여 그나마 조금 있던 재산들마저도 다 팔아야 했고, 부자는 가난한자의 재물들을 아주 헐값에 사서 치부(致富)에 치부를 더 했었습니다. 그래서 한국에는 유래 없는 빈익빈 부익부로 극심한 양극화가 일시에 나타났습니다. 그 결과 서민들의 분노가 지금도 거세게 분출되고 있는 것입니다.

분통터지는 양극화로 인하여 사회적인 혼란(昏亂)과 혼돈(混沌)이 극심하게 유발되고 있습니다. 우리는 경제독립을 획득하여, IMF 때 잃었던 것들을 다 다시 찾아야 하는 사명을, 다음 세대가 풀어야 하는 숙제처럼 상속하고 있는 것입니다. 외환은행의 경우처럼 IMF 때 판값의 수배를 주고 다시 찾을 수밖에 없었습니다. 결국 열심히 돈 벌어서 외국투기자본들만 배불리고 있습니다. 그러나 한국에는 아직도 의식주를 걱정하고 있는 많은 서민들은 곧 터질 것 같은 들끓는 분노를 억지로 누르고 또 누르고 있는 비참하고 암담한 사회로 전락되고 있습니다.

이러한 결과를 초래한 원인은 국정을 감당할 수 없는, 능력이 아주 부족한 통섭(通涉)되지 못한 미숙한 대통령후보가 인기연합주의에 현혹된 민중들이 이성을 잃어서 군중들로 돌변한 충동상태 속에서 엉겁결에 당선되었기 때문입니다. 우리는 충분하게 막을 수 있는 IMF 역시 국민들이 정치9단 이라는 권모술수에만 능하지 통치에는 아주 무능한 사람을 대통령으로 선택한 결과입니다. 그 결과 IMF로부터 생각하기도 싫을 정도로 아주 비참하게 우리의 비전이 접수 당하게 된 것입니다.

1997년 대한민국 국고의 외환보유고는 겨우 30억불 밖에 남아있지 않아 거의 바닥이 났습니다. 이는 하나만 아는 정치9단 대통령이 앞뒤모르고 전직 대통령들의 숨바꼭질하는 돈을 찾기 위해 준비 없이 급작스럽게 금융 실명제를 실시했기 때문입니다. 국민들이 보유한 외화가 은행으로 모이지 않고 지하로 숨어 버려서 은행에는 외화가 부족했습니다. 그것도 모르는 서민들은 금모으기로 IMF를 막아보려고 노력했으나, 부자들은 뒷짐지고 헐값에 나온 서민들의 매물만 취하면서 휘파람을 불었던 세상으로 변질된 것이 필자의 분통을 터지게 했습니다.

국가부도(moratorium)가 터지기 직전에 필자가 겪은 너무나 아픈 역사입니다. 독일 보수정당인 독일 기독민주연합(CDU, Christlich-Demokratische Union)의 헬무트 콜 수상 (Herr Bundeskanzler Dr. Helmut Kohl)이 한국의 국가부도를 막아주려고 우선 50억불을 승인했었습니다. 그 내용을 알리고자 당시 여의도 한나라당 당사에 주한 독일 대사님을 모시고 필자가 직접 들어갔습니다. 그래서 50억 불을 한나라당 후보가 대통령에 당선되면 축하금액으로 주시기로 약속 했었습니다. IMF를 받지 않아도 되는 절호의 기회가 우리 국민들의 선택 앞에 당도했었습니다.

그러나 이러한 상황을 전혀 감지하지 못한 우리 국민들은, 3%의 표를 좌익사상의 정치9단으로 권모술수에는 능하지만 통치에는 너무도 무능한 야당 대통령후보에게 더 주었기 때문에, IMF라는 금융지옥으로 국민들을 끌어넣었던 것입니다. 이러한 사실로 인하여 필자의 가슴에는 아직도 비수가 꽂혀있는 아픔을 느끼고 있습니다.

그 당시 국민들의 선택이 정말로 중요했었습니다. 국민들은 잘못된 대통령을 선택했던 것입니다.

만약 우리국민들이 그때 여당이며 보수당인 한나라당 대통령 후보를 선택했었더라면 우리는 독일로부터 50억불을 받아서 국가부도를 충분히 막을 수 있었습니다. 그랬더라면 그 지독한 IMF의 고통들을 체험하지 않아도 되었을 것입니다. 당시 IMF로 부터 구제금융을 받지 않았다면, 지금 우리가 빈부차이로 인한 극심한 양극화도, 사회 혼란 역시 겪지 않아도 되었을 것이며, 아울러 국민소득은 적어도 GNP가 4만 불은 충분히 넘었을 것입니다.

1998년 시작된 IMF 고통에도 불구하고 14년이 지난 2012년의 우리의 경제성적은 수출 3천억 불, 수입 7천억 불로 무역규모가 총 1조불을 달성한 대단한 민족입니다. 그러나 아직도 극심한 빈부차로 의식주를 해결하지 못한 빈민층은 어느 때보다 더 많아졌습니다. 그리고 수출입의 불균형을 바로잡기 위한 피나는 노력이 수반되어야 합니다.

이 문제를 근본적으로 해결할 수 있는 실용적인 정책을 수립할 수 있는 통섭(通涉)된, 세계가 인정하고, 존경하는 과학기술대통령을 12월 19일 대선으로 추대(80%이상 득표)해야 합니다.
그리고 내년 2월 25일 임기시작부터 양극화문제를 중점적으로 해결하시도록 온 국민들이 합심하여 단결하는 힘을 모아 드려야 합니다.

여하튼! 여하튼!

뼈아픈 IMF의 교훈을! 교훈을!

절대로! 절대로!

영원히! 영원히!

잊어서는! 잊어서는!

아니 됩니다! 아니 됩니다!

7.3.1. 한국통일 전에 통이 먼저 합시다!

우리의 소원은 통일 이라는 노래처럼 먼저 통일이 되고 그 다음 광개토태왕(廣開土太王)의 자취를 찾아야 합니다. 중국이 우리 한민족의 조상들이 대대로 쓰고 있는 앞마당을 차지하려고 동북공정이라는 무식하고 무모한 야욕으로 역사를 조작하면서 창조주로부터 저주받을 공격을 하고 있습니다. 그뿐만 아니라 항공모함뱃길을 위해 서남해 대륙붕 '어어도'까지 침략하고 있습니다[주1].

[주1] 동북공정의 망령: 최근 미국 소재 대학과 박물관, 방송사, 포털사이트 등 총 34개 기관이 세계지도에서 한국의 전체 영토 및 일부를 중국 땅으로 포기하고 있습니다. 국내 인터넷업체의 조사기록에 의하면 한반도 전체를 중국땅으로 왜곡한 지도는 25건, 평양 이북은 2건, 한강 이북은 17건, 전라도 이북은 6건, 불분명하게 표기한 것은 3건 등 총 53건이 중국 땅으로 표기하고 있다고 밝혔습니다. 출처: 사단법인 한민족학세계화본부 "한민족희망편지" 중에서.

우리의 것을 찾기 위해서는 통일(統壹)이 급하기는 하지만, 급하다고 바늘허리에 매어서 쓸 수 없는 것 같이, 바쁠수록 돌아가라는 격언이 있습니다. 우리는 통일에 조급하고 초조하게 생각하는 행동을 해서도 아니 됩니다.
필자가 유학했던 1976년부터 1991년 까지 서독에서 통일독일로 한걸음씩 한걸음씩 통이(通貳)에서 통일(統壹)로 진행되는 역사를 몸소 체험했습니다.

그리고 1980년 콘라드 아데나워 정치재단(KAS)의 장학생으로 독일통일에 관한 많은 세미나에 참석했었습니다. 그리고 우리나라의 통일에 대해 많은 탐구(探究)를 했습니다[주2].

[주2] 필자는 통일표기에 '가르다'는 뜻이 있는 일(一) 자를 쓰지 않고, '한, 하나, 오직, 오로지, 통일하다, 순박하다, 전일하다'라는 깊은 뜻이 있는 '壹' 자를 사용합니다.

그 결과 필자는 통일(統壹)에 앞서 먼저 통이(通貳)를 먼저 해야 한다고 생각합니다. 그래야 통일이 가능하기 때문입니다. 동서독이 통이(通貳)로서 내부무역을 국제적으로 인정받았으므로 국제관세관례에 어긋남이 없이 했으며 명분에서 합의점을 찾아서 독일 내에서 관세 없이 유통하게 되어서 동서가 통이(通貳)를 통해서 이익을 보게 되었습니다. 그리고 동독경제역시 상승하여 서독의 약1/2 수준에 이르러서 통일(統壹)이 되었습니다.

이런 과정에서 동독국민들은 서독사정을 잘 알게 되었습니다. 그래서 서독국민들은 통일에 대해서 오히려 냉담했습니다. 그러나 동독국민들은 열광적으로 통일을 원했습니다. 왜냐하면 '통일이 되면 동독국민들도 서독국민들 수준으로 잘 살 수 있을 것이라고 큰 기대를 할 수 있었기 때문입니다. 그리고 난후 1998년 동독정부의 대변인이 실수한 말 한마디로 베를린장벽이 무너지고 통일이 되었습니다. 독일이 통일될 수 있었던 것은 통이(通貳)로 동독국민들의 마음속에 통일(統壹)의 싹이 아주 크게 자라고 있었기 때문입니다.

우리도 통일! 통일! 말로만 할 것이 아니라, 남북경합을 더 발전시켜서 통이(通貳)가 가능하게 하여야 합니다. 서로를 국가로 인정하면서 또 불가침하면서 어느 정도 자유롭게 유통과 인적교류가 먼저 가능하게 해야 합니다. 정치적인 통일(統壹)보다 앞서 경제적인 통이(通貳)가 현실화 되는 것이 무엇보다 중요합니다.

남한의 주민들은 북한이 어떤 나라인지 알아야 도와 줄 수 있습니다. 잠시 설명하면 북한에는 우리가 아는 보편적이고 민주주의적인 사회시스템은 존재하지 않습니다. 왜냐 하면 국가에는 세금이 없으니 예산도 없습니다. 그리고 은행도 보험도 없으니 '금융시스템'이 없습니다. 그러니 '금융학과'라는 단어도 없습니다.

연변과학기술대학(YUST) 상경학부 교수들이 지난해 평양과학기술대학(PUST)에서 강의했던 경험은 북한의 한 단면을 잘 보여줍니다. 학생들에게 '이자'의 개념을 아무리 설명해도 처음에는 고개만 갸웃거리더라는 얘기 입니다. 자본주의 사회처럼 금융기관이 없으니 이해하기에 어려웠던 것입니다[주3].

[주3] 출처 참조 : 연변과기대와 공동운영 평양과기대… 北 "최고 엘리트 육성" 전폭 지원
국민일보 쿠키뉴스 / 정원교 옌볜특파원 / 2012.09.07 18:40

처음으로 올해 김정은 국방위원장이 유럽에서 공부한 이유인지는 모르지만, 연변과학기술대학과 공동으로 운영되는 평양과학기술대학 대학원에 유럽의 금융시스템을 염두에 두고 금융학과를 신설했습니다.

남한 사람들은 무한한 인내를 가지고 북한주민들을 긍휼(矜恤)히 여김으로 많은 사항들을 아주 지극정성으로 배려해야 합니다. 그렇게 함으로 북한경제가 남한경제의 수준의 반 정도 될 때 까지 통이(通貳)에 힘써서 북한주민의 마음속에서부터 아주 간절한 통일(統壹)의 싹이 힘차게 트여 나와야 합니다. 그 때까지 우리는 북한주민들을 아주 많이 사랑하고, 사랑하면서 속히 계몽되게 도와 주어야합니다.

우리 남한이 차분하게 인내해줄 때, 전쟁의 위험은 사라질 것입니다. 그 때 비로소

우리민족은 진정한 통일(統壹)을 성취할 수 있습니다. 필자가 구상한 것과 꼭 같은 정책을 창안하고 펼쳐갈 수 있는 통섭된 과학기술대통령이 올 12월 19일에 선거로 추대되시길 기도 합니다.

7.3.2. 한글시대 개막으로 국가연합 구현합니다!

7.3.2.1. 한글통일로 한-몽 국가연합 실현

국가연합이란? 복수국가가 주권을 따로 유지하면서 특정한 권한을 보유하는 연합으로 한나라와 같이 공동의 기능을 수행하는 국가결합을 의미 합니다.

예1 : 독일과 오스트리아는 국어가 같으므로 완전한 국가연합
예2 : 독일과 스위스는 민족과 언어가 다르지만 독일 언어로 통용하는 국가연합
      (초등학교 4학년까지 스위스민족 언어인 헤르베치아어 배움, 5학년부터
       독일어를 배워 공용어로 사용함)

한국과 몽골의 국가연합?
양국이 국가연합 함으로 엄청난 상승효과가 있음! 같은 몽고반점과 같은 유전자번호(ST-15)를 가졌으며, 같은 언어의 뿌리를 가졌으며 몽고인이 생활 한글을 배우는데 필요한 시간은 1,000시간 정도 밖에 소요되지 않습니다. 몽고 통용어로 손색이 전혀 없으며 그의 모국어 수준으로 발전이 가능합니다.

이는 독일과 스위스 국가연합 형태로 쉬운 한글을 배워 몽골의 공식공용어로 사용함으로 몽골인의 한국 진출이 쉬워지면 경제 및 국력이 강하게 됩니다.

양국이 국민에 의하여 국가연합을 성공시키면 몽골인에게 한국인과 동일한 권한을 부여하여 줍니다. 한국에서는 몽골에 주택, 취업, 건강보험, 전력 등, 몽골국민소득 20,000$ 조기에 달성할 수 있게 경제협력을 합니다.

물론 타국기술연수생의 체류연장문제에 대한 새로운 규정이 필요하게 됩니다.
경제면에서는 지하자원 공동개발과 무용지물인 국토의 활용이 가능함으로 몽고에 현격한 경제발전이 가능합니다. 한국이 수자원과 지하자원이 없는 곳 고비사막토지

의 일부(예: 도르노고비)를 매입하여 핵방폐장을 공동으로 건설하고, 원전기술전수 및 공동으로 운영하는 기업들을 창업합니다. 몽골 역시 원자력발전소 건설 및 핵폐기물처리기술을 공유하게 되면, 몽골경제는 획기적인 발전이 가능합니다.

7.3.2.2. 한글시대로 이웃나라와 국가연합 실현

몽골과의 국가연합의 성공을 계기로 진지하게 일본과 국가연합을 토론할 수 있습니다. 지금의 일본어는 한글처럼 국제어로 활용은 불가능하며, 일본을 떠나서는 사용이 용이치 않습니다. 단지 한국 사람에게만 쉽게 느껴지지만, 다른 외국인이 특히 서양인이 일어를 배우려면 한문 때문에 엄청난 시간을 필요하게 됩니다.

일본인도 중국인도 초등학교 4학년까지 모국어를 학교에서 배우고, 5학년부터 한글을 배워 공용어로 사용함으로 스위스처럼 영원히 살아남을 수 있음을 깨달아야 합니다.

결국은 아시아를 비롯하여 세계에서 한글이 일괄적으로 통용어로 될 것입니다. 특히 아시아인 모두가 한글을 공용어로 학술어로 사용하게 되는 날은 곧 도래하게 될 것입니다. 적어도 앞으로 20년 후에는 현제 우리나라 직장인들이 받는 스트레스 중에 제1번인 '영어스트레스'는 한글이 세계 통용어가 되므로 자연스럽게 사라 질 것입니다. 나아가서 약 100년 후에는 한글이 영어와 쌍벽을 이루는 것을 넘어 우위에서는 세계 통용어가 될 것입니다. 그리고 200년 후에는 전 세계는 창조주께서 주신 한글만을 세계 모든 분야의 통용어로 실용되는 유일한 언어가 될 것입니다.

싱가포르의 언어 정책은 영어(영국어, English)를 공용어로 쓰고 있으나, 사실은 영어가 아닌 영어에서 파생된 싱글리쉬(싱가포르영어, Singlish)를 공용어로 쓰기 때문에 주체성을 잃은 기회주의로 영어 아닌 영어에 예속되는 단점이 있습니다. 장기적으로는 소탐대실(小貪大失)이 되는 셈입니다.

7.4. 1000년 정치시스템 구축으로
부국 이루다

머리말에서 언급한 바와 같이, 제15~제17대 국회의원들의 51%가 초선의원으로 제18대 국회의원들의 62.5% 이상이 초선 국회의원들로 바뀌었습니다. 정치를 전혀 모르는 초보들이 인기영합주의로 당선된 제18대 국회의원 대부분이 정치를 감당할 수 있는 능력이 전혀 없었습니다. 그저 돈으로 조작한 인기로 뽑힌 사이비 정치인들입니다. 우선 선진국의 정치재단에서 지도자육성교육을 받아보지 못해서 전혀 통섭(統涉)이 되지 못하여 입법 활동을 전혀 감당할 수 없는 세비만 축내는 아무 쓸모없는 사시이비(似是而非) 국회의원들이었습니다[주1].

[주1] 사시이비(似是而非) : 겉으로 옳은 듯 하나 실제로는 그름.

이런 결과를 초래한 정확한 원인은, 민주국가의 정당정치를 구현할 수 있는 정치시스템과 정치가를 육성할 수 있는 정치재단이 없기 때문에 실패한 것입니다. 이는 마치 더러운 물에 맑은 물을 아무리 많이 부어도 더러움이 희석은 되지만, 절대로 깨끗한 식수가 되지는 않습니다. 지금까지 더러운 사람들이 모인 곳에 아무것도 모르는 그나마 깨끗했던 초선의원들마저 4년 후에는 오물을 잔뜩 머금은 더러운 인간으로 변질되어 버리는 것입니다.

그러므로 물통에 있던 더러운 물은 철저하게 다 비우고 아주 깨끗하게 세척해놓고 새물을 받아야 합니다. 그래야 국민의 식수가 될 수 있습니다. 더러운 물통에 단 한 방울이라도 남아 있게 되면, 국민의 식수가 될 수 없습니다. 그러므로 혁명적(革命的)으로 대한민국의 정치시스템 전체를 선진정치시스템으로 철저하게 다 바꾸어야 합니다.

성경말씀처럼 새 포도주는 새 부대에 넣어야 하는 것과 같습니다. 새로운 정치는 새로운 정당정치시스템에 합당한 정치재단으로부터 적어도 10년 이상 정치지도자 교육을 제대로 받은 새로운 인물들로 100% 교체해야 합니다. 그래야 이 나라가 위기의 이 난국을 훌륭한 기회로 완벽하게 전환할 수 있습니다.

국민들이 전혀 모르고 있는 놀라운 사실은, 우리나라의 인재들 중에는 유럽 선진국의 정치재단에서 정치지도자로 육성된, 개헌으로 정당정치를 실현할 수 있는 정치

능력이 출중한 많은 인재들이 이미 수백 명이 있습니다. 독일유학으로 석·박사가 된 훌륭한 한국인 인재들이 20,000 여명 준비되어 있습니다.
그들 중에 수백 명은 필자처럼 유럽선진국 정치재단에서 지도자교육을 20년 이상 받은 출중한 인재들입니다.

이분들 중에는 통섭된 과학기술대통령으로 추대될 수 있는 출중한 분들도 많이 있습니다. 보시다시피 우리나라에는 인재(儿才)가 없는 것이 아닙니다.
돈 선거와 돈 정치로 인재를 죽이고 있는 선거제도 때문에 출마할 엄두도 못내는 현실입니다. 출중한 인재들이 가족을 돌볼 수 있는 밥벌이에 전전긍긍하고 있는 처참한 실정입니다.

이것이 '인재를 말살시키는 한국형 자본주의의 처절한 실상'입니다. 지금의 한국정치제도는 개헌을 통해서 반드시 새로운 정당정치제도로 교체해야 합니다.
사람을 바꾸는 것은 하책(下策)이고, 인재를 살리는 선진 정치시스템으로 완벽하게 바꾸는 것은 최고의 상책(上策)입니다.

우리가 잘 살 수 있으려면, 선진 정당정치를 성공시키려면, 1000년 대계를 위한 혁명적(革命的)이고 혁명적(爀明的)인 선진 정치제도(political system)와 인재육성을 위한 정치재단(political foundation)을 설립할 수 있는 능력이 출중한 통섭(通涉)된 새로운 인물을 과학기술대통령으로 선거를 통해서 추대해야 합니다.
그래야 경제난국의 험한 파도를 넘어서 희망의 미래로 항해할 수 있는 대한민국호의 훌륭한 선장이 탄생될 수 있습니다.

천년을 장수한 나라는 신라왕국, 로마제국, 신생로마제국(독일), 베니스왕국 이 있습니다. 국가가 장수할 수 있었던 배경에는 국가를 운영하는 시스템이 훌륭했기 때문입니다. 신라는 골품제도로, 로마는 법으로, 신생로마제국(독일)은 시스템으로 그리고 도시국가 베니스는 국민부국제도인 '클라겐자'가 있었습니다[주2].

[주2] 클라겐자: 도시국가 베니스 국민들을 상인에서 해군총독까지 성장시키는 도제교육제도. 베니스 상선은 무역선인 동시에 베니스 해군의 군함으로 편성되어 있으며, 청소년 때 조기에 선원이 되어서 선원교육과 군사훈련을 받아가며 성장하는 시스템이며, 특별한 점은, 선원전원은 해군계급에 따라 일정량의 개인 무역을 할 수 있게 하여 가난을 퇴치하는 데 성공한 정책으로 베니스를 당시 세계최강의 도시국가로 성장지속 시켰습니다. 그래서 베니스 상인이 유명합니다.

남사고(南師古, 1509년~1571년)는 1592년 선조 25년인 임진년(壬辰年)에 임진왜란(壬辰倭亂)이 일어날 것을 예언(豫言)했습니다. 그 때 명장(名將) 이순신(李舜臣)

장군께서 나라를 구하셨습니다. 420년이 지난 2012년인 올해도 임진년(壬辰年)입니다. 남사고가 격암유록(格庵遺錄)에 언급(言及)한 성군(聖君)예언에 연관(連貫)해서 탐구(探求)하고 탐구(探究)해보면, 대한민국은 지금 극심(極甚)한 빈부양극화(貧富兩極化)로 민심이 극도(極度)로 흉악(凶惡)한 사실(事實)상 난국(亂国)입니다. 그의 예언(豫言)에 따라 임진년(壬辰年)인 올해 대통령선거(大統領選擧)가 있으니 서기동래(西氣東來)한 성군(聖君)이 조국(祖国)이 필요(必要)로 하는 통섭(通涉)된 과학기술대통령(科學技術大統領)으로 등장(登場)하여 계사년(鷄舍年)인 내년부터 정도령(正道令)하는 아주 큰 이변(異變)이 일어날 것이라고 예언하고 있습니다.

남사고는 격암유록(格庵遺錄)에서 '서기동래 구세진인 진사성군 정도령(西氣東來 救世眞人 辰巳聖君 正道令)'이라는 예언문구를 남겼는데, 현대에 비추어 탐구(探究)해보면 '서양(유럽, 당시는 아메리카 대륙이 발견되기 전)에서 공부를 하고(서양의 기를 머금고)온 통섭(通涉)된 출중한 인물로 훌륭한 정책들을 가지고 세상을 구하게 되시는 분인데, 임진년(壬辰年)에 선거로 추대되어 계사년(鷄舍年)에 취임하는 과학기술대통령이 되어서 '정도에 어긋남이 없고 명분에 부족함이 없는 통섭(統攝)으로 이 나라를 정도령(正道令, 바른 길로 가도록 명령)하게 된다.'는 뜻으로 탐구(探求)됩니다[주2].

[주2] 남사고(南師古, 1509년 ~ 1571년): 조선 중기의 학자입니다. 본관은 영양(英陽), 자는 경초(景初), 호는 격암(格庵)이며 천문·지리에 통달했다고 알려져 있습니다. 임진왜란, 동학 농민 운동, 한일 병합 조약 뿐 아니라 한반도의 해방과 분단, 한국 전쟁, 4·19 혁명과 5·16 군사정변 등 역사적 사건뿐 아니라 이승만, 박정희 등 한국의 역사적 인물의 행적을 정확히 예언하고 있어서 "450년 만에 신비의 베일을 벗는 민족의 경전"이라는 평가를 받았습니다. [출처] 정용인 기자, "커버스토리: 대한민국 대표 예언서 ② 격암유록", (주간경향, 2009년 2월 3일 작성).

남사고(南師古)와 동시대 사람으로 프랑스혁명과 나폴레옹의 권세부터 세계 2대전과, 아돌프 히틀러, 달 착륙과, 9.11테러 사태까지 적중한 프랑스의 예언가 노스트라다무스가 있습니다. 동·서양에서 이들을 통해서 기록된 예언의 내용들이 정확하게 적중했다는 엄청난 사실들이 믿기 어렵지는 않습니까? [주3].

[주3] 노스트라다무스(라틴어: Nostradamus, 1503년 12월 14일 – 1566년 7월 2일)는 프랑스의 천문학자, 의사, 예언가입니다. 노스트라다무스는 라틴어 이름이고, 본명은 미셸 드 노스트르담(프랑스어: Michel de Nostredame)이다. 1555년에 처음 출판된, 운을 맞춘 4행시를 백 편 단위(Centuries)로 모은 《예언집》(Les Propheties)으로 유명합니다.

그런데 남사고의 사후 441년 된 지금도 그가 말한 예언들이 정확히 적중되고 있다는 사실이 엄청 신기하기만 합니다. 그것은 올해 용띠 해인 임진년(壬辰年) 2012년

12월19일에 대통령 선거가 있고, 내년 뱀띠 해인 계사년(癸巳年) 2013년 2월 25일 취임을 하는 대통령이 준비 되어 있다는 정확한 때까지 예언한 기록이 예사롭게 보이지는 않습니다.

창조주는 이미 약 450~460년 전에 남사고를 통해서 예언을 한 것입니다. 그분이 어느 분이신지? 어느 누구도 모릅니다. 아마 대통령 책무를 감당할 능력이 많이 부족한 지금의 경쟁자들이 서로 피를 튀기는 이전투구로, 국민들이 아주 실망하여 성군을 찾을 때인 금년 후반기 후반에 태양같이 등장하실 것으로 예측됩니다. 우리 다 같이 크게 기대해 보기로 합시다.

그러나 일단 모든 분야를 천착(穿鑿)으로 통섭(通涉)하셨으므로 통섭(統攝)을 하실 수 있는 준비된 인물로, 이 난국(難国)을 감당하실 수 있으신 분으로, 국민을 긍휼(矜恤)히 여기시고 백성의 마음을 진정으로 경영하시는 성품의 소유자로, 존경받는 청빈한 분이 때가 되면 큰 바위얼굴처럼 나타나셔서 과학기술대통령에 당선되시길, 온 국민들이 진심으로 간구(懇求)하고 있는 것은 확실한 시대적인 요구인 것입니다.

그분께서 교육혁명(敎育爀明), 정치혁명(政治爀明), 생활혁명(生活爀明, 社會爀明), 신앙혁명(信仰爀明, 宗敎爀明)을 통해서 앞으로 1000년을 넉넉히 갈수 있는 훌륭한 정치시스템을 구축하셔서 이 난국을 완전히 헤쳐갈 수 있으시길 아주 간절히 기도 드립니다.

7.5. 通涉되시어　統攝하시는
大韓民国科學技術大統領

필자는 독일에서 15년(1976~1991년)동안 유학하면서 독일이 왜 잘사는지? 어떻게 해서 잘사는지? 어떤 시스템을 가지고 잘사는지? 국민성은 어떠한지? 복지는 어떠한지? 국민교육은 어떻게 하는지? 상도(商道)는 어떠한지? 이 모든 분야를 아주 면밀하게 15년 동안 살펴보았습니다.

필자는 세계적으로 유명한 독일의 정치재단인 '콘라드 아데나워 재단(KAS, Konrad Adenauer Stiftung)'의 정치장학생으로, 동창멤버로서 정치에 대한 지식과 지혜를 1980년부터 오늘날까지 재단에서 제공하는 지도자교육(정치기본코스, 정치연수, 세미나, 심포지엄, 이벤트 등등)을 통해서 통섭(通涉)으로 통섭(統攝)할 수 있는 능력을 33년간 묵묵히 쌓아오고 있습니다.

국민들이 시스템의 중요성에 대해서 지각(知覺)만 해 주신다면 지금 우리들에게 다가온 혼돈의 절망을 희망으로 바꿀 수 있습니다. 과학기술분야 뿐만 아니라 모든 분야에 통섭이 된 철저하게 준비된 지도자로 지금까지 국민들에게 잘 알려지지는 않았지만 세계의 지성인들이 인정하는, 국가지도자의 직분을 충분히 감당할 수 있는, 기능인(技能儿)에서 공학박사(工學博士)까지, 또한 통습(通習)되고 통섭(通涉)되어서 통섭(統攝)할 수 있는 능력이 출중한 입지적(立志的)인 인물을 찾아서 과학기술대통령으로 선거를 통한 추대를 할 수 있습니다. 선거를 통한 추대란? 필자(筆者)는 80%이상을 지지 받음을 정의(定意)합니다.

그 분은 먼저 국민의 아픈 마음을 보살피실 것이며, 해이해진 사회기강을 바로잡기 위하여 도덕적으로 재무장할 것이며, 정직한 사회를 만들기 위하여, 인도의 압둘 칼람 대통령처럼 청빈하고 통섭된, 하늘이 준비시켜주신, 과학기술대통령이 되실 분입니다. 그분은 국민들로부터 매우 존경받는 국가의 아버지로서 칭송받으며 이 나라를 1000년을 안정시킬 수 있는 정치시스템을 구축해 나갈 것입니다.

선거로 추대 받은 과학기술대통령은 우리들과 생활환경이 유사한 독일을 잘 알고 독일처럼 든든하고 튼튼한 국가를 구축하는 기초를 세울 수 있는, 모든 것을 감당할 수 있는, 준비된 입지적(立志的)인 인물일 것입니다. 그래서 그분은 한국을 예속으로 이어온 미국을 움직이는 철학적인 힘의 영향력에서 멀찍이 벗어나 독일처럼 당당하게 정도의 정당정치를 실시하는 진정한 독립 선진국가로 당당하게 성장시킬 것입니다.

우리나라에는 독일에서 공부한 아주 훌륭한 석사와 박사만도 2만 명이 현존하고 있습니다. 그 분들 중에는 독일 정치재단으로부터 정치지도자 교육을 받은 민주정치를 감당하실 수 있는 준비된 출중한 인물들이 있습니다.

앞으로 돈이 전혀 안 들어가는 원칙적인(Original) 정당정치가 실현되는 개헌이 완성되면, 이미 유럽에서 공부한 준비된 능력이 출중한, 지도자로 부족함이 없는 '정도에 어긋남이 없고, 명분에 부족함이 없는' 훌륭한 인물들이 대거 출사할 수 있게 됩니다. 그 결과 우리는 2년 안에 완벽한 정당정치 제도(System)를 구축할 수 있는 개헌으로 밝고 밝은 미래를 기약(期約)할 수 있습니다.

2013년 2월 25일에 국정을 시작하시는 새 과학기술대통령은 "유아부터 박사까지 등록금도 과외비도 없는 교육"을 실시할 수 있는 교육시스템을 구축하시고, "국민 누구나 평생수입이 대등한 직업에 귀천이 없는 복지국가, 대한민국이 만들어지는 아름다운 교육혁명"을 반드시 성공시키실 것입니다. 그분은 우리나라에 적합한 올바른 휴먼시장경제(복지병행)적인 정책들을 펼칠 수 있어 진정한 정당민주주의가 실현되는 민주국가로 성공시키실 수 있습니다.

새 과학기술대통령이 지금의 경제난국을 헤쳐나가면서 교육혁명을 성공하기 위해서는 2014년도 예산은 현재의 예산체제를 뛰어넘어서 신선한 제로베이스(zero-base) 예산을 짜야 합니다.
그리고 서민생활에 도움이 되는 조세정책(租稅政策)으로 세법을 개정해야 하며, 무엇보다 우리 국민들이 힘을 합쳐서 아름다운 생활혁명(生活爀明)을 성공시켜 사회 안정을 먼저 찾고 난 다음에는 임기 2년 이내에 헌법을 개정해서, 새로 개정된 헌법에 따라 총선을 실시해 '제7공화국(第七共和国)'을 출범시켜야 합니다. 그래야 혼돈되고 혼란된 대한민국의 현재 사회는 바로 잡힐 수 있습니다.

제7공화국의 특징은, 상하원양원제와 선거자금이 전혀 들지 않으므로 능력 있는 훌륭한 인재가 대거 등용되는 지성의 순수 정당정치를 실현되게 됩니다. 그리하여 대한민국은 세계경제를 지배하는 부국인 독일을 넘고, 스위스를 능가하는 세계적인 으뜸국가로, 다시 태생될 것입니다.

필자는 희망의 눈물을 흘리면서 부활전인 수난기간에 이 책을 집필을 시작했습니다. 우리나라 정치도 2012년 부활과 함께 추한 구태(舊態)와 구태(仇台)에서 벗어나서 아름답고 진실한 부활이 되었으면 참 좋겠습니다. 그러나 유감스럽게도 이번 총선 역시 구태(舊態)하니 가슴이 몹시 아픕니다.

앞으로 2년 이내에 새로운 헌법을 만들어서 새로운 총선을 해야 합니다. 이러한 역사는 선거추대로 당선되신 과학기술대통령이셔야 엄중한 책무를 담당하실 수 있으십니다.

7.6. 아~ 대한민국! 선진정치의
소망은 꼭 이루어집니다!

대한민국 국민들의 마음이 하나 되면, 200년 걸린 유럽의 근대사의 계몽기간을 우리는 단 2년으로 단축할 수 있는 무서운 능력을 발휘하는 민족입니다. 우리민족의 한 사람인 필자 역시 대한의 남아로서 무서운 능력을 독일유학시절에 보인 장본인임을 스스로 증명했고, 자만하지 않고 겸허히 늘 자부하고 있습니다. 그래서 필자는 아직 한국에서 유명하지도 않고 인기가 무엇인지 모릅니다.

가난한 집의 장남으로 대구공고 기계과졸업 후 기능인(전국기능대회 금메달, 국가대표선수)으로 사회의 첫발을 디딘 필자(筆者)는 일인일기(一人一技)를 습득하고, 선술후학(先術後學)의 고독하고도 험했지만 아주 보람되고 참된 길(道)을 달려왔습니다.

그러나 기능인으로 시작한 선술후학(先術後學)의 길을 걷는 동안 항상 최선을 다했기에 참으로 행복했습니다. 그리고 지금은 신학대학원(信學大學院)을 졸업한 기능인(技能儿)으로서도, 육적(肉的)으로도 영적(靈的)으로도 행복합니다.

나이 30에 독일 클라우스탈 공과대학(TU Clausthal)에 입학했었습니다. 유럽유학시절 독일대학입학고시(Abitur)를 수석으로 대학입학, 독일대학졸업국가고시 최단시간 2년에 합격, KAS 장학생, 전 세계가 23년 동안 풀지 못한 과학기술문제를 1년 반 만에 풀어서 2년 반 만에 최단시간 독일 뮌헨공대(TU München) 박사학위(Dr.-Ing.)취득 하는 등등…, 이외에도 크고 작은 놀라운 역사들로 독일인들을 놀라게 했었습니다. 1980년부터 지금까지 지속적으로 독일 정치재단 KAS에서 33년 동안 지도자로 육성되었으며, 간간히 후배들을 육성하고 있습니다.

우리나라에는 통섭(通涉)된 과학기술대통령이 필요합니다. 왜냐하면, 앞으로 대한민국 국민들을 먹여 살릴 수 있도록, 경제를 부흥시킬 수 있는 각광받는 분야를 크게 두 부분야로 나눌 수 있습니다.

첫째는 '에너지 분야' 각종발전소 및 원자력발전소 수출입니다.
둘째는 '중입자가속기를 필요로 하는 산업들, 나노산업, 생명산업, 의료산업, 기계산업, IT-산업 등 초정밀을 요구하는 산업들'입니다.

이 두 분야를 섭렵(涉獵)하신 분이라야 통섭(統攝)하실 수 있기 때문입니다. 그래서 이공분야를 두루 통섭하시고, 인문학도 두루 통섭하신 과학기술대통령을 우리나라는 꼭 필요로 합니다. 대통령의 순간 판단에 따라, '우리나라 과학기술수준'이 10년 앞서갈 수도 있고 갑자기 20년 뒤 떨어질 수도 있기 때문입니다.

필자가 1991년 귀국하여 국가에 '에너지 및 발전소공학학과'를 대학원에 신설해 줄 것을 간청했습니다. 한국에 가면 발전소공학과 신설에 필요한 너무나도 귀중한, 부피가 1톤 화물차에 가득되는, 대부분 필자의 손으로 직접 필기한 학습 자료들을 독일에서 15년간 준비히여 귀국했습니다. 그 지료는 한국에는 유일한 이주 특수한 노하우가 가득 들어있는 학습자료 입니다. 이 학습 자료들은 지금도 저의 집무실에서 보물처럼 대우받고 있습니다.

학습 자료들이 20년 동안 썩고 있는 것이 너무나 안타깝습니다. 대학원생을 가르치는 학습 자료들이라 시대와 공간에 관계없이 과거나 현재나 미래에도 소중한 자료입니다. 지금 학과를 신설해서 학생을 가르쳐야, '앞으로 20년 후에 절실하게 필요한 귀중한 인재들로 성장시킬 수 있습니다.'라고 말했더니, 정부는 아무런 반응이 없었습니다.

그러나 20년이 지난 지금은 여기저기서 발전소공학 학과가 아무런 준비도, 수준도 없이 막 생기기 시작했습니다. 또 지금은 당장 원전을 수출하려니 5,000명의 인재가 필요로 합니다. 지금 인재들을 수급해도 발전소공학에 대해서는 많이 가르쳐야 합니다.

단10년 앞도 못 보는 위정자(爲政者)들에게 필자는 20년 앞인 오늘을 미리보고 제안했지만 1991년 당시에 그들은 전혀 알아듣지 못했습니다. 그래서 과학기술대통령은 20년 또는 100년 앞을 내다보고 국가에 필요한 인재들을 미리미리 준비시키는 혜안(慧眼)의 통찰력(洞察力)을 소유해야 합니다.
한국의 정치 역시 과학기술대통령이 마음만 먹으면, 또 국민들이 한마음이 되어 준다면, 유럽이 200년 걸려서 이룩한 정당민주주의정치를 단 2년 만에 무섭게 구축할 수 있는 저력이 있음을 필자는 확신하는 바입니다.

2012년 3월 22일 목요일 각 정당이 발표한 4월 11일 총선후보자의 명단과 비례대표명단을 전문검토 했습니다. 결과는 아주 비극적이었습니다. 이들은 국민을 대표하는 전문 석학들을 모은 것이 아니라 여성과 장애자를 중심으로 모인 여성이 이끄는 장애자국회를 구성하고 있습니다. 단지 표를 많이 모으기 위한 인기로비스트들을 공천한 것에 불과했습니다. 공천자 대부분이 국회의원으로서 책무(責務)를 전혀 감당할 수 없는 전문능력이 엄청 부족한 사람들이 전국구의원으로 공천되었음을 확인할 수 있었습니다.

선거결과는 제18대처럼 오히려 책무를 감당할 수 없는 초선의원들이 더 많이 당선되었습니다. 이 현실로는 절대적으로 국회가 정상적으로 운영되지 않을 것으로 봅니다. 제18대 국회의원들이 책무(責務)로 처리했어야할 6,424건의 안건들이 직무유기로 폐기 되었습니다.

제19대 국회의원들이 더 큰 직무유기를 할 것이라는 결과는 불을 보듯 뻔합니다. 책무를 감당할 수 없는 사람들이라 여간 걱정이 아닙니다. 이들은 임기기간 동안 보좌관에게 물어서 아니면, 전문가들로부터 안건을 돈 주고 산 것을 발의하면서 자신이 한 것처럼 잘난 체하는 현상이 나타날 것입니다.

요즘 국회의원보다는 능력과 경험이 더 많은 보좌관들이 큰소리치면서 노조까지 결성해서 누구도 그들에게 허락한 적이 없는 권력행사를 합니다. 보좌관들이 무능한 국회의원들을 멋대로 가지고 노는, 정도에 어긋나고, 명분도 없는 거꾸로 가는 국회의 역사가 지속되고 있는 것이 한국국회의 현주소입니다. 이것을 타파할 수 있는 통섭된 과학기술지도자를 대선에서 추대해야 우리나라는 희망이 있습니다.

또한 비례대표 1/2 을 무조건 여성으로 해야 하는 선거법 조항역시 헌법에 위배됩니다. 능력 앞에서만이 평등과 공평은 존재합니다. 책임과 의무에는 관계없이 인기의 숫자노름으로 국회의원을 뽑는 것 자체가 거수기가 됩니다. 그러므로 인간의 존엄성에 크게 위배됩니다. 대부분 국회의원으로서 입법책무를 전혀 감당치 못할 아둔한 권모술수로 아마추어들이 국회로 입성하는 것은 국가패망의 선봉자들 입니다.

최악의 상황이지만 우리 국민들은 반드시 정치혁명으로 '선진정치의 꿈'은 꼭 이루어집니다! 꼭 이루어야 합니다! 꿈을 이루려면, 2년 이내에 개헌해서 국회를 해산하고 다시 새 헌법에 따라 다시 뽑아야 합니다.

우리들은 지금의 혼돈(混沌)시기에 사람이 얼마나 주요한지 그 가치를 깨달아야 합니다. 모든 사람들은 자신이 창조주의 성전(聖殿)인 것과 창조주의 생명(生命, 聖靈)님께서 여러분들 안에 계시는 것을 꼭 알아야 합니다. 만일 누구든지 창조주(創造主)의 성전(聖殿)을 파괴하면 창조주께서 그 사람을 멸(滅)하실 것입니다. 이는 창조주의 성전은 거룩하기 때문입니다.

은혜(恩惠) 하는 국민 여러분!

여러분들이 바로 창조주(創造主)의 성전(聖殿)입니다. <天言成>

우리 국민들이 '거룩한 한마음' 되어서 함께 '선진정치의 꿈'을 이루려면, 다음과 같은 업적을 남기실 통습(通習)되고 통섭(通涉)되어 통섭(統攝) 능력이 있으신 과학기술대통령을 온 국민들이 이번 12월 19일 선거를 통해서 추대해야 합니다.

선진정치의 소망, 정치혁명 과정들!

1. 2012년 12월 19일 선거로 추대된 새 대통령은 임기를 5년을 집권하지 않고, 2년 집권 안에 이 책 내용을 기본으로 국민투표를 통해서 개헌하고, 새 헌법에 따라 '제7공화국'을 출범시킵니다.

2. 새 대통령은 집권 2년 안에 교육혁명(산학병행교육제도)으로 중산층을 급속히 회복시켜야 합니다.

3. 새 대통령은 집권 2년 안에 사회질서, 금융질서, 교육기강, 군의 기강을 정도에 어긋남이 없고 명분에 부족함이 없게 똑바로 세웁니다.

4. 새 대통령은 새 헌법에 의한 선거자금이 전혀 필요 없는 상하원선거로 정당정치 (50% 비례대표) 실현하는 '제7공화국의 정부'를 출발시켜야 합니다.

정치혁명의 성과와 아름다운 열매들!

1. 등록금도 과외비도 필요 없는, 직업에 귀천이 없는, 누구나 하고 싶은 천직을 행할 수 있어 평생수입이 대등한 으뜸 국가 대한민국이 만들어 집니다.

2. 국민은 누구나 내 집 없는 사람이 없어지고 의식주 걱정이 전혀 없어집니다.

3. 국민 모두가 정규직으로, 또 실업자가 없어져서 사회가 아주 안정됩니다.

4. 금융질서 확립으로 어음제도가 폐지되고, 재단법인, 자영업, 중소기업, 대기업 등 모든 기업들과 법인들이 투명 경영되어서 빈부차이 없이 함께 번창 됩니다.

7.7. 創造主任 주신 鍊鍛은
謙遜을 낳고, 謙遜은 위대한
榮光을 結實합니다!

창조주님(創造主任)는 지도자 또는 왕으로 세우기 위하여 선택하신 사람을 나실인 (Nazirite)이라고 합니다. 그를 겸손(謙遜)하게 만드시기 위하여 담대한 연단(鍊鍛)을 시키십니다. 이것이 창조주님의 법칙입니다. 연단들을 성공적으로 통과(通過)하는 나실인에게 위대한 영광(榮光)을 결실(結實)하게 해주십니다[주1].

[주1] 나실인(Nazirite) : 성경에 10번 나오는 단어로 창조주님으로부터 선택받은 자 또는 이스라엘 사람 가운데 야훼 종교의 순수성을 보존하기 위해 특히 주님에게 헌신을 서약한 사람을 말 합니다.

사람은 태어나서 '어떤 길을 가야하는지?' 잘 알지를 못합니다. 그러나 그의 영(靈) 인 속사람은 자신의 의지와는 달리 갈 길을 가고 있는 사람은 수십 년이 지나고 나 서 뒤 돌아보면 모든 것이 육(肉)이 뜻하는 대로 가지 않았음을 알 수 있습니다. 그 리고 앞으로 다가올 일에 대해서 스스로 깨닫게 됨도 알 수 있습니다.

필자 역시 나와는 무관하게 나의 속사람은 갈 길을 걸어왔음을 60 살이 넘어서 비 로소 깨닫게 되었습니다. 왜? 6개 대학에 7개학과를 등록하고 다녔는지 왜? 박사학 위를 했는지? 그저 나의 의지로 통습(通習)을 하고 통섭(通涉)을 하고 통섭(統攝)할 수 있는 자질을 키운 것으로 착각하게 됩니다. 그러나 그 발자취를 뒤돌아보면 엄 청난 발견들과 깨달음을 수학(受學)하게 됩니다.

창조주께서 선택하신 분들에게는 완전함을 주시지는 아니하십니다. 무엇인가? 늘 부족하게 성취하게하시는 크고 작은 연단(鍊鍛)들을 주십니다. 연단들의 목적들은 영광들을 주시기 위함입니다. 왕은, 그가 성군이든, 폭군이든, 바보이든, 천재이든 하늘에서 주신다고 합니다. 그러나 한 사람을 성군으로 만드시고 싶으실 때에는 길 고 담대한 수많은 연단들을 주십니다. 이 모든 연단들을 통과한 사람만이 성군이 되는 영광을 추수하게 되는 것입니다.

그러면 필자가 지속적으로 통과했었던 길고 담대했던 수많은 연단들의 일부를 알아 보기 위하여 기쁨과 아픔의 50 년간의 인생여정들을 뒤돌아보기로 하겠습니다.

1951년 11월 15일 경북 성주군 월항면 모방동 일명 '띠뱅이(밥뚜껑)'라는 촌구석동네에서 태어나 입적(入籍)되었습니다. '띠뱅이'는 경상도 사투리로 '밥뚜껑'입니다. 동래가 산들로 둘러싸인 모습이 마치 밥뚜껑을 하늘을 보게 뒤집어 놓은 것 같은 분지입니다. 분지 북쪽 중앙에는 청와대 뒤쪽에 있는 삼각산처럼 삼각형 모양으로 보이는 왕제산(王帝山)이 자리하고 있습니다. 동네 입구에는 수백 년 묵은 정자나무(느티나무) 두 그루가 장엄하게 버티고 서서 마을의 액운을 다 지켜줍니다.

단지 29 호가 사는 이 동네의 집들의 방향은 모두 남향입니다. 그러나 유독 필자가 태어난 집만 북동쪽이라 자고 나면 항상 왕제산(王帝山)을 제일 먼저 보게 됩니다. 왕제산(王帝山)을 친구삼고 어린 시절을 보냈습니다.

지금은 집은 스스로 허물어지고 그 자리에 왕대나무가 왕성하게 자라 대나무 밭이 되었습니다. 돌담울타리 주변 밖에는 아주 작은 대나무가 자라고 유독 집터에만 왕대가 무성(茂盛)합니다. 본(本)이 죽산박가(竹山朴家)라 대나무가 났다고들 이야기 합니다.

그 곳에서 4대, 증조부 할아버지 아버님과 필자가 함께 살면서 호연지기(浩然之氣)를 기르면서 살았습니다. 초등학교 5학년 때 대구 신천동으로 이사를 했고 대구 동인초등학교에 전학을 해서 왕따와 촌놈소리를 호연지기로 막아내면서 극복했었습니다[주2].

[주2] 浩然之氣 호연지기: 浩 넓을 호, 술 거를 고, 然 그럴 연/불탈 연, 之 갈 지, 氣 기운 기 ①도의 (道義)에 근거(根據)를 두고 굽히지 않고 흔들리지 않는 바르고 큰 마음 ②하늘과 땅 사이에 가득 찬 넓고 큰 정기(精氣) ③공명정대(公明正大)하여 조금도 부끄럼 없는 용기(勇氣) ④잡다 (雜多)한 일에서 벗어난 자유(自由)로운 마음입니다.

대구중학교를 거쳐 대구공고 기계과에 입학을 했습니다. 창조주님께서는 이때부터 필자에게 수많은 연단(鍊鍛)들을 주시기 시작하셨습니다.

첫 번째 연단 : 2연패에 실패하다!

1966년 고 2학년 때 문교부주체 '제4회 전국공업고등학생실기경연 대회'에서 판금부분 1등을 했습니다. 그리고 고3 때는 2연패를 못하고 등수에도 들지 못하고 2연패하지 못하고 실패를 처음 하는 연단(鍊鍛)을 맛보게 되었던 것입니다.

<h1 style="text-align:center">두 번째 연단 : 국제기능올림픽대회 실패</h1>

1968년 국제기능올림픽 전국대회에서 금메달을 획득하고, 1969년 제18회 벨기에 국제기능올림픽대회에 대한민국국가대표로 참가하여, 예상과는 달리 실수를 해서 메달 권에서 벗어나 5등으로 두 번째 연단(鍊鍛)을 체험하게 하셨습니다.

1970년 4월에 다니던 기아산업을 그만두고 경기공업고등전문학교 기계과 4학년에 편입했습니다. 1972년 2월에 3등으로 졸업했습니다. 한일약품을 거쳐 1973년 11월 경북 구미에 있는 금오공고 판금용접과 실기교사로 부임을 했습니다. 그 당시 격일 제로 야간에 방위근무를 하면서 낮에는 오전에 4시간 실습수업을 지도했습니다. 오후에는 일주일에 두 번씩 구미서 한진 고속버스 타고 서울역에 도착해서 걸어서 남산에 있는 독일문화원 괴테학원에서 저녁 6시부터 밤 10시까지 독일어 수업을 듣고 밤 11시 밤기차를 타고 동대구역에 새벽 3시에 도착하여 집에 들러서 6시까지 자고 7시에는 대구에서 구미 가는 금오공고학교버스를 타고 출근하여 수업을 하고 저녁에는 방위근무를 들어가는 생활을 약 2년 간 했습니다.

그동안 120명의 제자들을 길러냈습니다. 이 제자들 중에 3명은 필자가 유학을 떠난 뒤에 국제기능올림픽 세계대회에 판금분야에 3연패 금메달을 획득했습니다. 이 3명은 필자를 생각하며 판금실습장 앞 화단에 향나무 두 그루를 심어서 기념하고 있습니다. 만약 체육올림픽에서 3연패의 선수를 길러냈다면 그 선생인 코치에게는 훈장이 돌아가고 상금이 적지 않았을 것이며 매스컴이 난리를 내는 야단법석에다 광고 수입까지 올리는 영광을 얻었을 것입니다.

요즈음은 국제기능올림픽 대회 종합1등 소식조차 소리도 없이 넘어갑니다. 사실 기능올림픽이 체육올림픽 보다 국가산업에 기여하는 기여도는 더 큰데 대중적인 인기가 적다고 아주 찬밥신세입니다. 이 점은 앞으로 대대적으로 개선해야할 국책과제입니다. 체육도 중요하지만 국가산업이 더욱 더 시급합니다. 기능인이 일어서야 일자리가 창출되고 산업자체가 번성되는 것입니다. 훌륭한 기능인들은 국가산업의 훌륭한 기둥들이요 강건한 미래 그 자체입니다.

방위근무를 마치고 일등병으로 제대를 하고 1976년 6월 9일 나이 29살에 독일 가는 편도항공권 한 장과 단돈 45만원(3개월 생활비)만 달랑 들고 김포공항에서 동경까지 가서 유럽행 SAS 여객기를 타고 알라스카와 북극을 거처 19시간 만에 독일 프랑크푸르트에 도착하였습니다. 그 곳에서 기차를 타고 스위스 국경에 있는 아름다운 호반의 도시 콘스탄츠(Konstanz)에 도착했습니다. 그곳에서 콘스탄츠 산업대학의 스터디콜렉(Study College)에 들어가는 시험에 합격하여 1년을 다니게 되었습니다. 학기 시작은 9월 이었습니다. 그 때 8월~10월, 3달에는 학생도 법적으로 방학이라 아르바이트를 할 수 있습니다. 다음 학기를 위하여 일을 해야 했습니다. 콜렉 입학시험에 합격했지만 일도 해야 하고 독일어도 더 공부해야 했습니다. 일보다는 공부를 위해서는 독일어가 더욱 시급했습니다. 다행하게도 칼 두이스베르크 장학재단(Karl Duisberg Stiftung)에서 2달 동안 하이델베르크에 있는 독일어학원에서 중급코스를 할 수 있는 학원비(2,000.-DM)를 장학금으로 지원받게 되었습니다.

세 번째 연단 : 라면으로 4달을 버티면서 승승장구

당장 2개월 정도 일을 해야 다음 학기를 살 수 있는데 어학코스를 선택했기 때문에 일을 할 수 없게 되었습니다. 3개월 생활비로 6개월 살아야 하는 난관에 봉착하게 된 것입니다. 3개월 생활비를 구할 길은 없었습니다.
기숙사 비용을 내고 차비를 제하고 나면 먹을 것은 살수 없어서 굶어야 했습니다. 방법을 하나, 생각해 냈습니다. 50개 들어있는 라면 5박스만 있으면 아침과 저녁에 라면을 먹으면 버틸 수가 있었습니다. 한국에 SOS를 보내서 라면 5상자를 보내달라고 했더니 배로 오는데 3개월이나 걸려서 도착 했습니다. 국내용 라면이라 방부제가 들어 있지 않은 체로 3개월이나 배를 타고 온 라면이라 이미 라면 맛은 없어지고 군내가 코를 찔렀습니다. 그나나 다행하게도 강한 스프 맛 때문에 시장하면 먹을 수는 있었습니다. 이 라면으로 4달을 더 버틸 수 있었습니다.

방학이면 알프스산맥 속 알고이(Allgäu) 라는 경치 좋은 촌락에 위치한 보쉬 유한회사(Bosch GmbH) 라는 자동차 부품생산 회사의 공무반에서 용접판금은 물론 기계를 수리하는 일을 하게 되어서 생활비 걱정은 없었습니다[주].

[주] 공무반(工務班): 산업공장의 생산기계를 보수하고 수리하는 기술지원반 입니다.

첫 번째 방학 때, 아침저녁에 라면으로 때우면서 점심은 회사에서 주니까 잘 지낼 수 있었습니다. 튀김기름 군내나는 국산라면을 하여간 지긋지긋하게 먹었습니다.

두 달을 일했는데 급료는 시간당 7.-DM(마르크) 계약하고 일을 했는데 두 번째 달에는 시간당 2.-DM 이 더 많은 시간당 9,-DM으로 잘못 계산된 것입니다. 그래서 경리과에 가서 계산이 잘 못 되었으니 계약한 대로 7.-DM으로 계산하여 달라고 반텔부인(Frau Bantel)이라는 경리에게 말했더니, 웃으면서 계산이 틀리지 않았으니 그냥 받아 가라고 하는 것이었습니다. 나는 잘못 계산된 돈은 받아 갈수 없다고 올바르게 계산해 달라고 했더니 자꾸 그냥 받아 가라고 하는 것입니다. 그리고는 전화를 어딘가 하는 것이었습니다.

잠시 후 담당 마이스타가 경리과에 찾아 와서 필자는 잘 되었다 하고, 봉급이 잘못 계산됨을 알려드렸더니, 마이스타가 웃으면서 계산은 정확하다고 하면서 씩 웃으시는 것입니다. 사실 일을 너무 잘 해서 마이스타들이 회의를 해서 올려준 것이니 정정 당당하게 주는 돈이니 받으라고 했습니다. 세 사람은 웃음꽃을 피웠습니다. 그 일 이후 더욱더 회사 측으로부터 사랑을 많이 받게 되었습니다. 그래서 회사 측에서는 늘 각별한 배려를 해 주었습니다.

네 번째 연단 : 대학입학 자격고시 수석

방학이라도 주야로 공부를 해야 하는데 낮에는 일을 하니, 공부를 충실하게 하기 위해 밤잠을 줄여야 했습니다. 우리나라 고3 보다는 강도를 더 높였습니다. 하루에 3~4시간만 잠을 자기로 하고 공부를 해야 다가오는 대학입학국가고시 '아비투어(Abitur)'를 준비할 수 있기 때문입니다. 밤을 새워가며 공부하는 것은 흔히 있는 일과였습니다.

'아비투어(Abitur)는 독일인이 가장 무서워하는 국가고시이며 이 고시는 한 과목에 5시간씩 주관식으로 보는 시험으로 40점 이상을 받아야 합격하기 때문입니다. 한 번 합격하면 평생 유효하며 독일 어느 대학이나 입학할 수 있는 대학입학자격고시입니다.

1977년 9월 중에 보쉬(Bosch GmbH)사에 휴가를 내고 대학입학국가고시 '아비투어(Abitur)'를 하노버 공대(TU Hannover)에 가서 일주일 동안 보게 되었습니다. 이 시험에 합격하면 독일 어느 대학에서든지 공부를 시작할 수 있는 일생일대의 가장 중요한 국가고시입니다. 두 번 실패하면 다시는 볼 수 없는 입학고시입니다.

월요일은 독일어[독해력, 문법, 2번 읽어준 글(400단어) 기억해서 그대로 쓰기(Textwiedergabe)]를 오전 9시부터 오후 3시까지 점심휴식 없이 치르고, 화요일에는 물리를 9시부터 2시까지 5시간 치르고, 수요일은 하루 머리를 식히기 위하여 쉬고, 목요일에는 수학을 9시부터 2시까지 5시간 치르면 일차 고시가 끝납니다.
모두가 주관식이며, 기계공학과 입학고시는 독일어, 물리, 수학, 화학을 보게 되어 있습니다.

우선 세 과목을 치르고 채점을 해서 성적이 나쁘면 보충고시인 2차 고시로 화학을 더 보게 됩니다. 성적이 우수하면 화학 시험은 볼 필요가 없습니다. 화학은 학생들에게 한 번 더 기회를 주는 시스템입니다. 시험은 주관식으로 물리와 수학은 문제마다 이미 답이 주어져 있습니다. 다단식이라 첫 문제를 못 풀면 다음문제를 풀 수 없기에 정답을 미리 주는 것입니다. 수험생이 문제를 이해하고 있는가, 그 능력을 보는 것입니다. 만약 한 문제에 10점짜리인데 과정은 다 맞고 수치가 틀렸다면 9점을 줍니다. 한국의 경우는 0점 처리됩니다. 수학의 경우 5문제를 주고 자신이 가장 자신 있는 문제 3개를 골라서 풀게 합니다. 수험생의 재능을 최대한 발휘하게 하는 시스템입니다. 한 문제에 20개의 작은 문제들이 줄줄이 달려 있습니다.

필자는 독어는 미(70~79점), 물리는 우(80~89점), 수학은 수(90~100점)을 받았습니다. 양(50~69점) 이상이면 합격인데 독일어를 제외하고 물리와 수학은 최고점수이었으며, 수학은 만점을 받았습니다. 외국인 수험생(75명)중에 수석으로 합격하여 화학시험은 볼 필요가 없게 되었습니다. 합격자 발표를 보기 위하여 공대교정으로 들어가니, 키가 큰 학장님이 쫓아 나오셔서 필자를 향해서 바쁜 걸음으로 다가오고 있었습니다.

그리고 필자 앞에 서서 독일어로 "Sind Sie Herr Park aus Korea?(당신은 한국에서온 Mr.박 입니까?)" 필자는 ",Ja!(예)" 하고 대답했습니다. 학장님께서는 필자를 자기 연구실로 안내하시면서 자리를 권했습니다.
그리고 "수석합격 입니다! 축하합니다."
라고 말 하는데, 여비서가 커피를 가지고 왔습니다. 필자는 어리둥절했지만, 우선 합격이란 단어를 들으니 안심이 되었습니다. 수석합격으로 합격할 줄은 꿈도 꾸지 않았었습니다!
그날 밤 필자는 호텔을 나와 호반의 도시 하노버시의 호수공원을 산책했는데 호수 물위에 별들이 많이 보였습니다. 하늘을 보니 어린 시절 시골 고향에서 멍석 깔고 누워서 하늘의 별들을 보면서 재잘거린 생각들이 났습니다. 하늘을 보았더니 북두칠성도 그대로고 북극성도 그대로고 카시오피아도 그대로라 틀림없는 고향하늘 이었습니다. 정신을 차리고 보니 이곳은 독일이었습니다. 갑자기 고향생각이 나기 시작했습니다. 대학입학고시에 수석으로 합격을 했는데 부모도 친구도 누구 한사람도

축하를 한다고 하는 소리를 못 들으니 와락 눈물이 나와서 혼자 호수 가에서 엉엉 울었습니다.

지금 이 문장을 써내려가는 이 순간도 그 때 외로움에 젖어서 눈물이 앞을 가립니다. 슬픔을 이를 악물고 참았는데, 수석합격이라는 기쁜 일에 축하하는 사람이 없으니 더욱 외로움이 엄습해 와서 울었습니다.
독일유학 1년 동안, 이 고시를 위해 고된 공무반의 업무에도 지침 없이, 라면으로 하루 두 끼니를 때워 가며 잠은 고작 3~4시간 자면서 노력한 결과는 최상의 면류관 이었습니다.

다섯 번째 연단 : 호사다마(好事多魔)와 옥(玉)에 티

지도자 길을 가기위한 위대한 출발을 하기 위하여 1977년 10월 중순 필자는 세계에서 가장 역사가 깊은 세계최초의 공과대학인 클라우스탈(TU Clausthal) 에 대망의 입학을 했습니다. 이 공과대학교는 한국의 탄광도시 '정선'과 비슷한 촌 동네로 인구 2만 명인 클라우스탈-쩰러펠드 (Clausthal-Zellerfeld) 라는 광산촌에 있습니다. 1775년 '광산학교'로 출발하여 '광산아카데미로' 발전하고 이어서 '공과대학교'로 발전한 유서 깊은 미국의 MIT 보다 약 100년이나 앞선 공과대학교입니다.

이곳에 대학이 선 것은 이 작은 도시에 약 70개의 광구가 있었기 때문이라 합니다. 이곳 광산촌에 광산박물관이 있어서 유명한 곳이며 독일 산업의 근대화는 이 대학 출신들의 몫이었습니다. 학과는 광산, 야금 그리고 기계공학과가 있습니다. 이 도시의 인구의 1/2 은 대학과 인연을 맺고 있습니다. 공부하기 좋은 대학입니다. 특히 대학공부 '학부시작은, 작은 대학에서 박사는 큰 대학원에서 공부하라'고 한 독일 지성인이 필자에게 멘트를 해주어서 이 대학을 선택했었습니다. 선택은 아주 훌륭했었습니다.

독일 대학은 박사과정을 마치는, 즉 모든 공부가 완료되면, 두 번의 국가고시(Vordiplom- & Diplomprüfung)를 합격하면 국가가 그 학과에서 전권을 부여받는 신용장인 디플롬(Diplom)을 수여합니다. 그리고 박사는 규정과 절차에 따라 순응하면서 창작인 논문을 통과하고 박사시험을 합격하면 됩니다.
독일에서 100명이 대학에 입학하면 대학과정인 Vordiplom에서 약 1/2 그리고 대학원과정과 박사과정인 Diplom 과정에서 1/2, 그러나, Diplom을 수여받는 사람이 남게 됩니다. 졸업자는 입학생의 약 1/4 정도로 25명 정도입니다. 다른 학생들은 도중하차를 하게 됩니다. 그들은 산업대학이나 아니면 직업교육을 받게 됩니다. 누구나 평생 버는 돈이 대등한 독일에서는 도중하차 하더라도 아무런 문제가 일어나지 않습니다. 단지 자신의 능력과 소질에 의한 천직을 찾아 행복하게 살아갑니다. 생계나 명예를 위해서 꼭 대학을 나올 필요는 없는 나라가 선진국입니다.

일주일에 44시간 강의와 각종 실험 실습 및 기계제도와 숙제물을 소화하고 약 12개의 예비고시들과 각종 작고 큰 시험 26개를 하나도 실패하지 않고 합격하면 법정최단기간인 4학기(2년)만에 대학과정을 마칠 수 있습니다. 필자와 같이 기계공학과에 입학을 한 대학생은 약 200명이었습니다. 전교생이 3500명 정도이니 가장 큰 학과입니다. 독일은 기계의 나라라 할 만큼 정밀기계공업이 발달된, 세계가 인정하는 나라입니다. 'Made in Germany'는 세계가 인정하는 국가브랜드입니다.

때로는 500명이 역학예비고시[포어디플롬(cand.ing.)]에 응하면 겨우 20명이 합격할 정도로 시험이 어렵기로 유명한 대학입니다. 그 당시 그 예비고시에 필자는 3등을 했었습니다. 200명이 입학하여 공부는 같이 시작했으나 졸업하는 날은 다 다른 날인 것입니다.

그러나 단 2명만이 2년 후에 최종 합격을 했었습니다. 한 사람은 롤란드 하이리히 (Roland Heinrich)로 필자와 공부를 같이 한 동기동창 친구이고, 다른 한사람은 다름 아닌 필자 자신인 박춘근 (Choon-Keun Park) 이었습니다.
이 공과대학교가 개교한 이후에 외국인이 기계공학과에서 4학기인 2년 만에 Vordiplom 국가고시를 합격한 것은 필자가 처음 세운 기록이었습니다.

롤란드 아버님은 고시가 끝나자 주말에 필자를 저택으로 초대를 했습니다. 롤란드 부모님 방문하기 전에 롤란드는 A4용지 2장을 주었는데, 내용은 라틴어 어휘들이 수록된 단어장이었습니다. 롤란드 가문(家門)은 독일의 명문가(名文家)이라 집에서 라틴어 단어들을 많이 쓰고 있습니다. 마치 궁(宮)에서 쓰는 단어들을 사용하는 것입니다. 롤란드 가문을 방문을 했을 때 할머님과 부모님은 필자를 보여 극진히 대접해 주었습니다. 떠나기 전에 롤란드 아버님은 200년이 된 족보를 자랑스럽게 보여주었습니다. 독일 에는 200년이 된 족보를 소유한 가문은 드물기 때문입니다. 중세나 근세나 전쟁이 유럽에는 족보자체를 보유 하고 있는 가문이 많지 않습니다. 필자는 "대단한 가문입니다!" 헤어지기 전에 필자에 집에도 족보가 있는 지를 물었습니다. 필자는 "예!" 하고 대답했습니다. "그럼 몇 년이나 되었는가?" "2,000 년이 넘은 왕족족보입니다." 200년의 족보를 자랑하던 롤란드 가족들은 놀라서 필자를 다시 보기 시작 했습니다.

물론 쉽게 받은 것은 아닙니다. 그 많은 시험들과 예비고시들과 고시들을 모두 합격해야 하는 기적같은 일이 일어났습니다. 비록 마지막 고시 하루 전날 저혈압 (40 mmHg & 70 mmHg) 으로 밤에 쓰러져서 병원에 실려 가는 연단(鍊鍛)을 겪기도 했었습니다[주].

[주] 혈압단위 mmHg : 수은압력계 단위 / 압력의 크기를 나타내는 단위로 SI 단위로는 N/㎡ 를 사용하고 공학단위로는 kg/cm² 를 사용함 / [압력 단위]1kg/cm²=0,7356mHg =0.980655bar1 atm(기압)=0.760mHg =10.33257m Aq =1.01325bar =1.03328kg/cm² 1bar=105N/m² =1.0972kg/cm² 1Pa=1N/m²

혈압을 측정하는 의사 선생님께서 하시는 말씀이 "평생 처음으로 이렇게 낮은 혈압은 처음 재어본다고 하셨습니다." 그나마 혈압의 고와 저의 차이가 심해서 살아 있다고 말씀했었습니다. 의사 선생님 왈!"죽은 송장을 측정해도 이보다는 높이 나올 것 같다."고 농담을 하시기도 했었습니다, '도카블린'이라는 혈압상승주사를 그 후 10년 동안 맞았습니다. 역학고시에 합격을 했으나 혈압으로 성적은 평소 실력에 미치지 못했습니다.

역학교수인 Prof, Dr. Schäfer 는 고시 발표 후 다음 날 필자를 불러서 구두시험을 보게 하시고는 성적을 그 자리에서 한 단계 올려주셨습니다 그래도 평소실력에 비하면 형편없는 수준이었습니다.

창조주는 늘 호사다마(好事多魔)를 연출하십니다. 그 당시에는 원망을 하고 화를 내기도 했었습니다. 그러나 지금 돌이켜 보면 창조주는 필자에게 늘 100%를 주시지는 않으시고 10%를 적게 주셨습니다.

이것을 필자는, "주님이 주신 10%의 겸손"이라는 연단(鍊鍛)이라고 표현합니다. 지난 40년 세월 동안, 이 겸손 없이 완벽했다면, 필자에게 오만하고 방자하고 거만하고 교만하여 남을 업신여기는 습관이 생겼을 지도 모릅니다.

완벽하게 채우지 못했기 때문에 주님께 늘 내면에서부터 우러나는 겸손에 정말로 깊은 감사를 드립니다!

이것이 진정한 창조주의 사랑입니다!

창조주를 진정으로 사랑합니다! 통습(通習)의 과정은 정말로 이렇게 험하고 또 험했었습니다. 호사다마(好事多魔)는 징크스가 아니라, 창조주(創造主)가, '쓰실 분을 통섭(通涉)으로 연단(鍊鍛)시키기 위해 내리신 진실된 아름다운 겸손(謙遜)입니다!'

여섯 번째 연단: 작은 독재자

2년간 투지를 불태워 가면서 하루 3~4시간만 자고 지독한 집념으로 공부했던 이 곳, 눈물과 건강의 어려움으로 만고풍상을 겪었던 아름다운 하르츠 산맥 속에 위치한 지역을 지키는 위대한 역사와 전통을 보존한 대학생클럽(Verbindung)들이 많기로 유명한 클라우스탈 공과대학교(TU Claustahl)을 떠나야 하는 연단(鍊鍛)이 기다리고 있었습니다.

1979년 10월 중순에 국가고시들을 12과목 모두 합격하여 포어디플롬(학사학위에 해당함)을 수여받고 디플롬(대학원 + 박사과정)을 위한 전공학과를 선택해야하는 아름다운 고민이 남아 있었습니다.
항공우주학, 재료공학, 기계일반 및 경영학, 기계를 제작하는 공작기계, 유체기계, 자동차공학, 기계설계공학, 생산기계, 마찰공학, 전기전자기계공학, 유기화학공학, 무기화학공학, 에너지 및 발전소공학 등등 기계과 학부를 나오면 전공할 수 있는 범위는 약 20개 분야로 엄청난 자격을 부여받습니다.

독일은 기계공업국가 입니다. 단 한군데도 반도체칩을 생산하는 공장은 없습니다. 전기 전자공업에 꼭 필요한 반도체칩까지도 생산하지 않습니다. 반도체칩의 라이프 사이클이 짧은 관계로 생산하지 않고 수입해서 컨트롤 박스를 제작합니다. 그러나 세계최고의 학문수준을 자랑하는 독일대학으로 정보공학(Informatik) 수준 역시 세계최고 입니다.

필자가 학과선택을 고민할 때, 기숙사의 같은 3층, 복도를 사이에 두고 문이 마주 보고 있는 친한 독일친구 'Bernhard Eich'가 나에게 큰 독재자 박(Großdiktator Park)이 사살 당했다고 알려 주었습니다. 10.26 사건을 알려준 것입니다. 그 친구는 나를 작은 독재자 박 (Kleindiktator Park) 이라고 말하면서 언젠가 대한한국의 대통령이 될 것 이라고 예언을 장난삼이 했었습니다. 그 당시 필자는 부탁하는 습성보다는 아름답게 명령을 잘 했었습니다. 그러면 다들 잘 따라 주었습니다.

명령을 하더라도 상대가 기뻐할 수 있게 하는 지혜가 있었던 것입니다. 친구들은 내가 자신들보다 10살이 많은 것을 알지 못했습니다. 인생경험이 10년이 많은 필자는 10살이 적은 동기생들을 정신적으로 멘트를 해주며 친동생들처럼 잘 살펴 주었습니다. 또 고도의 수학문제들이나 어려운 역학문제들을 물어오면 친절하게 아주 쉽게 풀어주어서 그들이 어려운 고시에 합격하는데 자주 도움을 주었습니다. 그래서인지 필자를 친구라기보다 친형처럼 아주 좋아했고 때로는 은사(恩師)처럼 사랑했었습니다.

고등학교 교사를 3년 했던 당시의 첫 제자들은 9살이 필자보다 어렸습니다. 독일대학의 동기생들은 10살이 필자보다 적었습니다. 독일 친구들은 항상 명령조로 말한다고 'Diktator(독재자)'라고 애칭 했었습니다.

필자가 세계적인 현명한 독재자로 소개했던 박정희 대통령을 '큰 독재자(Großdiktator)'라고 칭했었고, 필자를 '작은 독재자(Kleindiktator)'라고 놀려 주기를 좋아 했었습니다.

일곱 번째 연단 : 콘라트 아데나워 정치재단 장학생

우리나라의 4년제 명문대학을 2년(4학기)만에 졸업하는 것 자체도 기적같은 역사일 것입니다. 더군다나 모국어도 아닌 독일어로, 서양인도 아닌 동양인이 2년 만에 독일대학과정을 졸업하는 기록을 세운 것은 이 클라우스탈 공과대학교가 개교 하여 기계과가 생긴 이래 최초의 기적이였습니다.
또 다른 기적은, 독일 정치재단 6군데서 편지가 왔습니다. 장학생으로 선발하고자 하니 면접에 응해달라는 것입니다. 그 중에서 가장 유명한 '콘라트 아데나워 수상의 함자(銜字)'를 정치재단 명칭으로 쓰는 '콘라트 아데나워 정치재단(KAS, Konrad Adenauer Stiftug)'의 면접을 선택했습니다.

당시 서독 수도 본(Bonn) 근처에 있는 KAS 본부에서 면접을 보았습니다. 금요일 저녁에 도착하여 여독을 풀고, 다음날 토요일 오전 10시~12시 사이에는 '인생마스터플렌' 자세히 적어서 제출하는 것이었습니다. 오후에는 세분의 교수님께서 질문을 하시는 것에 답해야 하는 형식의 면접이 있었습니다.

첫 문제는, '민주주의에 대한 뜻과 역사 그리고 누가 민주주의를 수호하고 지키는가?' 이었습니다. 첫 문제에서 당당하게 답하고 나니 힘이 생겼습니다. 모든 문제를 다 답하는데 약 한 시간이 소요되었습니다. 면접 후에 느낌이 아주 좋았습니다! 집에 돌아온 후 며칠 뒤에 합격통보가 도착했었습니다.

독일 최고 명문 정당인 기민연합(CDU)에 인재들을 훈련시키는 KAS재단의 장학생이 된 영광을 수확한 것입니다. 장학생이 되었는데, 이번 겨울학기(WS 79/80)부터가 아니라, 내년 여름학기(SS 80)부터 장학금을 받게 된 것입니다. 한 학기 생활비를 스스로 해결해야만 했습니다. 주님은 또 연단(鍊鍛)을 주셨습니다. 한 학기 살아갈 길이 아주 막막했었습니다.

여덟 번째 연단 : 에너지 및 발전소공학과

기계공학과 중에서 대학원 및 박사과정 즉 Diplom 을 공부하기 위한 전공학과를 선택해야 하는 고심을 하게 되었습니다. 전공 선정에 따라서, 때로는 전공이 있는 대학을 찾아가야 하기 때문입니다. 몇 날 며칠을 고심한 끝에 같이 공부하고 같이 합격한 Roland 에게 물어 보았습니다. 너는 무슨 전공학과를 선택했느냐? 그는 '에너지 및 발전소공학'을 전공하기로 결정했다고 하고, 다음 학기부터는 그 유명한 '뮌헨공과대학교'에서 전공학과를 공부한다고 알려주었습니다. 그래서 곧 뮌헨으로 내려간다고 했으며 이미 숙소까지 마련해두었다고 알려 주었습니다. 그는 한 학기 전부터 철저하게 준비하여 국가고시를 합격하면 뮌헨공대에 입학할 수 있는 수속을 지난 6월 중에 완료했다고 말하며, 그는 나와 곧 헤어져야 할 것으로 생각하고 있었습니다.

필자는 며칠 고민에 빠져 있다가 국가의 기간산업인 전력산업에 필요한 학과인 '에너지 및 발전소 공학과'를 공부하기로 결정을 했습니다. 이 학과는 미국에도 일본에도 중국에도 한국에도 없는 전공학과였습니다. 그러나 국가를 위해서는 대단히 중요한 학과이므로 Roland가 공부하는 것이었습니다. 뮌헨공대에는 이 학과가 있으며 유명한 요하힘 토마스 교수님(Prof. Dr.-Ing. Joachim Thomas) 이라는 분도 계셨습니다.
Roland 아버님은 모교인 클라우스탈공대에서 그 유명한 광산학과를 나온 박사님으로 독일최고의 철강회사의 사장이었습니다.

급히 뮌헨공대에 대학원 입학원서를 요청했습니다. 그러나 6월에 학적신청을 하지 않았기 때문에 편입이 불가능하다는 회답이 온 것입니다. 규정이 그러니 다음 학기에 등록을 받아주겠다는 내용이 왔습니다. 열심히 공부하여 포어디플롬 국가고시 최 단기 합격기록을 세웠으나 한 학기 허송세월을 보내게 된 것입니다. 연단(鍊鍛)이 예상되었습니다. 사실 6월에 학적신청을 해야 하는 규정은 이미 알고 있었습니다. 그러나 필자가 기적을 세울 것은 예상을 못했기에 6월에 신청하지 않았습니다. 그러나 알면서도 능청맞게 대학원 입학서류 요청을 한 것입니다.

여기서 물러설 필자가 아닙니다. 어떻게 하면 규정이 있더라도 이번학기에 뮌헨공대 대학원에 입학을 할 수 있을까? 연구를 했었습니다. 예외 없는 법은 없다! 돌파구를 찾기로 결심하고 뮌헨공대와 일전을 치룰 준비를 했었습니다. 필자의 주장은 규정이 비합리적이라는 이유이니, 특별히 입학을 허가하라는 것이었습니다. 클라우스탈 공대의 국가고시관리관이신 가이어 부인(Frau Gayer)를 찾아가 상의를 했습니다. 그녀는 평소에 필자를 많이 도와준 분이었으며 '필자의 팬'이기도 했습니다.

가이어 부인은 뮌헨공대에 국가고시관리관이신 바흐만(Herr Wachmann)에게 전화를 약 20분간 하고 나서는 '오늘 우리 대학을 퇴교하고 내일 모든 성적증명서들을 챙겨서 뮌헨공대에 가서 등록'을 시도해 보라고 했습니다. 필자가 배석된 자리에서 전화로 가이어 부인은 상대를 설득하기 시작했습니다. "수석입학자로 4학기 만에 대학을 마친 역사적인 기록을 세운 천재 중에 천재를 한 학기 쉬게 하는 것은 도리가 아니지 않습니까? 우리가 법을 고쳐서라도 입학을 시켜야 하지 않겠습니까?"

뮌헨공대의 바흐만은 20분간 경청한 후에, "그럼 그곳을 퇴교하여 퇴교증명서를 가지고 모든 성적증명서를 가지고 내일 오면 보고 특별입학을 고려해 보겠습니다."라고 배려를 해준 것입니다. "우리가 받아주지 못하면 어떡하시겠습니까?" 가이어 부인은 "규정상 퇴교번복이 불가능하지만, 박춘근을 위해서라면 법을 고쳐서라도 다시 받겠습니다." 바흐만은 "그럼 박춘근이를 내일 우리에게 보내 주세요!"

즉시 모든 서류를 챙겨서 급히 밤차를 타고 약 800km 떨어진 뮌헨으로 내려가서 뮌헨공대 국가고시관리관인 바흐만을 찾아 갔습니다. 바흐만은 필자의 30개가 넘는 고시 및 예비고시 성적들을 보고나서는 놀라면서 아주 친절하게 디플롬과정(Diplom=대학원+박사과정) 입학원서를 그 자리에서 내어 주시면서 써서 내라고 하셔서, 그대로 해 드렸습니다.
바흐만이 "뮌헨공대 개교이후 역사상 처음으로 특별대우를 해주니 열심히 공부하십시오!" 영광이 넘치는 입학을 했으므로 Roland 와 함께 같은 '에너지 및 발전소공학'을 공부하게 되어서 두 사람은 Roland 방에서 자축을 했었습니다. 창조주를 굳게 믿으시면 불가능이란 있을 수 없습니다. 독일이란 나라는 한편으로는 아주 엄격한 규정대로 실시되지만, 다른 한편으로는 아주 합리적인 나라이기도 합니다.

기분 좋은 어느 따스한 봄날 시내에서 80km/h 속도 제한이 되어 있는 도로를 모두 100km/h로 신나게 달려서 교통흐름이 좋으면, 경찰이 속도위반이라도 단속하지를 않습니다. 그 이유는, 교통은 흐름을 좋게 하는 것이 목적이니, 이 경우에는 경찰이 참아야 하는 합리적인 상위법, '둘덴(Dulden, 참다)'이 있습니다.

아홉 번째 연단 : 역경속의 아름다운 뮌헨유학생활

뮌헨공대의 학기시작은 11월 1일이므로 10월 15일에 시작하는 클라우탈공대와 15일간의 여유를 벌수있게 된 것도 큰 행운이었습니다.

정들었고 마치 고향사람들처럼 서로 이해하고 또 이해되는 아름다운 인구 2만 명의 미니도시 클라우스탈-쩰러펠트(Clausthal-Zellerfeld)를 떠나게 되어서 많은 사람들과 작별인사를 해야 했습니다. 이 미니도시에서 비록 모든 것을 성공했지만 그래도 교만하지 않으려고 노력했고, 겸손을 중시했던 아주 절제된 지성인의 생활이었습니다. 인사를 하는데도 며칠이 걸렸습니다. 많은 사람들이 자기 집에 초대를 해서 같이 식사하기를 청했습니다. 그러나 겨우 몇 집에만 응하고 하루속히 새로운 지식과 지성의 전쟁터로 약진(躍進)해야 했습니다.

Diplom(대학원+박사과정)과정 새 학기등록 역시 기적적으로 하고 나니 자신이 무엇인가 해낸 것 같은 뿌듯한 힘이 내심 생겼습니다.

새 학기가 되면 독일 전역에서 신입생들이 몰려오므로 기숙사는 부족하고 방을 구하기가 별 따기였습니다. 저렴한 호텔에 기거하면서 새로운 학문의 강의들을 들은 후에 방을 구하려 돌아 다녔으나 허사였습니다. 돈이 다 떨어지니 Roland가 자기 자취방으로 우선 오라고 해서 며칠 같이 기거하면서, 우선 유명한 쉬드도이취 짜이퉁(Süddeutsche Zeitung) 이라는 유명한 신문사를 찾아가서 '방을 구하는 광고'를 냈습니다. 그냥 내면 안 될 것 같아서 '수학 및 물리 가정교사나 아르바이트 가능함' 이라고 덧붙였습니다.

다음날 광고를 보고 답장을 준 사람이 있기를 기대하면서 신문사에 들렸습니다. 놀랍게도 2통이나 와 있었습니다. 하나는 아르바이트를 할 수 있는 레스토랑에서 연락이 왔고, 다른 한 통은 특수전자부품 유통업을 하는 균터 란트만(Günter Landmann) 이라는 분이 편지를 보내 왔습니다. "올 데 갈 데 없으면 나한테 오세요!" 라고 쓰여 있고 전화번호가 적혀 있었습니다.

뮌헨 중심부 시청 앞 마리아광장 근처에 그분의 사무실이 있었습니다. 사무실을 찾아 갔더니 잠시 몇 가지 묻더니 같이 자기 집에 가자고 하며 Volvo-combi 승용차로 집에 도착했습니다. 뮌헨의 외곽에 위치한 연립주택 모서리 집으로 마당과 주차장이 같이 붙어 있었습니다. 가족은 5살짜리 딸이 있었습니다. 지금 그 딸은 뮌헨대학 약학과를 나온 약사로 약국을 경영하고 있는데, 직원이 5명이고 지방병원 옆에 붙어있으며 이름이 '박약국(Park Apotheke)'이라서 놀랐습니다. 그녀는 약사인 남편과 아들하나 딸 하나가 슬하에 있습니다. 이곳에 병원이 들어서기 전에 공원

(Park) 이었고 또 필자를 생각해서 'Park Apotheke (박약국, 공원약국)' 이름 지었다고 합니다.

Landmann은 가족처럼 형제처럼 같이 살자고 했습니다. 그분 역시 외동아들이었습니다. 필자가 뮌헨에서 박사학위 받을 때까지 여러모로 친 동생처럼 보살펴 주었습니다. 1991년 1월 18일 박사학위 받고, 같은 해 3월 3일 귀국할 때에는 필자에게 2,000만원을 주면서 귀국 시 빈손으로 귀국하지 말라고 했습니다.

하루는 필자가 왜 나를 지극정성으로 도와주는지 물었습니다. 그가 하는 말이 자기도 가난했는데 어떤 부자가 도와주어서 부자가 되었다고 합니다. 그래서 도와주신 부자를 찾아가서 "내가 당신을 위해서 해드릴 그 무엇이 없으신지요? 저도 보답을 하고 싶습니다." 라고 말하니 "나는 부족한 것이 없어서 도울 필요가 없습니다." 라고 말하면서 정 도우고 싶으시면, "내가 당신을 도운 것처럼 당신도 한 사람을 찾아 성공할 때까지 도와주시게나." 라고 말씀하셔서 필자를 택한 것이니 부담 갖지 말라고 하셨습니다.

그리고 필자보고도 이 전통을 훌륭히 이어가길 원한다고 말했습니다. "그러나 나는 한 가지 소원이 더 있어." 라고 말했습니다. "무엇입니까?" 하고 필자가 물었더니, 그는 "춘근이가 KOREA의 대통령이 되어서 내 목에 'Orden(대한민국 훈장) 하나를 걸어 주길 바란단다." 라고 말하는 것입니다. 당시 필자는 KAS 장학생으로 정치지도자교육을 받기 위하여 주말 세미나들을 열심히 참가하는 것을 보고 언급했던 것이었습니다. 그는 필자에 이어서 많은 한국 유학생들을 돌보아 주었습니다. 이미 그는 주님으로부터 훈장을 받을 수 있는 상급을 천상에 많이 쌓아두었던 것입니다.

열 번째 연단 : 많은 회사로부터 러브콜

1984년 / 85년 2년 동안 필자는 '재구라파 과학기술자 협회'와 '재독 과학기술자 협회' 회장, 김제일 박사님(뮌헨공대 핵물리연구소 부소장)과 총무간사 공학디플롬 김창환님(독일 Siemens AG 근무)를 모시고 홍보간사로 봉사했었습니다. 그때 필자는 뮌헨공대 '열기계 및 열병합발전연구소'의 선임연구원으로 지낼 때였습니다. 1984년 KBS-TV 와 재구라파 과학기술자 협회 협찬으로 "노벨상에 도전한다."라는 프로그램의 독일편 제작을 협회가 협력했었는데, 협회 측 담당자는 다름 아닌 필자였습니다. 2주일 동안 노벨수상자와 어뢰인지, 통역, 이동, 제작 편집 등에 협력하여 우수한 작품을 제작했었습니다. 그 때 제작된 작품은 1984년 'KBS-프로그램 과학기술부문 은상'을 받았습니다.

1984년부터 삼성전자에서 필자에게 러브콜을 해 왔습니다. 또 헥스트(Hoechst) AG(주식회사, Aktiengesellschaft)에서 한국지사장으로 러브콜을 해 왔습니다. 많은 회사들이 계속적으로 러브콜을 해왔습니다. 필자가 박사논문을 쓰고 있을 때인 '1988년 서울 올림픽'을 했던 그 해 겨울 한국을 방문했었습니다. 한국에 잠시 체류 하는 것을 어떻게 알았는지 전화를 필자에게 걸어서 "내일 아침에 리무진을 보내드릴 터이니 산성전자 기흥공장을 방문해 주시길 바랍니다." 라고 친절을 베풀었습니다. 그러나 필자는 통섭(統攝)의 길을 가고 있는 사람이라 과잉친절에 응하지 않았습니다.

통섭(統攝)의 길을 가기 위해서는 일반적인 유혹들에 대응하는 자제력은 그 때나 지금이나 대단히 여전합니다. 그 때 삼성그룹에 갔었더라면 삼성공화국 간부가 되었을 것입니다. 20년 전 일을 지금 생각해 보면, 경제상류층에 편입되어서 생활자체는 큰 복을 누릴 것이며 이혼도 하지 않아도 되었을 것입니다. 그러나 삼성그룹을 택하지 않고 조국사랑을 택했기 때문에 창조주로부터 사랑받는 통섭인(統攝儿)이 될 수 있었습니다. 필자는 국가를 위기로부터 구할 수 있는 시스템인 '정치혁명'을 긴 세월(33년)을 투자해 연구 개발했습니다. 그 내용들을 이 책으로 곧 출판할 수 있어서 그리고 이 책으로 국민들이 '거룩한 하나'가 되어서 지금의 이 난국을 헤쳐나갈 수 있음을 굳게 믿으니 정말로 행복합니다.

열한 번째 연단: 通涉을 통한 정치지도자 교육

장학금은 정치재단인 KAS가 정부로부터 받은 국가예산에서 주는 돈을 받아서 장학생들에게 지불합니다. 그러니 국민들이 낸 세금으로 정치지도자를 육성하는 제도입니다. 그러므로 장학생들이 정치가로 육성되는 지도자코스를 받는 것은 당연한 의무이었습니다. 연간 일정량의 세미나와 집회는 의무적이고 추가로 더 참가하고 싶은 내용에는 제한이 없었습니다. 세미나는 연중 내내 다양하게 독일국내는 물론 해외 120개국에서도 충실하게 제공되고 있습니다.

지도자가 되려면 우선 잠은 하루에 총4시간 이상 자서는 아니 되며, 그것도 한번에 2시간 이상 길게 자서는 아니 됩니다. 대통령이나 수상들은 주로 이동하는 승용차

안에서 꿀맛 같은 쪽잠을 잡니다.

독일 초대 수상 콘라드 아데나워는 운전 중인 차안에서 쪽잠을 잘 때 앞좌석의자와 자주 충돌을 했었습니다. 그래서 그는 Mercedes Benz 회사에 부탁하여 수상전용차 뒷좌석에 안전벨트를 만들어 줄 것을 주문했었습니다. 이것이 오늘날 승용차에 쓰이고 있는 '3점 고정 안전벨트'의 시작입니다.

필자는 그 수상전용차를 독일 슈트드가르트(Stuttgart)에 있는 Mercedes Benz 박물관에서 1995년에 관람할 수 있었습니다.

이러한 특수훈련 없이 어떻게 나라를 다스리는 지도자가 되겠습니까? 보통 사람들과 같이, 다 자고, 다 먹고, 다 놀고, 언제 나라를 통섭(統攝)하는 능력을 배양할 수 있겠습니까? 지도자의 자신은 죽어 없어져야 하며, 오직 나라만을 사랑하는 마음을 가슴속 깊이 간직해야 진정한 지도자로 육성(育成)될 수 있습니다.

통습(通習)되고 통섭(通涉)되어 통섭(統攝)할 수 있는 능력을 갖추는 데는 최소한 20 ~ 30년이란 장구한 훈련을 받을 수 있는 인내심이 필요합니다. 오직 인내를 감내하면서 연단(鍊鍛)으로 겸손(謙遜)하게 육성된 사람에게 창조주는 지도자(指導者)로 기름부어 주심을 알게 하십니다.

열두 번째 연단:　박사학위는 그저 받는 것이 아니다.

독일에는 사립대학교가 없습니다. 모두가 국립이며, 졸업자와 일자리수효에 맞추어서 연간 약 8만 명 정도 디플롬(Diplom=석사+박사과정)을 수여받게 되는데. 이들에게는 합당한 일자리가 준비되어 있습니다. 그중에서 대학학업성적이 출중하며 성품이 온화한 분에 한해서 학장회의 결의를 거쳐 박사학위논문을 창작할 수 있는 자격을 부여받게 됩니다. 이 자격을 받은 사람에게 '독토란트(Dd., Doktorand)'라는 고귀한 칭호를 국가가 수여하게 됩니다. 이 독토란트 칭호를 수여받아야 비로소 박사논문을 위해 본격적인 창작을 시작할 수 있습니다.

'Doktorand' 칭호를 받은 사람은 우선 전임강사자격으로 또는 선임연구원으로 6년 동안 교수직을 겸하면서 박사논문을 창작할 수 있습니다. 이 기간 내에 논문이 완성되지 못하면 대학에서 직분을 내려놓고 대학을 떠나야 합니다. 지속해서 박사 논문은 계속할 수는 있습니다. 독토란트(Dd.)라는 칭호는 평생 유효함으로 박사논문을 창작하는 기간에 대한 제한은 없습니다.

논문 시작한지 10년 지나서 박사학위를 받으시는 분들이 적지 않습니다. 필자는 전 세계과학기술자들이 23년 동안 노력을 해도 풀지 못한 난공불락(難攻不落)의 문제(問題)에 대담하게 도전을 했었습니다.
당시 필자가 몸담고 있는 뮌헨공대 '열기계 및 열병합발전연구소'에서 지난 20년 동안 도전하여 성공하지 못하고 2년 이내에 포기한 과학기술자가 무려 20 명이였으며 21명 째 필자가 도전한 것입니다. 모든 사람들이 필자도 다른 사람들처럼 2년 이내에 포기할 것이라고 입을 모았습니다.

필자의 아내는 지도교수인 토마스 교수님 (Prof. Dr.-Ing. Joachim Thomas)을 찾아가서 필자가 난공불락의 문제를 풀 수 있는지를 물어본 것입니다. 교수님 대답은 "나도 20년 전부터 풀려고 노력하고 있는데 아직도 풀지 않아서 포기했고, 연구원 20명도 지난 20년 동안 풀려고 노력했으나 모두 2년 안에 포기했습니다. Herr Park (필자)를 잘 설득시켜 이 문제를 계속 연구하지 말고 다른 박사논문과제를 찾아보게 하십시오! 그렇지 않으면 언제 성공할지 그 예측을 할 수 없으며 성공할 확률도 거의 없습니다."

집사람은 저에게 포기하고 취직해서 귀국하자고 박사를 한다고 봉급을 크게 더 받는 것도 아닌데 "적당하게 먹고 적당하게 배설하는 것이 좋지 않겠느냐?"고 필자를 설득했었습니다.
그 때 마침 세계에서 4번째 큰 화학회사 헥스트(Hoechst AG)에서 한국지사장으로 추대하겠다고 이 회사의 기술이사님께서 저 북쪽독일에서 필자의 뮌헨아파트까지 자동차로 하루 종일 걸려서 방문 하신 것입니다. 또 헥스트(Hoechst AG)라는 회사는 최고의 보수를 기대해도 되는 세계적으로 덕망이 있는 아주 훌륭한 화공회사이기 때문입니다.

필자의 아내는 너무 좋아했습니다. 박사부인이라는 명예로운 존칭 못지않게 명품을 좋아하며 파티를 좋아하고 지적인 삶을 즐기며 항상 정결하고 성당일에는 아주 헌신적이었으며 한국에서 홍대미대를 나오고 뮌헨 대학교에서 서양예술사를 공부하고 있고, 그림그리기를 좋아하고 화려함을 좋아하지만 조용한 성격으로 명예보다는 실리를 좋아하는 사람으로 유명해지기 보다는 행복하게 조용히 인생을 즐기며, 특히 필자한테 배운 테니스는 10년 사이에 필자보다 실력이 더 좋아졌습니다. 옥에 티라면, 우리 집을 방문하는 사람들 중에 아내가 잘 아는 사람이 아니면 좋아하지 않았습니다.

독일대사님이 초대해도 기뻐하지 않았고, 한 번은 롯데 백화점에서 마음에 드는 옷을 한 벌 사주고 부탁하여 독일대사님의 초대에 응해준 적이 있었는데, 그 때는 독일어를 잘해서 대사부인과 가까운 친구가 되기도 했었습니다. 그러나 외교무대에서 자신의 얼굴을 드러내는 것은 좋아하지 않았습니다.

큰 소리 쳐본 적도 없고 부부싸움도 해본 적이 없는 우리는, 지구촌 최상의 명예인 '독일 뮌헨공과대학교의 박사학위'를 포기하지는 않은 대신, 독토란트(Dd., Doktorand) 자격은 평생 유효하니, 박사학위는 다음 기회에 하기로 하고, 우선 부모님도 늙으셨고 지난 10년 동안 모시지 못했으니 차선책으로 집안의 경제적인 면부터 살리기로 스스로 위로를 하면서 또 스스로 합리화를 하면서 한국으로 귀국하기로 결정했었습니다. 그 때가 1986년 가을이었습니다. 대구 집에 귀국소식을 전하니 온 가족들은 기뻐하지 않고, 박사학위를 받고 돌아오라고 하면서 귀국을 반대했었습니다.
아내와 필자는 헥스트사(Hoechst AG) 에서 약속한 한 달을 기다렸습니다. 그러나 아무런 소식이 없었습니다. 나중에 소식이 왔는데 우리에게 오시기로 한 이사님께서 우리를 찾아오시는 길에 교통사고로 돌아가셔서 한국에서 실현하려던 사업계획이 그분과 함께 저세상으로 가신 것입니다.

귀국의 꿈은 사라지게 되었습니다. 아마 그 때 꿈대로 행하여 졌더라면, 독일박사학위와 박사작위는 받지 못했으며, 지도자가 되고자 하는 위대한 야망 역시 접었을 것입니다. 이혼도 하지 않았을 터이고 아주 평범하지만 행복하게 잘 살고 있을 것입니다. 지금 생각해 보니 창조주께서 계획하신 일에 필자의 박사학위가 꼭 필요하신 것 같습니다.

1987년 가을에 우리는 그동안 정들었던 아파트를 정리했고, 이왕 한국귀국을 결정했으니 필자는 남아서 계속 박사학위논문을 창작을 하기로 하고, 집사람은 한국으로 귀국하기로 했습니다. 집사람이 먼저 들어가서 안착을 하면 몇 년 후에 박사학위를 하고 귀국하기로 했었습니다.

집사람은 한국으로 귀국하기 전에 이런 말을 남겼습니다. 당시 9살이 많은 나를 늘 '아저씨'라 불렀습니다. "아저씨는 자존심 때문에 박사학위 없이 귀국할 사람이 아니고, 박사논문 제목을 보니 수학적인 문제를 풀기는 불가능할 것 같고, 우리 사이의 행복은 이것으로 끝 날 것 같습니다!" "아저씨는 박사학위도 못하고 이곳에서 남아 자신의 능력을 한탄하며 폐인처럼 살아갈 것이니, 폐인과는 살수 없으니 혼자 먼저 귀국합니다." 그 말을 마지막으로 남기고 올림픽 한 해전인 1987년 고국으로 돌아갔습니다.

필자는 가톨릭신부가 되는 학생들만 기숙하는 가톨릭신학생기숙사로 들어가는 배려를 뮌헨가톨릭교구청에서 해 주었습니다. 그것도 1년 6개월 한정된 짧은 기한이었습니다. 당시 필자는 가톨릭 뮌헨교구 한국인성당의 부회장으로 주님께 봉사하고 순종하고 충성하고 있었습니다.

귀국한 집사람은 영원히 못 만날 것을 생각하고 이혼수속 서류를 준비하다가 홍익대학교 이공대학 학장님으로 계셨던 빙장어른에게 들킨 것입니다. 우리의 혼인은 빙장어른께서 중신하신 것입니다. 장인 한준택 박사님은 "Four Days Effect" 라는 바이오물리학논문으로 쭈리히에 있는 세계 물리학회를 아주 놀라게 하신 분입니다. 당시 미국 켄서스대학 물리학과 대학원 석사논문이었지만 노벨상을 받기에 충분한 내용이었습니다. 그러나 우리나라의 국력이 미비하여 그냥 지나쳐 버린 역사적인 논문으로 기억하게 되었습니다.

'Four Days Effect' 이 논문의 내용은 원자탄이 터지면 인체가 큰 충격을 받게 됩니다. 그런데 4일후에 꼭 같은 충격이 생리적으로 다시 나타나게 되어서 마치 원자탄을 4일 간격으로 두 개 맞은 것 같은 효과가 나타나는 현상을 발견하여 학술논문으로 그것도 석사 논문으로 세계를 놀라게 했던 것이었습니다. 그래서 저는 장인의 훌륭함에 결혼 승낙을 3일 만에 한 것이며 2주 만에 명동 YWCA회관에서 결혼을 했었습니다.

창조주께서는 연단을 주시는데 그것은 지도자로 쓰시기 위하여 길고 힘든 인내가 요구되고 무서운 집념으로 목적을 위해 행하는 연단(鍊鍛)을 준비하신 것입니다.

혼자 외톨이가 된 필자는 24시간 동안 몇 주일씩 연구실에서 나오지 않고 몇 달을 지내면서 무섭게 이판사판으로 하루에 한 두 시간 자고 많이 자야 세 시간 자는 생활을 약 1년간 하였습니다. 때로는 퇴근도 하지 않고 연구하다가 식음을 섭취하는 것조차 잊어버리기를 밥먹듯이 하였습니다.

박사논문창작을 위한 공부를 시작한 다음 해인 1988년 4월 25일 우리가 결혼한 지 8년 되는 날이었습니다. 이날로부터 약 3주전에 'Sddeutsche Zeitung'(신문사)에서 5일간 야간에 몸소 아르바이트를 해서 벌은 돈으로 작은 '다이아몬드반지'를 하나

사서 결혼 8주년 기념으로 한국에 있는 집사람에게 보내주었습니다. 직접 아르바이트하여 사랑을 덤뿍 담은 깊은 뜻을 헤아려주길 내심 기대했습니다. 섭섭하게도 비싼 것이 아니라고 오히려 욕만 실컷 얻어먹었습니다. 이것 또한 작은 연단(鍊鍛)이었습니다.

그런데 주님께서는 집사람을 대신해서 결혼 8주년 기념으로 생에 가장 큰 선물을 주셨습니다. 지금 생각해도 너무나 벅찬 감격이었습니다. 필자의 연구실 옆 강의실에서 혼자 철저한 외로움 속에서 기도를 하고 있었습니다.
기도는 늘 나의 돌파구 이였습니다.
가톨릭신학생기숙사에서 생활할 때에도 새벽미사를 드릴 때 늘 4 분 수녀님을 모시고 늘 다녔습니다. '실베스터'라는 수녀님은 일생 동안 필자를 위해서 돌아가시는 날까지 기도를 해 주시겠다고 필자와 헤어질 때 말씀하셨습니다.

이 4월 25일 오전 9시 기도 중에 필자의 머리 위를 도끼로 쪼개는 것 같은 강한 느낌과 '탁'하는 큰 소리를 들었습니다. 12차 연립미분 방적식의 해법이 문득 생각났습니다. 어느 책 어느 면을 찾아야 하며, 그동안 진동을 전공하신 박사님과 대화했던 내용이 갑자기 생각났습니다.

12차 연립미분방정식을 자력으로 풀 수 있는 기적이 일어난 것입니다.
이 세상을 다 얻은 기분이었습니다.

필자는 너무 기뻐서 어쩔 줄을 모르고, 입을 벌리면 귀신이 듣고 방해를 할까 걱정되어서 하루 종일 침묵을 지키며 내심(內心) 기뻐하면서 감사(感謝)의 기도(祈禱)만 드리고, 논문창작을 위한 연구를 시작한 이후 처음으로 휴식을 취했습니다. 그리고 복잡한 머리를 조금은 진정시켰습니다.

그 다음날인 4월 26일 필자는 컴퓨터 자판을 두드리기 시작했습니다. 그리고 엔터를 쳤습니다. 필자가 직접 프로그램 한 수학프로그램이 대형 컴퓨터(Cyber Computer)를 아침 일찍부터 돌리기 시작했습니다. 저녁에 답이 나왔는데 예상했던 정답이 쏟아지기 시작한 것이었습니다. 4월 25일 아침기도의 응답은 대단하고 위대했습니다.
그러나 해결해야 하는 문제가 발생되었습니다. 그것은 당시 쓰고 있던 사이버 컴퓨터 용량이 부족에서 하루에 한두 개만 계산을 할 수 있었습니다. 박사학위 논문을 완성하려면 앞으로 수천 번 계산을 해야 하는 어려움이 있는데. 컴퓨터는 하루에 고작 한두 개만 계산할 수 있으니 문제가 여간 크지 않았습니다.

당시 최고의 슈퍼컴퓨터로 'CRAY I' 이라는 모델이 있었는데 물리과 핵융합연구소에서 핵융합연구전용이라 당시 '열기계 및 열병합발전연구소'의 선임연구원으로 접속이 불가능 했었습니다. 앞으로 논문에 필요한 계산만 약 5년 이상 해야 할 판이었습니다. 기쁨도 잠시였고, 금방 깊은 고민에 빠지게 되었습니다. 산 너머 산! 산! 산! 이 기다리고 있었습니다.

큰 연단(鍊鍛)이 시작되어서 앞으로 5년은 더 감내해야 함을 알고도, 자신에게 "열심히 노력하면 되지"하면서 스스로 위로를 해 가면서 며칠을 보냈습니다.
수학과에서 편미분방정식강의를 듣는 것을 제외하고는, 전산실을 하루에 몇 번씩이나 왔다 갔다 하는 필자는 대학교 전산실에서 살다시피 하는 일과를 보내고 있었습니다.

그런데 두 번째 기적이 저를 흥분하게 만들었습니다.
당시 세계에서 제일 큰 '슈퍼컴퓨터 GRAY MP4'라는 모델이 뮌헨공과대학교 전산실에 들어오게 된 것입니다. 그리고 첫 GRAY MP4-코스를 위한 공고가 붙었습니다. 필자는 이 슈퍼컴퓨터 중에 슈퍼컴퓨터를 사용할 수 있는 첫 코스에 첫 번째로 교육을 받았습니다.

몇 달 동안 수강이 끝나고 Cyber 컴퓨터에서 하루 종일 걸리던 프로그램을 Job 으로 새로 들어온 슈퍼컴퓨터로 보내면, 5분 안에 계산이 완료되어서 정답을 Cyber로 보내주는 것이었습니다. 5년 걸릴 것으로 추정했던 계산 기간을 1년 이내로 줄일 수 있게 되었습니다.

박사논문은 1년 후에 완성되었습니다. 논문을 재출하면 기계공학과에 속하는 35개 연구소장(정교수)님들의 서명이 필요합니다. 이분 모두가 읽고 창작임을 확인해야 합니다. 때로는 그 기간이 반년이상 걸리기도 합니다. 한 교수가 스페인으로 한 학기동안 출장을 가게 되어서 돌아오실 때까지 반년을 기다려야 했습니다. 그리고 모든 교수들이 읽게 하는 이유는 새로운 논문을 다 읽어야 공부가 되고 새로운 학술정보에 충실해지기 때문입니다.

연구소장님이신 35명의 정교수님께서 다 읽으시고 심사위원들로부터 논문심사가 합격으로 나오면 '박사학위시험 관리관'으로부터 본인에게 박사학위심사용 신원조회를 신청하라고 통보가 옵니다. 박사학위 심사용 신원조회는 신청은 할 수 있으나 본인이 받아볼 수는 없습니다.

보통 신원조회서는 본인이 받지만 박사학위심사용 신원조회는 대학의 박사학위위원회에 직접 배달됩니다. 박사학위심사용 신원조회서에는 세심한 내용까지, 예를 들면, 전철이나 버스를 탈 때 차표를 찍지 않고 탔던 일, 길에 침을 뱉은 일, 경범으로 경찰에게 걸렸던 일, 술주정으로 고성방가 하다가 걸린 일, 교통법규를 지키지 않았던 일, 등등 인격에 관한 내용들이 상세하게 체크됩니다. 중대한 역사에는 이런 자질구레한 경범들도 용서를 하지 않는 나라가 독일입니다.

신원조회가 이상이 없으면, 박사학위 구두시험 일자가 공표가 됩니다. 박사학위 시험 날, 교수3 명의 박사학위심사위원이 배석하게 되며 누구나 시험에 초대될 수 있습니다. 철학박사나 문학박사 시험 에서는 공개적으로 수 백명 앞에서 박사시험을 공개적으로 보게 됩니다. 박사학위에는 이렇게 투명함과 진실성이 철저하게 검증됩니다.

필자가 박사시험을 볼 때 박사학위심사위원이신 교수님 한분이 필자의 논문을 잘 못 이해해서 평가에 누를 끼치는 큰 우를 범했었습니다. 구두시험 때 필자는 18분(규정 20분 이내)간 발표를 하고 42분간의 질문들에 답들을 잘 했습니다. 그 교수가 잘못 질문을 했을 때, 필자는 “교수님께서 틀렸습니다.”라고 당당하게 틀린 점을 지적하고 명쾌하게 말씀드렸습니다. 심사 위원이신 그 교수님은 공적인 자리에서 “제가 문제를 잘 못 이해했습니다.”라고 예의를 갖추어서 정중하게 공식사과를 하는 일이 일어났습니다.

다른 두 분의 심사위원님들은, 공식사과를 하신 교수님과 필자에게 박수를 보내 주었습니다. 세분 심사위원님들 만자일치로 구두시험에 만점을 주었습니다.
여기서 자신의 잘못을 인정하시고 즉각 사과하시는 인품으로, 오히려 돋보이신 심시위원(교수)님께서는, 그 다음해인 1992년에 ‘유럽최고의 역학(로봇 수학)교수’로 선정되어 영광의 대상을 수상 받으신 분으로 세계적으로 유명해졌습니다.

정직은 학문은 진실이기 때문에 그 누구도 얼버무리며 넘어갈 수 없는 것이 학문의 세계임을 인식시키는 연단(鍊鍛)을 창조주께서 필자에게 주셨기 때문입니다. 이러한 절차, 연단체험, 들을 통해서 많은 것을 깨우치게 해 주신 은혜에 감사합니다. 주님께서 늘 2% 부족하게 주시는 것은 교만(驕慢)하지 않게 하시려고 즉, 진정한 겸손(謙遜)을 가르치시고, 회개은혜(悔改恩惠)를 주시는 그 큰 뜻인 의(義)가 보혈(寶血)의 십자가(十字架) 뒤에 숨어 있었습니다.

열세 번째 연단: 대한민국에서 학술세미나

1991년 3월 3일 약 15년 만에 긴 유학의 터널(Tunnel)을 뒤로 하고, 세계적인 공학박사, 그것도 발전소공학 부문에 유일한 한국인 박사가 되어서, 그리던 조국 땅으로 금의환향(錦衣還鄕) 하게 되었습니다. 귀국해서 휴식을 취하면서 인사를 여러 곳에 다녔습니다.

인사가 끝나자마자, 필자는 서울 홍릉에 있는 한국과학기술연구소(KIST)의 터보연구소 초청으로 국내에서 첫 논문발표를 시작하게 되었습니다. 이어서 대전에 과학기술대학(KAIST), 충남대학, 영남대학, 서울대학 등등 몇 달 동안 논문발표 세미나를 하느라 정신없이 보내게 되었습니다. 그런데 서울대학교 기계공학대학원에서 이 대학교수님들, 박사학위를 위해 논문을 쓰고 있는 분, 또 서울에 계시는 타 대학교의 교수님들, 지방에 계시는 교수님들, 기계학회 회원님들이 오셔서 과학기술자들로 강의실을 메우는 영광을 얻게 되었습니다.

서울대학에서 발표가 시작된 지 약 30분 되었을 때, 한 연구원이 손을 번쩍 들기에 발언을 하게 허락했습니다. 그 연구원의 박사논문제목이 필자의 논문제목과 똑 같았습니다. "박사논문을 이번학기에 끝내고 박사학위를 받게 됩니다."라는 계획까지 말하는 것이었습니다. 이미 박사학위를 받은 내용으로 다른 사람이 박사학위를 받을 수 없기 때문입니다. 필자는 연구원에게 물었습니다! 어떻게 그 어려운 미분방정식을 유도했으며 풀었는지 발표해 보라고 하고 시간을 주었습니다. "박사님! 저는 4차 미분방정식으로 풀었습니다."

필자인 저의 대답은 이 문제는 4차 미분 방정식으로는 방정식이 성립이 아니 되는데, 이 문제는 "터빈 브레이드(Turbine Blade)의 진동문제 해석으로 x-축이 4차, y-축이 4차, 그리고 z-축 토션(Torsion)이 4차로 도합 12차로 연립하여 풀어야 풀립니다." "저의 논문에 12차 연립미분방정식으로 완벽하게 다 풀어서 독일 뮌헨공대에서 받은 박사학위논문의 내용을 가지고 오늘 세미나를 하게 된 것입니다." 계속해서 "유감이지만 4차 미분방정식으로는 이 문제의 해석에 근접할 수는 없습니다." 그 자리에서 제가 저의 박사논문 한 권은 서울대학교 기계과에 기증하고, 또 한권을 그 연구원에게 전해 주면서 잘 읽어 보라고 하면서 "비록 독일어에 능통하지 않더라도 모든 것이 수학이라 공식만 보아도 이해가 될 것입니다." 라고 말했습니다.

그 연구원은 갑자기 울기 시작했습니다. 그에게는 억장이 무너졌던 것이었습니다.

독일 카알스루에대학에서 박사학위를 받고 서울대에 재직 중인 한동철 교수님은 "이 논문에 다 풀어 놓았네!"라고 말하면서 한마디 더 붙이셨습니다.

"이 문제에 몇 년 투자 하셨습니까?" "4년입니다!" "이 문제에 대해서 스위스 쭈리히공대에서 몬토야(Dr.-Ing. J.G. Montoya)가 23년 전에 10차 미분방적식을 세움으로 박사학위를 받았습니다!" "그 내용을 아십니까?" "전혀 모릅니다." "이 미분방정식의 역사는 23년이 됩니다." "모르셨습니까?" "저도 지도교수도 몰랐습니다." 유럽에서는 풀리지 않는 난공불락(難攻不落)의 미분방정식으로 대단히 유명합니다. 이 문제를 풀기 위해서는 수학을 12학기 과정을 공부해야 손을 댈 수가 있습니다. 만만한 문제는 아닙니다. 뮌헨공대의 박사과정(Dilpom)까지 수학을 8학기를 기본으로 배웁니다. 그것으로는 이 문제를 풀기에 너무나 부족합니다. 그래서 저는 수학과에서 또다시 4학기를 더 공부했습니다. 수학과까지 다 나온 셈이 됩니다.

몬토야(Dr.-Ing. J.G. Montoya)의 박사논문은 독일어로 쓰여있으며, 100 페이지가 넘는 내용을 단 15페이지로 요약해서 전문지에 발표했습니다[주].

[주] Montoya J.G.: 'Gekoppelte Biege-und Torsionsschwingungen einer stark verwundenen rotierende Schaufel' BBC Mitteilung, Band 53, Nr.3 1966'

내용자체는 약10 페이지로 요약되었습니다. 누구도 12차 연립미분방정식을 유도할 수 있는 쉬운 문제는 결코 아닙니다. 기계공학, 물리학, 수학에 능통해야 가능합니다. 필자 역시 12차 연립미분방정식을 자력으로 유도 해내는데 한 달 또 완전하게 해석하고 정리하는데 1년을 소모했습니다. 박사학위 심사기간 반년을 포함해서 2년 반 만에 취득했습니다. 누구도 상상하지 못한 기적적인 성과를 거두었습니다. 심지어 독일인도 기계공학분야에서 공학박사학위를 받는데 6년~10년 걸리는 것입니다. 필자는 독일인이 아니고, KOREA가 낳은 위대(偉大)한 대한(大韓)의 남아(男兒)가 아닙니까?

우리나라 대학의 커리큘럼(Curriculum)이 미국에서 온 것이라, 수학하나만 보더라도 같은 기계과에서 필수적인 그 수준이 독일수준에 약 1/2 정도로 보입니다.
1991년 가을 학기에 서울에 있는 명문대학교들이 '교수로 초빙'을 하기에 저 역시 내노라는 대학들 6군데에 임용서류를 제출해 놓고 답장만 기다리고 있었습니다. 이들 6개 대학에서 글자한자 틀리지 않는 꼭 같은 답장을 받았습니다. 답장에는 일률적으로 '못 모셔서 죄송합니다!'라는 어처구니없는 답장을 받은 것입니다. 요즘 유행어로 "왕따"를 당하는 연단(鍊鍛)을 받은 것입니다.

이 사건으로 인하여 국내에서 교수직을 수행하면서 현재와 미래의 '에너지 및 발전소공학 분야'에서 조국의 앞날을 밝게 하는 제자들을 많이 육성하고 싶은 필자의 꿈을 송두리째 앗아갔습니다.

꿈이 중요한 것은 아닙니다! 더욱 중요한 것은 '에너지 및 발전소산업'을 20년 이상 다른 나라보다 앞서 갈수 있는 국가적 기회를 상실하게 된 것입니다.
20년이 지난 요즈음 아랍에미리트에서 약 50조원의 원자력 발전소 수주를 하고나니 발전소 전문가 5,000명을 양성해야 한다고 아우성입니다.
필자가 오늘날에 필요한 5,000명을 20년 전에 키울 수 있는 기회를 주창(主唱)했으나, 대통령도 그 누구도 귀를 기울이지 않아서 20 년이란 시간을 놓친 것입니다.
이점이 필자의 가슴을 한없이 아프게 한 연단(鍊鍛)입니다.

지난 20년 동안 한국을 이끌어가는 지도자(대통령)는 지식과 지혜가 없었습니다.
우리나라가 지난 20년 전부터 지금까지 아직도 2만 불 수준에서 허우적거리고 있는 이유는 정직하지 못한 대학교수들이 세계적인 인재들이 자기 대학에 교수로 임용될까봐 다수결을 앞세워 '왕따'를 시킨 결과이기도 합니다.

20년 전부터 필자의 주창(主唱)을 경청하고 따랐다면, 지금 우리나라는 '발전소산업과 에너지 산업'에서 세계적인 두각을 나타내었을 것이고, 그로 인하여 고급 청년 일자리가 충분하게 생겨서 지금 필자의 계산으로 국민소득이 4만 불이 훨씬 넘었을 것이며, IMF 역시 우리를 강타하지 못했을 것입니다.

이번 대통령선거만은 제대로 공부하고 체험하여 통섭(通涉)된 인물을 찾아서 80% 이상 득표를 드려서 추대하게 되면 수년 내에 우리는 중산층을 회복시키고 교육혁명으로 양극화가 없는, 누구나 다 잘 사는 나라를 만들 수 있음을 필자는 확신하고 또 확신합니다.

열네 번째 연단 : 거꾸로 타는 귀뚜라미 보일러

필자는 입국해서 반년 동안 논문발표 세미나를 하면서, 많은 분들, 가족 친지뿐만 아니라, 대구공고선배님들, 대기업의 회장님들을, 그리고 대한민국을 이끌어 가시는 지성인들을 많이 찾아 뵈웠었습니다.
특히 대구공고출신들의 기업만도 2,400 개나 됩니다.

그중에 대기업들도 많이 있습니다. 동창회를 찾았더니 대구공고 역사상 최초로 독일 공학박사학위를 받았다고 재경동창회의 부회장으로 임명이 되었습니다. 대구공고총동창회 부회장직도 겸했습니다.

선배 중에는 전두환 대통령(대공24회), 한전사장을 지내시고 현재 세계육상연맹 집행이사 이신 박정기(대공25회) 선배님, 과학기술부 장관을 지낸 최순달(대공25회) 전 장관님을 비롯해서 적지 않은 분들을 만났습니다.

귀뚜라미보일러 회장 최진민(대공30회)선배님 등 많은 분들을 찾아뵙고 인사를 드렸습니다. 최진민 선배님은 저에게 귀뚜라미보일러연구소 소장이 되어 주고 청민문화재단의 이사직을 맡아 달라는 부탁을 하셨습니다. 저는 소명이 따로 있어서 귀뚜라미그룹의 연구소장으로 갈 수가 없습니다. 삼성에서 5년 전부터 모셔가려고 수고를 해도 눈도 깜짝거리지 않았는데 어떻게 선배님 회사에 가겠습니까? 그러나 선배님이 독립적으로 도와주시면 제가 개인연구소를 설립하여 독일기술을 한국에 전수하는 기술전도사가 되겠습니다.

발전소 공학을 공부한 덕분에 보일러에 전문가인 필자는 화력발전소에서 여러 방향에서 안쪽으로 집중적으로 버너를 장치하는 기술을 갖고 있기에 거꾸로 타는 소형보일러 모델의 자료를 상면기념으로 전해 주면서, "선배님! '거꾸로 타는 보일러'를 만들어 보십시오, 특허기간이 조금 남아있으니, 지금 가정용으로 개발하셔서 몇 년 뒤에 시판하시면 됩니다." 몇 년 뒤에 귀뚜라미 보일러 TV 선전에 "연료비도 거꾸로, 전기요금도 거꾸로, '거꾸로 타는 귀뚜라미 보일러"가 나오는 것을 보았습니다.

그러나 귀뚜라미 측에서는 거꾸로 타는 보일러로 사업을 대대적으로 하면서도 아직까지 필자에게 '고맙다는 말 한마디 한 적이 없었습니다.'

사랑하는 최진민 선배님!
계영배의(戒盈杯) 교훈(教訓)을 아시는지요!
혹시 '사업가(事業家)의 도리(道理)'는 물론 '사람의 도리'까지 '거꾸로' 행하시고 계시지는 않으시는지요?

은혜하는 최진민 선배님!
이제 이 후배 朴春根이가 국가(国家)와 민족(民族)을 위하여 '우리들의 살길인 정치혁명(政治爀明)'이라는 큰 역사(歷史)를 하고자 하오니 물심양면(物心兩面)으로 틀림없이 꼭 동행(同行)하여주실 차례입니다!

열다섯 번째 연단: '프란츠박과학기술연구소'와 기아자동차

귀국해서 우선 대학에서 '발전소공학과 신설'과 '후진양성의 꿈'은 '임용 왕따'로 교수로 임용되는 것 자체가 서울에서는 불가능하게 되었고, 때로는 악평이 돌기도 하며 "그 사람은 실력은 좋으나 인간성이 어떻다."는 둥 모함을 하는 사람도 있었습니다.

물론 필자와 한 번도 상면한 적이 없는 사람들입니다. 우리나라에는 잘 되는 사람에게는 늘 그를 모함하여 사회적으로 매장시키는 아주 악한 사탄(詐誕)같은 사람들이 적지는 않는 것 같습니다. 이들은 대부분 정직하지 못하며 통습(通習)된 확고한 실력이 없는 자들이며 늘 자신이 정당하지 못한 방법으로 쟁취한 지금의 자리에서 밀려날 수 있다는 불안감 속에서 사는 사람들이 대부분입니다.

이들 사이비(似而非) 지성인(知性儿)들은 실력이나 인품, 그리고 지성이나 지혜, 더 나아가서는 통습(通習)으로 통섭(通涉)되어서 자신의 분야에 통섭(統攝)할 수 있는 위치를 지향하는 사람들이 아니라, 권모술수를 무기삼아 나날을 겨우 버티는 불쌍한 사람들입니다.

충분히 배우지도 않고, 준비하지 않은 야욕의 광신자가 대통령이 되겠다고, 순간의 인기를 무기로, 국민들을 궤휼(詭譎)함으로 어떻게 해보겠다고 출마하는 무례함을 저지르는 무책임하고 비열한 부류들과 일맥상통하는 인간(儿間)들 입니다.
당시에는 저질스런 대학사회에서 '교수가 되어서 발전소 분야에 훌륭한 후진들을 육성하겠다는 꿈'을 고집하는 것은 비현실적이라, 새로운 길을 모색해야 했습니다.

교수직에 목숨 걸 것이 아니라, 자신의 연구소를 설립하여 독일의 기술들을 우리나라의 중소기업에 전수하는 기술전도사가 되어서 산업분야부터 도움을 주기로 하고, '프란츠박과학기술연구소(FPIST, Dr. Franz Park Institute of Science Technology)를 1991년 10월 4일 (본명인 성 프란치스코 성인축일)설립했습니다.

조선호텔에서 프란츠 연구소 출범식을 정중하고 무게있게 특히 외국인VIP들이 상상외로 많이 왕림하셔서 좌석의 1/3을 채우는 기적이 일어나기도 했으며, 또 VIP들이 파티비용을 행사가 끝나기도 전에 치렀으므로 상상외로 평강(平康)스럽게 연구소출범식을 축복 속에서 치룰 수가 있었습니다.

홍익대 이공대학장을 역임하시고 정년퇴직하신 빙장어른 한준택 박사님은 "춘근이가 오늘 행사에 '인터메조로' 혼6중주를 연주 하게한 것은 행사의 품격을 올리는 것을 비롯해서, 유창한 독일어로 모든 절차를 잘 진행시킨 것은 말할 것도 없고, 앞으로 큰 역사를 할 재목임을 확실히 보았어!"하시면서 한없이 기뻐하시는 모습이 지금도 눈에 선 합니다.

경쾌한 출발을 한 프란츠박과학기술연구소는 중소기업과 협찬하여 독일의 중소기업과 한국의 중소기업들 간의 상호 협력하는 계기를 마련하여 많은 독일중소기업인들이 방문하여 큰 행사를 치르면서 새로운 기술협력시도를 하는 회사들에게 'Seed Money' 를 중소기업에서 후원함으로 결실을 유도하는 이벤트를 벌이기도 하고, 본 연구소와 독일의 국가 기술검정기관인 TÜV의 한국대표를 하면서 독일국가기술차원에서 업무를 협력하게 되었습니다.

그 당시 연구소는 독일로부터 ISO 9000 시스템(국제 품질보증시스템)을 도입하여 국내기업의 품질을 끌어 올리는데 그리고 KAS-QA에 ISO 9000 인증시스템을 구축할 수 있게 독일로부터 협력을 끌어내어 독일견학을 계기로 2년 후에 국내인증기관이 탄생하는데 산파역할을 하기도 했습니다.
기업인들에게 새로운 품질보증시스템에 대한 이해를 돕기 위하여 'ISO 9000 이 무엇인가?'라는 전문서적을 집필하여 출간하기도 했습니다.

IMF가 오기 전까지 필자는 국내외 기업 200여개(국내 대기업 50여개)를 컨설팅하고 인증하는 업무를 진행하다가 IMF가 닥쳐서 50개의 고객회사들이 대부분 부도가 나서 필자는 연구소 업무를 전문임원들에게 넘겨주고, 그 때부터 그동안 피일차일 미루어 왔던 새 나라를 여는 4대혁명에 대한 집필준비 및 본격적인 집필에 들어갔습니다. 창조주께서는 필자에게 또 다른 연단(鍊鍛)을 준비해 주신 것입니다.
연구소를 운영하면서 보람되고 뿌듯한 역사들이 많았습니다. 그중에 가장 보람이 있었던 일은 1995년 기아자동차를 컨설팅하고 ISO 9000 인증을 획득하게 했던 아름다운 역사가 있었습니다.

하루는 기아그룹의 부회장님께서 프란츠박과학기술연구소(FPIST)의 사무실이 있는 63빌딩에 오셨습니다. 그는 57층 레스토랑에 자리를 예약해 놓고 필자를 그곳으로 모시겠다고 연락이 왔습니다. 식사가 끝나고 부회장님께서는 "저는 김선홍 회장님께서 박사님을 잘 아신다 하시면서 부탁을 하나 특별히 드리라는 전갈을 받고 모시게 되었습니다." 라고 정중하게 예를 갖추고 말문을 여시는 것입니다. "기아 자동차에는 임원이 너무 많아서 구조적으로 어려움이 있습니다. 약 60%는 해고를 시켜야 되는 과잉임원 때문에 사내에 늘 잡음이 줄지 않습니다."

필자는 "60%를 해고시키는 그 작업은 간단합니다. 단 1분이면 정답을 가지고 실천 계획을 세울 수 있습니다." 부회장님께서는 "박사님은 농담도 잘 하십니다! 어떻게 60년 동안 쌓여서 고질이 된 문제를 단 1분에 해결책을 찾겠습니까?"
필자는 "부회장님! 저는 농담을 하지 않는 사람입니다. 지금은 업무에 관해서 진지 하게 말씀드리는 것입니다." 부회장님의 얼굴이 진지하게 굳어졌습니다. 그럼 "제 가 지금 그 정답을 드려도 되겠습니까?" 놀란 부회장님과 수행원들은 일제히 필자 의 얼굴을 주시하면서 무슨 말이 나오나 하고 기대를 잔뜩 하고 있었습니다.

"그런 제가 지금부터 묻는 사항에 답을 하여 주십시오! 자동차 회사에는 경영철학 이 있습니다. Mercedes Benz 처럼 드라이버를 두고 차주는 뒷좌석에 타고 다니 는 차를 생산 하는 철학이 있는가 하면, BMW 처럼 사장이 직접 운전하는 오너드 라이버용차를 생산하는 회사가 있습니다. 어느 쪽입니까?" 부회장님은 "BMW 쪽입 니다." "그럼 BMW 수준으로 컨설팅해 드리면 되겠습니까?" 부회장님은 "예!" 연간 생산량은 얼마로 해 드릴가요!" 부회장님은 "연간 50만 대요!"

필자는 "이미 답이 나왔습니다. BMW 역시 50만대를 생산하며, 종업원 역시 3만 명으로 모든 조건이 기아와 BMW가 거의 같습니다.
같은 차를 생산하니, 생산량도 종업원 수도 거의 같은 것입니다. 단지 회사의 내부 조직구조가 다를 뿐입니다."
"기아자동차 회사 조직 표를 준비하십시오!"
"그러면 제가 BMW 조직표를 트랜스파렌트 (Transparent, 비치는)로 만들어서 드리 겠습니다." "그러시면 기아자동차 조직표 위에 덮어 봐주시면 하부조직에는 거의 일치하나 상부로 올라갈수록 임원자리에는 BMW 조직 표에는 한사람이 있는데 기 아자동차 조직구조 표에는 2명에서 3명 정도가 들어있을 것입니다." "한 칸에 여러 명이 있을 경우에는 그중에서 가장 그 분야에 능력있는 자만 남게 하시고 다른 분 은 스스로 떠나게 하면 됩니다."
"그 대신 기아와 연관 있는 납품회사의 임원으로 보내주시는 것입니다." "한사람도 직장을 잃는 사람이 없도록 해야 합니다."

"이 모든 것을 우선 ISO 9001 시스템을 구축하면서 실시하면 '정도에 어긋남 없고 명분에 부족함이 없게' 실시할 수 있습니다." "제가 BMW를 컨설팅한 경험이 있는 저의 연구소 소속의 TÜV 독일직원을 파견시켜 드리겠습니다." "두 회사의 조직 표 두 장을 겹치는 데는 1분이 필요한 것이 아니라 몇 초면 가능합니다!" 이 아이디어 에 부회장님과 수행원들과 우리 연구소 직원들은 감탄을 하기 시작했습니다.

그 후 컨설팅을 지속하는 동안에 수많은 감탄을 자아내게 되었습니다. ISO 9001 '연구소 FPIST'와는 컨설팅과 독일 TÜV 과는 인증계약을 할 때, 계약조항에 회사사장을 비롯해서 모든 사원들은 컨설턴트인 필자에게 순종하겠다는 계약을 했었습니다. 그리고 막강한 능력을 가지고 대기업을 컨설팅할 수 있게 계약을 맺었습니다. 훌륭한 컨설팅 자체는 작은 산업혁명이기 때문입니다.

기아는 필자가 직원으로 채용한 BMW를 컨설팅한 경험이 많은 베테랑 독일인 기술자를 수행시키면서 기아자동차를 직접 컨설팅하기 시작했습니다.

처음 2주는 소하리공장과 아산공장을 방문하여 ISO 9001 체크리스트를 가지고 과학적으로 시스템체크를 했었습니다. 그런데 ISO 9001 컨설팅을 시작하기 며칠 전에 스포티지 새 차가 출고하여 얼마가지 않아서 바퀴가 빠지는 사고가 나서 회사가 망신을 당한 기사가 신문을 도배한 적이 있었습니다.

타이어를 조립하는 공정을 체크하는데 바퀴조립시스템에서 결함이 발견되었습니다. 임팩트렌치의 모멘트는 200 Nm 으로 조립해야 합니다[주].

[주] 힘의 단위 : [N ＝ kg·m·s⁻²] / 모멘트 단위 [Nm ＝ kg·m·s⁻² . m]

그런데 체크 했더니 규정 힘의 1/10 정도였습니다. 언제 압력체크를 했습니까? 기능인의 답이 설치한 이후 한 번도 체크한 적이 없습니다. 이렇게 어처구니없는 대답을 받아 본적은 처음이라 필자는 웃었습니다. 그러니 새 차라도 주행 중에 바퀴가 빠져나가지요! 오늘부터는 4 시간마다 즉, 일(조립)시작하기 전에 200Nm 인지를 엄격히 체크를 하십시오! BMW 처럼 4시간 마다 체크를 해야 합니다. 라고 지시를 했습니다! 조립기능인들은 필자가 기능인 출신인줄 알고 아주 기쁘게 "예!" 하고 힘차게 대답하는 것입니다. 물론 체크를 하면서 BMW 와 비교해 보니 솔직하게 표현하면, 기아는 그 당시 철공소 수준정도로 시설들은 최신으로 설치되어서 필요한 것은 다 있었는데 운영시스템은 철공소운영과 큰 차이가 없었습니다.

컨설팅 시작하여 현장진단을 끝내고 3주일째 되는 월요일 아침 9시에 필자는 기아자동차의 100명의 임원들을 하나도 빠짐없이 여의도 본사에 집합을 시켰습니다.
한 사람의 임원도 빠짐없이 다 참여한 자리에서 먼저 한 시간 동안 기아현장을 진단한 결과를 즉, 환자를 진찰한 것이었습니다.
BMW 와 KIA를 상세하게 비교하면서 현 상태를 진단한 것을 발표했습니다.
독일 직원이 독일어로 하면 필자가 통역을 했었습니다.
임원들은 모두 얼굴이 붉어지기 시작했습니다. 두 회사를 비교해 보니 이것은 KIA

의 임원들은 모두 쥐구멍을 찾아야 했었습니다.

발표하는 필자도 부끄러워서 차마 말로 표현 못할 사항으로 엉망진창인 운영상태가 그 당시 기아자동차의 실상 그대로였습니다. 발표가 끝나고. 프란츠박과학기술연구소 소장으로서 연구소를 대표해서 짧은 연설을 하게 되었습니다.

사랑하는 기아자동차 임원 여러분!

1968년부터 1972년 사이에 저는 이회사의 기술직원이였습니다. 그 당시 기아산업은 종업원이 4 천 명이였습니다. 독일유학을 하고 돌아와서 다시 기아자동차와 연구소가 서로 협력하게 되어서 대단히 반갑습니다.

특히 ISO 9001 시스템을 독일인증 기관이 TÜV에서 받게 되어 기쁘게 생각합니다. 지금은 기아자동차가 그동안 성장하여 3만 명의 종업원이 연간 50만대의 자동차를 생산하는 대기업이 되어 있어서 내심 대단히 기뻤습니다.

외적으로 볼 때는 기아자동차의 이미지가 독야청청의 낙락장송(落落長松)이 되어 있는 것으로 알고 기뻤습니다. 그러나 제가 직접 2주간 내부진단을 해보았습니다. 그 결과 "지금 기아자동차의 상태는 속이 푹푹 다 썩은 고목(古木)으로 나이만 먹었습니다." "기아자동차가 국제적 경쟁에서 살아남으려면, 새로운 낙락장송(落落長松)으로 다시 태어나야 합니다. 임원 여러분! 분발합시다!" "미약한 저지만 도와드리겠습니다!"라는 내용으로 5분간 연설을 했었습니다.

기아자동차 사장님은 눈물을 글썽거리며 일어서서 "우리는 박춘근 박사님을 잘 따라서 다시 태어납시다."라는 감동적인 말씀을 했었습니다.

기아자동차 측에서 필자의 특별강연에 감동하여 즉석에서 1,000 만원을 강연 사례비로 예를 표시했는데, 그 때 필자는 그 돈으로 자동차를 한 대 구입해서 '연구소 FPIST' 직원용으로 활용했던 아름다운 추억이 아직도 생생합니다.

기업지도는 1년간 지속되었으며 일 년 후 ISO 9001 (국제 품질보증시스템) 이 제대로 구축되었으며, 60% 임원들은 스스로 즐겁게 떠나게 되었습니다. 그리고 KIA는 한국의 BMW로 다시 태어나게 되었습니다. 기아는 완전한 '독일식 ISO 9001 시스템'을 갖추게 됨으로 국내에서 최고의 자동차메이커로 내적으로 급성장을 하게 되었습니다.

그 후 면 년 뒤에 기아특수강의 부도로 기아그룹이 전체가 부도로 해체되었을 때, 기아자동차를 외국자본이 아닌 다행히도 현대자동차가 인수하게 되어서 불행 중 다행인 것은 대우자동차나 쌍용자동차 같이 험하고 고달픈 역사를 창조하지 않았어도 되었기 때문입니다.

KIA는 2012년 올해 미국시장에서 '세계 10대 자동차 브랜드'에 뽑히는 영광을 차지했습니다

훌륭하게 통섭(通涉)된 대통령에 의해 만약 'KODEX 라는 투명한 기업경영법'이 도입되었다면, 즉 기업에도 양원제(감독회와 이사회를 두는 제도)가 실시했었다면 기아그룹은 아직도 강건하게 존재하여 더 큰 역사를 창조하고 있을 것입니다. 기아그룹 말고도 해체된 여러 그룹들이 KODEX 아래서는 강건하게 살아서 창조의 역사를 하고 있을 것을 생각하고, 또 그 많은 젊은이들의 일자리들이 사라지지 않아도 되었을 것을 생각하니 필자는 눈물이 앞을 가리는 연단(鍊鍛)을 받고 있습니다.

열여섯 번째 연단: KBS 2TV 출연과 매스컴

'프란츠박 과학기술연구소 출범'과 때를 맞추어 KBS 2TV에서 당시 인기 토크쇼 '11시에 만납시다! 에 출연해 줄 것을 요청해 왔습니다! 초청자는 "우리나라 역사상 국제기능올림픽 국가대표선수로 육성된 기능인일 뿐만 아니라, 세계적으로 유명한 뮌헨공대에서 그것도 우리나라에는 생소한 '발전소공학 분야'의 유일하신 공학박사로 기능과 이론을 겸비한 '입지적(立志的)인 인물(儿物)'이시기에 모시고자 합니다."

"특히 우리나라 산업현장에서 묵묵히 일하시는 2,000만 기능인들에게 용기와 자부심을 심어 주어서 침체된 한국경제를, 한국 기능인에 대한 의식(意識)과 인식(認識)을 높이 살리는 취지(趣旨)에서 박사님을 모시고자 합니다."

"그리고 우리 KBS는 독일에서 '노벨상에 도전한다!'라는 프로그램 독일편 제작 시에 '노벨수상자들과 인터뷰 시 통역하신 것'과 '특허전쟁 독일편'에서 EU특허청장 및 독일특허청장과의 인터뷰 시 통역하신 것' 그 외에 여러모로 KBS 도와주신 것도 잘 기억하고 감사히 생각하고 있습니다."

1991년 10월 7일 KBS 2 TV "기능공 출신 독일 뮌헨공대 공학박사 박춘근"이라는 제목으로 '토크쇼 11시에 만납시다!'에 출연하게 되었습니다.
생방송은 아니었고 며칠 전에 한 시간 동안 녹화를 한 것이었습니다. 녹화가 끝난 다음 김동건 아나운서님께서 하시는 말씀이 "내가 오랫동안 이 프로그램을 진행해

왔지만 녹화 중에 전혀 긴장하지 않고 아주 자연스럽게 대담을 하시는 분은 아직 보지 못했습니다.”“이 프로그램에 참여한 사람들은 직위고하를 막론하고 많이 긴장하는 모습을 보았는데 박춘근 박사처럼 전혀 긴장을 하지 않는 분은 처음입니다.”“정말로 입지적(立志的)인 훌륭한 방송이 될 것입니다!” 필자는 “긴장할 이유가 전혀 없습니다! 사람은 다 평등하니까요!” 이렇게 녹화된 작품은 PD로부터 편집이 완료되어 45분 분량으로 정규방영을 했던 것입니다. 방송되는 날 시청률은 의외로 좋았으며, 많은 기능인들이 이 방송을 보았을 것으로 추정됩니다.

2012년 초에 발전소건설 분야의 회사를 운영하시는 회장님 한 분이 필자를 찾아왔습니다. 발전소분야의 세계적인 분이라는 소문을 듣고 같이 회사를 운영하자고 왔습니다. 사우디아라비아 왕자 한분이 같이 회사를 설립하기를 원하는데 세계적인 발전소 전문가를 찾는다고 했습니다.
필자에 관한 서류를 사우디아라비아에 보냈더니, 왕자 측에서는 만족하여서 공동으로 회사를 설립하게 되었습니다. 곧 이라크, 사우디아라비아, 아랍에미리트 등등 여러 곳에 발전시설과 담수시설이 복합된 발전소를 건설하게 되었습니다.

1991년 그러니까 21년 전에 KBS 2TV에서 방영된 ‘11시에 만납시다.’라는 프로그램을 시청한 사람의 추천으로 필자를 찾아 온 것입니다. 앞으로 이라크, 사우디아라비아, 아랍에미리트 등 중동과 캄보디아, 인도네시아, 베트남 등 동남아시아 지역에서 발전소를 건설하는 역사를 지속할 것입니다.

KBS 2TV에서 필자를 본 많은 사람들이 특히 언론사의 기자들이 63빌딩 42층 연구소(FPIST)를 방문하여서 인터뷰를 많이 했었습니다. 신문들과 잡지에 실린 것을 스크랩하니 노트가 하나 되었습니다.
하루는 MBC TV에서 오셔서 15일간 시간을 내어서 “인간 승리”라는 프로그램에 출연해 줄 것을 요청했습니다.

“아직 대한민국을 위하여 큰일을 한 것도 아닌데 출연하기가 부끄럽습니다. 수년 후에 제가 보람있는 역사들을 성공시킨 다음에 출연하겠습니다. 그때까지 기다려 주십시오! 라고 말하면서 정중하게 거절을 했었습니다.

필자는 늘 중용(中庸)을 지키기를 좋아했습니다. ‘잘 나간다고 날뛰는 것’은 경거망동(輕擧妄動) 하다고 생각하기 때문입니다. 중용(中庸)을 지키는 것 역시 큰 연단(鍊鍛)이 아니고 무엇이겠습니까?

열일곱 번째 연단 : 국회의원선거

자민련의 대변인을 지낸 서준원 박사와 필자는 독일 유학시절 뮌헨에서 공부를 했습니다. 양가는 같은 천주교회에 다니며 같은 대부 대모님을 모시고 있는 가톨릭상의 형제가 되었습니다. 주말이면 운동도 하면서 친하게 지냈습니다. 그는 정치외교 분야에서 박사학위논문을 그리고 필자는 발전소공학 분야에서 공학박사학위논문을 쓰는 시절에 서로 알게 되었습니다. 우리는 같이 많은 이야기를 하면서 우리 중에 누가 먼저 국회로 진출할 것인가 서로 경쟁을 하자고 했습니다.

필자는 1996년 대구 동구 갑 지역구에서 국회의원에 출마했었습니다. 그러나 현실은 그리 호락호락 하지 않았습니다. 실력만으로 되는 것이 아니었습니다. 금권선거가 만연했었습니다. 타락될 대로 타락된 선거판이었습니다.
자본주의의 단면을 보여주는 아주 나쁜 시스템이 토착화되어 있었으며, 돈을 받고 찍어주는 것을 당연시하고 있었습니다. 자본주의 사회에서는 '돈을 받고 표를 찍어주는 행위'가 오히려 당연한 것으로 아무런 죄의식 없이 돈을 챙기는 유권자들이 나무나 많았습니다. 유권자 중에는 후보자들이 주는 돈으로 냉장고를 샀느니, TV를 샀느니 등등 자랑까지 하는 어처구니가 없는 상황이 만연(漫然)하였습니다.

1996년 4월 당시 선거기간 중에 독일수상 헬무트 콜 박사님(Herr Bundeskanzler Dr. Helmut Kohl)은 필자에게 메시지를 전하는 응원 전화를 독일서 KAS 한국총재에게 했었습니다.

독일인인 KAS 한국총재는 대구에서 선거운동중인 필자에게 콜 수상으로부터 전화로 주신 말씀내용을 전해 주었습니다. 콜 수상께서 말씀하시길 "아직까지 독일서 공부한 인재가 지역구 국회의원에 당선된 사람이 없습니다. 꼭 당선이 되길 바라며, 당선이 되면, 올해 독일연방국회(Bundestag)가 뽑은 '올해의 인물'로 선정해서 독일로 초대하겠다는 약속을 하셨다." 라는 내용이었습니다.

이 선거의 연단(鍊鍛)은 동생 셋이 모두가 자기 아파트를 포기하는 경제적인 어려움을 안겨 주었습니다. 그리고 유감스럽게도 서준원 박사와 필자는 국회의원직분과는 크게 인연이 없습니다.

열여덟 번째 연단: 제17대 대통령 선거

미래를 예언한 사학자의 단군태자 이야기

옛날 단군시대가 시작된 때에 있었던 이야기입니다. 왕과 왕비 사이에 오래도록 아기가 없어서 왕자아기를 낳을 수 있도록 하늘에 기원을 드리고 있었는데, 어느 날 밤하늘의 칠성으로부터 한줄기 빛이 내려와 왕궁을 비추자 왕비가 아기를 잉태하고 태자를 낳았는데 어릴 때부터 남달리 지혜롭고 총명하였습니다.

태자가 7살이 되자 아버지인 임금님과 어머님인 왕비에게 가서 자기는 가야 할 길이 따로 있어서 궁을 나서겠다고 하며 허락을 요청하였습니다. 그러자 부모님은 너무 어려서 허락하지 않으니, 태자가 이르기를 "허락을 받지 않고 떠나는 불효자가 되지 않도록 허락하여 주십시오!" 하고 강하게 의지를 보이니 할 수 없이 왕과 왕비는 허락을 할 수 밖에 없었습니다.

왕은 태자를 백마에 태우고 많은 호위병을 붙여서 함께 길을 떠나게 했는데, 첩첩산중으로 가던 중 갑자기 태자가 탄 백마가 천마로 바뀌면서 하늘로 훨훨 날아가 버려 호위병들은 하는 수 없이 돌아와서 왕에게 이 사실을 알리니, 왕은 하늘의 뜻이라고 여기고 태자를 더 이상 찾지 않았습니다.

태자는 천마를 타고 멀리 백산(白山)이라는 산으로 가서 법사님을 찾으니, 법사님은 일주일 전에 승천하셨다고 제자가 이르며, 스승께서 돌아가시기 전에 귀인이 찾아올 것이라면서 해야할 일을 일러주셨다고 하였습니다. 그리하여 태자는 법사님의 제자에게 예를 올리며 스승님으로 삼아 10년 동안 배움을 익혔습니다. 10 년이 지나자 태자의 지혜가 스승보다 뛰어나서, 하루는 스승이 태자에게 예를 올리며, "이제 더 이상 가르칠 것이 없을 뿐만 아니라 제가 오히려 제자가 되어야 할 것입니다." 하고 이날부터 태자의 제자가 되었습니다.

태자가 스승이 되고 스승이 제자가 되어 함께 생활하던 중 하루는 제자가 태자에게 "한 3년간 세상을 주유하고 오겠습니다." 라고 하면서 허락을 청했습니다. 태자는 만류했지만 제자는 해야할 일이 있다고 하므로 태자는 할 수 없이 허락했습니다. 하산한 제자는 세상을 돌면서 뛰어난 현자와 대인들을 만나서, 백산에 가면 석학자가 계시는데 학문과 지혜가 뛰어난 분이라고 하면서 찾아가도록 권하였습니다. 많은 현자와 대인들이 태자를 찾아뵙고 학문과 지혜를 겨루어 보니 태자의 도를 따라

갈 수가 없어서 모두 제자가 되었습니다. 이때 세상에서 모여든 제자가 3천명을 넘어 도시를 이루게 되고 이 도시이름을 신시(神市)라고 하였습니다.

한편 왕궁에서는 왕이 노쇠해져서 기력을 잃게 되어 전국으로 방을 붙이고, 파발을 보내어 태자를 찾도록 하였습니다. 이때 태자도 하늘로부터 그만 하산하여 왕궁으로 돌아가도록 계시를 받게 되어 제자들을 거느리고 왕궁으로 돌아오게 되었습니다. 왕궁으로 돌아오는 중에 파발을 만나서 아버님께 태자가 돌아가니 걱정을 마시라고 기별을 하게 한 후, 궁으로 돌아가던 중에 나라 안을 두루 살펴보니 왕이 노쇠한 틈을 타서, 나라 안은 탐관오리와 부정부패로 엉망이 되어 있고, 백성들은 고초를 심하게 겪고 있어서 몇 년 안가면 나라가 곧 망할 것 같이 되어 있었습니다.

이에 태자는 곧바로 궁으로 돌아가서 왕과 왕비에게 예를 올리고, 같이 따라온 3천명의 뛰어난 제자들로 하여금 그 동안 백성들을 괴롭혔던 탐관오리들을 깨끗이 몰아내고 올바른 법(法)을 세워 세상의 부정부패를 바로 잡는 지혜로운 정치를 실시하여 황금시대를 맞이하는 새 역사를 이루었습니다.
하늘은 나라 안에 혼란이 올 것을 대비하여 태자와 3천명의 현자들을 따로 길러서 새 역사를 이루도록 한 것입니다.

고명(高名)하신 상고사학자(上古史學者)님께서 말씀하시길!

"지금 대한민국이 겪고 있는 현실이 이때의 혼미한 왕궁과 같은 상황을 맞이하고 있으며, 또한 하늘에서는 이를 대비하여 태자와 같이 세계적인 석학의 반열에 오른 통습(通習)되고 통섭(通涉)되어 통섭(統攝)할 수 있는 새로운 유능한 대통령이 이미 준비되어 있습니다." 라고 하셨습니다.

그리고 새로운 대통령이 세상에 나가있는 '수천 명의 현자들'을 불러 모아 올바른 법(灋, 법 법자의 본자(本字)임)을 세워서, 심한 빈부격차 및 부정부패와 무능력한 정치가들로부터 고통과 혼란을 겪고 있는 지금의 우리 사회를 말끔히 정리하게 되고, 수많은 예언자들이 이야기한대로 동방의 대한민국이 세상의 중심국이 되어 태평성대와 황금시대를 이루는 새 역사의 봄을 맞이하게 된다고 창조주의 뜻을 대언하셨습니다[주].

[주] 여기서 '수천 명의 현자들'은 이미 확보 되어 있습니다. 필자가 재구라파과학기술자협회 홍보간사로 봉사할 때 유럽에 계시는 현자들 2500명들에게 회보와 편지를 주기적으로 보내므로 소통의 장을 마련했었습니다. 이들은 이제 50대 60대로 장성하여 현자들이 되었습니다.

그 외에 독일에서 박사학위와 디플롬을 획득한 한국인이 무려 2만 명이 있습니다. 지금까지 60년 동안 미국유학파가 주도했던 국가경제 및 주요정책들이 실패에 실패를 거듭했으므로 작년부터 두 손 다 들고 독일유학파 쪽으로 공이 넘어 왔습니다. '새 술은 새 부대'에 넣어도 될 수 있는 충분한 인재들을 창조주님께서 준비시켜 주셨습니다.

정말 이 석학자의 말씀대로 이루어져서 대한민국에 새 역사의 봄이 오기를 모든 국민들은 진정으로 바라고 있습니다.

남사고가 예언한 내용들과 일맥상통함은 있습니다. 시국이 그러하고, 새로운 현명한 과학기술대통령이 나타난다는 내용이 일치합니다.

많은 사람들이 필자를 찾아와서 역사의 주인공이시니 대통령에 출마를 해 주십사하고 찾아 왔습니다. 무려 70명이 넘는 자원봉사들이 어떤 분은 사무실을 어떤 분은 집기를 어떤 분은 등록비를 마련하기에 정신이 없었습니다.
"차기를 위해서라도 이번에 꼭 출마를 해서 TV 토론에서 통섭자(統攝者)의 진수만은 보여 주십시오!"라고 통섭(通涉)을 하신 분이 또 누가 있습니까?
이 나라를 책임지고 나가실 분으로 차기대권준비차원에서 오픈게임으로 능력을 보여 주기를 원했습니다. 팬들은 대부분 필자의 저서 '교육혁명'에 대한 내용들을 숙지(熟知)하고 계신 분들이었습니다.

동지들은 강남에서 있었던 특강에서 저를 처음 제대로 알게 된 분들이 많았습니다. 이날 강의 제목은 "대한민국의 난국을 어떻게 해결하고 이끌어 갈 것인가?" 저녁 7시부터 시작하여 다음날 아침 7시까지 물만 마시고 쉬는 시간 없이 장장 12시간 동안 특강을 열렬히 했었습니다.

녹화를 준비하신 분은 고작 2시간 분밖에 준비 하지 못했습니다. 강의가 그리 길어질수 있다는 것을 생각하지 못했기에 녹화 없이 10시간 더 진행 되었습니다.
기적 같은 역사는 약 70명이 되는 자원봉사자들이 한명도 졸지 않고 장장 12시간을 즐겁게 경청하고 있는 것입니다.

물론 12시간 자체도 당시 27년을 준비한 정책내용에 비하면 빙산의 일각 있습니다. 다음날 어느 분은 전국을 돌며 이 사실을 알리는 전령이 스스로 되기도 했습니다. 서울시청 뒤 건설회관이 있는 건물 북편에 7층 전체를 대선선거사무실로 얻어주어서 잘 진행이 되었었습니다.

그러나 등록 마지막 날 기다리던 등록비 5억 원이 중앙선관위에 제때 도착하지 못해서 출마가 좌절되는 억장이 무너지는 고통 속에서 "이것이 주님의 뜻이라면 겸손(謙遜)하게 이 연단(鍊鍛)에 순종하겠습니다!"하고 기도 드렸습니다.

육체적인 연단은 정신을 평강하게 합니다!

어린 시절 사시사철 누런 코가 흘러 나와서 늘 괴로웠습니다. 코는 누렇게 나오는 것이 정상인줄 알았습니다. 공부하는데 축농증은 머리를 늘 아프게 했습니다. 코의 속에 빈 홀이 있는데 그곳에 농이 축적되는 현상을 축농증이라 함은 고등학생 때 심하게 앓았으나 수술비도 없었고, 당시에는 수술을 해도 자주 재발한다 하니 그저 참고 코를 자주 풀면서 괴롭게도 늘 머리가 띵하게 아픔을 습관처럼 아무렇지도 않는 듯이 수 십 년을 살아왔었습니다.

필자의 코는 늘 말썽이었습니다. 어릴 때 싸움하면서 코를 많이 맞을 수박에 없는 것은 누구든지 먼저코피가 터지는 쪽이 지는 것이라! 상대의 코는 늘 공격의 대상이었습니다. 코피가 나면 "너는 졌다고 해라" 하고 싸움을 말리기 때문입니다. 코피가 낭자한데 계속 싸우면 교복에 핏자국으로 얼룩져서 몰골이 말이 아니었기 때문입니다. 겨울에는 교복상의를 벗고 싸우지만 여름에는 그냥 싸우다 보면 코피로 교복이 범벅이 되기 때문에 구경꾼들이 싸움을 말리고 피 흘리는 상대도 스스로 졌다고 인정하고 싸움을 끝내는 전통이 있습니다.

그러니 필자의 코가 성할 리가 없습니다. 코 속의 기둥이요 양코구멍의 분리하는 콧속의 뼈가 내려 않고 한쪽으로 휘어서 한쪽 콧구멍을 90% 막아서 숨을 쉬기가 아주 불편했었습니다. 코가 막히니 입으로 숨을 쉬는 일이 흔했으며 코까지 곪아서 코는 늘 말썽꾸러기였습니다. 늘 공부를 해야 하는 필자를 너무나 오래 동안 괴롭혔습니다.

1976년 8월에 하이델베르크 대학 병원에서 12일을 입원해서 콧속의 뼈를 수술 받았습니다. 수술 전에 현미경을 볼 때 쓰이는 슬라이드글라스(직사각형유리)를 냉동실에서 얼려서 필자의 코앞에 대고 숨을 내쉬게 하니 한쪽 코는 서리가약 1cm 직경으로 반원을 그렸습니다. 다른 한쪽은 약 3cm 직경으로 반원을 그렸습니다. 콧속의 휘어진 뼈를 잘라낸 수술 후 12일 만에 코 안에 들어있던 솜들을 끄집어내고 보니 한주먹 이였습니다. 냉동된 슬라이드글라스로 테스트 했더니 양쪽 다 3cm 직경으로 반원을 똑같이 정교하게 그리는 것이 신기했었습니다.

그러나 축농증은 점점 더 심해졌습니다. 그 이유는 독일의 날씨가 한국처럼 늘 좋지 않습니다. 사시사철 2~3일에 한 번씩 비가오고 안개가 끼는 늘 어수선한 기후입니다.

축농증은 지속적인 치료를 받았어도 감기만 들면 재발 되어서 늘 공부하는 필자에게는 엄청난 괴로움을 1980년대까지 아주 심하게 주었습니다. 최종수술은 앞 콧구멍과 농이 쌓이는 코의 뒷주머니 사이에 직경 6mm 구멍(Öffnung, 수술 후 살이 덮이게 되면 직경 4mm 영구적으로 콧구멍이 남음)을 드릴로 3mm 뚜께의 코 벽을 뚫는 수술 를 받기로 해서 15분 걸리는 수술을 받고나니 농이 쌓이지 않고 바로 코 앞쪽으로 나와서 머리 아픔이 줄어들었습니다. 참고 인내하며 견딜 만 했었습니다.

필자는 콧구멍이 보통사람보다 두 배로 많은 4개입니다. 몇 년 전부터 축농증은 스스로 사라졌습니다. 지금은 완쾌되었습니다. 건강으로 큰 연단(鍊鍛)을 주신 창조주께 감사를 드립니다. 이는 고통을 알게 하셨고 인내심을 길러주셨으며 지병으로 겸손을 배우게 하신 주님께 경배를 드립니다. 이는 주님께서 크게 쓰시려고 주신 연단(鍊鍛)이기 때문입니다.

다섯 분 수녀님들께서 지극정성으로 보살펴 주시는 '가톨릭신학생기숙사'에서 1년 반을 지내는 동안 한번은 갑자기 각혈을 심하게 하는 법정 전연병인 폐결핵이 찾아와서 폐에 직경 1.5 cm 구멍을 내면서 집을 짓고 있었던 것입니다. 보건소에서는 역학조사 때문에 한바탕 호들갑을 떨게 되었습니다. 가래 배양을 시키고 약을 타서 2주간 스위스로 특별요양, 스위스서 온 신학생이 자기시골 집으로 초대를 하게 된 것입니다. 필자의 자동차로 독일알프스를 넘어서 약 10시간 동안 운전하여 '에슐스마트라'는 시골동래에 도착해서 보니 해발 2,000 m 고지였습니다.

스위스 엠멘타르 치즈로 유명하며, 신학생의 부모님은 낙농업에 종사하시고 계십니다. 가족들이 모두 친절하기가 이루 말을 할 수 없었습니다. 고산지역에서 풀(Emden)베는 작업을 도와주면서 아주 좋아 하는 스위스 고급치즈를 마음껏 먹으면서 2주를 보내고 뮌헨 '가톨릭신학생기숙사'로 다시 돌아 와서 뢴트겐사진을 찍어 보니 폐에 났던 큰 구멍이 갑자기 사라진 것이었습니다. 의사 선생님은 사진들을 비유하면서 머리를 갸우뚱거렸습니다. 기적이 일어난 것입니다. 치유된 것을 연구한 결과, 풀을 낫으로 벨 때 독특하게 좋은 향기가 나는데 그 향기가 폐를 급속도르 치료한 것이라 합니다.

결핵약을 열심히 먹었습니다. 2달 후에 가래배양검사 결과가 나왔는데, 그 참! 사람이 걸리는 폐결핵이 아니라 닭이 걸리는 폐결핵이라는 것입니다. 두 달간 열심히 먹은 결핵약은 효과가 없었고, 고산지대에서 요양한 것이 크게 도와주었던 것이었습니다. 스위스 신학생이 필자를 크게 도와 준 것입니다. 알고 보니 필자가 가끔 전기로를 제작하는 시골회사에서 열역학적인 계산을 해서 전기로를 설계를 해주면서 한주에 한두 번 아르바이트를 한 적이 있었습니다. 그 회사의 사무실이 바로 농가의 큰집을 수리해서 사용했는데, 필자가 일하던 사무실이 전에는 닭장 이었다는 것입니다.

스위스 신학생은 필자를 추기경님! 이라고 부르면서 아주 좋아했습니다. 왜 필자를 추기경이라고 하느냐? 하고 물어보니, 가톨릭신부는 결혼했으니 될 수 없지만, 추기경이 되는 조건에는 하자가 없으므로, 앞으로 추기경이 될 것이기 때문이라고 놀려대기도 했습니다.

이는 필자를 추기경님처럼 존경하고 좋아한다는 뜻으로 추기경님! 이라고 하는 것입니다. 추기경은 교황님 직분에 선거 및 피선거권을 가지는 사람으로 중세에는 교황님의 사촌이나 친족으로 존경받는 사람들이 추기경 반열에 계셨던 사람들이 있었습니다. '교황의 사촌이면 추기경자리는 굳은 것이 아닌가?'하는 유명한 서양 속담이 있습니다. 이는 능력 없는 친족등용을 비꼬는 말이기도 하지만, '인맥의 중요성'과 '팔이 안으로 굽는다.'라는 우리 속담에 해당되는 말입니다.

뒤돌아보면 축농증, 저혈압, 폐병은 학업기간 중에 그렇게도 괴롭히던 각종 병들이 공부를 너무나도 방해했지만 그것 역시 각종 인내심과 자제력을 키워주시는 창조주가 은혜(恩惠)주신 아름다운 연단(鍊鍛)이었던 것입니다.

지금은 기도원에서 기도와 집필중입니다.
기도와 함께 모든 병들을 다 치유해서 아주 강건하게 되었습니다. 이것은 창조주께서는 새로운 역사를 창조할 수 있게 강건한 육체 속에 장성한 속사람이 임재하시게 하시는 크나큰 축복과 영광을 필자에게 내려주신 것이야말로 정말로 아름다운 사랑이요 은혜입니다.

지금까지 수십 년 동안 수많은 체험들로 세상에서 가장 배우기 어려운, 나를 깨끗하게 다 비우는 아름다운 겸손(謙遜)을 행하는 고된 훈련(訓練)들을 인내하게 은혜를 내려주신 것입니다.
어려움을 당했던 당시에는 원망(怨望)을 많이 했던 지난날들이 필자를 눈물로 회개

(悔改)하게 역사를 하신 것입니다. 그 회개의 큰 힘이 속사람을 자라게 하셨으며 통섭(統攝)을 할 수 있는 국민들이 진심으로 원하는 지도자(指導者)로 키워주신 것입니다.

사랑하고 사랑하는 국민 여러분!

필자(筆者) 박춘근(朴春根)은,

20대에는 기능인(技能儿)으로 기계(機械)들이 병이 나면 고쳤고,
30대에는 통습인(通習儿)으로 지식(智識)들이 병이 나면 고쳤고,
40대에는 경영인(經營儿)으로 기업(企業)들이 병이 나면 고쳤고,
50대에는 통섭인(通涉儿)으로 사고(思考)들이 병이 나면 고쳤고,
60대에는 통섭인(統攝儿)으로 국가(国家)들이 병이 나면 고치는,
　　　　　의사(義士)가 되었습니다.

국가의 우환인 망국병을 치유하는 그 현명한 방책들은, 필자가 33년간 탐구(探求)하고 탐구(探究)하여 4대 혁명(爀明), 교육혁명(敎育爀明) 정치혁명(政治爀明) 사회혁명(社會爀明) 종교혁명(宗敎爀明)을 집필하여 국민들이 하나되는 '거룩한 한마음'으로 성공시키는 지도자(指導者)의 소명(召命)을 다 하고 있습니다.

지구촌 어디에서나 신뢰받는 의사(義士)가 되기까지 33년이란 긴 세월동안 통습(通習)되고 통섭(通涉)되어 통섭(統攝)할 수 있는 능력을 배양하는데 너무나도 긴 과정(過程)과 여정(旅情)들을 독일 KAS(콘라드 아데나워 정치재단)로 부터 국민들을 긍휼(矜恤)이 여기는 정치가의 성품(聖品)과 인격(儿格)이 훈련(訓練)되었고, 정치적인 품격(品格)이 육성(育成)되었으며, 또 귀국해서는 훈련에 병행해서 20년이 넘게 계속 통섭(通涉)하는 독학(獨學) 게을리 하지 않았습니다.

지구촌의 으뜸 국가로 성공(成功)시킬 수 있는, 신뢰(信賴)가 가는, 4대 혁명(爀明) 중에 교육혁명(敎育)은 이미 절찬리에 출판되었고, 정치혁명(政治爀明)은 이 책으로 곧 출판되며, 사회혁명(社會爀明)과 종교혁명(宗敎爀明)에 관련된 내용은 이미 지혜롭게 사고(思考)해야 할 골격들의 준비가 완료되어 있습니다.

난국(亂国)의 동절(冬節)이 제 아무리 추워도 대한민국에는 따뜻한 봄(春)이 옵니다!

'봄이 오는(春來) 소리 찬가(讚歌)'처럼 "지구촌의 으뜸 국가 대한민국"이 꿈이 아닌, 현실(現實)로 도래(到來)하는 밝은 새 세상의 밝은 새 하늘이 활짝 열리고 있습니다. 새 하늘이 다 열리면 대한민국에는 모든 학비들이 사라지게 되므로 누구도 돈 때문에 출세에 걸림돌이 되는 일은 없을 것이며, 국민 누구나 천직을 수행하므로 평생수입이 대등하여 직업에 귀천이 없는 정말로 아름다운 나라가 됩니다.

'창조주님'께서 필자에게 이 책을 쓸 수 있는 능력을 32년(20년은 6개 대학 7개학과를 통습(通習)하므로 통섭(通涉)함) 간의 학습들과 33년간 독일 콘라드 아데나워 정치재단(KAS)의 정치훈련으로 통섭(統攝)할 수 있는 능력(能力)을 준비(準備)시켜 주신 기쁨에 가슴 뜨겁게 감사를 드립니다.

은혜(恩惠)하는 지혜로운 대한의 국민들이여!

박춘근이와 함께 '거룩한 한마음'이 되어서 4대 혁명(爀明)으로 지구촌(地球村)의 으뜸 국가로 만드는 행복한 제7공화국을 출발시킵시다.

대한민국에 새삼스럽게 '봄이 오는(春來) 소리'를 두근거리는 가슴으로 감동하면서! 은혜(恩惠)와 평강(平康)으로 늘 성령충만(聖靈充滿)한 은평기도원(恩平祈禱院)에서!

임진년(壬辰年)
단기 4345년 / 서기 2012년 9월 21일

대학교수 공학박사 공학디플롬 박춘근 배상
(Prof. Dr.-Ing. Dipl.-Ing. Choon-Keun Park)

제8장
부 록

8.1. 참고기사

8.1.1. '아이폰5 출시?' 왜, 한국 소비자만 낚였나?

한겨레 원문 기사전송 2011-10-06 12:06 최종수정 2011-10-06 13:26

국내에서 기정사실화한 '아이폰5 출시' 외국보도에선 찾아볼 수 없어 언론 스스로 오보를 양산해놓고, 나중엔 "애플에 낚였다"는 보도는?

지난 4일(미국시각) 오전 10시 미국 캘리포니아 쿠퍼티노에 있는 애플 본사 강당에서 팀 쿡 애플 최고경영자(CEO)와 필 쉴러 수석부사장이 나서서 신제품 '아이폰4S'를 발표했습니다. 한국시각으로는 5일 새벽 2시를 살짝 넘긴 시각이었습니다.

지난 6월초 샌프란시스코 모스콘센터에서 열린 애플의 세계개발자회의(WWDC) 때부터 공개 여부에 대한 관심을 모아온 '아이폰4' 후속모델이 비로소 베일을 벗은 순간이었습니다. 그동안 아이폰 새 모델 출시에 대한 갖은 소문이 난무했지만, 애플 쪽이 이와 관련해 공식으로 밝힌 것은 지난 27일 "아이폰에 대해 이야기합시다(Let's talk iPhone)"라며 미국 일부 매체 기자들에게 초대장을 보낸 게 거의 전부였습니다.

하지만 미국 서부시각보다 16시간 이른 국내에선 애플의 '아이폰4S' 발표가 이뤄지기 몇 시간 전인 4일 저녁때부터 일부 경제신문의 기사로 "4.0~4.3인치 화면 크기의 아이폰5 출시"가 인터넷을 통해 유통되고 있었습니다. 5일치 아침 지면에서 '5세대 아이폰'으로 표현이 달라지긴 했지만, 이미 아이폰 4S가 발표된 시점에 난데없는 뉴스가 배달돼 왔습니다.

한 신문만 오보를 실은 것은 아니었습니다.
오보가 '한국시각 새벽 2시'라는 신문 제작 취약시간대에 행사가 열렸기 때문은 아닙니다. 이번 오보
는 국내 언론의 취재와 보도 관행을 잘 보여주는 한 단면입니다. 이날 행사 이전부터 아이폰5 출시에
맞선 삼성전자의 전략을 다룬 종합일간지를 비롯해 다수의 매체들은 애플의 아이폰5 출시를 기정사실
화해서 보도했습니다. 일부 매체들은 며칠 전부터 아이폰5의 화면 크기가 커지고 고가형 모델과 저가
형 모델이 함께 출시될 예정이라는 내용도 담았습니다.

애플은 한 마디도 '아이폰5'에 대해 언급한 적 없습니다. 다만 "아이폰에 대해 이야기합시다(Let's
talk iPhone)"라는 초청장을 보낸 게 전부인데, 국내 언론은 모델명과 구체적 사양까지 상세한 보도를
한 것이었습니다. '아이폰5'라고 모델명을 적시하지 않은 신문을 찾기 힘들 정도였습니다.
하지만 "애플이 4일 아이폰5를 출시한다."는 것은 한국에서만 기정사실화되어 보도되었지, 국외의 주
요 매체에서는 거의 다뤄지지 않은 기사였습니다.
정보기술 관련한 보도에서 신뢰도가 높은 <뉴욕타임스> <월스트리트저널> <컴퓨터월드> 등의 매체
는 지면이나 온라인에서 애플이 4일 행사에서 아이폰5를 내놓을 예정이라는 보도를 한 적이 거의 없
습니다. 발표행사 하루 전날인 지난 3일 <월스트리트저널>이 샌프란시스코발로 보도한 기사인 "New
iPhone Risks Same Old Same Old"처럼 , '새 아이폰' 정도로만 다뤄졌다. 아이폰 새 모델의 이름이
아이폰4S인지 아이폰5인지, 화면의 크기나 해상도 등은 전혀 확인되지 않았습니다.

다만 유독 한국 일부 언론들에서만 '아이폰 새 모델들'이 '아이폰5' 또는 4.0인치, 4.3인치의 새로운
디스플레이 사양을 갖춘 제품으로 변신해 있었습니다. 일부 언론은 한 두 달 전부터 한국이 아이폰5
를 미국과 같은 날 출시할 것이며, 시판일을 언제라고 꼭 찍어서 보도해왔으며 이를 '단독보도'라고
과시하기까지 해오기도 했습니다. 5일의 4.3인치 5세대 아이폰이 출시됐다는 보도가 난데없이 나타난
게 아니라, 아이폰5를 다룬 일련의 보도 연장선에 있는 것이었습니다.

물론 국내 언론의 모든 보도가 '아이폰5'를 기정사실화한 것만은 아니었습니다. 외국 신문들처럼 '아
이폰 후속모델' 정도로 표현하며 신중한 태도를 견지한 매체들도 더러 있었습니다.

아이폰4S가 모습을 드러낸 5일 일부 언론은 "오보 난무…국내 언론, 애플에 제대로 낚이다", '애플
아이폰4s만 발표…전세계 "낚였다!"' 는 기사를 인터넷에 실었습니다.

'아이폰5' 출시 여부가 나라 안팎에서 모두 높은 관심사이긴 했지만, 적어도 주요한 언론에서 한국처
럼 "아이폰5 출시"를 기정사실화해서 보도한 곳은 없었습니다. 일부 국내 언론 스스로 '아이폰5 출시'
라는 오보를 양산해놓고, 이번엔 "애플에 낚였다"는 보도를 하는 셈입니다.

애플이 아이폰4S로 시장의 기대를 충족시키지 못한 측면은 있을지라도, 애플이 그릇된 정보로 전세계
언론과 소비자를 현혹시킨 대목은, 적어도 내가 알기론 없습니다.
애플은 출시전 비밀 유지를 중시하기 때문에, 추측 보도는 오보로 이어진 경우가 많습니다. 샌프란시
스코 모스콘센터에서 스티브 잡스가 직접 발표하는 애플 행사를 취재해보면서 국내외 언론의 보도태
도를 비교해보면, 더욱 그렇습니다.
독자의 관심은 높고, 언론사간 경쟁은 치열한 사안이라고 해서 아무데서도 확인되지 않는 내용이 '기
사'가 되는 경우가 외국 주요매체에선 거의 없었습니다.
한국은 허울뿐인 정보기술 강국이란 평가를 받습니다. 이는 어느 정도 정보기술 언론의 책임 방기에
서 비롯한 측면도 있습니다.

국내 인터넷이 특정 브라우저 전용이거나 인터넷실명제처럼 글로벌 추세를 읽지 못하고 국내에만 고
유한 규제와 관행을 마치 당연한 것으로 여기는 게 대표적 사례입니다. 전 세계에서 존재감이 거의
없던 국내 제조사의 스마트폰이 유독 국내 언론에서만 '아이폰 대항마'로 여겨졌다가 결국 유례가 드
문 '소비자 보상'으로 이어진 것도 비슷한 사례입니다.
한국에서만 '아이폰5 출시' 오보가 유난했던 것도 언론의 기본적인 사실 확인의무 방기와 글로벌 흐름
과 동떨어졌음에서 비롯했습니다.

"확인 안 되는 사안을 보도하는 속보 경쟁도 취재 현장에서 사라져야 합니다." [끝]

8.1.2. 포퓰리즘을 버렸습니다…제2 라인강의 기적으로 독일이 살아났습니다.

프랑크푸르트·묌브리스=이종훈 특파원 taylor55@donga.com

기사입력 2012-02-21 03:00:00   기사수정 2012-02-21 09:14:02

유럽 전체가 휘청거리는데 獨 홀로 3% 고성장 이뤄내

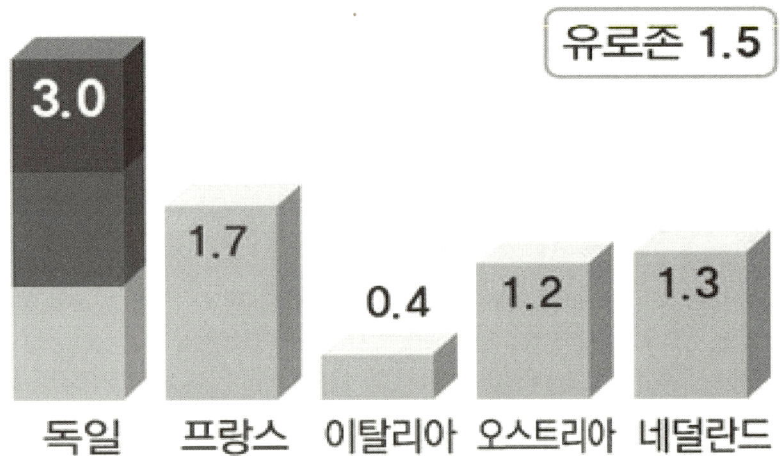

독일 프랑크푸르트에서 동쪽으로 40km 떨어진 묌브리스 시 외곽. 15일 가랑비 속에 찾은 이곳에는 자동차 기어와 브레이크 디스크에 들어가는 첨단 부품을 만드는 선반 분야의 세계적인 중소기업 셰러 파인바우사가 있습니다.

셰러 파인바우사는 '위기의 시대'에 유럽을 호령하는 최강자로 우뚝 선 독일의 비결을 고스란히 보여 주는 대표적인 사례입니다. 국익을 위한 정책 앞에서는 정파를 초월하는 정치권, 경쟁력을 최고의 가치로 추구하는 기업의 장인정신, 전적으로 믿고 협력하는 노사문화가 합쳐져 새로운 국가적 펀더멘털을 구축한 결과물이 오늘의 셰러 파인바우사이기 때문입니다.

1987년 설립된 가족기업인 이 회사의 직원 수는 180명. 지난해 매출액은 6500만 유로(약 963억 원)로 사상 최대였습니다. 유럽 전역이 불경기로 휘청거리는 속에서 이뤄낸 쾌거입니다. 올해도 중국과 스페인에서는 수입과 합작 프로젝트 요구가 줄을 서 기다리고 있습니다.

스벤 크로이젤 마케팅 팀장은 "2008년 미국발 금융위기의 여파로 수요가 줄어든 다음 해인 2009년 전체 직원의 20%가 근로시간을 42시간에서 26시간으로 줄이고 임금을 삭감했습니다. 그 대신 단 한 명도 해고하지 않았습니다"고 말했습니다. 2010년부터 다시 회사의 수출이 회복되면서 근로시간과 임금이 완전히 원상 회복됐다. 이를 통해 고용 문제에 관해 노사는 완전히 신뢰하게 됐다고 합니다. 연구개발(R&D) 분야에 아낌없이 투자하는 이 회사는 올해 매출 기록을 또 한 번 경신할 것이라고 했습니다.

이런 셰러 파인바우사의 성과는 전임 사민당 정권이 길을 열고 현 기민당 정권이 가속페달을 밟아 완성한 초당파적인 노동, 사회 개혁정책 때문에 가능했습니다. 독일 경제의 화려한 부활은 막대한 통일비용의 후유증과 정치 포퓰리즘으로 곪았던 상처를 도려내기 위한 좌파 게르하르트 슈뢰더 정권의 개혁에서 시작됐습니다.

▼ 정권 바뀌어도 "국익 최우선"… 수출–내수–고용 '화려한 부활' ▼

우파인 전임 헬무트 콜 총리가 통일 후 동독 지역의 표심을 얻기 위해 복지 지출을 크게 늘리자 사회보장비용이 높아져 재정의 근간이 흔들리고 고용시장이 극도로 경직돼 국가경제가 어렵게 되었습니다. 2003년 슈뢰더 정권은 시장의 수요 변화에 재빨리 대처할 수 있도록 노동의 유연성을 확보하고 사회보장 혜택을 까다롭게 만들어 재정 건전화를 추진했습니다. 가장 눈에 띄는 대목은 정권이 우파인 앙겔라 메르켈 정부로 넘어간 뒤에도 슈뢰더 정권의 개혁정책에는 변화가 없었다는 점입니다.

2008년 리먼브러더스 사태로 시작된 미국발 금융위기가 지구촌을 엄습하자 유럽 국가들은 일제히 내수 부양에 나섰으나 독일은 수출 지원에 진력했습니다. 중소기업의 부가가치세를 유예해주고 고용보험료, 퇴직연금의 납부 부담도 줄였습니다. 38.7%에 이르던 기업세(법인세+영업세)는 29.8%까지 낮췄습니다. 기업은 구조조정과 공장의 해외이전을 자제하며 경쟁력을 유지했고, 노조는 임금을 희생하는 대신 잡셰어링으로 일자리를 지키는 상생의 효과를 봤습니다. 2010년 긴축정책을 펴던 정부는 2011년도 예산을 책정하면서 전 부처의 예산을 줄였지만 유일하게 교육 및 연구개발 예산만 7.2%나 늘렸습니다. 정부와 정치권은 한목소리로 최고의 수출경쟁력을 유지했습니다.

지난해 4분기 경제성장률은 −0.25%를 기록했지만 주요 기업의 올해 매출은 3~6% 증가할 것으로 예상됩니다. 중국 인도 브라질 중동 등 성장일로의 신흥시장을 점령한 데다 재정위기에 대비해 유통, 제조, 부품 기업 간 최대 12개월의 선주문 체결 시스템을 적극 추진한 선구안이 뒷심을 발휘할 것으로 보입니다.
독일 경제가 이처럼 튼튼한 기초체력을 자랑하게 된 건 단지 수출 경쟁력 때문만은 아닙니다. 견고한 내수시장이 버티고 있습니다. 연방통계청에 따르면 지난해 3%의 경제성장률에서 내수가 기여한 비중은 2.1%포인트로 가장 높았습니다.

15일 독일 프랑크푸르트 시내 최대 쇼핑거리인 자일지구의 카우프호프 백화점에 이른 아침부터 손님들이 몰려들고 있습니다. 정기 바겐세일의 폭이 20% 정도에 불과하지만 독일의 탄탄한 경제력을 과시하는 듯 구매자들은 스스럼없이 지갑을 열었습니다. <프랑크푸르트=이종훈 기자 taylor55@donga.com>

16일 오전 10시경 유럽 최대의 쇼핑거리인 프랑크푸르트 자일지구의 대형 백화점 갈레리아 카우프호프에는 찬바람이 불고 빗줄기가 뿌려도 손님의 발길이 끊이지 않았습니다. 1층 가방 매장의 한 직원은 "지난해 세일 기간보다 매출이 10% 정도 늘어난 것 같다"고 말했습니다.

수출과 내수 쌍끌이로 경제를 견인하다 보니 실업률은 당연히 낮아지고 있습니다. 2009년 독일의 경제성장률은 2차 세계대전 이후 최악인 −5.1%를 기록했지만 실업률은 0.2%포인트 오른 7.5%에 그치자 서방 경제학자들은 "라인강의 기적이 재현됐다"고 극찬했습니다. 요즘도 사상 최고의 실업률로 사회적 갈등이 고조되는 그리스 스페인 이탈리아 프랑스 영국 등 대다수 유럽국가와는 정반대의 모습이다. 1월 독일의 실업률은 전달보다 0.1%포인트 하락한 6.7%로 사상 최저치였습니다.

연방노동청 산하 IAB연구소는 이날 독일 내 기업 1만5000개를 조사한 결과 113만 개의 일자리가 남아 있는 것으로 나타났다고 발표했다. 같은 날 연방통계청은 지난해 4분기 독일의 실질 고용이 인구 8180만 명 중 4160만 명으로 1990년 동서독 통일 이래 최고치를 기록했다고 밝혔다. 그러자 다른 유로존 국가로부터 일자리를 구하려는 사람들의 발길이 급증하고 있습니다.

프랑크푸르트금융·경영스쿨의 아달베르트 빙클러 교수(50)는 동아일보와의 인터뷰에서 "독일의 높은 수출 경쟁력이 낮은 환율의 이득까지 보게 됐다"며 "전·현 정권이 일관되게 추진한 노동 개혁, 합리적인 국가 지출 정책이 독일 경제 회복의 전형적인 모델이 됐다"고 설명했습니다.

현재의 독일을 두고 19세기 철혈 재상 비스마르크가 통일독일 제국을 만들어 유럽을 호령하고 20세기 초 2차례의 세계대전을 일으킨 이래 세 번째로 가장 막강한 영향력을 발휘하는 시대를 맞이했다는 분석도 나옵니다. 재정위기에 맞선 유럽의 마지막 보루 독일이 유로존을 구하는 진정한 통합유럽의 새 리더로 거듭날 것인지 주목되는 시점에 접어든 것입니다.

한편 노사 간, 좌우파 간 상호 양보와 상호 절제의 노력을 통해 위기를 이겨낸 독일인들인 만큼 요즘 최악의 재정난으로 존망의 위기에 선 그리스 등 남유럽 국가의 도덕적 해이에 대해선 강한 비판과 불만을 표출합니다.

독일 경제의 성공 요인

- 근로시간 확대 등 노동, 사회 개혁
- 해고 자제와 임금 인하 등 신뢰의 노사문화
- 실업급여 등 복지비용 지출 규정 강화
- 세제 혜택 등 정부의 수출 장려
- 튼튼한 내수 시장과 풍부한 일자리
- 경제의 근간인 370만 개의 중소기업

프랑크푸르트 중앙역 앞에서 만난 대학생 크루거 씨(20·경제학 전공)는 "언제까지 그리스를 도와주기만 할 것이냐. 경제적 논리라면 그리스는 이미 유로존을 탈퇴했어야 맞다"고 말했습니다. 중앙역 맞은편 카이저대로에 있는 한 중가 의류매장 운영자는 "그리스의 정치, 경제 지도자들과 국민이 잘못해 벌어진 일을 왜 다른 유럽 국가들이 책임져야 하느냐"고 목청을 높였습니다. 타인에게 작은 피해라도 주는 것을 금기시하고 약속을 철두철미하게 지키는 국민성을 가진 독일인의 얼굴에는 2년째 구제금융 지원을 요청하면서도 긴축 개혁을 거부하며 파업을 벌이는 그리스의 행태를 이해할 수 없다는 표정이 역력했습니다. [끝]

8.1.3. 한국 기업들에 족쇄 채우는 美 배심원과 판사

배타적 自国이기주의에 매몰된 평결·판결 안 된다

국민일보 사설 / Kukinews. 2012.09.02 23:23

한·미 기업들 간에 불거진 소송과 관련한 미국 배심원 평결과 법원 판결에 문제가 많다는 비판이 잇따르고 있습니다. 배심원단과 판사가 공정성을 잃고 배타적인 자국 이기주의에 매몰된 평결과 판결을 하고 있다는 것입니다.

삼성 대 애플 특허침해 소송에서 보여준 미 배심원들의 모습은 상식 이하였습니다. 정보통신(IT) 비전문가인 주부 점원 등으로 구성된 배심원들은 애플 본사가 있는 지역 주민이었고, 많은 쟁점들을 속전속결로 처리했습니다. 관련 내용이 너무 전문적이고 방대해 평결이 늦어질 것이란 관측을 깨고 '졸속 처리'한 것입니다. 특히 자신이 보유한 기술특허가 애플 제품에 사용됐다는 의혹을 받고 있는 벨빈 호건이 배심원단 대표를 맡았습니다. 이런 인사들로 구성된 배심원단이 상식적인 결정을 하리라고 기대하기는 어렵습니다. '애플 동네 사람들이 애플 손을 들어줬다'는 지적이 나오는 것은 당연합니다.

평결 이후 삼성에 고무적인 소식이 들려오는 것은 그나마 다행스럽습니다. 미 시장에서 삼성 갤럭시 S3 판매가 급증하는 것은 평결과 달리 시장이 삼성 손을 들어준 신호로 볼 수 있습니다. 한 미국 온라인 거래 업체가 미국인 2125명을 상대로 설문조사한 결과 55%는 평결에 문제가 있다고 응답했습니다. 쟁점이 다르기는 하지만 일본 법원에서 열린 삼성 대 애플 특허소송에 대한 중간 판결에서 삼성이 승소한 것은 시사하는 바가 큽니다.

해외 전문가들도 기술혁신보다는 특허소송에 올인하는 애플을 질타하고 있습니다. 경제전문지 포브스가 "애플은 법정이 아닌 혁신으로 돌아가라"고 일갈했고, 미 워싱턴포스트는 31일(현지시간) IT 업계의 지속적인 혁신을 위해서는 애플이 소송에서 삼성에 져야 한다는 전문가 칼럼을 실었습니다. 애플이 승리하면 IT의 혁신을 방해할 것이라는 이유에서입니다.

삼성 대 애플 소송에서 드러난 배심원단의 문제점은 코오롱인더스트리(코오롱) 대 듀폰 사건에서도 그대로 재현됐습니다. 주부 경비원 운동코치 등으로 구성된 배심원들은 듀폰의 최대 사업장 가운데 하나인 버지니아주 리치먼드 주민들이었습니다. 이런 배심원단이 지난해 9월 코오롱의 영업비밀 침해가 인정된다며 약 1조원의 손해배상 평결을 내린 것을 그해 11월 버지니아 지방법원이 받아들였습니다. 영업비밀 침해 여부를 떠나 코오롱이 지난 5년간 미국에서 번 첨단섬유 아라미드 판매액 33억원의 300배 이상을 물어내라는 판결은 이해할 수 없습니다.

이 재판부는 또 최근 코오롱이 아라미드를 20년간 전 세계에서 팔지 못하도록 판결했습니다. 판매금지가 해당 지역이나 국가에 국한하는 것이 관례인 것과는 동떨어집니다. 담당 재판관 로버트 페인 판사가 듀폰을 변호했던 로펌에서 21년간 근무했기 때문에 어처구니없는 판결이 나왔다고 볼 수밖에 없습니다. 이런 문제투성이의 평결과 판결을 수용하라는 것이 미국의 위상에 걸맞은 것인지 묻지 않을 수 없습니다. 미국은 자국 이기주의를 기술보호의 수단으로 삼으면 안 됩니다.

8.1.4. 美 법원 '판금 잠정적 집행정지 긴급신청'
승인… 코오롱 아라미드 공장 재가동

국민일보 kukinews 김준엽 기자 snoopy@kmib.co.kr/ 2012.09.02 19:44

코오롱이 첨단 섬유제품인 아라미드 섬유 생산을 재개했습니다. 미국 버지니아 동부법원이 코오롱 헤라크론(Heracron) 제품에 대한 전 세계 생산·판매를 금지한 판결에 따라 공장 가동을 중단한 지 하루 만입니다. 코오롱은 지난달 30일 판결 이후 즉시 '잠정적 집행정지를 요청하는 긴급신청'을 요청했고 미국 항소법원이 이를 받아들임에 따라 헤라크론 생산을 1일 오전부터 재개했다고 2일 밝혔습니다. 이번 결정에 따라 잠정적 집행정지 기간 동안 코오롱은 헤라크론 생산을 계속할 수 있게 됐습니다.

아울러 코오롱이 "항소심이 끝날 때까지 생산·판매 금지 집행을 정지해 달라"며 항소법원에 제출한 집행정지 가처분 신청에 대한 심리는 앞으로 2~4주 내에 이뤄질 전망입니다. 만약 항소법원에서 가처분이 받아들여지면 이번 소송의 항소심이 끝날 때까지 코오롱은 헤라크론 생산·판매를 계속할 수 있게 됩니다.

8.1.5. 세계 4위 갑부 루이비통 회장,
佛 부자증세 피해 벨기에 귀화

국민일보 김지방 기자 fattykim@kmib.co.kr / 2012.09.09 21:52

루이비통을 만드는 프랑스 명품기업 총수이자 세계 네 번째 부자인 베르나르 아르노 LVMH 회장이 벨기에에 귀화 신청을 한 것으로 확인됐다고 파이낸셜타임스가 9일 보도했습니다. 프랑수아 올랑드 대통령이 부자들에게 최고 75%의 세율을 적용하겠다고 밝힌 데 대한 반발로 비쳐 프랑스가 시끄럽습니다. 벨기에의 조르주 달마뉴 귀화위원장은 "아르노 회장이 지난달 귀화 신청을 했습니다."고 확인했다. 귀화 수속은 일러도 내년 초까지는 걸린다고 설명했습니다. 아르노 회장은 410억 달러(약 42조원)의 재산을 보유한 프랑스 최고 부자이자 세계 부자 서열 4위입니다. LVMH는 루이비통 등 세계적인 명품 브랜드를 보유한 패션 기업입니다.

프랑스 언론들은 그의 귀화 신청이 연 100만 유로 이상의 소득을 얻는 이들에게 최고세율 75%를 적용하겠다는 올랑드 대통령의 공약과 무관치 않다고 보도했습니다. 리베라시옹과 르피가로 등 프랑스의 우파 언론들은 지난 7일 "올랑드 정부가 증세안을 완화할 것"이라고 보도하기도 했지만 피에르 보스코비시 재무장관은 즉시 집권 사회당의 선거 공약인 부자 증세안을 엄격히 시행하겠다고 재확인한 바 있습니다.

니콜라 사르코지 정권에서 총리를 지낸 프랑수아 피용은 "정부의 어리석은 결정이 끔찍한 결과를 불렀습니다."라고 비난했습니다. 반면 아디다스의 전 소유주 베르나르 타피는 "지금의 프랑스 분위기가 충격적이긴 하지만 나는 프랑스 국민으로 남아 있을 것"이라며 반대 입장을 밝혔습니다.

AP통신은 "프랑스의 세법은 거주지를 기준으로 하기에 아르노 회장이 벨기에 시민권을 얻어도 세금은 달라지지 않는다"고 보도했습니다. LVMH는 귀화 신청이 세금 논쟁과 무관한 개인 투자 때문이라고 밝혔습니다.

8.1.6. 산업자원부장관에 추천하는 書翰文

한독과학기술자협회 회장과 회원들이 박춘근 박사를
산업자원부장관에 추천하는 書翰文

존경하는 노무현 대통령 당선자 귀하!

한독과학기술자협회 회원일동은 진심으로 당선을 축하드립니다. 건국이래 많은 한국의 인재들이 해외에서 공부를 하였고, 많은 학자들이 배출되었지만, 그 중에서도 첨단 과학기술 선진국가인 독일에서도 많은 학자와 과학기술자들이 배출되어왔습니다. 이들은 박사학위를 받고 귀국하여 각자의 개인적인 업무에 열중하다 보니, 귀국하여 지금까지 그들의 과학 기술적인 힘을 결집하여 국가를 위한 큰 기여를 할 기회가 없었습니다.

2002년 11월 23일, 이들 과학기술자들이 한자리에 모여 그 동안 어렵게 배워온 학문과 지식을 미력하나마 합심하여, 조국의 과학기술 발전에 큰 힘이 되고자 한독 과학기술자협회를 창립하였습니다.

이번에 인터넷을 통한 인수위원회의 장관 추천의 기회를 마련해 주신데 대하여 대단히 감사드리며, 저희 한독 과학 기술자 협회에서도 국가를 위해 일할 훌륭한 인재가 있기에 추천하고자 합니다.
저희 협회는 이사회의 의결을 거쳐, 본 협회의 이사이며 독일정부가 인정하는 세계적인 과학기술자이고, 연변과학기술대학 교수 겸 중국-유럽협력연구소장인 박춘근 박사를 산업자원부장관으로 공식적으로 추천합니다.

박춘근 박사가 자라오고 살아온 길을 보면, 지도자로서의 준비를 오래 전부터 해온 인물로서, 산업자원부장관이나 어떠한 중책을 책임지게 하여도 훌륭하게 정책을 수행할 수 있는 능력을 가진 인물입니다. 산업자원부장관에 추천하는 이유는 그가 우리나라 산업발전을 위한 획기적인 경기부양책 및 산업정책을 가지고 국가경제를 부흥시킬 수 있는 거시경제의 전문가이기 때문입니다.

노무현 대통령 당선자께서 지난 세월 민주화를 위하여 목숨 걸고 투쟁을 하셨을 때, 박춘근 박사는 민주화 쟁취 이후, 뒤를 이을 태평성대기에 국가를 발전시켜나갈 기틀을 다져온 분입니다.

박춘근 박사는 공고출신으로 서른이 다 되어 독일유학을 시작한 후, 독일대학입학고시에서 외국인수석을 했고, 세계 최초의 공과대학으로 유명한 독일 클라우스탈 공대에서 대학과정(Vordiplom)을 2년 만에 졸업하여 기록을 세우기도 하였습니다.

또한 독일에서도 수재가 아니면 될 수 없으며, 독일 제 1 정당인 기민연합(CDU)의 콘라드 아데나우어 수상재단 장학생으로 발탁되어 훌륭한 정치연수를 받기도 하였습니다.
세계적인 뮌헨공대(TUM)에서 박사학위과제 선정 시에도, 국가와 민족을 위한 거시 경제적 측면을 고려하여 독일에서도 희귀한 학과인 '에너지 및 발전소공학'을 전공하여, 한국인으로서는 최초의 발전소공학 분야의 독일박사가 되었습니다.
박춘근 박사는 그것으로 만족하지 않고 경제학과 정치학을 수학하여 산업자원부장관이나 한전사장이 되어 조국의 기간 산업발전에 몸 바칠 준비를 미리 한 사람입니다.

저희 협회가 공식적으로 박춘근 박사를 산업자원부장관에 추천을 하는 또 다른 이유는, 그의 논문이 전 세계 과학기술계가 23년 동안 풀지 못한 12차 연립미분방정식을 풀어서 세계를 깜짝 놀라게 하기도 하였지만, 기능인 출신에서 뮌헨공과대학교 공학박사라는 입지전적인 인물에다, 정치 경제, 역사, 사회, 문화, 음악 및 문학 등에도 다양한 지식을 가지고 있습니다. 또한 인간적으로 순수하고 정직한 위인이며, 고생을 누구보다 많이 한 사람이라서 국민들의 어려움을 잘 이해하고 있기 때문입니다.

1991년 귀국하여 그는 독일 국가기술검정기관의 한국대표를 맡아서 독일로부터 기업의 품질경영 시스템 규격인 ISO 9000 인증을 처음 도입하였으며, 많은 대기업 및 중소기업을 컨설팅 함으로써 한국 기업의 실태도 잘 파악하고 있습니다.

산재해있는 모순적인 산업관련법령을 고치기 위해서, 전문기술인 국회의원 시대를 열고자 1996년 제15대 총선 때 대구 동구갑에서 국회의원에 출마하여, 비록 낙선은 하였지만, 스스로 국가를 위해 일하고자 하는 박춘근 박사의 열정은 조금도 식지 않고 있습니다.

존경하는 노무현 대통령당선자 귀하!

지금까지 해외에서 공부하고 돌아온 석학들은 많았으나, 그 동안 인재 등용이 주로 미국지역 출신들로 특화 되었으며, 유럽 출신, 특히 과학기술의 첨단 선진국가인 독일 출신들의 등용기회는 극히 낮았던 것도 지금까지의 부인할 수 없는 사실이었습니다.
이제부터는 편중된 인사보다는 그 지식과 전문성을 공정하게 평가하시어, 강조하셨던 적재적소의 인재등용이 실현되시길 기원합니다.

저희 한독과학기술자협회 모든 회원들은 그 지식과 전문성 그리고 인품과 지도역력으로 보아 산업자원부장관직에 박춘근 박사가 임명되는 것이 노무현 당선자께서 추구하시는 적재적소의 인사라고 확신하고 있습니다.

2003년 1월 18일

한 독 과 학 기 술 자 협 회
회장 공학박사 장재춘 및 회원일동

참고사항 : 한독과학기술자협회 회장과 회원들이 박춘근 박사를 산업자원부장관 / 한전사장에
              추천하는 書翰文 입니다!

8.1.7. 발전소 해외매각 재고를

세계일보와 주간동아에 무한한 감사를 드립니다! 두 언론기관은 개인적으로는 저의 요청에 응해주셔서, 역사적으로는 대한민국을 패망에서 구하신 영웅이 된 언론기관들입니다!

발전노조의 완강한 반대에도 불구하고 산업자원부는 당초 계획대로 5개 화력발전자회사 중 먼저 한 곳을 매각하고, 한전의 배전부문도 연내에 6개로 분할해 2008년까지 민영화한다는 방침을 고수하고 있다.

우리는 발전소 민영화 문제를 노사갈등이나 전기요금 논쟁으로만 볼 것이 아니라, 국가안보와 국가

경쟁력 차원에서 면밀히 재검토해 볼 필요가 있다.

발전소와 관련된 문제에 대해 우리는 늘 전력량만을 걱정하는데, 사실 전력의 질이 되는 주파수(Hz) 문제가 더 중요하다는 사실을 알아야 한다. 현재 우리나라 전기는 주파수가 60Hz에 맞춰져 있는데, 만약 주파수 오차 한계인 ±2.40Hz(4%)를 벗어나면 전국의 모든 발전소가 가동을 즉시 중단할 수밖에 없는 상황에 처하게 된다. 주파수 오차를 벗어났는데도 가동을 계속하면 증기터빈이 폭발해 전력 공급이 불가능해지기 때문이다.

우리나라 발전설비 규모 5000만kW의 4%는 200만kW로, 100만kW짜리 발전소 2곳에 해당한다. 만약 우리에게서 경영권을 가져간 그 누군가가 4%의 전력을 가지고 의도적으로 주파수를 변조시킨다면 발전이 갑자기 중단돼 전국이 암흑의 세계에 빠지는 끔찍한 일이 벌어질 것은 불문가지다. 즉, 100만 kW짜리 발전소 운영권 2~3곳만을 소유하고 있어도 손쉽게 국가안보를 위협하며 압력을 행사할 수 있다는 얘기가 된다. 아르헨티나가 망하는 데는 발전소 매각이 결정적인 계기가 됐다는 사실을 알아야 한다.

우리나라는 지난 20여년 동안 꾸준히 설계-시공-운영 및 유지보수에 이르기까지 턴키(Turn-key)방식의 발전소 건설기술을 모두 보유하고 있는 세계 유일의 국가다. 독일 스위스 프랑스 등은 턴키방식의 발전소 건설기술을 보유하고 있으나, 건설부문의 비경제성 때문에 고 부가의 발전설비 판매에만 주력하고 있는 상태다. 일본 역시 발전산업이 3D업종으로 인식돼 기술인력의 대가 끊겼다.

이런 상황에서 우리가 가진 발전소 및 발전 관련 기술을 잘 활용한다면 우리의 생존은 물론 세계적 강대국으로 가는 초석이 될 수도 있다. 발전소를 해외에 팔 것이 아니라 발전소사업을 적극적으로 지원해 해외수주를 강화한다면 건설-운영 및 보수 등에 필요한 인력과 이에 따른 국내 경제 활성화로 수십만 명 이상의 고용창출과 100만 명 이상의 실업자 구제 효과도 낼 수 있다.

독일에서 15년간 발전소 공학을 전공한 필자의 계산에 의하면, 국내 전력문제 해결의 대안으로 노피크타임제 실시, 발전소 관련법령 개정, 쓰레기소각 발전소 의무화, 조력발전소 등으로 국내 전기 문제는 거뜬히 해결할 수 있다고 본다.

거듭 강조하지만 발전소의 해외매각은 안 된다. 발전소를 해외에 파는 것은 국가안보상 심각한 문제를 초래할 수 있으므로 발전소의 외래화는 기필코 막아야 한다. 어쩔 수 없이 발전소와 발전관련 기업을 민영화해야 한다면, 외국에 파는 대신 온 국민이 주인이 되는 '민족기업화'가 오히려 바람직하다.

/ 박춘근 연변과학기술대학 교수. 공학박사 / (2002/07/26 19:53)

▶ [핫 이슈]

"電力 부족보다 電力의 품질이 더 큰 문제"

'발전소 민영화' 국가안보 차원서
재검토 목소리
… 턴키방식 기술 최고 경쟁력
<전문가 박춘근 박사와 함께>

발전노조의 파업이 한 달 가까이 진행되고 있으나 민영화를 둘러싼 발전 노사간 대립은 좀처럼 해결 기미를 보이지 않는다. 지난 3월19일 국무회의에서 김대중 대통령은 "안 되는 것은 안 되는 것"이라며 민영화 철회 요구는 받아들일 수 없음을 분명히 했다. 다음날 곧바로 발전 노조측에 '미복귀 조합원 전원 해고'라는 최후통첩이 날아들었다. 21일 신국환 산업자원부 장관은 "한국전력, 가스공사 등 구조개편은 당초 일정대로 흔들림 없이 추진할 것이다. 최근 전력산업 노조의 불법파업은 근로조건 개선이 아닌 정치적 동기가 개입되어 있으므로 법과 원칙에 따라 엄정 대처하겠다"고 했다. 그리고 산자부는 애초 계획대로 5개 화력발전회사 중 먼저 한 곳을 매각하고, 한전의 배전부문도 올해 안에 6개로 분할해 2008년까지 민영화한다는 방침이다.

그러나 "한꺼번에 민영화하지 않고 한 군데를 먼저 민영화한 뒤 부작용과 경제상황을 살피면서 단계적으로 추진하겠다"는 신국환 장관의 단계적 추진론에 대해, 한 발전분야 전문가는 기술적으로 한 곳을 매각하든 다섯 곳을 모두 매각하든 위험하기는 마찬가지라며 이의를 제기했다. 91년 독일 뮌헨공대에서 '터빈날개(블레이드)의 공진시 받는 응력의 해석에 관한 연구'로 박사학위를 받은 박춘근 교수(52· 옌벤과학기술대)는 "발전소 한 군데 쯤이야라고 가볍게 생각하면 오판"이라고 말한다. 그는 발전소 민영화를 노사 갈등이나 전기요금 논쟁으로만 보지 말고, 국가안보 차원에서 재검토할 것을 제안했다.

4% 전력으로 올 스톱 가능성도
\<four per cent theory\>

"우리는 늘 전력 부족 사태만 걱정하는데 사실 전력의 질이 더 큰 문제다. 전기는 주파수가 생명이다.

현재 우리나라 전기는 60Hz에 맞춰져 있는데, 이것을 오차범위 ±0.03Hz(0.05%) 이내로 공급해야 이상적이다. 만약 주파수 오차가 ±2.40Hz(4%)에 이르면 전국의 모든 발전소를 가동 중지해야 한다. 이 상황에서 가동을 계속하면 증기터빈이 폭발한다."

실제로 1978년 12월19일 프랑스에서 비슷한 상황이 벌어졌다. 또 세계적으로 평균 2년에 한 번씩 터빈 폭발사고가 일어나고 있다.

그나마 유럽은 국가간 전력 네트워크(UCPTE)가 구축돼 한 곳에서 순간적으로 전력공급에 이상이 생기면 자동적으로 다른 나라로부터 전력을 사오는 시스템이 가동중임에도 프랑스의 사고를 막지 못했다. 반면 '전력의 섬' 같은 존재인 한국은 소량의 공급 차질만으로도 가동중지라는 재앙을 맞을 수 있다.

박교수는 이 같은 이론적 근거를 가지고 발전소가 해외자본에 매각되었을 때 일어날 수 있는 최악의 시나리오를 이렇게 설명했다.

"우리나라 발전설비 규모 5000만kW의 4%는 200만kW이다. 100만kW짜리 발전소 2개에 해당한다. 만약 우리에게 경영권이 없는 4%의 전력을 가지고 누군가 의도적으로 주파수를 변동시키면 앞서 말한 것처럼 전국의 모든 발전소가 동시에 가동을 중단해야 한다. 한두 개의 발전소 운영권만 갖고 있어도 쉽게 국가를 상대로 압력을 행사할 수 있다는 말이다."

또 박교수는 2015년께 전력소비가 8000만kW(현재 전력설비 용량의 약 1.7배)에 이를 것으로 예측하고 신규발전소 건설을 위해 발전소를 팔 수 밖에 없다는 논리도 재고해야 한다고 주장한다. 우선 현 상태에서 우리나라 발전시설 용량은 선진국 수준이어서 전력난을 우려할 필요가 없다는 것.

"선진국 수준에서 국민 1인당 발전설비 용량은 1~1.3kW면 된다. 우리나라는 현재 약 5000만kW 수준의 발전용량을 갖고 있으니 충분하고 평소 예비율도 30%에 이른다. 문제는 여름만 되면 전력 예비율이 모자라 난리가 나는데, 그때 전력사용 구조를 보면 대개 오후 2~4시에 집중된다. 이 피크타임만 제대로 관리해도 약 10%의 전력예비율이 더 생긴다.

여름철 6~8월에는 1시간 앞당기는 서머타임제를 실시하고 또 산업체가 1시간 앞당겨 조기조업만 해도 이 문제는 깨끗이 해결된다. 유럽의 선진국은 이미 오래 전부터 노피크타임제를 실시해 전력을 효율적으로 관리하고 있다."

'한전에 대한 일종의 공포심'

그 밖에도 8년 수명이 보장되는 발전소용증기터빈 블레이드를 낡은 법령 때문에 2년에 한 번씩 뜯어 교체해야 하는 과정에서 발생한 전력손실 등을 감안하면 전력예비율은 더욱 올라가기 때문에 그만큼 신규발전소 건설규모는 축소시킬 수 있다.

그러나 무엇보다 박교수가 민영화를 서둘러서는 안 된다고 말하는 근거는 우리가 턴키(Turn-key) 방식의 발전소 건설기술을 보유하고 있는 발전사업 분야의 선진국이기 때문이다. 발전소 설비를 생산하는 한국중공업(현 두산중공업), 발전소를 보수하는 한전기공, 발전소를 설계하는 한전기술주식회사 등을 각각 쪼개 매각하는 것은 어부가 낚시도구와 어망을 팔아버리는 것과 마찬가지라고 한다.

미국의 경우 20년 전 GE사가 구조조정을 하면서 증기터빈 기술을 한국에 매각하고 사업 자체를 해체해 버린 후 전문인력 양성에 실패했다.

독일 프랑스 스위스 등은 턴키방식의 발전소 건설기술을 보유하고 있으나 건설부문의 비경제성 때문에 발전설비 판매에 주력하고 있어 사실상 해외진출에는 관심이 없는 상태다. 일본 역시 발전산업이 3D업종으로 인식돼 기술인력의 대가 끊겼다.

반면 한국은 발전소의 설계, 제작, 건설, 유지·보수까지 턴키 베이스 방식으로 건설할 수 있는 세계에서 가장 경쟁력 있는 국가로 꼽히고 있다.

100만kW 복합화력발전소 한 곳을 건설할 경우 1조~1조5000억원이 소요되는데, 중국의 경우 이런 규모의 발전소가 당장 84개가 필요하고, 대만은 당장 10개 향후 20개, 베트남은 향후 10년 내 20개가 필요하다는 계산이다.

전력산업과 관련한 알짜기업들을 섣불리 해외에 매각함으로써 황금시장을 눈앞에서 놓칠 수도 있다. 발전소 건설과 기술 습득에는 최소한 20년이 필요하기 때문이다. 당연히 미국 독일 프랑스 등이 한국의 전력산업 매각에 큰 관심을 보이고 있다.

현재 발전소 민영화 유보론을 펴고 있는 산업연구원 박태주 연구위원은 박교수의 주장에 대해 "터빈폭발 가능성은 사실이며, 피크타임 관리 등은 검토할 가치가 있는 흥미로운 제안"이라고 말한다.

특히 선진국이 전력산업 구조개편에 관심을 보이는 것을 '한전에 대한 일종의 공포심'으로 해석하는 이들도 많다. 지난해 4월 월간 '말'지는 정부문서를 통해 98~99년 한미투자협정 과정에서 미국이 한국전력 등 주요 공기업을 유보대상(투자협정예외조항 리스트)에서 삭제하거나 축소할 것을 끈

질기게 요구했다고 폭로했다(실제 민영화안은 외국인에게 제한을 풀어주는 쪽으로 진행되었다. 상자기사 참조). 이로 인해 공기업 해외매각에 대한 '미국의 음모론'이 설득력을 얻기도 했다.

그러나 박태주 위원은 이런 논의들이 시기적으로 너무 늦었다고 말한다. 이미 지난해 한전의 발전부문이 6개 자회사로 분할되고 한전기공, 한국 등 관계사들의 입찰이 추진중인 상황에서 "죽은 자식 불알 만지는 격"이라는 것이다.

'전력의 공공성' 국민설득 실패

에너지경제연구원의 송광의 박사(에너지정책연구부 구조개편팀 팀장)는 "전력산업 구조개편과 민영화를 분리해서 생각할 수는 없다. 시장의 경쟁기능을 도입하지 않는 한 구조개편은 반쪽짜리일 뿐이다. 일정이 빠듯하긴 하나 연내 발전소 1곳 정도는 매각되지 않겠느냐"고 전망했다.

그러나 최근 학계·시민단체 쪽에서는 "민영화 재고"의 목소리가 높아지고 있다. 3월19일 전국 경제·경영학 교수 102명이 '발전산업 민영화 계획 유보'를 요구하는 성명서를 발표했고, 20일에는 사회학자 43명이 같은 내용의 성명서를 발표했다. 21일에는 교육·의료 관련 13개 단체가 "정부 추진 발전소 포함 기간산업 및 교육·의료 부분 민영화 정책을 즉각 중단하라"고 촉구했다.

같은 사안을 놓고 정부는 이미 국민적 합의가 이루어진 상태라고 말하고, 민영화 반대 혹은 유보론자들은 사회적 합의가 없었다고 주장하는 상황에서 국민은 어느 쪽 손을 들어줄까. 3월16일 한길리서치가 발표한 '발전소 민영화에 대한 전국민 여론조사' 결과를 보면, 국민들의 정서는 유보 쪽이 강하다.
조사대상 1000명 가운데 발전소, 철도, 가스 등 국가 기간산업 민영화를 찬성한다는 응답이 50.6%, 반대가 43.9%로 찬성 쪽이 높았지만, 화력발전소(전력생산 60% 담당)를 국내 대기업이나 외국자본에 팔고 전기를 사서 쓰는 문제를 질문한 결과 81%가 화력발전소 민영화는 반대한다고 응답했다. 찬성은 14.6%. 이 조사 결과에 따르면 국민의 86.2%가 일단 발전소 매각을 보류하고 국민적 토론을 거치라는 의견이고, 현 정권 임기 내 매각을 주장하는 사람은 12%에 불과했다.

지금까지 정부의 민영화론은 '경영의 효율성'만 강조하다 보니 전력의 공공성이라는 측면에서 국민을 설득하는 데 실패했다. 최근 들어 민영화 반대론자들이 '공공소유, 경쟁모델'이나 '공기업 체제의 경영혁신' 등의 새로운 대안도 제시하고 있으나 충분히 논의해 볼 시간이 없는 것이 문제다. 김대중 대통령의 의지대로 현 정권 아래에서 발전회사 민영화가 성사되려면 갈 길은 멀고 시간은 너무 촉박하기 때문이다. <김현미 기자>

발전회사 민영화 계획안은

발전·송전 분리 … 상반기 중 한 곳 선정

정부의 '전력산업 구조개편안'은 기존의 수직적 독점체인 한국전력을 발전, 송전 및 배전으로 분리하고 발전과 배전을 다시 분리해 민간에 매각하는 것이다.

이를 위해 한전은 지난해 4월 한전의 발전부문을 수력·원자력 자회사와 5개의 화력발전 자회사로 분할하고, 발전 자회사간의 경쟁을 도입하기 위해 전력거래소를 설치하고, 전력산업의 효율적인 경쟁을 촉진시키기 위해 전기위원회도 설치했다.

한편 산업자원부가 올해 발표한 발전회사 민영화 계획안은 다음과 같다.

△1단계로 5개 화력발전회사 중 2개사를 민영화하되 2002년 상반기 중 먼저 1개사를 선정하여 구체적인 민영화 계획을 진행시킨다.

△2단계는 1단계 민영화 직후 나머지 3개사를 대상으로 민영화를 추진하되 늦어도 2005년에는 착수한다.

△ 민영화 방식으로는 경영권 매각과 증시 상장 방식을 병행 추진하되 외국인에 대한 매각 규모는 국내 전체 발전설비의 30%를 초과하지 않도록 한다.

단 첫 번째 민영화에서는 외국인에 대한 특별 제한을 두지 않는다.

그러나 경영권과 무관한 지분 소유는 제한하지 않는다. 한편 배전부문은 올해 안에 6개 지역별 회사로 분할하는 방식을 추진한다.

8.2. 국제기능올림픽대회 역사
International Vocational Training Competition

국제기능 올림픽 대회는 1947년에 스페인의 마드리드에서 처음으로 열렸습니다. 이것은 근로청소년들의 심신을 건전하게 하고 근로의식을 높이기 위해 직업청소년단이 열었던 기능경기대회가 발전된 것입니다.

우리나라는 1967년 제16회 대회(스페인 마드리드)에 처음 참가하였고, 1977년 제23회 대회(네덜란드 위트레흐트)에서 처음으로 세계 정상을 차지했습니다.
1989년의 제30회 대회(영국 버밍엄)에서는 금메달 11개 등 모두 16개의 메달을 받아 종합우승을 차지하는 등 2001년 우리나라에서 개최할 때까지 모두 13번의 우승을 거두었습니다.

그 결과 약진하는 한국의 이미지를 부각시키고 세계수준의 우수한 기술을 과시했으며, 국내적으로는 기능을 중시하는 사회풍토를 만드는 데 기여함은 물론, 청소년 기능인의 자부심과 긍지를 높임으로써 수출촉진, 중화학공업 육성정책 등을 뒷받침하고 기능 인력의 저변을 확대하는 데 기여했습니다. [출처: 브리태니커]

국제기능올림픽대회

국제 기능 올림픽 대회(國際技能Olympic大會) 또는 월드스킬스(영어: World-Skills)는 직업기능을 겨루는 국제 대회이며 참가 연령은 17세부터 22세 사이입니다.
2년마다 세계 각 도시를 돌아가면서 개최됩니다. 이를 관장하는 기구는 월드스킬스

인터내셔널(WorldSkills International)이며, 이전 명칭은 국제 기능 훈련 기구 (International Vocation Training Organisation, IVTO)입니다.

1950년에 스페인에서 출범했으며 국제 기능 올림픽 대회는 무역, 기능인과 고등 과학의 표준으로 자리잡아가고 있습니다.

2010년 현재 50개국이 참여하고 있으며, 대한민국은 1966년부터 참여하고 있다. 공식적인 순위는 매기고 있지 않으나 한국은 메달 개수와 금메달 수에 있어 최정상급의 성적을 올려왔습니다.

목 차

- A. 역대 개최 현황
- B. 종목
- C. 대한민국의 메달 직종
- D. 일화
- E. 참고사항
- F. 자료
- G. 이미지

A. 역대 개최 현황

연도	횟수	대회 기간	개최국 또는 개최지	우승	준우승	3위
1950년	1회	*대회 기간 없음*	스페인 마드리드			
1951년	2회	*대회 기간 없음*	스페인 마드리드			
1953년	3회	*대회 기간 없음*	스페인 마드리드			
1955년	4회	1955.4.18 ~ 4.30	스페인 마드리드	스페인	서독	모로코
1956년	5회	*대회 기간 없음*	스페인 마드리드			
1957년	6회	*대회 기간 없음*	스페인 마드리드			
1958년	7회	*대회 기간 없음*	벨기에 브뤼셀			
1959년	8회	1959.9.8 ~ 9.24	이탈리아 모데나			
1960년	9회	*대회 기간 없음*	스페인 바르셀로나			
1961년	10회	1961.7.2 ~ 7.14	독일 뒤스부르크			

연도	회차	기간	개최지	1위	2위	3위
1962년	11회	*대회 기간 없음*	스페인 히혼			
1963년	12회	*대회 기간 없음*	아일랜드 더블린	일본	아일랜드	서독
1964년	13회	*대회 기간 없음*	포르투갈 리스본	일본	영국	포르투갈
1965년	14회	1965.7.19 ~ 7.29	영국 글래스고	영국	일본	스페인
1966년	15회	1966.6.14 ~ 6.29	네덜란드 위트레흐트	일본	네덜란드	이탈리아
1967년	16회	1967.7.4 ~ 7.17	스페인 마드리드	스페인	일본	서독
1968년	17회	1968.7.4 ~ 7.16	스위스 베른	스위스	일본	대한민국
1969년	18회	1969.7.2 ~ 7.15	벨기에 브뤼셀	일본	스위스	서독
1970년	19회	1970.11.3 ~ 11.19	일본 도쿄	일본	스위스	대한민국
1971년	20회	1971.9.7 ~ 9.19	스페인 히혼	일본	스페인	스위스
1973년	21회	1973.7.30 ~ 8.15	독일 뮌헨	서독	대한민국	일본
1975년	22회	1975.9.8 ~ 9.22	스페인 마드리드	스위스	대한민국	스페인
1977년	23회	1977.6.24 ~ 7.11	네덜란드 위트레흐트	대한민국	서독	일본
1978년	24회	1978.8.24 ~ 8.31	대한민국 부산	대한민국	일본	스위스
1979년	25회	1979.9.2 ~ 9.17	아일랜드 코크	대한민국	일본	스위스
1981년	26회	1981.6.8 ~ 6.20	미국 애틀랜타	대한민국	일본	스위스
1983년	27회	1983.8.15 ~ 8.28	오스트리아 린츠	대한민국	타이완	오스트리아
1985년	28회	1985.10.14 ~ 10.27	일본 오사카	대한민국	일본	스위스
1988년	29회	1988.2.7 ~ 2.24	호주 시드니	대한민국	일본	타이완
1989년	30회	1989.8.19 ~ 9.4	잉글랜드 버밍엄	대한민국	타이완	오스트리아
1991년	31회	1991.6.20 ~ 7.6	네덜란드 암스테르담	대한민국	일본	오스트리아
1993년	32회	1993.7.19 ~ 8.3	타이완 타이페이	타이완	대한	일본

연도	회	기간	개최지	1위	2위	3위
1995년	33회	1995.10.5 ~ 10.18	프랑스 리옹	대한민국	타이완	독일
1997년	34회	1997.6.27 ~ 7.10	스위스 장크트갈렌	대한민국	스위스	타이완
1999년	35회	1999.11.4 ~ 11.19	캐나다 몬트리올	대한민국	타이완	일본
2001년	36회	2001.9.6 ~ 9.19	대한민국 서울	대한민국	독일	일본
2003년	37회	2003.6.11 ~ 6.26	스위스 장크트갈렌	대한민국	스위스	일본
2005년	38회	2005.5.25 ~ 6.1	핀란드 헬싱키	스위스	대한민국	독일
2007년	39회	2007.11.8 ~ 11.22	일본 시즈오카	대한민국	일본	스위스
2009년	40회	2009.8.26 ~ 9.7	캐나다 캘거리	대한민국	스위스	일본
2011년	41회	2011.10.5 ~ 10.8	영국 런던	대한민국	일본	스위스
2013년	42회	2013.7.2 ~ 7.7	독일 라이프치히	추후 고지	추후 고지	추후 고지

[참고] 전체 금, 은, 동 수를 기준

http://www.worldskills.org/index.php?option=com_results&task=show&Itemid=99999999

B. 종 목

이 문서에는 한국어로 번역되지 않은 내용이 담겨 있습니다. 번역되지 않은 부분은 번역을 마치거나 삭제해 주세요.

This article needs to be translated into Korean. The untranslated parts should be rewritten in Korean or eliminated.

- 운송 수송 분야 Transportation and Logistics CATEGORY
  - 자동차정비 Autobody Repair
  - 자동차기술 Automobile Technology
  - 자동차 도장 Car Painting
- 건설 건축 분야 CONSTRUCTION and BUILDING TECHNOLOGY
- Bricklaying
- Cabinet Making

- Carpentry
- Electrival Installations
- Industrial Controls
- Joinery
- 조경 Landscape Gardening
- Metal Roofing
- Painting and Decorating
- Plastering
- 배관 Plumbing
- 냉장 Refrigeration
- Stonemasonry
- Wall and Floor Tiling
- Encanador
- Entalhador in stone
- 플로리스타 Florista
- 서빙 / 서비스 레스토랑 Garçon / Service Restaurant
- Manager of Resources
- 컴퓨터(computing) / PC 네트워크 지원
- 인쇄
- Infrastructure Network and
- 통신(Telecommunications)
- Landscape garden
- Joalheria
- Lanternagem / Funilaria
- Integrated Manufacturing
- Marcenaria
- 자동차 역학 Auto Mechanics,
- 메카트로닉스
- 자동차 도장 Painting of Car
- 페인트칠과 장식(Painting and Decorating)
- Polimecânica
- Case Assistido by Computer (DAC)
- 냉장 Refrigeration
- Soldagem
- 정보 테크놀로지 / 응용 소프트웨어 Information Technology / Application Software
- Technology of Transportation
- Usinagem the CNC
- 웹 디자인

C. 대한민국의 메달 직종

- 1❶ 금메달 – 프레스금형, 기계제도, 선반, 밀링, 철골구조물, 가스용접, 전기용접, 판금, 배관, 목공, 금은세공, CNC기계
- 2❷ 은메달 – TV수리, 동력배선, 양장
- 3❸ 동메달 – 기계조립, 정밀기계제작, 공업전자기기, 옥내배선, 석공

- 1❶ 금메달 – 프레스금형, 자동제어, 기계제도, 귀금속공예, 석공예, 밀링, 판금, 옥내배선, 양장, 목공

- 2② 은메달 – 기계조립, 정보처리, 전자기기, 창호, 자동차수리
- 3③ 동메달 – 정밀기기, 철골구조물, 이용
- [참고사항] – 이 부분은 토막글입니다. 서로 지식을 모아 알차게 문서를 완성해 갑시다.

2009년 국제기능올림픽대회 (캐나다 캘거리)

- 1① 금메달 – CNC밀링, CNC선반, 금형, 자동차차체수리, 실내장식, 공업전자기기, 요리, 조적, 귀금속공예, 타일, 통합제조, 모바일로보틱스, 철골구조물
- 2② 은메달 – 판금, 배관, 자동차페인팅, 석공예, 컴퓨터정보통신
- 3③ 동메달 – 자동차정비, 메카트로닉스, 의상디자인, 웹디자인, 제과

D. 일 화

한국에서는 개선퍼레이드가 치러집니다. 획득자에게 산업훈장이 수여되었습니다.[1]

E. 참 고

- 국제기능올림픽대회 홈페이지
- 국제기능올림픽대회 한국위원회 홈페이지

F. 자 료

- 제23회 국제기능올림픽대회 (위트레흐트)
- 제24회 국제기능올림픽대회 (대한민국, 부산)
- 제26회 국제기능올림픽대회 (이탈리아)
- 제27회 국제기능올림픽대회 (오스트리아) 영상원본 주소
  http://ko.wikipedia.org/w/index.php?title=%EA%B5%AD%EC%A0%9C%EA%B8%B0%EB%8A%A5%EC%98%AC%EB%A6%BC%ED%94%BD%EB%8C%80%ED%9A%8C&oldid=7882197'

[출처] 차례1-6 까지 출처는 위키 백과사전 2011년 12월 7일 (수) 15:51에 바뀜

G. 이미지

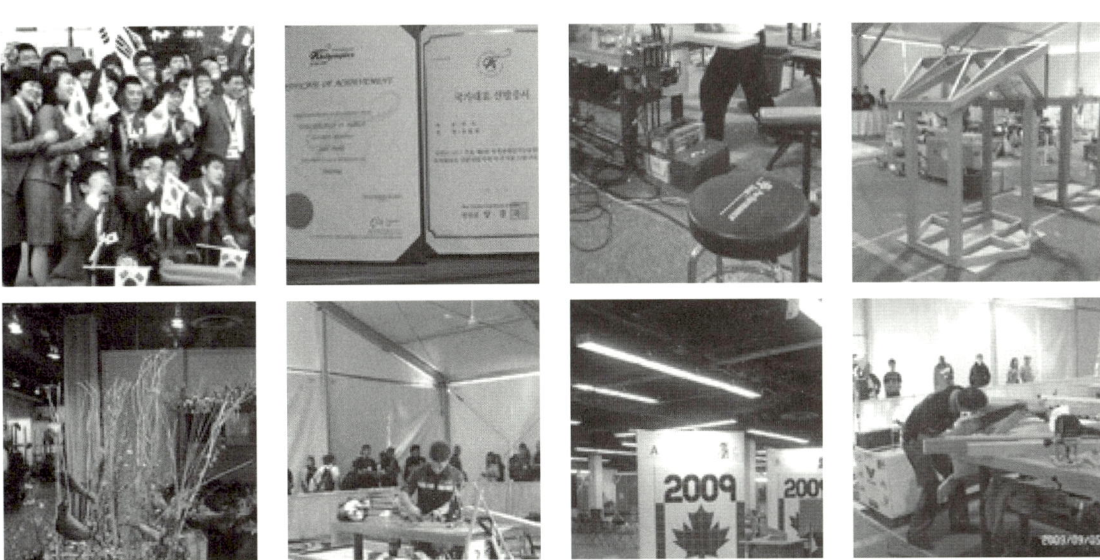

제41회 국제기능올림픽대회 우승한 한국의 저력

[사진은 한국대표 선수들 및 관계자들이 파이팅을 외치는 모습 / 한국산업인력공단 제공]

우리나라가 지난 4일부터 9일까지 영국 런던에서 열린 제41회 국제기능올림픽대회에서 17번째 종합우승을 차지해 '기술 강국'의 명성을 떨쳤습니다.

한국은 9일 오후(현지시간) 영국 런던 엑셀센터에서 끝난 이번 대회에서 40개 종목의 성적을 집계한 결과 금메달 13개, 은메달 5개, 동메달 7개(시범종목 석공예 포함)를 획득해 일본(금 11, 은 4, 동 4), 스위스(금 6, 은 5, 동 6)를 누르고 종합우승했다. 이로써 한국은 2007년 일본 대회, 2009년 캐나다 대회에 이어 3연패 위업을 달성했습니다.

국민 여러분의 관심에
진심으로 감사합니다!

국제기능올림픽에 관심을 가져 주셔서 더욱 영광입니다!

- 제18회 벨기에 브뤼셀 국제기능올림픽 판금부문 대한민국
국가대표선수 이였던 필자 (1969년)
獨逸 뮌헨공대 工學博士 朴春根
입니다! -

8.3. 독일어 독일국회 연설문

- Prof. Dr.-Ing. Dipl.-Ing. Franz Choon-Keun Park -

- Vision -

Die Dilatation von Deutschland & Korea durch eine umfangreiche Zusammenarbeit!

[Bemerkung: Dilation (or dilatation) refers to an enlargement or expansion in bulk or extent, the opposite of contraction. It derives from the Latin dilatare, "to spread wide" (Wikipedia).]

- Prolog -

Lernen ohne zu denken ist eitel.
Denken ohne zu lernen ist gefährlich.   - Konfuzius -

Der ungelehrte Politiker führt das Land zu Grunde.   - Dr. Franz C. K. Park -

Im Jahre 1976 war Süd-Korea noch ein armes, elendes und hoffnungsloses Entwicklungsland. Das koreanische Hochschulniveau war gegenüber Deutschland unvergleichbar niedrig. Um Maschinenbau „richtig" zu studieren, kam ich im Juni 1976 nach Deutschland.

Ich wollte ein weltweit anerkannter Ingenieur mit breiter Allgemeinbildung werden und studierte von 1977 bis 1991 an der TU Clausthal Maschinenbau, an der TU München Energie- und Kraftwerktechnik (einschl. AWA – Aufbaustudium für Wirtschaft und Arbeit) und an der HfP – Hochschule für Politik – in München Politik. Den vorläufigen Abschluss bildete meine Promotion an der TU München im Januar 1991.

Während des gesamten Hauptstudiums erhielt ich Begabtenförderung der KAS (Konrad Adenauer Stiftung), was mit einer weitreichenden politische Ausbildung im christlichem Geist verbunden war. Hier entstand auch meine Idee, alles was ich in und von Deutschland gelernt hatte, zukünftig für mein

Heimatland einzusetzen und später sogar als Kandidat für die Präsidentschaft in ROK (Südkorea) anzutreten.

– Meine Philosophie der Dilatation –

Geboren in Korea, doch wissenschaftlich gewachsen in Deutschland.
Erste Heimat ist Korea, doch meine zweite Heimat ist Deutschland
Ein Bein von mir ist in Korea, doch das andere Bein steht in Deutschland.
Mein „Ostherz" ist in Korea, doch mein „Westherz" ist in Deutschland.
Das erste Vaterland (fleischlich) ist Korea, doch mein zweites Vaterland (wissenschaftlich) ist Deutschland.

Die "Dilatation von BRD+ROK" ist meine Vision und Philosophie. Im lateinischen bedeutet "Dilatation" Erweiterung und beiderseitige Ausdehnung". Ich denke immer, Deutschland ist ausgedehntes und erweitertes Land von Korea und Korea ist auch ein ausgedehntes und erweitertes Land von Deutschland.

Ich liebe die beiden Länder sehr, sowohl Korea als auch Deutschland. Und ich arbeite gerne sinnvoll und erfolgreich für diese beiden Länder mit großem Herz und vollem Engagement!

Meine Damen und Herren!
Lassen Sie uns gemeinsam die neue Epoche der Deutsch-Koreanischen Freundschaft aufschlagen.

Meine ehrfürchtigen Damen und Herren!
Fangen wir die Dilatation gemeinsam gleich an!

Ich bin sowohl ein Deutscher als auch ein Koreaner!
Ich ilebe sowohl Deutschland als acuch Korea!
Ich liebe den Satz, "Die Würde des Meschen ist unantastbar!"

Danke für Ihre Aufmerksamkeit!
Ihr

Prof. Dr.-Ing. Dipl.-Ing. Franz Choon-Keun Park

8.4. 국민필독서 필자 저서들

'교육혁명' 박춘근 저 | 지구촌교육혁명연구소 | 2006.01.14

'국민들이 가슴으로 함께하는 아름다운 교육혁명'을 제안하는 책. 교육제도를 변혁시키기 위한 기본이 되는 것으로, 국민들이 실력과 재능에 따라 평등하게 교육혜택을 받고, 아울러 모든 교육비용은 가정이 아닌 국가가 부담하는 선진화된 공교육제도의 틀을 수립하는 책 입니다[출처: NAVER 책].

봄이 오는 소리 (아름다운 교육혁명) 박춘근 저 | 지구촌교육 | 2007.03.29

저자가 2006년에 펴낸 「국민들이 가슴으로 함께하는 아름다운 교육혁명」의 내용 중에서 교육시스템 부분을 발췌하여 쉽게 재구성한 책입니다. 올바른 자녀교육과 사교육비로 고민하는 대한민국의 학부모는 물론, 미래의 학부모인 젊은 세대, 입시 때문에 고생하는 수험생, 취업문제로 고민하는 대학생 및 졸업생, 그리고 교육일선에서 애쓰는 교사 및 교육관계자에게도 도움을 줍니다.
이 책은 '새로운 국민교육제도'하의 대학입시제도와 대학졸업국가고시 제도를 제안합니다. 현재 우리 교육의 문제들을 근본적으로 해결하기 위해서 유아에서부터 성

인에 이르기까지 21세기 과학기술의 발달과 다양화된 현대사회의 변화에 적응할 수
있는 혁명적인 '새로운 국민교육제도'를 수립하고 있습니다. 그리고 이를 통해 현재
우리 사회의 문제가 되고 있는 교육 분야의 많은 문제들이 자연스럽게 해결될 수
있다고 강조 합니다 [출처: NAVER 책].http://blog.daum.net/ssnsoridansori 카테
고리 '펜 서비스'에서 'e-book' 전체를 다운 받으실 수 있습니다.

'아- 대한민국 사랑하는 우리의 대통령' 박춘근 저 |조명문화사 |2002.11.11

2002년 12월 대통령 선거를 앞두고 대통령 후보의 자질에 대해 평가해 보는 책.
저자는 대통령의 3대 업무와 지도자의 5대 자질 등 지도자의 기본적인 자질을 선정
하고 바람직한 지도자의 상을 제시합니다. 별책부록으로 대통령 후보자를 직접 검
증해보고 평가해볼 수 있는 '대통령후보 평가체크리스트'가 포함되어 있습니다 [출
처: NAVER 책].

'나라사랑 이야기' 박춘근 저 |삶과꿈 |1997.11.25 /372면

독일 유학 경험을 '부국론'으로 정치, 사회, 교육, 국민경제, 교통, 환경, 생활문화
와 국민의식 등에 대해서 부국으로 가기위한 [현실]=>[정책]으로 자세히 플 수 있
는 정책제안서 입니다. [출처: NAVER 책]

8.5. 대한민국의 과학기술비전
(대통령님께 보낸 편지)

大韓民国의 科學技術秘傳
李明博 大統領님의 福行

2012년 2월 2일

프란츠박과학기술연구소 소장
Dr. Franz Park Institute of Science & Technology

大學敎授 工學博士 工學디플롬 박춘근(朴春根)
Prof. Dr.-Ing. Dipl.-Ing. Choon-Keun PARK

수 신 : 대한민국 대통령 이명박 님
제 목 : 대한민국의 과학기술비전과 李明博 大統領님의 福行

국가의 통치권자로서 외정과 내정에 노고가 많으십니다. 대통령님께서는 늘 행복하셔야 됩니다. 不幸이란 不行에서 시작된다고 봅니다. 각하께서는 임기만료 1년 전인 지금 꼭 준비하셔야할 역사를 行하시므로 行福하실 수 있는 5대-秘傳을 소인이 탐구해 보았습니다.

[5대-비전]

1. **經濟的 秘傳** : 세계핵방폐장기구를 창립 및 건설함으로 원전수출사업을 세계적으로 주도함('세계핵방폐장기구'의 총재직을 수행)
2. **社會的 秘傳** : 교육혁명으로 중산층 복구 ('대한체육회'에 준하는 '대한기능회' 창립)
3. **政治的 秘傳** : 개헌을 통한 정치혁명 내용 확정 (정당민주정치 실시와 선거법 선진화)
4. **科學的 秘傳** : 과학벨트의 가속기(중입자)기술을 독일로부터 확보 (나노기술 및 암-치료)
5. **儿資的 秘傳** : 국정에 참여할 指導者級 韓国儿 海外儿力資源은 약 20,000명으로 인물난 해결(세계적인 인물이 등용될 수 있는 환경조성으로 난국을 피함)

1. 經濟的 秘傳 '원전강국'

내년 3월 26~27일 '서울 핵안보정상회의'에 전 세계 50여 국가 정상들과 국제기구 대표들이 국제사회가 당면한 핵문제에 대해 공동의 지혜를 모아 그 해법을 논의하는 자리입니다. 세계 5위의 핵기술보유국위상에 걸맞은 행사를 개최하시는 대통령님께서는 이번 기회에 '원전르네상스라'라는 '블루오션'을 열어가는 세계사에 빛나는 외교적인 치적을 쌓으실 수 있습니다. 이 治積이 앞으로 각하를 行福하고 幸福하게 해드릴 것입니다.

각하께서는 녹색성장의 경제적 비전인 '원자력의 평화적 활용'에 역점을 두시기 바랍니다. 원전에서 생성되는 '핵폐기물을' 영구 처리할 수 있는 '세계핵방폐장기구창립'을 핵정상회담의 정식 議題로 상정하십시오! 특히 몽고나 중국의 지하자원이 없고 수맥이 깊은 고비사막지역이나 아프리카의 사하라사막지역 그 외 지구촌 황무지지역에 영구적인 공동으로 핵방폐장을 건설할 수 있게, 세계 50 여 국가의 정상들의 의견을 모아 '세계핵방폐장기구'를 탄생시키십시오!

그 다음 이 세계기구의 초대 총재가 되십시오! 세계기구의 총재로 계시면 국제법 보호 속에서 인류를 위한 보람된 역사적인 일을 하실 수 있습니다.

'세계핵방폐장기구'의 총재직은 '정도에 어긋남이 없고, 명분에 부족함이 없는 훌륭한 국제법상 최상의 지위이므로 세계적으로 존경을 받으시게 될 것입니다. 대통령님께서는 대한민국의 경제영토를 확장하는데 헌신하시고, 세계평화에 크게 이바지하신, 존경받으시는 분으로 기리 남을 수 있으십니다.

이 '세계핵방폐장기구'라는 서울핵정상회담의 열매는 대한민국의 '원전르네상스시대'를 열어갈 것입니다. 방폐장을 유치하는 나라뿐만이 아니라 전 세계가 경제적으로 큰 혜택을 입게 됩니다. 특히 우리나라 경제성장(녹색성장)에 아주 크게 이바지할 것입니다.

방폐장 건설을 위한 타국의 토지매입 및 실현가능한 정치적 협상에 필요한 구체적인 방안은 원자력발전소전문가인 소인이 이미 구상해 두었습니다.

2. 社會的 秘傳 '교육혁명으로 중산층 복구'

'先術後學과 産學竝行 政策'으로 임금님도 해결 못한다는 가난을 해결할 수가 있습니다. 소인이 30년간 연구하여 '봄이 오는 소리 (교육정책서)', '국민들이 가슴으로 하는 교육혁명 (국민계몽서)', '아!~ 대한민국 사랑하는 우리의 대통령(지도자론)', '나라사랑 이야기(부국정책론)'을 책으로 출간 했습니다. 이 4권의 책 내용 속에 우리 사회의 난제를 풀어갈 구체적인 비전을 담았습니다.

3. 政治的 秘傳 '정당정치를 기본으로 하는 민주주의 헌법 및 선거법개정'

무소속이 없는 정당정치(5% 이상 지지를 받는 당만 국회의석배정 / 정치개혁)를 구현함으로 정치자금이 전혀 필요 없는 깨끗한 정치실현으로 최고지성의 인재들을 등용함으로 진정 선진국다운 민주국가를 실현할 수 있습니다. 세부사항(지도자, 민중과 군중, 언정분리, 정경분리, 정종분리,...)은 확고한 민주국가체제를 구현할 수 있는 정책을 수립해 두었습니다.

4. 科學的 秘傳 '과학벨트의 중입자가속기기술을 독일로부터 확보[나노기술, 헬스케어 (암치료)]'

우리나라가 앞으로 부국이 되려면 과학기술 분야 특히 나노산업에 필수적인 마치 요리사의 식칼과 같은 모든 원소를 분리하고 새로운 원소로 융합하는데 가속기는 필수적입니다. 특히 중입자가속기로 암을 치료하는 선진기술을 도입함으로 아시아에서 암을 치료하는 헬스케어 타운을 전국에 운영하면, 중국을 비롯한 일본 그리고 세계 각국의 부자환자들이 암 치료차 한국을 방문 하게 됨으로 치료와 레저를 병행이 가능합니다. 또 많은 과학기술자들의 일자리를 창출함으로 부국에 이바지할 수 있습니다.

5. 儿資的 秘傳 '국가지도급 한국인 해외파 儿力資源은 약 20,000 명이 있어 인재난 해결'

세계적인 인재가 등용될 수 있는 환경조성만 되면, 40대에서 60대에 해당되는 해외유학파 인재 들이 등용되어 경제난국을 해결할 수 있습니다. 南師古의 格庵遺錄에 '西氣東來 救世 眞儿 辰巳聖君 正道令'이라고 쓰여 있습니다. 훌륭한 해외파 인재들은 많습니다. 이들이 등용될 수만 있다면 각 분야의 세계최고의 전문가 들이 국회의원으로 또는 장차관으로 또는 전문직국장들로 등용되어 새로운 시대를 열어 갈수 있습니다. 이 모든 비전을 현실화 하기 위한 세부적인 사항은 소인이 이미 구상해 두었습니다.

2012년 2월 2일

대학교수 공학박사 공학디플롬 박춘근

Prof. Dr.-Ing. Dipl.-Ing. C. K. PARK

핵폐기물 수송 철도망

TRANS-ASIAN RAILWAY NETWORK
Track Gauges
1,676 mm
1,520 mm
1,435 mm
1,067 mm
1,000 mm
1,000/1,435 mm
TAR LINK - PLANNED/UNDER CONSTRUCTION
POTENTIAL TAR LINK
POTENTIAL TAR LINK TO BE CONSIDERED
BREAK-OF-GAUGE
FERRY CROSSING
UNITED NATIONS
2009
RUSSIAN FEDERATION
MONGOLIA
CHINA
INDIA
KAZAKHSTAN
TURKEY
MYANMAR
INDONESIA
MALAYSIA
PHILIPPINES
JAPAN

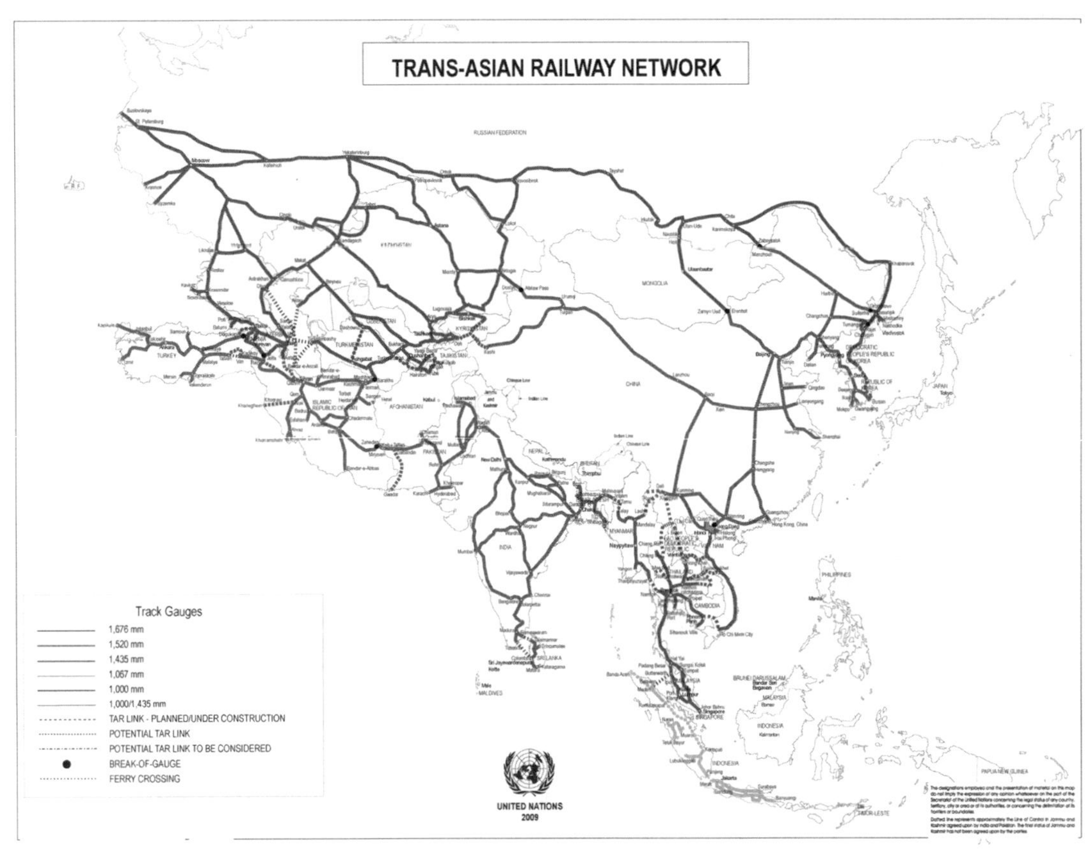

8.6. 필자의 약력과 자기소개서

(한전사장 응모용)

세계가 인정하는 핵발전소전문가, 대구중학교, 대구공업고등학교, 경기공업고등
전문학교, 제18회 국제기능올림픽 1969년 벨기에대회 대한민국 국가대표선수,
독일아데나워정치재단장학생, 독일 뮌헨공과대학교 기계공학 핵발전소공학박사,
독일뮌헨공과대학교 경제학, 독일뮌헨정치대학 정치학 등 통섭(通涉)된 정치 및
기술외교전문가로 慶尙北道 星州郡 月恒面 池方(茅方)洞에서 태어남.

프 란 츠 박 과 학 기 술 연 구 소 장

Dr. Franz Park Institute of Science & Technology

大學敎授 信學博士 工學博士 工學디플롬 朴春根

Prof. Dr.-Ing. Dipl.-Ing. Choon-Keun Park

- 학 력 -

독일 뮌헨 공과대학교 (TUM, Technische Universität München)
에너지 및 발전소공학과 공학박사 (Dr.-Ing.) 취득

독일 뮌헨 정치대학 (Hochschule für Politik München) 수료
독일 뮌헨공대 대학원 경제-노동학 수료(Aufbaustudium Wirtschauft- und
　　　　Arbeitwissenschaft an der TUM, Technische Universität München)
독일 뮌헨 공과대학교 (TUM) 대학원
　　　　에너지 및 발전소공학과 공학디플롬 (Dipl.-Ing.) 졸업

독일 클라우스탈 공과대학교 (TUC, Technische Universität Clausthal)
　　　　기계공학과 공학사 (cand. ing.) 졸업
독일 콘스탄츠산업대학 (Konstanz Fachhochschule)

고려대학교 국제대학원 최고국제관리과정 수료
국립경기공업 고등전문학교 기계과 졸업
대구공업고등학교 기계과 졸업 & 대구중학교 졸업
경상북도 성주군 월항면 지방초등학교 입학 & 대구 동인초등학교 졸업

- 주요경력 -

월드피스코 테크니컬 아카데미 학장
　　　　(Dean, World Peace Corps Technical Academy-Megaversity)
통일기반조성상 심사위원 (Judge of Korea Unification Preparatory Concil. Inc.)
한국-독일 과학기술자 협회 이사
중국 만주 연변과학기술대학 교수 및 중국구라파협력연구소장
독일 국가공인기술검사기관 TÜV Bayern, RWTÜV, TÜV Südwest 한국CEO
독일 뮌헨공과대학교 발전용 열동력기계 연구소 책임연구원
독일 뮌헨공과대학교 금속재료공학 연구소 선임연구원
독일 콘라드 아데나워 정치재단(Konrad Adenauer Stiftung)정치장학생
벨기에 브뤼셀 국제기능올림픽대회(1969년) 대한민국 국가대표선수

真知한 관심에 真心으로 感謝 합니다!

大學敎授 工學博士 工學디플롬 朴春根 拜上

자 기 소 개 서

응모직위 : 한국전력공사 사장
응 모 자 : 공학박사 박 춘근

發電所工學博士 朴春根은

- 왕제산(王帝山)의 정기를 받고, 별들의 고향 성주(星州)에서 출생 -

박춘근 한전사장후보(이하 본인)는 양력 1951년 11월 15일 경상북도 성주군과 칠곡군의 경계를 잇는 금오산맥의 끝자락, 왕이 태어난다고 하여 일제강점기 때 일본인들이 쇠말뚝을 박아놓았던 왕제산(王帝山) 아래 작은 마을, 경북 성주군 월항면 모방동 두메산골에서 朴漢原(본관 竹山)의 5男 1女 중 長男으로 태어나 증조부, 조부, 부모가 한집에 四代가 사는 層層侍下에서 자랐습니다.

- 대구중학 거처, 대구공고졸업, 총12년 개근 -

본인은 대구중학교 시절, 5km가 넘는 등교 길을 왕복하면서도 3년 개근. 3년간 하루도 빠짐없이 방과 후 대구공고 기계과 실습공장에 남아 선반, 밀링, 호핑, 플레너, 용접, 주물, 목형, 판금 등 전문기능을 익히는데 전념하여, 고2때 문교부 주최 제4회 전국공업고등학교 실기경연대회에서 판금부문에 1등(공보부 장관상)을 받아 대구공고 역사상 최고성적을 내는 영광을 안겼으며, 초등에서 공고졸업까지 총 12년간 12번 개근상을 받았습니다.

- 국제기능올림픽 브뤼셀 대회참가, 좌절을 도전의 계기로 -

1968년 공채로 기아산업(현 기아자동차)에 입사, 국제기능올림픽 전국대회 판금분야 금메달을 획득, 대한민국 국가대표선수가 되어 가슴에 태극기를 달고 1969년 벨기에 수도 브뤼셀에서 개최된 제18회 국제기능올림픽대회에서 5등으로 좌절을 겪음. 귀국길에 바티칸을 방문했을 때 베르니니의 작품인 성 베드로대성당의 위용을 보고 그 웅장함에 매료됨과 동시에 인간의 위대한 능력에 감명 받아, '아! 인간인 나에게도 이와 같이 위대한 잠재력이 있을 것이다'라고 믿고 자신의 잠재력을 활용할 수 있는 능력으로 승화시키기 위해 성 베드로 대성당에서 유럽유학을 결심했습니다.

- 청출어람, 제자 3명 국제기능올림픽 금메달리스트로 육성 -

귀국 후 국립경기공업고등전문학교 4학년 기계과에 편입, 3등으로 5학년 졸업 후 금오공고 실기교사로 재직, 제자들을 각종 기능대회에 입상시켰고, 국제기능올림픽 금메달리스트 3명을 육성했습니다. 교사로 근무하던 시절 경북교육감님으로부터 '훌륭한 교사표창'을 받았습니다.

- 단돈 45만원 들고 혈혈단신 독일로 유학 -

교사시절 대구에서 구미 금오공고까지 출퇴근 하면서, 일주일에 두 번씩 구미에서 고속버스 타고 서울역에 도착, 남산에 있는 독일문화원에서, 독일어 4시간 수업 듣고 밤차로 대구행, 같은 날 아침 구미로 출근, 수업 후 야간에는 방위근무를 했음, 약 3년 동안 1인 3역의 고행을 마치고 방위제대 후 단돈 45만원 들고 혈혈단신 독일로 유학, 클라우스탈 공과대학교에 입학하기 전에 1년간 콘스탄츠 산업대학 Study college 수료, 출국 1년 만에 독일 대학입학 자격고시인 '아비투어'에 외국인 수석합격했습니다.

- 한 손엔 망치, 한 손엔 책을 들고 최단기간 학부졸업기록-

유학당시 서독에는 학비라고는 없었습니다. 기숙 비를 마련하기위해, 방학 때는 보쉬(Bosch)사 공무반에서 용접기능사로, 하루에 4시간 이상 자지 않고 아르바이트와 공부를 병행하면서 클라우스탈 공대 학부과정을 2년 만에 마쳐, 클라우스탈 공대에 기계과가 생긴 이후로 외국인으로는 최초로 '최 단기간 하부졸업기록'을 세웠습니다.

- 한전을 위해 세계적인 뮌헨공대서 한국인 최초로 발전소공학전공 -

디프롬(대학원+박사)과정을 뮌헨공과대학교(TUM) '에너지 및 발전소공학'을 선택한 이유는, 출국하기 전 금오공고를 방문하신 고 박정희 대통령께서 "독일유학 가거든 국가를 위해 훌륭한 기술하나 제대로 배워와!"라고 하신 말씀, 1976년 이모부님이 고리원자력발전소 건설현장의 한전 측 감독으로 근무하셔서 독일로 출국인사차 고리현장을 방문했을 때 원전발전소의 원천기술이 없어서 '웨스팅하우스사'에 엄청나게 비싼 기술로열티를 지불하신다는 말씀을 가슴깊이 새기고 있었기 때문입니다. 국가와 민족을 위해, 국가경제의 핵심기간산업인 '에너지 및 발전소공학(한전맞춤형)'을 전공했습니다. 뮌헨공대는 세계3대 공과대학(ETH, MIT, TUM)중의 하나로, 노벨상 수상자를 많이 배출하고, 지금도 노벨상 수상 교수님들이 강의하시는 최고의 명문 공과대학 중 하나입니다. 뮌헨공대에는 2만 명의 대학생들과 8천명의 연구원들, 그리고 대표적인 연구시설로는 원자로가 2개, 원자가속기, 핵융합발전연구소, 가스터빈 열병합발전소 등이 있습니다.

- 난공불락, '12차 연립미분방정식'을 풀고 공학박사학위 취득 -

발전소공학을 전공하려면, 기계공학은 물론 수학, 물리학, 전기공학, 환경공학, 경제학, 정치학 등등 총체적인 공부를 해야만 하는 엄청난 고행 길을 가야 합니다. 본인은 박사과정을 마치고 난 후 뮌헨공대의 '열기계 및 열병합발전기술 연구소'에서 책임연구원(PM)으로 있으면서 세계적인 전문가들이 난공불락이라고 단정한 과제, 1966년 몬토야 박사가 탄생시킨, 터빈익 공진해석에 필수적인 '12차 연립미분방정식'을 23년이 지난 1989년 4월 25일에 완전히 풀고, 1991년 1월 18일 한국인 최초로 '에너지 및 발전소공학 분야'에서 독일공학박사학위(Dr.-Ing.)를 뮌헨공대(TUM)에서 취득했습니다.

- 독일 기민연합(CDU)의 정당재단인 콘라드 아데나워 재단(KAS)에서
장학생으로 4년간 "국본 리더십 교육" 받음 -

독일정부는 미래의 국본을 육성하기 위해 각 정당재단에 예산을 배정합니다. 주요 정당들은 학부에서 아주 우수한 극소수의 천재들을 미래 지도자로 육성하기 위하여 정당재단-국비장학생으로 선발해서 국본교육을 시키고 있습니다. 이 재단에서 대통령 5명, 수상 5명, 국회의장 10명을 배출했습니다. 현 독일 대통령 쾰러 박사님, 그리고 여수상 메르켈 박사님도 이 재단 출신으로, 두 분 다 재단임원 직을 겸하고 계십니다! 본인도 뮌헨공대 재학 중 독일의 최대정당인 기민연합(CDU)의 콘라드 아데나워(경제기적을 일으킨 전 독일수상)재단(KAS)의 장학생으로 선발되어 방학들과 주말들을 이용하여 정당으로부터 국본특수교육 즉, 민주주의와 정당, 정당의 이념 과 정치철학, 정치, 외교, 경제, 사회, 역사, 문화, 예술, 노동 등 모든 분야를 총 망라하는 '독일국본교육과정'들을 4년간 받았습니다. 지금도 아데나워 재단(KAS)에서 주체하는 각종 국제학술대회를 통해 현실정치를 개선할 수 있는 대안연구를 하면서 지속적인 교류를 합니다.

- 국가지도자가 되는 여정에서 정치학 및 경제학 수학 -

과학기술 경쟁시대인 21세기의 **훌륭한** 지도자가 되기 위해서는 이공계분야에서 박사학위를 받아야 될 뿐만 아니라, 국가경영에 필요한 폭 넓은 분야를 공부해야 합니다.

현재 독일의 수상이자, 유럽연합(EU)의 회장 이였던, 독일수상 앙겔라 메르켈 박사는 동독에서 정치학이 아닌 물리학을 전공한 이학박사로 본인과 같은 KAS의 '국본교육 프로그램'을 거쳐 최초의 여성 독일수상이 되었습니다.

본인도 발전소공학박사논문을 준비하면서 뮌헨공대대학원에서 경제학을 3년간 수학하고, 또 다시 뮌헨정치대학에서 3년간 정치학을 수학함으로 확고한 리더십을 갖춘 국본으로 육성되기 위한 **正道**를 걸었습니다.

- 박사학위취득 후 조국을 위하여 귀국결심 -

1976년 6월 9일 단돈 45만원을 가지고 혈혈단신 독일로 출국한지 약15년. 1991년 3월 3일, 세계가 인정하는 독일국가박사학위를 수여받고 힘찬 활력과 당찬 희망을 품고 국가발전에 역군이 되고자 귀국했습니다.

- KBS 2 TV "11시에 만납시다!" -

귀국 후 KIST를 비롯하여 서울대학교, KAIST, 영남대학교, 충남대학교, 한국전력 등 연이어지는 초청세미나와 1991년 10월 8일 KBS 2-TV 11시에 만납시다! 프로 "기능공 출신 독일 공학박사 박춘근", TV방송, 라디오 방송출연, 신문기고 강연 등 뜻 깊은 활동들을 아주 부지런히 했습니다.

- 선진기술이전을 위한 연구소 설립 및 ISO 9000 도입 -

본인은 '프란츠박 과학기술연구소(FPIST)'를 설립하여 독일선진기술들을 국내기업들에게 이전했으며, ISO 9000인증(품질보증 및 품질경영을 위한 국제표준) 국내에 도입하여 기아자동차를 비롯하여 약 100개가 넘는 국내 기업체들을 컨설팅 하는 지식사업을 통해서 국내기업들에게 품질경영시스템을 정착시키기 위해 많은 고초를 감수했습니다.

이러한 기업지도경력들을 통해서 국내의 대기업들뿐만이 아니라 중소기업들의 경영체제와 산업분야의 신랄한 현실을 직시함으로, 개혁하고 혁신할 수 있는 전문능력과 상대를 배려하고, 설득하고, 감동시켜, 조직을 모범적으로 리더 할 수 있는 지혜(경력)를 지속적으로 차분히 쌓았습니다.

- 울진 원자력발전소 터빈파손사고 규명으로 프랑스에 책임수리! -

1991년 최양우 발전부처장님은, 한전 발전처장을 역임하셨던 서석천 한국중공업 부사장님을 통해서 울진원전의 터빈익파손사고의 문제해결을 본인에게 의뢰하셨습니다. 최양우 부처장님은 본인에게 울진원전의 터빈익파손관련자료와 파손된 증기터빈고정익을 하나 감정용으로 건너 주셨습니다. 본인은 자료와 파손된 터빈고정익을 가지고 독일로 날아가서, 뮌헨공대 토마스 교수님과 알리안츠 보험회사의 터빈전문가 본스테트 박사님 그리고 독일 터빈제작회사인 MAN사의 부사장님이신 마르틴 박사님의 협력으로 프랑스 알스톰사가 증기터빈 제작 당시 용접을 잘못했음을 규명했습니다.

한전 측에게 울진원자력발전소의 가동을 잘못했다고 사고책임을 3년 동안 덮어씌우면서 꿈적도 않았던 프랑스 알스톰사도, 발전소전문가인 본인이 증기터빈의 파손원인을 서면으로 규명했을 때, 시인하고 지체 없이 수리를 해 주었다고 합니다.

- 대구시장 자문으로 벤츠그룹 과 민간외교 -

1995년도에 문희갑 대구시장님이 유럽시장개척을 위한 유럽순방 때 독일 슈투트가르트시장 롬멜(Dr. Rommel)박사님과의 상호협력을 주선하고, 다이믈러 벤츠그룹의 기술회장이신 보일레(Prof. Dr. Weule) 교수님과의 회담을 성공시켜 벤츠자동차를 대구시에 유치시켰습니다. 그러나 쌍용자동차 측과

대구광역시가 이를 포용하지 못해 대구광역시가 세계자동차메카로 도약할 수 있었던 절호의 기회를 유산 시켰습니다.

<h3 align="center">- 총선낙선, 한국전력공사 사장공채 좌절 -</h3>

전문기술국회의원이 부족하여 국내 산업관련법령들이 급속도로 발전하는 과학기술의 속도를 따라가지 못하는 현실을 개선하기 위해 1996년 제15대 전문국회의원이 되고자 출마했으나 낙선이란 고통의 쓴 잔을 마셨습니다. 1998년 한국전력사장과 한국중공업사장에 응모하여 독일에서 15년간 공부한 획기적인 전문기술을 전수할 기회를 갖고자 응모, 서류심사통과로 최종면접까지 보았지만 낙하산 때문에 임용기회는 애초부터 없었습니다.

<h3 align="center">- 연변과학기술대학 교수로 초빙 -</h3>

만주에 있는 연변과학기술대학의 김진경 총장님의 부름으로 연변과학기술대학의 '중국유럽협력연구소장' 겸 '재료기계공학과 교수'로 재직 중입니다.

<h3 align="center">- 국민 계몽과 계발위해 집필 -</h3>

1994년 ISO 9000이란 무엇인가? <인터내셔널 품질보증경영시스템 전문서>

1997년 대한민국의 부국정책서 "나라사랑 이야기 <부국론>"

2001년 대한민국의 교육혁명서 "21세기 교육혁명백서 <교육론>"

2002년 대한유권서 "아~ 대~한민국 사랑하는 우리의 대통령! <진인론>"

2006년 국민계몽서 "국민들이 가슴으로 함께하는 아름다운 교육혁명"

2007년 교육정책서 "봄이 오는 소리 (아름다운 교육혁명) <교육시스템>"

<h3 align="center">- 主要 業績 -</h3>

★ 수소-산소 혼합물(HOMGAS) 究明에 관한 論文 (政府用 非公開)

★ 울진원자력발전소 터빈파손사고 糾明으로 프랑스에 책임수리명분 提供!

★ 다이믈러 벤츠그룹의 자동차생산회사 '메르체데스 벤츠' 대구시에 유치

★ 1993년부터 독일기술검사기관 한국대표로 ISO 9000 도입으로 輸出寄與!

★ 기아자동차, 현대중공업, 삼성메디컬, 대한통운, 롯데건설, 제일모직 등등
   대기업 및 중소기업 100여개 ISO 독일인증 및 컨설팅

★ 한전해외매각위험에 대해 세계일보(특별기고), 주간동아(핫이슈) 寄稿

★ 한독 학술교류회 (KAVKAS) 및 한독 과학기술자협회창설 寄與

★ 독일기술들을 한국 중소기업들에 移轉

위의 내용이 틀림없음을 확인합니다.

2008 年 7月 11日

工學博士 朴春根 拜上

제9장 '대통령후보 체크리스트'

국민들이 직접 만들고 채점하는 대통령 후보 평가체크리스트

인간은 자기가 보고 싶은 것만 보고 듣고 싶은 것만 듣고 하고 싶은 말만 하는 속성이 있다.
우리 주변에는 과학적으로 분석된 객관적인 자료 검토도 없이 경솔하게 아무렇게나 선거에 임하는 사람들이 많다. 특히 남이 찍으라고 하면 별다른 성찰 없이 아무렇게나 한 표를 낭비하는 사람도 많았다. 하지만 지금부터는 소중한 주권을 행사 할 때 국가의 장래를 책임질 수 있는 훌륭한 후보자를 충분히 검토한 후 신중히 선택해야 한다.

먼저 신문이나 TV 선거전단물 등을 통하여 받아보게 되는 후보자에 관한 자료를 기준으로 하여 해당 항목에 체크를 해본다.
이 체크리스트는 대통령, 국회의원, 지방자치제 등 각종선거 때마다 후보자들을 정확히 검증할 수 있는 체크리스트이기도 하다.

자료나 데이터가 부족하면 모든 평가 항목을 다 체크하지 않고 부분적으로 확실한 내용만 체크 해봐도 된다. 또 더 추가하고 싶은 항목이 있으면, 별책부록 뒷면에 첨가된 체크리스트용지를 활용하여 항목 당 점수를 주어 유권자 여러분께서 스스로 평가항목을 만들어 평가할 수도 있을 것이다.

그 뿐만 아니라, 독자의 생각과 주관에 따라 평가기준과 배점을 직접 만들어 평가해 볼 수도 있다. 되도록 깊고 넓게 평가항목을 고려하자. 형식과 배점기준을 어떻게 적용하느냐는 문제는 중요하지 않다.
가장 중요한 것은 유권자가 직접 어떠한 형태로든 객관적인 비교 방법으로 체크리스트를 만들고 각 후보들을 객관적으로 평가하여 선거에 임할 수 있으면 된다.
부록에 제공된 체크리스트는 필자의 입장에서 기본적으로 평가기준이 되는 대표적인 항목을 선정해 본 것으로 절대적인 것은 아니다. 필자가 선정한 항목별 설명을 자세히 읽고 참조해 주기 바란다.
이런 합리적이고 객관적인 체크리스트에 의하여 각 항목을 진지하게 생각하고 작성해보면, 후보자들의 내면의 자질까지 자연스럽게 검증할 수 있을 것이다.

독자인 여러분이 자기 자신을 대통령후보라 생각하고 스스로 체크해보자. 자신이 받은 점수로 자신도 훌륭한 지도자가 될 수 있는지? 없는지? 자신의 자질도 비교해 보아도 된다. 거울 보듯이 솔직하게 점수를 매겨 보는 것도 정치에 관심을 가질 수 있는 좋은 방법이 될 것이다. 또한 변화무쌍한 인생살이에 재미있는 활력소가 될지 누가 알겠는가?

채점 결과는 상당한 객관성을 내포할 수 있도록 하고 여러 위인들의 자질을 검증하

고 평가하는 데 꼭 활용하여 그 결과에 대한 믿음을 선거에 반드시 반영하자. 국가
와 민족을 책임질 지도자를 남에 의해서가 아닌 나의 기준으로 떳떳하고 당당하게
선택하는 것이다. 이제 나와 여러분은 내 가족과 형제를 위해 크게는 우리 민족과
대한민국 국민들의 미래를 위해 자신의 기준으로 올바른 선택을 했다는 것을 믿도
록 하자.

필자가 만들어 본
대통령 후보자 평가 체크리스트 예시

평가항목(만점)	평가점수		독자 본인	후보	후보
1.나이 (5점) 대통령이 되려면 철이 들고도 30년의 준비가 필요하다.	40대 45세 50대 55세 60대	(1점) (2점) (3점) (4점) (5점)			
2.출생배경 (5점) 어떤 출생이든 평등하지만, 적자의 경우 유권자가 가장 바람직하다고 본다..	적자 서자 양자 고아	(5점) (3점) (2점) (1점)			
3.출생환경 (5점) 대자연의 맑은 정기를 먹으면서 출생함으로 자연적으로 출생한다.산간벽촌 일수록 모든 것을 스스로 해결할 사항이 많아 스스로 터득하게 된다.	대도시 소도시 읍면 소재지 농촌 산간벽촌	(1점) (2점) (3점) (4점) (5점)			
4.형제자매 (5점) 대가족속에서 많은 형제자매와 같이 살게 되면 서로를 배려하는 마음과 서로를 사랑하는 마음이 형성 된다.	독자(녀) 2인 이상 3인 이상 4인이상	(1점) (2점) (3점) (5점)			
5.형제자매의 위치 (5점) 장남으로 태어난 사람은 기댈 수 있는 형이 없어서 모든 일을 스스로 해결하는 능력이 생기며 그로인해서 창의력과 지도력이 대부분 동생들보다 많다.	장남(녀) 차남(녀) 3남(녀) 4남(녀) 5남(녀)	(1점) (2점) (3점) (4점) (5점)			
6.족벌관계와 성장환경 (5점) 층층시하에서 자라면 법도와 충효사상이 충만하고 또 형제 간의 우애 있는 생활을 배운다.	고아로 성장 편모(부) 슬하 부모밑에 자람 조부모,부모 밑에 증조부,조부,부 밑에	(1점) (2점) (3점) (4점) (5점)			

평가항목(만점)	평가점수	독자 본인	후보	후보
7.12세까지 성장환경 (5점) 인생의 기본 성격은 어릴 때 형성됨으로 12살 사춘기 전에 산간농촌에서 자라면 우선 심성이 훌륭하고 창의력이 풍부함.	대도시　　　　(1점) 소도시　　　　(2점) 읍면소재지　　(3점) 농촌　　　　　(4점) 산간벽촌　　　(5점)			
8.어릴 때 장래희망(꿈) (5점) 큰 인물은 떡잎부터 안다고 한다. 어릴 때부터 확고한 자신의 의지속에서 꿈을 키워 갈 때 꿈은 이루어 진다.	기술자　　　　(1점) 법관 변호사　　(2점) 사회 사업가　　(3점) 육군 대장　　　(4점) 대통령　　　　(5점)			
9.학력　　　　　　　(5점) 공동생활과 조직생활의 기초며,조기 인성과 지성을 키우는 도장으로 학력은 대단히 중요하다. 대통령이 되려면 우선 석학이 되어야 한다.	고등학교　　　(1점) 대학교　　　　(2점) 대학원　　　　(3점) 국내 명문대학 박사 (4점) 해외 명문 대학 박사 (5점)			
10.추가로 대학공부 (5점) 대통령을 준비하는 자는 누구 보다 많이 알아야 한다. 대학을 나온 것으로는 부족하다. 공대를 비롯하여 몇 개의 대학을 더 수료해야 한다.	없으면　　　　(0점) 대학 졸업　　　(1점) 공대 포함 2개 대학 (2점) 공대 포함 3개 대학 (3점) 공대 포함 4개 대학 (4점) 공대포함3개 대학(유학)(5점)			
11.개근상 회수　　　(5점) 개근상은 성실성과 건강하고 규칙적인 생활을 했다는 증거이며 특히 부모에게는 효도한 행위이므로 대단히 중요하다.	없으면　　　　(0점) 총 1년간 개근　(1점) 총 3년간 개근　(2점) 총 6년간 개근　(3점) 총 9년간 개근　(4점) 총 12년간 개근　(5점)			

평가항목(만점)	평가점수	독자 본인	후보	후보
12.총 학업기간 (5점) 총 학업기간은 대통령을 준비하는데 대단히 중요하다.	16년 이하 (0점) 16년(대학과정) (1점) 20년(1개 대학 추가) (2점) 24년(2개 대학 추가) (3점) 28년(3개 대학 국내)(4점) 28년(3개 대학 유학) (5점)			
13.학업 중 장학여부 (5점) 장학생이란 공부 잘하는 것 뿐 만이 아니라 성품과 소질이 뛰어나 장래를 위하여 투자하는 것이다.	없으면 (0점) 대학 장학생 (1점) 대학원 장학생 (2점) 박사과정 장학생 (3점) 세계적인 명문대학(4점) 세계적인 박사학위 장학생 (5점)			
14.대통령준비로 해외체류 (5점) 대통령이 되기 위한 준비로 해외에서 유학하고 체류한 생활 총기간은 대단히 중요하다.	5년 이하 (0점) 5년 이상 (1점) 8년 이상 (2점) 10년 이상 (3점) 13년 이상 (4점) 15년 이상 (5점)			
15.관직경험 시작 (5점) 대통령은 관직경험 보다는 폭넓은 세계의 경험이 중요하다. 왜냐하면 관료는 상부의 의사에 의하여 움직이므로 창의성이 적고 스스로 동기부여가 힘들며 부정부패에 경험이 있다.	없음 (5점) 장관부터 시작함 (4점) 차관부터 시작함 (3점) 국장부터 시작함 (2점) 과장부터 시작함 (1점)			
16.사회경험 (5점) 대통령은 다양한 사회경험을 통하여 국민의 실생활을 이해할 수 있다.	10년 이하 (1점) 15년 이하 (2점) 20년 이하 (3점) 25년 이하 (4점) 25년 이상 (5점)			

평가항목(만점)	평가점수	독자 본인	후보	후보
17.도덕성　　　　(5점) 청백리 같은 마음이 없고 부를 축적하기 위하여 행하는 행위, 권력을 남용하는 행위의 경험자는 대통령이 될 자격이 없다.	권력층 비리에 연유　(-5점) 사채업 경험　　　　(-5점) 부동산 투기　　　　(-4점) 증권 투기　　　　　(-4점) 사채놀이 한적 있다　(-4점) 해당 없음　　　　　(5점)			
18.지도자의 5대 자질: 지성　(5점) 지도자가 되기 위해서는 5대 자격이 갖추어야 한다. 그 중 지성적인 면을 살펴보자. 지성이 없으면 덕이 없고 인자 하지 못한다.	최고의 지성으로 평가 (5점) 지성이 충만함　　　(4점) 지성이 중상임　　　(3점) 지성이 중하임　　　(2점) 지성이 적음　　　　(1점)			
19.지도자의 5대자질:설득력　　(5점) 백성은 우매함으로 지도자는 민중과 아랫사람들을 설득하는 설득력 이 있어야 하고 외교상 타국의 상대를 설득하는 능력이 있어야 한다.	최고의 설득력 평가　(5점) 설득력이 충만함　　(4점) 설득력이 중상임　　(3점) 설득력이 중하임　　(2점) 설득력이 적음　　　(1점)			
20.지도자의 5대자질:지구력　　(5점) 외교상의 큰 뜻을 펴고 상대의 악평을 굳건히 막아가는 인내심이 많아 지구력이 강해야 한다.	최상의 지구력 평가 (5점) 지구력이 대단함　　(4점) 지구력이 중상임　　(3점) 지구력이 중하임　　(2점) 지구력이 적음　　　(1점)			
21.지도자의 5대자질:자제력　　(5점) 지도자는 남보다 많은 자제력이 있어야 하며 화를 자주 내거나 남의 말에 흥분하는 일이 없어야 한다.	최고의 자제력 평가 (5점) 자제력이 충분함　　(4점) 자제력이 중상임　　(3점) 자제력이 중하임　　(2점) 자제력이 적음　　　(1점)			
22.지도자의 5대자질:지속적인 의지 대통령이 되고자 하는 자는 20년 이상 변함없는 의지를 가지고 꾸준히 준비를 할 수 있는 지속적인 의지가 필수적이다.	최고의 의지 평가　(5점) 의지가 강건함　　　(4점) 의지가 중상임　　　(3점) 의지가 중하임　　　(2점) 의지가 낮음　　　　(1점)			

평가항목(만점)	평가점수	독자 본인	후보	후보
23.대통령의 3대능력: 외교 (5점) 대통령이 외교능력을 갖기 위해서는 최소한 5년 이상 해외에서 체험과 공부를 해야 유럽 선진국으로부터 인정과 존경을 받을 수 있다. 진정한 외교는 상대의 문화를 잘 알아야 WIN-WIN하는 결실을 거둔다.	최상의 외교가로 평가 (5점) 충분한 외교 능력　　(4점) 외교 능력이 중상임　(3점) 외교 능력이 중하임　(2점) 외교능력이 적음　　(1점)			
24.대통령의 3대 능력:국방 (5점) 대통령은 국군 통수권자이다. 그러므로 군을 외교상의 우위를 지키기 위해 잘 응용하는 능력이 있어야 한다.	최고의 통치가 평가　(5점) 군 장악력이 대단함　(4점) 군 장악력이 확실함　(3점) 군 장악하고 있음　　(2점) 군 장악력이 적음　　(1점)			
25.대통령의 3대 능력:내정 (5점) 헌법에 대통령의 권한의 많은 부분이 총리전결로 되어 있다. 총리는 임기가 없으므로 대통령의 의지에 따라 국회의 동의를 얻어 내정에 많은 일을 수행한다.	최고의 통치력 평가　(5점) 통치력이 대단함　　(4점) 통치가 확실함　　　(3점) 통치가 원활함　　　(2점) 통치력이 적음　　　(1점)			
26.민족사관과 역사관 (5점) 일본의 강제 침략으로 우리는 우리의 장구한 역사를 까맣게 잊고 살았다. 대통령이 되고자 하는 사람은 역사부터 바로 기록되게 노력해야 한다.	최고의 민족사관 평가 (5점) 역사관이 충만함　　(4점) 역사관이 중상임　　(3점) 역사관이 중하임　　(2점) 역사관이 적음　　　(1점)			
27.일본의 강제점령 당시 부모의 직업 (5점) 침략자 통치 하에 관직에 있으면서 우리 민족을 괴롭힌 장본인들의 자손들은 식민사관에 젖어 있을 수 있다. 결코 대통령 자격에 적당치 않다.	친일파　　　　　　(-5점) 법관　　　　　　　(-5점) 경찰　　　　　　　(-5점) 군인　　　　　　　(-3점) 일반 공무원　　　　(-2점) 친일경험　　　　　(-2점) 만주이주자　　　　(+3점) 독립군 만주 이주자 (+5점) 해당 없음　　　　　(0점)			
28.미래관과 정책 비전　　　(5점) 대통령에게는 중요한 100년 대계를 위한 비전을 제시하고 그에 따른 확실한 정책과 능력이 있어야 한다.	미래확실한 비전과 정책(5점) 미래 중요정책 제시　(4점) 미래관이 투철함　　(3점) 미래정책 있음　　　(2점) 미래정책 있다고 주장　(1점)			

평가항목(만점)	평가점수	독자 본인	후보	후보
29.정당운영 철학 (5점) 민생은 뒤로 하고 당파싸움은 500년이 넘는 지금도 계속하고 있다.당을 민주적이며 합리적으로 운영 할 수 있는 능력과 비전을 대통령은 제시해야 한다.	권모술수의 달인　(-5점) 능력보다 관료적　(-5점) 정치구단　(-5점) 가신정치　(-5점) 민생은 뒷전　(-5점) 합리적이고 민주적임(+5점)			
30.인재등용과 양성 (5점) 우리나라의 정치가는 똑똑한 후진이 자라지 못하는 풍토를 만들어 자신의 영달만 생각하는 비 애국자가 많다. 정치는 흘러가는 물처럼 후진을 잘 키워야 하고 훌륭한 인재들에게 등용의 문을 열어 주어야 한다.	고급인재등용 적극적 (+5점) 인재양성 적극적　(+5점) 인재를 적극적으로 찾음 　(+5점) 인재를 알아본다　(+3점) 인재에 관심 없음　(0점) 인재등용 저지　(-5점) 유능 인재 방출　(-5점) 후진기용 기피　(-5점) 후진발전 방해　(-5점)			
31.인맥형성 (5점) 정치가는 인맥형성이 중요하다. 전국의 인재를 골고루 등용하고 파당이 없는 정치를 펴며 특히 가신, 비선, 사조직을 두는 자는 대통령이 될 수 없다.	비선조직 운영　(-5점) 가신들이 득실　(-5점) 사조직 운영　(-5점) 지방색 조직체제　(-5점) 공조직만 운영　(+5점)			
32.후보자의 청빈성 (5점) 대통령이 되고자 하는 사람은 부를축척해서는 아니 된다. 청백리처럼 청빈하게 살아야 한다. 지도자가 돈에 눈이 어두우면 국가경제가 남아나지 않는다. (고) 박 대통령을 대통령평가에서 최고점수를 받은 것 역시 청빈성이다.	재테크에 관심 있다 (-5점) 자식들에게 재산증여(-5점) 가신들에 재산분배 (-5점) 비자금 조성　(-5점) 부를 챙기는 지도자 (-5점) 사유재산에 의미를 갖지 않고 가난한 국민에게 나누어 줌　(+5점)			
34.후보자의 봉사활동 (5점) 평소에 헌신하고 봉사함으로 인생의 참된 삶을 배울 수 있다. *합하여 점수를 매김	헌혈을 했다　(1점) 수재의연금을 냈다　(1점) 불우 이웃을 돕다　(1점) 장애자를 돕다　(1점) 몸소 봉사활동을 했다 (1점)			

평가항목(만점)	평가점수	독자 본인	후보	후보
35.후보자의 사생활　(5점) 사생활은 정치와 상관해서는 안된다. 그러나 우리나라에서는 참고 할 수 있다. *합쳐서+5점 또는 -5점을 매김	모범적인 사생활　　　(5점) 주색잡기를 좋아한다　(-3점) 호모섹스 주의자다　　(-3점) 애연가　　　　　　　(-1점) 알코올 중독자　　　　(-3점) 마약 경험자　　　　　(-5점)			
36.후보자의 가족사항　(5점) 자신의 가정보다 국민을 위하여 마치 독립운동가와 같은 생활을 하는 사람들을 우리는 존경해야 한다.	평범한 가정　　　　　(3점) 이혼한 적이 있다　　　(-3점) 독립군 같이 가정보다 민족을 중시하는 생활 (5점) 장애자를 양자로　　　(5점)			
37.후보자의 친구관계　(5점) 진정한 친구는 누구나 많지 않다. 그러나 후보자의 정치생활에 도움이 되는 친구를 중시한다. *5점이 넘어도 5점으로 함!	외국에 친구가 많다　(5점) 국내에 진심으로 같이 일할 친구가 있다　　(5점) 친구가 전혀 없다　　(0점) 동창회에 나간다　　(3점) 모임을 싫어 한다　　(0점)			
38.후보자의 회사경영 또는 컨설팅 경험 (5점) 후보자는 사회생활을 할 때 CEO나 대기업에 컨설팅을 해본 경험이 있으면 나라를 경영하는데 도움이 될 수 있다.	경영경험 없다　　　　(0점) 대기업을 경영 했다　(5점) 중소기업을 경영했다 (4점) 소기업을 경영했다　(3점) 대기업을 컨설팅 했다 (5점) 중소기업을 컨설팅 했다(4점) 소기업을 컨설팅 했다 (3점)			
39.후보자의 성격　　(5점) 일반적으로 어떤 성격이 대통령에 적합하다고 말할 수 없다. 그러나 너무 급하거나, 과격하거나, 수수방관 하는 성격은 바람직하지 못하다. *5점이 넘어도 5점으로	호인이다　　　　　　(-1점) 성질이 급하다　　　　(-1점) 너무 심사숙고 하는 성격이다　　　　　　(-1점) 매사에 신중하나 신속하게 처리하는 성격　　　(5점) 쉽게 흥분하지 않는다 (4점) 메사에 중용을 택한다 (3점) 서민적인 생활에 적합한 성격이다　　　　　　(2점)			

평가항목(만점)	평가점수	독자 본인	후보	후보
40.후보자의 판단과 결단력 (5점) 국가가 위기에 직면했을 때 정확한 판단력과 과감한 결단력이 대통령의 비장한 무기의 하나여야 함은 말할 것도 없다.	정확하고 신속한 판단력과 과감한 결단력 소유자 (5점) 판단은 정확하나 결단이 느림 　　　　　　　　　　(4점) 너무 신중하다　　　(3점) 결단력은 있으나 정확성이 부족함　　(2점) 너무 설친다　　　　(1점))			
종합평가	항목:　　　　　　40개 총점:　　　　　200점 만점:　　　　　200점 득점: 백분율:　　　총점/만점 평점:	**점검**	**점검**	**점검**
평가소감				

국민이 직접 만들고 채점하는 대통령후보 평가체크리스트
(체크리스트를 새로 만들 수도 있고 추가나 가감할 수도 있습니다)

평가항목(만점)	평가점수	독자 본인	후보	후보

평가항목(만점)	평가점수	독자 본인	후보	후보

우리가 살 길은 오직
정치혁명 뿐입니다

1판 1쇄 인쇄 | 2012년 11월 07일
1판 1쇄 발행 | 2012년 11월 12일

지은이 | 박춘근
발행인 | 이용길
발행처 | 모아북스 MOABOOKS

관리 | 정 윤
디자인 | 이룸

출판등록번호 | 제 10-1857호
등록일자 | 1999. 11. 15
등록된 곳 | 경기도 고양시 일산구 백석동 1332-1 레이크하임 404호
대표 전화 | 0505-627-9784
팩스 | 031-902-5236
홈페이지 | http://www.moabooks.com
이메일 | moabooks@hanmail.net
ISBN | 978-89-97385-24-9   03330

· 좋은 책은 좋은 독자가 만듭니다.
· 본 도서의 구성, 표현안을 오디오 및 영상물로 제작, 배포할 수 없습니다.
· 독자 여러분의 의견에 항상 귀를 기울이고 있습니다.
· 저자와의 협의하에 인지를 붙이지 않습니다.
· 잘못 만들어진 책은 구입하신 서점이나 본사로 연락하면 교환해 드립니다.

모아북스 MOABOOKS 는 독자 여러분의 다양한 원고를 기다리고 있습니다.
(보내실 곳 : moabooks@hanmail.net)